落花生

作者　落花生

我们屋后有半亩隙地。母亲说："让它荒芜着怪可惜，既然你们那么爱吃花生，就辟来做花生园罢。"我们几姊弟和几个小丫头都很喜欢——买种的买种，动土的动土，灌园的灌园；过不了几个月，居然收获了！

妈妈说："今晚我们可以做一个收获节，也请你们爹爹来尝尝我们底新花生，如何？"我们都答应了。母亲把花生做成好几样的食品，还吩咐这节期要在园里底茅亭举行。

那晚上底天色不太好，可是爹爹也到来，实在很难得！爹爹说："你们爱吃花生么？"

我们都争着答应："爱！"

"谁能把花生底好处说出来？"

姊姊说："花生底气味很美。"

哥哥说："花生可以制油。"

我说："无论何等人都可以用贱价买它来吃；都喜欢吃它，这就是它的好处。"

爹爹说："花生底用处固然很多；但有一

样是很可贵的。这小小的豆不象那好看的苹果、桃子、石榴，把它们底果实悬在枝上，鲜红嫩绿的颜色，令人一望而发生羡慕的心。它只把果子埋在地底，等到成熟，才容人把它挖出来。你们偶然看见一棵花生瑟缩地长在地上，不能立刻辨出它有没有果实，非得等到你接触它才能知道。"

我们都说："是的。"母亲也点点头。爹爹接下去说："所以你们要象花生，因为它是有用的，不是伟大、好看的东西。"我说："那么，人要做有用的人，不要做伟大、体面的人了。"爹爹说："这是我对于你们的希望。"

我们谈到夜阑才散，所有花生食品虽然没有了，然而父亲底话现在还印在我心版上。

女儿燕吉恭录父亲的名篇。

我是落花生的女儿

许燕吉 著

湖南人民出版社
博集天卷 CS-BOOKY

图书在版编目（CIP）数据

我是落花生的女儿 / 许燕吉著. —长沙：湖南人民出版社，2013.8
ISBN 978-7-5438-9725-0

Ⅰ. ①我… Ⅱ. ①许… Ⅲ. ①许燕吉—自传
Ⅳ. ①K826.3

中国版本图书馆CIP数据核字（2013）第207596号

上架建议：名人 · 自传

我是落花生的女儿

作　　者：许燕吉
出 版 人：谢清风
责任编辑：胡如虹
监　　制：陈　江　毛闽峰
特约策划：长安遥遥
特约编辑：周显亮　陈春红
装帧设计：主语设计

出版发行：湖南人民出版社 [http：//www.hnppp.com]
地　　址：长沙市营盘东路3号
邮　　编：410005
经　　销：新华书店

印　　刷：三河市鑫金马印装有限公司
版　　次：2013年10月第1版
2013年10月第1次印刷
开　　本：640mm × 960mm　1/16
印　　张：29
字　　数：364千字
书　　号：ISBN 978-7-5438-9725-0
定　　价：39.80元

（若有质量问题，请致电质量监督电话：010-84409925）

目录 Contents

前言

Preface

自传虽然讲的是个人经历，却能真实而生动地反映了一段历史。我生活在动荡的岁月，被时代的浪潮从高山卷入海底：国家干部变成了铁窗女囚，名家才女嫁给了白丁老农，其间的艰辛曲折、酸甜苦辣，称得上传奇故事。媒体捕捉到了这个“卖点”，几乎全国的小报、杂志和电视节目都做过报道。不过记者们毕竟不是亲历者，而且注意力多在我不寻常的婚姻上，因而促使我自己动手，将真人真事和盘道出，也许能给别人一点儿人生的借鉴。

我是许地山的幼女，可惜在他身边的时间太短，但他那质朴的“落花生精神”已遗传到我的血液中：不羡靓果枝头，甘为土中一颗小花生，尽力作为“有用的人”，也很充实自信。

自传取名为《麻花人生》，是形容它的被扭曲。国内的同龄人几十年来也未见平坦风顺，只是我的人生被扭得多几圈而已。

麻花虽经扭曲油炸，仍不失可口。人生被扭被炸，也如我父亲在他的小说《商人妇》中所说的：“造作时是苦，希望时是乐。临事时是苦，回想时是乐。”这也是我始终乐观的原因。父亲养育我只有八年，而他给我的精神财富，让我享用终身。

我经历的事也许可作为某些历史的佐证，所以有的地方显得啰唆了一点儿。

（备注：书名《我是落花生的女儿》为出版时所改，书稿原名《麻花人生》。）

第一部

童年

第一章　混沌

❶…………我的出生和第一个回忆

人们结婚都选个好日子，可是哪天出生就不由自主了。我的生日按洋迷信讲是最糟糕的：13日，还正巧星期五。属猴的一般是1932年生人，可我是腊月，跨了年到了1933年1月，也可以说是1932年的13月，一个生日占了两个“13”，还赶上星期五，大不吉利！

本来，我可以在12月25日出生的，圣诞节，多伟大！我妈妈在24日有了临产征兆，随即住进了协和医院。当天晚上就是圣诞夜，唱诗班的来病房“报佳音”，还送给我妈妈一个又大又红的苹果。也不知道是洋苹果的作用呢，还是耶稣不喜欢我，总之，妈妈就此一切正常，分娩的征兆烟消云散。回家又过了20天，我总算出生了。后来妈妈生我气时往往说：“你还没生出来就开始捣乱了。”真不讨喜。

我祖父许南英公，台南人，曾投笔从戎，当了台湾民众自发抗日军队的“统领”。日本占领台湾后，他举家逃回大陆，失了根基，穷困潦倒，客死南洋。我父亲是基督教供他上的燕京大

祖父许南英

学，所以父亲信洋教，但决不迷信，不会硌硬这“黑色星期五”来到他家的孩子。但，也许他还是更想要一个男孩儿。一是我已经有了一个前房姐姐楙新，都14岁了，二是比我早生20个月的哥哥苓仲，不姓许，而是随我外祖父姓周。

我外祖父周大烈公，湘潭人，是位维新派的老学究，教过书，当过官，还出过国，但他仍信奉“不孝有三，无后为大”，连生七女竟无一男。这成了他的心病。他姑姑将贴身丫头当礼物送给他为妾，想不到还是一无所“出”。于是他就宣布了一条：凡娶他女儿的，必须承诺长子姓周。外祖父的愿望在五女儿和六女儿（我母亲）身上实现了。我五姨住上海，周大孙子他看不到，而我父亲和我母亲婚后就搬来与我外祖父同住，所以我哥哥虽然是“仲”，却更使外祖父欣慰，特地请了一位袁妈专门管我哥哥，染的红鸡蛋多得吃了一个月。相比之下，我的出生就雅静多了，从医院抱回来就放在厕所间里，由做粗活儿的刘妈兼照顾着。我妈妈懂科学，实行母乳喂养，我吃饱就睡，从不大哭大喊，不烦人。

1932年，外祖父周大烈

外祖父给我起名燕吉。燕者，生于北京也；吉者，可冲晦气也。

人或早些或迟些，都有一件首先记得的事。

我父亲说，他记得的第一件事是被人抱着在街上走。街上人很多，很挤，都朝着一个方向急忙地走着。

他记得的这件事是台南人民逃难。清政府甲午战败，将台湾割让给日本，而台湾人民奋起抗日，从台北开战，没有后援，节节败退到最后的台南。日军占领在即，人们不愿做日本人，凡能迁移的，都由台南乘船回大陆。我父亲记得的就是中国近代史上的这件大事，那时他不满周岁。

我的第一个记忆在两周岁左右，是在北京我家的门洞里，我坐在小板凳上等着刘妈给我往碗里剥石榴籽。石榴籽红晶晶的，我急着想吃，正在这时，来了一个客人，刘妈他们一下子都站起来招呼客人去了。我没吃着石榴，那客人跨过门槛时一撩的大褂下摆和黑亮的皮鞋，就印入我脑中了。这算什么有意义的事?!比起爸爸的第一记忆，太微不足道了，太莫名其妙了。老了以后想起这一印象，也许算是一种预示?

在北京的家里还有许多大事，比如外祖父去世。上海的五姨、五姨父带表姐、表哥，天津的四姨、四姨父带大表哥都来了，宾客如流，小孩儿成群，热闹了十几天，我一点儿都不记得。

后来，我妈妈随我爸爸去台湾探亲，让刘妈带着我寄住在附近的朋友水家三个多月。刘妈说，我和比我大几个月的水家小女儿玩得很好，还经常抢她的东西吃，我也一点儿没印象。

再后来，爸爸因争取国学研究经费，和燕京大学校董会意见不一，被校长司徒雷登解聘，经胡适推荐去香港大学任教。全家大小，连全部家当，又乘车又乘船，辗转数千里由北京到了香港。这一切，在我脑中都没留痕迹，单单记得穿皮鞋的搅了我吃石榴，真是混沌之至。

2…………香港的家

到了香港，我记得的事就多了。

一块儿去的有七人，爸爸、妈妈、哥哥、我，袁妈和刘妈，还有外祖父的那位姨太太。她被送到周家时，我母亲才一岁多，七姨还未出生，我那众多的姨也还都是少年儿童。她分担了我外祖母的不少家务，互相间感情很好。外祖父去世后，我父亲自然就承担了赡养她的义务。我亲外祖母在我母亲大学还没毕业时就去世了，所以我们就直称她婆婆。不过，我妈妈还是“先叫后不改”地称她姨太婆。妈妈待人宽厚，爸爸更是奉行博爱、平等。袁妈和刘妈两人在我家是舒畅的，另一方面，她们照顾我们兄妹也好几年了，互相都舍不得，所以她们毅然离开了京郊的亲人，随我们南下了。

到香港时，哥哥四岁，我两岁了。袁妈那时48岁，管做饭；刘妈36岁，管卫生。除此以外，还各管各的小孩儿。婆婆那时56岁了，她没有任务，每天学识字、写字，有时还绣花。我家客厅的大靠垫上，绣的都是我爸爸读书或教书学校的校徽，全部出自婆婆之手，好些还绣出立体的花纹，真不愧为湘绣的传人。

1933年，爸妈结婚四周年纪念

我们香港的家在半山区，罗便臣道尾，马路直通进了我家院子，成了一条盲道。原来的罗便臣道是由此上坡通连干德道的，阻断后在路基上建了东西两幢一样的二层楼，我家就在东边楼上。我们这两幢楼前的院子是从崖下用砖柱子撑上的水泥板架空搭成的，边上有矮栏墙。崖下有一条窄路，顺坡下行便直到港大的东门。这窄路上，对着我们院子的有座胡惠德医院，也是依山建的，房顶和我们的院子相平。医院大门开在倒数第二层，下面还有三四层。我家的东边是一个小山坡，上面长了许多棕榈树和灌木，隔开了房东家和我们这院子。院子的后面有一道石砌的护坡，山坡上面就是干德道。院子西边是崖，隔山沟就是港大的学生宿舍。红砖的三层楼房，一共三幢，也是依山一台台地建的。我们院子大致和中间那楼相平。从家里向前看，下面是香港西区密密的房子，再往前就是大海，有许多轮船，视线再远伸，就是九龙大地，朦胧一片。这背山面海、视野开阔、风景优美的住处是爸爸选中租下的，离港大又近，小孩儿也有撒欢的地方，的确理想。

房子的平面像个球拍。前面三大间，有地板，有壁炉。中间有一个大过厅连着楼梯间。一个大卫生间，约十四平方米。“球拍柄”中间是过道，两边有房间，后面有个大厨房，还有一个后楼梯间和一个小卫生间。可谓七室二卫一厨一厅一阳台，总共二百多平方米。房顶是平的，四面有围墙。爸爸在上面种了许多大盆的花，有白兰、茉莉、玫瑰，还搭了个竹子花棚，养他喜欢的兰花、水仙，还有台湾的吊兰。平台中间放了两张长条椅，夏天乘凉看星星。平台边还养了一笼子鸡、一只乌龟。开始上面还养了一只黑点白狗，每晚跳到围墙上巡视，有人进院子它就狂吠，后来可能是它太大了，围墙窄，它掉下楼摔死了。不久后，我家真遭了贼。

爸爸妈妈住前面西边那大间，中间的厅当饭厅，东边大间做客厅，我和哥哥还有袁妈、刘妈四人住客厅后面的那个大间。我们这间有个大阳台，客厅也有个门通这阳台。房顶的花棚被台风端走了以后，爸爸就在阳台上养他的高级兰花了，还养了一玻璃缸各样的观赏鱼。婆婆住“球拍柄”最前面的小间，她旁边一间是爸爸的书房。姐姐回来时就住书房。东边小间是食品间，上面是架板，下面是橱柜，还放了一台冰箱，再后面是大厨房。厨房对面就是上楼梯的楼梯间，还有那个小卫生间，最末尾是间客厅。梁漱溟先生在香港办《光明报》时就住在那间房里，直到我父亲去世，他才搬走。

我的床在朝东的窗下，早上醒来一眼就看见山顶。山顶路上的路灯那时是点煤气的，有人一杆杆地去拧灭，我的眼就跟着一盏盏地数着看，晚上有时也一盏盏看着点亮。天好时，山顶总有大老鹰在盘旋，也不扇动，慢慢地转着，显得特别高贵、优雅，这是我最爱看的。我最不爱看的就是那山顶旗杆上的米字旗，心想，什么时候才能飘扬我们中国国旗？

我们到香港的第二年就买了一辆小汽车，是奥斯汀7，只有两个门，到后排坐得放倒前排的椅背。过两年，将奥斯汀7换成了奥斯汀8，有四个门，车也大了些。爸爸上下班，参加集会，或外出游玩，都是妈妈开车接送，有时也捎上我和哥哥。每有节日庆典，妈妈就拉上婆婆和袁妈、刘妈到闹市区去看景。香港净是盘山窄路，急转弯又多，妈妈从未出过事故，驾技实在是高，她可能是中国第一位夫人司机了。

我家的奥斯汀7

3 …………妈妈的“法律”

妈妈到香港后，没有到社会上去任职，除了协助并参加爸爸名目繁多的社会活动外，就是育儿和理财治家。她是数学系毕业的，理财治家自然是她的强项，也是爸爸的弱项，他乐得不问家事。袁妈、刘妈都不识字，也不懂广东话，没法出门买菜，所以妈妈还得管理伙食，每早给菜场打电话，小伙计就会将要的菜送到家。妈妈可怜他不能去上学，还教他识字。

妈妈育儿有一套科学方法：起床、睡觉的时间是铁定的，吃饭和大便的时间也不能随意更改。我和哥哥都是起床后饮水一杯，之后在马桶上一坐，超过时间没有便出来，下午就得喝一杯“果子露”——泄盐。这一大杯又咸又苦，拒喝是没门的。若第二天仍然没有来便，就要亲自动手来灌肠，大哭大喊皆不起作用。吃饭定量，一人一碗，各样营养丰富的菜一人一盘，都得吃光。有一次，袁妈做的肉馅苦瓜（湖南人爱吃苦瓜），我俩把馅子掏吃了，剩下苦瓜圈。妈妈来检查，勒令吃下。二人只好光口嚼苦瓜，真是“苦不堪言”。早饭半斤酸奶，不给放糖，晚饭还得喝半斤鲜奶，直吃得我从小就是个挺胸凸肚的胖子。妈妈还将橘子皮切丝，用糖腌一下，又甜又苦，抹在面包上吃，说是对身体好。夏天还要买一种细细的药蔗煮水，药味很浓，味道也不好，说是可以去暑气，着实锻炼了我的味觉。

我们放学回家，喝一杯水就得坐在书桌前。我和哥哥的书桌是对着的，妈妈坐在中间就像排球裁判那样，监督着我们二人做作业。学校留的作业不是很多，做完了就开始上妈妈教的中文课。因为我们上的都是英制学校，中文课相对较少。读书、背诵和作文是主要内容。作文写好后妈妈修改，改好了再抄一遍，我们还得把改过的作文背下来。背错一字得挨一下手心板子。或者做错什么事，犯了什么错误，也在这个时候来“审问”和惩罚。哥哥聪明，一看形势不好就赶紧认错，连声保证“下次不敢了”，所以他挨打很少。而我则死犟不服，噘着嘴瞪着眼，即便知道自己不对也不肯认错，气得妈妈连打带拧。打痛了，我就张嘴大哭大号，目的是搬救兵：袁妈、刘妈还有婆婆听见就都跑来拉劝，总是说“还小呢，还小呢”。妈妈说：“这么大还小吗？不管教不行。”救兵来了，我更加使劲儿地哭喊，以泄私愤。我知道妈妈怕邻居嫌吵，最恨我号叫，我偏偏就号。我有两颗乳齿就是妈妈拿毛巾堵我嘴给塞掉的。在学校看到同学挨训哭得抽抽搭搭挺有滋味的，我也想学，又觉得怪累的，就算拉倒，还坚持大声号哭。因此我挨打的次数很多，几乎成了我每日必修的功课了。

我六岁时，妈妈买来一架钢琴放在客厅里。抬来时，我觉得这东西挺好玩儿，还挺高兴。殊不知没过多久，这就成了我挨打的另一场所。钢琴老师每周来一次，哥哥也学，但妈妈对他没有要求，让他玩玩而已；而我每天上学前得练习半小时。妈妈坐在钢琴一头，一手拿着尺子，弹错一音就顺手敲一下指头，也挺疼的，所以我边哭边练是常有的事儿。爸爸不赞成妈妈的教育方式，有一天早上他们二人在客厅为此吵了一架，妈妈还打了爸爸一下。爸爸生气地上班走了，我吓得噤若寒蝉。妈妈哭着说都是为了我。直到中午在饭桌上，我看他们又和好了，我压抑了一上午的心才放松下来。自此我练琴用心多了。

我四岁时，扁桃体大得阻碍吞咽，还常感冒。妈妈当机立断，送我去胡惠德医院动手术，把扁桃体割了。妈妈听说男孩儿割包皮有益健康，就把六岁的哥哥也一并送去吃了一刀。袁妈、刘妈还有婆婆都在手术室外哭泣，妈妈认为她们无知可笑。我入医院时懵懵懂懂的，可出院后再走过那医院，闻到消毒药水的气味就心跳加快、视若畏途。

妈妈的卧室门每晚总开着，为的是听我们房间里的动静。我们兄妹在北京都患过百日咳，虽然早已痊愈，但一听到小孩儿咳嗽，妈妈就会起身过来看看。她有一个扁扁的体温表，有怀疑就给我们试试。若超过正常温度，先给吃药，后按上床，体温正常后才能下地。我的同学们感冒发烧后都在家里休息

1933年，10个月大

一两天。我妈妈不这样，只要好了就让上学去，从来不娇惯孩子。

妈妈很少有吻我、抱我的亲昵举动，也几乎没和我们玩过。说实在的，我挺怕她的，我们家里是严母、慈父。

4…………最初的玩伴

妈妈的“法律”虽严，但在我们上幼稚园的阶段，还是让我们有很多玩的时间的。

我们楼下住进来一家英国人，姓梭特，有一个男孩儿叫迈克（Michael），比我哥哥小一点儿，比我大一点儿。西边那幢楼也住了一家英国人，有一个男孩儿叫肯尼斯（Kenneth），比我哥哥大两岁。放学后，他们三个一起玩。没有女孩儿，我也只好跟着他们。他们爬树，我上不去。他们爬导水管子翻上护坡，我也上不去，一转眼他们就跑得不见踪影了，我只好哭着回家。有一次，他们在迈克家的厨房里抓了许多豌豆出来，往耳朵里塞，给我塞得最多，我也不敢反抗。到家被袁妈发现了，婆婆拿了耳挖子来掏。他们塞得少，一会儿就掏净了，一窝蜂地又跑出去玩了，而我被揪着耳朵掏得眼泪直流。

还有一次，我跟着他们跑，过了一个小沟，他们一伸腿都跃过去跑了。我不敢跳，下到沟底滑倒，滚了一身黏黏的绿苔，哭咧咧地回去。刘妈生气，说我：“一个丫头片子，成天跟臭小子们疯。看，弄这一身又脏又臭！再一回，我也不管你了！”说归说，刘妈还是给我换、给我洗。尤其是肯尼斯，看见我来，就拿大拇指顶在鼻尖上，扇动另四个指头，做那英国式的鬼脸，还管我叫“Tell”，说我爱告状，还笑话我不会站着撒尿，害得我尿湿了裤子。我顶恨他。他还特爱到我家来，来了就直奔厨房，伸手就抓菜吃，撵都撵不走。后来袁妈发明了一个办法，他一来厨房，袁妈就解开衣襟，露出干瘪的长奶，他就夺门而逃了。肯尼斯的妈妈也打他，用鸡毛掸子抽他的屁股。他两手护着腚，哭着朝外跑。我看见真解气、真痛快!

肯尼斯家住了一两年就搬走了，迈克家一直住到香港沦陷。长大一点儿后，我就和迈克玩得少了，因为他一句中国话都不懂，我只能跟他连说带比画。而哥哥跟他交流则无障碍。梭特先生有电影放映机，我们常去他家看动画片。圣诞节他家有圣诞树，梭特先生也送小礼物给我们。迈克的妈妈死得早，我家人也都怜惜他，常让他上楼来玩。他去澳大利亚前，还送我一只瓷小狗作纪念。

哥哥若不和迈克玩也和我玩，但是有条件的，玩一回洋娃娃，就得玩一回枪。有时我们也下棋，多半是以和平开始，以战争告终。打架的原因往往是我惹的，而我从未打赢过。

5…………又笨，又傻

哥哥在北京已上了幼稚园，到香港继续上中班。我一个人在家，妈妈就教我识字。因为“左”字和“右”字老分不清，急脾气的妈妈就拧我。这下可好，一见她拿出字片来，我就紧张发怵，更分不清了。妈妈说，我哥哥识字只教一遍就记住了，少有像我这样笨的。

第二年，我也上幼稚园，没见过这么多生人，又不懂广东话，死赖在哥哥班上。老师宽容了我两天，第三天，用武力将我挟到了小班，挣扎哭喊都不起作用，只好屈服。没过几天，我就完全适应，话也懂了，也就开始不安分了：揪人家小辫子，抢人家小手帕，招这个惹那个，被老师列为“不乖”之类。课间休息，乖的睡在桌上，不乖的睡在地砖上。谁若从桌上向下看我，我就向她做肯尼斯的那种鬼脸，还伸拳头示威；谁若告诉老师，我就说她是“Tell”，还伸出小拇指气她。

在幼稚园，老师常带我们到校园里上课或做游戏，每人给一张小席子坐。为了分辨席子的正反面，我问了许多遍还是不得要领。老师没办法，只好说“你随便坐吧”。学跑跳步，同学们一看就会了，我练了好几天才会。老师说，我是太肥之故。后来学算术，我更是一窍不通，特别是文字题。老师念完题后问大家，同学们就齐声回答“加法”或“减法”，我就赶快记在题目头上，否则我就不知道。

哥哥在班上总是名列前茅，有一年他还得了第一，而我那一年排在第十九名（总共才二十几人）。爸爸奖他一套木工工具，我则什么也没有，感到自尊心受到伤害。等哥哥睡觉时，我悄悄起来，把这套挺重的工具压在哥哥的胸口上，以平妒火。

我们上的学校是基督教办的圣司提反女校，英制十年一贯，由第十班升到第一班毕业。男生只许念到第十班。我由幼稚园升到第十班时，哥哥已转到只收男生的英皇书院去了。我的学校是座四层楼建筑，底层是幼稚园，风雨操场。当年还另有一所中制的小学租用了圣司提反底层的几间教室。二楼三楼是本校的教室和大礼堂，四楼是住读生和老师宿舍，学校正门开在二层楼。走上一小坡就是罗便臣道，离我们家很近。本来爸爸是想让我们读楼下那所中文学校的，妈妈从罗便臣道下来就进了圣司提反，报差了学校。等发现错了时，哥哥已经上了几天学，也就不去变更了。从第十班上起，上午是英文课，算术、自然、英文、宗教等都是英文课本，图画、音乐等副科也是上午，有的课还是英国老师教。下午是中文课，有国文、历史、地理等，用中文课本。还有国语课，教普通话。我就这门课最好，绝对第一。其他课，有妈妈每天的督导、补习，也算能跟上，但比起其他同学，我还是常冒傻气。

有一学期，劳作课是每人缝制一条小围裙，布料统一剪裁。记得是校服的天蓝色，还带了个桃形的小兜。我在“万有画宝”上找了个黑猫的图案，想绣到小兜一旁。幸有婆婆的帮助，猫的头脸，还有难绣的尾巴、爪子等都是婆婆绣的。我只缝了部分的裙边，还绣了几针猫肚子。完了工，拿到学校交卷，还向同学们

圣司提反幼稚园毕业表演

吹嘘，这都是我婆婆绣的。其实同学们的围裙都是大人们帮着做的，只不过人家不去宣传，再者，她们的也绝对比不上婆婆湘绣高手的水平。交了活儿，这件事也就抛诸脑后了。有一天早祷集合时，老校长照例讲话，我也照例在底下玩我的。忽然，听见了我的名字，后面还听见三个字“For Needle Work”。我一惊，瞪着眼睛不知所措。我们班的级任老师站起来喊我：“傻愣什么，还不快去？”说着就把我拽了出来，我迷迷糊糊地从老校长手中接过一个铅笔盒就回队了。原来，我的围裙作品，学校拿出去参展得了奖。散会回教室，一边走着就听到老师说我“傻到都没有给校长鞠躬”。同学们七嘴八舌地说：“不是她做的。”我可委屈了，“本来我也没说是我做的嘛！”还是老师下了结论：“都不要讲了！”这笔盒有三层，在20世纪30年代算挺高级的了。我把它拿回家放在最下面的抽屉里，一次也没用过，甚至也不去看它，觉得它是个不义之财。

有一次，老师发了考试卷子。我把变（“变”的繁体为“變”）字少写了六点，扣了分。同桌说：“你把点添上去找老师。”我就听了，按她说的改过后拿给老师。老师一看说：“你才点上的，还想来讹我！”顺手给我一个大耳光，把我掴回了座位。同学们都笑我好傻，说：“老师还能让你骗了？”我也没哭，自认活该。

又有一次，来了位新同学，学校的书不全了。老师知道我还有哥哥的书，就让我带一本地理书来。地理书是白面子，我把哥哥用脏的书留下，把新书给了老师，同学们又说我好傻。回去跟妈妈一说，妈妈说："把不好的留给自己、好的给别人是应该的。"我得到支持，挺高兴。

我在学校不拔尖要强，也不和同学吵嘴，只是调皮捣乱，所以还没人说我坏，只说我傻乎乎的。

6 ………… "小妹子坏透哒"

在学校，老师和同学说我傻，在家可不一样了，都说我坏，而且经常把"坏"的根据重复给我听，大概是想起到"以示警诫"的作用吧。

那是到香港的初期，袁妈和刘妈吵嘴，袁妈说刘妈翻她箱子了，刘妈气得把自己的箱子打开要袁妈看。老式木箱挺大，我想蜷在里面一定很有意思，也不知轻重，就说："我在箱子里打了个滚。"袁妈更得理，说"童言无欺"。刘妈哭着打了自己俩耳光。婆婆把刘妈推到楼梯间，刘妈坐在楼梯上哭。我心疼刘妈，挨着她坐。刘妈哭过一阵，用手指头使劲儿地戳了我额头一下说："都怪你这丫头片子！"我莫名其妙。

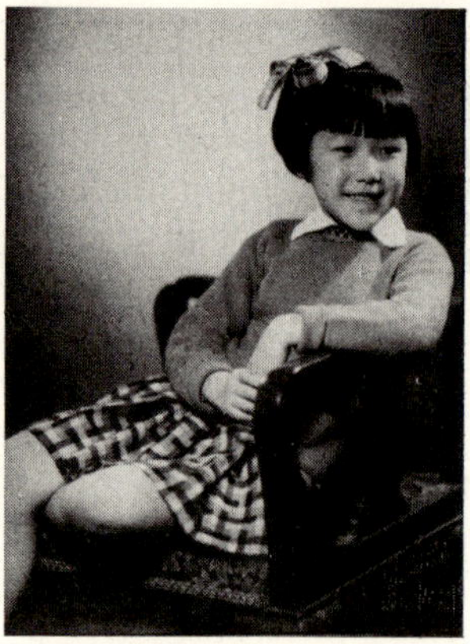

1939年，六岁。"景星"是香港当时最好的照相馆，现在还在营业。父亲在世时，家境还算宽裕，每年都会去照相馆

还有一回，妈妈和爸爸去参加一个聚会，也带上了我们俩。大人们在屋里说话，我和哥哥到院子里玩。院子里有一个金鱼池，里面游着大红鱼。哥哥站在池边的卵石上探头看

着，我在他肩上只拍了一下，他就失了重心，卵石也滑动起来，“稀里哗啦”“扑通”一声，哥哥就与金鱼为伍了。幸亏池水不深，大人们跑出来捞他，都说是我把哥哥推下水的，可真冤枉人了。

我姐姐由武汉来香港过暑假，正碰上抗日战争打起来，她不能回内地，就在香港继续读高中，有时候也跟我玩。她皮肤白，有雀斑，我说她脸上有苍蝇屎。后来姐姐回了内地，刘妈说都怪我说她有苍蝇屎，把她气走了，我信以为真，挺内疚的。

爸爸有位姓严的女学生，抗战期间从北方来的，妈妈请她课余时间给我和哥哥做家教。我们还没去客厅见她，袁妈就挺神秘地告诉我们说，严先生带着一根铜尺，准备打我们用的。我马上就恨上这位还没见面的老师了，不但在上课时和她捣乱，下课后在饭桌上也给她闹难看，有一次还冲出一句：“要不是我妈妈叫你来，你都没地方去。”这话太像是大人教的了。我妈妈解释也不对，不解释也不对。等严先生走后，妈妈着实地打了我一顿。直到妈妈九十多岁，说起这件事还骂我“刻薄”。

我家逢年过节要祭祖、摆供，将大桌子围上红围子，桌上摆一排牌位，还有人的画像。袁妈做许多菜放上，每张画像前还摆上筷子、饭碗、酒盅，像过家家一样好玩儿。哥哥说，那些祖宗就在桌子下面，围上桌围就是怕活人看见。我一听，大感兴趣，就钻进去看，什么也没看见，心想，也许还没来。过一会儿，又钻一次。婆婆就来制止，还在桌边看着我。我钻不成桌子，就开始研究上面那些画像，一个个就像戴着斗笠的猴子。当我将这成果发表出来，婆婆气坏了，连说：“这都是你的祖宗啊！”袁妈来圆场，说“童言无忌”，把我们赶跑。一会儿，爸爸来鞠一躬，妈妈、婆婆还有我们都依次磕过头，就可以美餐一顿了，我也把那些“老猴子”都忘诸脑后了。

哥哥还告诉我，婆婆是公公的姨太太，还说娶小老婆是不对的事。婆婆爱干净，床单浆得平平板板的。桌上的闹钟、铜墨盒是公公的遗物，总是擦得锃亮。我乘她不备，就到她床上一滚，到桌上乱动，或将她砚池的水洒到桌上。这一回，婆婆又在撵我出去，我忽地想起哥哥的话，大声说：“公公就不应该娶什么姨太太！”这下可把她气着了，拿了个鸡毛掸子追我，说：“好忤逆！敢说你公公！”我的房间有四扇门，她追也追不着，最后下了个湖南话的结论“小妹子坏透哒”！

哥哥是幕后指使者，可他还得便宜又卖乖，在我床旁的壁炉墙上写了条“小妹不好”的大标语。我气得和他打架，还是以我的失败告终。

第二章　天崩

❶…………爸爸死了

爸爸猝然死在家里了，那是1941年8月4日下午2点15分。

暑假期间，爸爸总要到新界青山上的寺院里去住一段时间，安心写他的《道教史》。这次，他回来已几天了。回来的那晚，他冲了个冷水澡，睡觉又受了风，感冒发烧，躺了一天，已经退烧了，还在家里休养着。这天，妈妈出去给他买东西，袁妈、刘妈正管着我和哥哥吃午饭，爸爸出来到饭厅拿走一沓报纸。袁妈说："您别看报，还是睡午觉吧。"爸爸说："我不看，我把报纸放在枕头下面才睡得着。"他总是爱说笑话。之后他就回卧室去了。我们饭还没吃完，妈妈就回来了，她拿着东西径直去了卧室，忽听到她大喊一声，叫着："快来人！怎么啦！"我们一起奔到她那里，只见爸爸面色发紫，躺在床上没有反应。也不知谁说了句"快请大夫"，哥哥拔腿就跑下楼去，我在后面紧跟着。

跑到院子，哥哥忽然停步，转身对我说："你去吧，我没穿裤子。"——他只穿条内裤，没穿短外裤。我向来就怕去医院，说：“你不去我也不去！”哥哥“嗨”了一声，转身撒腿就跑，我还跟着。到了胡惠德医院，哥哥就大喊：“我爸爸快死了，你们快去呀！”护士长原来都很熟悉的，看哥哥急得直跳，慌慌张张拿了药械跟我们跑到家里。那天中午院里没有医生，护士没有权力给人治病。她一手托着爸爸的上臂，一手拿着注射器，头颈转过来，对身旁的我妈妈连声说：“你负责啊！你负责啊！”妈妈攥手在胸前点着头，也连说：“我负责，我负责。”针打下去，爸爸长哼了一声，就像睡熟一样了。

我和哥哥被领到房门外，过了一会儿，妈妈走了出来，哥哥一下扑上去大哭大喊：“爸爸死了呀！爸爸死了呀！”妈妈张开胳膊搂着他说：“不要紧，还有我哪！”事后，妈妈回忆说，爸爸晴天霹雳似的一死，她脑中一片空白，听见哥哥哭喊，忽然意识到自己的责任，顿时清醒镇定。这一幕，我记得特别清晰，终生不忘。

这时爸爸的朋友开汽车来看望，一见这情况，稍定惊魂，马上就去找人办丧。他的车还没出院子，就又来了一辆，两车相对数秒，后来的车掉转方向，两车一块儿疾驰走了。我再到爸爸房里，爸爸已被摆放好，盖上了白床单，一只手露在单子外，指甲都是紫的，我伸手去摁也还是紫的。妈妈躺在床旁的沙发上，连声哭着说：“怎样让你爸爸活过来呀！”我不知道该说什么，只是按着爸爸的手，木木地站在那里。

不一会儿家里就来了好多人，我被领回自己房间，和哥哥并排坐在他的床沿上。婆婆站在旁边一边哭，一边唱着数落，样子挺滑稽的。我一点儿都笑不出来，心像被重东西坠着。也不知过了多久，袁妈、刘妈来给我们两个梳头、洗脸，穿戴整齐带到客厅，原来是记者要照相。妈妈还嘱咐我们放自然一点儿，我们都学妈妈那样挺直了背照了。晚饭后，我悄悄溜到妈妈房间，推开房门，见有好几位妇女陪着她，都在数硬币、包硬币，妈妈的眼

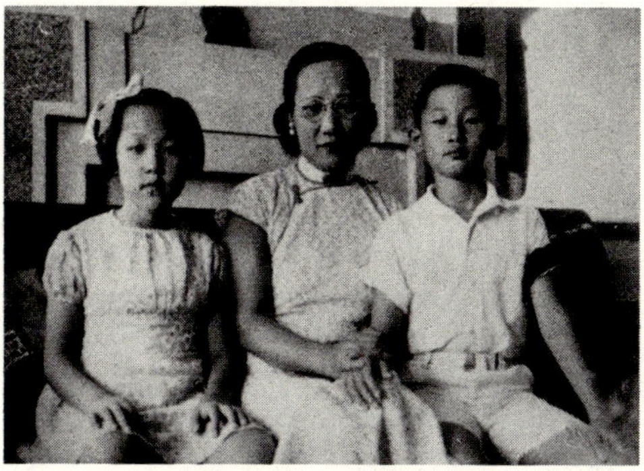

父亲去世当天，香港记者拍摄

哭得很红肿。我没敢进去，退回来，从客厅门外看见爸爸已被移到客厅里了。客厅的沙发搬到了我们房间，人很多，袁妈、刘妈忙得也顾不上管我们，我一夜也没睡着。客厅里的人们通宵在打牌，吵吵嚷嚷的，只有爸爸顶器重的学生金应熙一个人低着头坐在我们房间的沙发上。我想，他的心情和我是一样的。

第二天上午，灵堂已布置好了。宋庆龄昨天就送来的大花圈放在中间，两旁都是花圈。爸爸还盖着单子，他脚头一侧的地上放了两个垫子，让我和哥哥两人跪上，谁来鞠躬，就给谁磕头回礼。来的人很多，川流不息，有些我们见过、认识，更多的不认识。开始我们还规规矩矩地磕，后来就马马虎虎地磕，再后来我俩就坐在垫子上了，最后，我俩就打起架来。有一个来吊丧的女士看见我们打架，竟泣不成声，吓得我们又老老实实地坐着。

下午，殡仪馆的人来，给爸爸抹身穿衣。我在阳台上隔着门玻璃看的。他们把爸爸拉坐起来，爸爸的背很黄，上面还有一片片的斑，我觉得奇怪，可一点儿都不害怕。第三天中午盛殓，是西式棺木，板子很薄。妈妈站在靠爸爸头处，哥哥在她旁边，我在哥哥下边。灵堂里站满了人，我扶着棺材沿，看爸爸穿了一身长袍马褂，他平时参加隆重集会也穿的，可现在戴了顶瓜皮帽，看起来怪怪的。爸爸手边放了一本厚厚的《圣经》，把棺材楦得挺满的，就像冬天被被子裹严实的感觉。我知道以后就再看不见爸爸了，专心致志，目不转睛地看着，直到他们盖上棺材板，拧上螺丝。随后，棺材就被抬出了家，我们也跟着去了香港大学的大礼堂。

父亲出殡

大礼堂里面、外面挂了许多挽联，一副挨着一副。我转着脖子四面一看，只看懂也只记住了两副，一副是“赤子之心”，一副是“若是有人喊救救孩子，就请去问问先生”。

追悼会上有好些人讲了话，我似懂非懂，最后哥哥讲了几句答词。人们又把棺材抬出了礼堂，放进一辆黑色的大汽车里，开始出殡。学生们走在灵车两边，我和哥哥、妈妈在后面坐一辆小汽车，也一步步地慢慢开。那天天很热，我穿了一件现做的黑布长袍，更热，在车里还加上闷，我也一声不吭。好不容易到了坟场，将爸爸放进了挖好的穴里。我们朝上撒了土，听见砸到棺材上的咚咚声，很沉重。

爸爸死了，自始至终我没有号哭，也没有掉眼泪。妈妈说我是没有感情，属无情无义之类！其实，我记得爸爸爱我，从我记事到他去世，六年的时间，桩桩件件我记得很多，记得很清。

2 …………记忆中的爸爸

妈妈监督我和哥哥读书，或清算我俩的错误，都是在爸爸下班回来之前。爸爸一进门，马上“结业”，我俩就像放飞的小鸟一样聚到爸爸身旁，快乐无边。爸爸大概不会打听我的“劣迹”，就是知道，我相信他也不会嫌弃我，因为他喜欢孩子，而且见孩子都喜欢。公公说他是“孩子头”，妈妈说他“不分大小”，的确，我们和他一起玩时，一点儿也没觉得他已是四十大几的一位长辈。

抗战时期，香港是沦陷区与内地的交通要道，常有些亲戚好友路过暂住。小客人也常有，我们就成了伙，跑呀，蹦呀，玩捉贼，玩捉迷藏……爸爸总是自告奋勇当捉人的。我们藏得严严实实，大气都不敢出。爸爸过来，先转上两圈，假意找不到，然后趁我们不备，猛地捉出一个，“小俘虏”被他举得高高的，大家就一哄而出，围着爸爸拽他的衣服，攀他的胳膊来救“小俘虏”。喊声、叫声、笑声，吵得热闹非凡。他在释放“小俘虏”前，必须尽情亲吻一番。他留着三撇胡须，挺扎的，凡被亲的，都两手捂着腮，以做抵御。有时到朋友家去，门一开，那家的孩子们一看是我爸爸，就会一拥而上，欢呼嬉笑，比圣诞老人来了都高兴。大人们自然有正经事要谈，但爸爸一定会提前抽身出来，和孩子们“疯”上一阵。

爸爸爱旅游，到农村去也能招来一帮村童，把带来的食品分给他们，和他们交谈说笑，还和他们一块儿做游戏。有一次，爸爸带回家来一个流浪儿，是个男孩儿，比我大一点儿。袁妈给他洗干净，换上哥哥的衣服，爸爸把他送到收养孤儿的学校去了。那所学校爸爸也带我去过，孩子很多，都穿着蓝色制服。他们看见爸爸，也是欢呼着围了上来，可见爸爸是他们的老熟朋友了。爸爸到新界青山的寺庙里度暑假写文章，我们也去住过几天，发现小和尚们也喜欢我爸爸，到时候就来送水，送羊奶，扫地，抹桌子。完事了，爸爸给他们讲故事，说笑话，顶小的小和尚还没有我大。他们带了我和哥哥满寺院玩儿，还教我们唱“南无阿弥呀陀佛”。

寒假暑假，爸爸在家里的时间多，他教哥哥下棋，跟哥哥讲时事。至于愚顽不通窍的我，他也会发明些玩法来哄逗。他把背心撸上去，光膀子躺在竹席上，告诉我每个痦子、每个疙瘩都是电铃机关，一摁就有反应。我看那两粒奶头倒真像两个门铃，一按，他就发出叮咚的声音，再摁别处，他就发出另一种声音，高高低低，也有好听的，也有怪声的，惹得我咯咯直笑。也许摁了一下，他就会猛地坐起来，捉住我亲嘴，我捂着腮抗拒，他说谁叫我摁了“亲嘴”机关呢。他还张开嘴叫我看，说：“你看我的上腭是平的吧！你舔舔你的上腭。”我听了，舔舔，他说：“不平吧，要想长平就得多亲嘴。”我信以为真，只好挤上眼睛让他的胡子扎。

有一次我吃橘子，不小心咽下去两个橘核，正在发愣。爸爸问：“你怎么啦？”“我把核咽下去了。”“几个？”“两个。”他像煞有介事地说：“明天你肩膀上就会长出两棵橘子树了。”我想，树要从肩膀上钻出来，得多疼呀，咧着嘴要哭。爸爸说：“不疼，不会疼，以后你还可以伸手就到肩膀上摘橘子吃，多好！”我看他开怀大笑的样子，将信将疑。不过一晚上，我还是不住地摸肩膀。

1938年，和父亲出游，后面是弗朗士

冬天，我和哥哥爬到他床上，

要他给我们“演戏”，他总是应允的。他把照相机的三脚支架支到床上，蒙上床单当剧场，再在床上放一个小盒子当桌子。我和哥哥盘好腿坐在一边，爸爸也盘腿坐在对面，他说“哐哐”就开戏了。上场的就是他的两个大拇指，虽然这两个“演员”只会点头和摇晃身躯，但“配音”很出色，“文武场”也很热闹。常演的剧目有《武松打虎》《岳母刺字》《乌盆记》等，直演到妈妈催我们睡觉去才散场。几十年后，我第一次看京剧《乌盆记》，就觉得像看过，细一想，恍然大悟，是爸爸的拇指戏演过。

爸爸还真有艺术的天赋，有一年圣诞节在合一堂开联欢会，爸爸表演小脚女人打高尔夫球，博得全场叫好，大家笑得前仰后合。他也会乐器，会吹笙，还会唱闽南戏。爸爸的一位台湾同乡柯政和先生是位音乐人，爸爸和他合作译过许多外国名歌，也写过许多歌词，有时候也自己谱曲。那时我家有百代公司的好些唱片，唱的都是爸爸的作品。我只跟唱片学会了一首《纪律》，歌词是：“在上学以前，床铺要叠起，在讲堂内里，文具要整齐，所做不苟且，件件合条理，那就叫作有纪律。如果事事都能如此，将来服务才有效率，可爱同学们大家齐努力，一切行为守纪律。”爸爸的歌主要是给学生、孩子们写的。

夏初，在家里的顶棚上乘凉，也是我们和爸爸的快乐时光。他给我们讲故事，讲天文地理，古今中外，林林总总，随口道来。没准儿还是他现编的。他也教唐诗，我记得他教我认北斗星，就教我背“北斗七星高，哥舒夜带刀……”也不给细讲，自己领会去。我想着，一个人黑天半夜带着大刀，想偷人家的马又胆小，不敢过去，总之，怪可怕的，就记住了。其实大相径庭。我不记得爸爸对我们有正正经经地说教训话，大概都是通过这些故事、谈话，潜移默化地把他的思想、观念传递给了我们。等我人到中年，有机会读父亲的作品，发现他阐述的人生哲理，我完全能接受，他笔下的人物和我的思想感情也能融通相契。

爸爸爱大自然，爱到野外去，有时也带上我，可我惯会耍赖，蹲在地上说走不动了，知道爸爸会来驮我。我骑在他肩上，看得远又不出力，得意之至。爸爸怕我摔下来，还一直抓住我的腿驮到目的地。有时我们也去游泳。爸爸认为香港水域不太卫生，他不下水，只晒晒太阳，妈妈带我们去游。在山上、树林或海滩，爸爸都能给我们讲些知识。比如，他告诉过我，大石头上的白藓长了上千年了，有的树分公母两性，海滩上被浪冲刷剩下的贝壳顶叫醋龟，放在醋里它会冒气泡而“行动”。我和哥哥总是要找拾几个拿回去“实验”。爸爸虽是搞文史的，但对自然科学也挺有兴趣，他的书房里有好些自然科学的书。我常去翻看那些插图，所以我很小就知道胎儿在母体内是头朝下的，有些虫子会长得和树叶一样，等等。

爸爸喜欢摄影，这是他自拍的，还摆了搞怪的姿势

爸爸和劳苦大众没有一点儿隔阂。他带我们坐电气火车去郊游，上了车，爸爸就不见了。妈妈说，他上火车头和司机聊天去了。等我们下车，爸爸才与我们会合，司机还探出身子来和爸爸挥手告别。端午节看龙船比赛，也是妈妈带着我们，远远看去，爸爸在岸边和船工们在一起。他跟挑担子上山来的卖菜婆、

卖蛋婆也能聊得开心。有一回中午，妈妈开车去接他，也捎上了我和哥哥。正在车里等着，妈妈叫我们看，爸爸正搀扶着一位衣衫褴褛的老者从石阶上一步步走下来，那老者一定是向爸爸求帮助的。家里也常有人来找爸爸，我们管这些人叫“求帮的”。爸爸妈妈总是尽力满足他们。记得只有一位，爸爸没帮助他。那是个中年男子，穿的西服，来了就对爸爸说英语。爸爸很生气，说中国人和中国人，为什么要说英语，请他走。那人在院子里还冲我们楼上大声又说又喊，还是用的英语。爸爸从窗子里训了他几句，就走开了。我趴在窗户上，看那人没趣地走了。爸爸说，他最恨这种拿外国话抬高自己的人，也就是仗着外国人欺负中国人的人。有位台湾青年要到香港邮局工作，而邮局要求有人担保，其实爸爸过去并不认识他，也爽快地给他作了保。这人就是后来台湾政界的“大佬”谢东闵，20世纪80年代，他还托人带了张照片送给我妈妈，向我们问好。

爸爸和他学生也很亲近，常有学生到家里来，每年还会在我家举办一两次“游乐会”。头几天全家就忙起来，制作游戏道具，准备奖品，布置会场，还要做些点心之类，学生们来都玩得很开心。每学年，他们要公演文艺节目，也到我家来排练，爸爸还给他们当导演，但总把我“拒之门外”。我听得见，看不到，很生气。我知道，爸爸有时还带他的学生们出游，从不带我，大概是怕我又赖地不走，让学生背。

爸爸爱说笑话，随时随地能找到笑料，也会拿妈妈和我们俩来调侃，但对婆婆，绝不因她的出身而不尊她为长辈。对袁妈、刘妈也很客气有礼，就是提出批评，也只是说以后不要如何如何了。

一般说，爸爸总是面带笑容的，但他也会发脾气，挺凶，打过哥哥一次，因为哥哥弄坏了他的宝贝台湾兰花，打完还问哥哥痛不痛。打过我四次。有一次是迈克上楼来玩，我无意中用棒子打了迈克的脑袋，迈克大哭。爸爸闻声过来打了我几下，我觉得挺冤的，就记住了。另三次挨打大概是罪有应得，不记得是为了什么，但有一次打得重，用鸡毛掸子在我胳膊上打出了一道紫棱。妈妈叫刘妈给我找了件长袖衫子穿上，还拉着我去，撸起袖子向爸爸“问罪”。爸爸冲我做了个怪相以表歉意，把我逗笑了。

爸爸死时，我只有八岁多，又愚昧不开，若是老天能再多给我几年和爸爸相随的时间，我对爸爸的记忆会更多更广，受的教诲也会更深更切。也许是爸爸给我的基因传递，抑或是耳濡目染，后天学来，爸爸的乐观豁达，仅这一点就是最大的宝藏，支持了我的一生，润色了我的生活，受用未尽。

3............爸爸和我们共同的朋友

在香港，我们全家最常去的要数陈寅恪伯伯家了。爸爸和陈伯伯是同道，这是一层；我外祖父在陈公三立家做过教师，教过大陈伯伯衡恪，这又是一层；陈伯伯初到香港时，陈伯母就生了病，妈妈把他家两个大女儿流求和小彭接来我们家住了一段时间，我们四个小孩儿玩得热火朝天。有这么上上下下的三重关系，自然就非同一般了。他家搬过好几次，最后在九龙边一个叫Happy House的小区住得最久。到假日，妈妈开了汽车，我们就去了。爸爸和陈伯伯二人谈起来没完没了，我们也不去缠他。流求带了我们到后山上玩。我们四个跑呀，追呀，还满山探寻。广东人有将先人骨骸从坟中挖出装在坛

1938年，与陈寅恪的三个女儿。立者是本人与陈小彭，坐者是陈流求与陈美延，旁边是哥哥周苓仲

子里若干年后再入土的风俗，有的坛子破裂，被野狗乱拖，这些人骨也能引起我们兴趣。中午回来，陈伯母听说我们竟玩起死人骨头，让我们洗了好几次手，最后还拿酒精消毒。找流求、小彭玩，是我和哥哥最开心的事。

第二开心的就是去弗朗士家。弗朗士是英国人，爸爸港大的同事。他家在香港岛另一面的一座小山上，养着一头驴用来驮水，养一群羊，还有奶牛、鸭子、鸡、鹅、兔子、蜜蜂，还有猫和狗，整个是个小畜牧场。后来哥哥和我都学了畜牧专业，就是这时培养的兴趣。弗朗士独身，也很风趣。有一回，他挺神秘地告诉我，他娶了个姑娘。“啊？在哪儿？”“就在我房里。”我就快跑去看，什么人也没有，只有一幅古装美女国画挂在墙上。当我失望地走出来，他们都哈哈大笑。弗朗士还信誓旦旦地说，他绝对Honest，大美人就是他Wife。他要爸爸给他译个中国名字。爸爸说，你的姓译成广东话就是“裤郎屎”（裤裆屎）。我在一旁直拍手，才解了气。爸爸去世时，他正利用暑假开大货车，为宋庆龄领导的“保卫中国同盟”往延安运送从海外募捐来的药品、物资。没想到只过了四个月，他就在香港对日作战时中弹牺牲了。近年，我曾两次去香港给父亲扫墓，也去赤柱军人坟场给他献一枝花。

常去的还有马鉴（字季明）伯伯家。马伯伯是爸爸在燕京的同事、好友，爸爸到港后特请他来港大教书，共同致力于香港文化教育改革。马家的孩子比我们大不少，玩不起来，但马三姐马彬口才特好，讲起《福尔摩斯》来绘声绘色的。他家房子深，光线暗，越听越紧张，把只小板凳一挪再挪，直挪到马三姐的身边，抱住她的腿。她讲的《蓝丝带》《吸血妇》等，我现在还记得。

爸爸的朋友陈乐素先生（陈垣公的儿子）是史学家，中药是他家祖业，在乡下有房子，我们也去过。房子里摆满大箩筐，里面都是中药。他家孩子多，我们一起玩，比我小一岁的阿超，会写大大的毛笔字。他七岁时写的一个大“寿”字，裱起来展览过。阿超的大姑姑，我们也跟着称她为大姑姐。爸爸去世之初，大姑姐住我家陪伴妈妈。每天早上，我和大姑姐同路一块儿走，我上学，她上班。她在光明报社工作，说是总经理叫萨空了，我听是“杀空了”，一定很厉害，可不敢迟到。香港沦陷后，大姑姐还常来看我们，教我们如何识别假货，避免受骗，一直关照着我们。

蔡爱礼医生是港大的校医，台湾人，爸爸的同乡。他的大女儿敬文和我是同学，还有两个弟弟。我们两家常来往。

有位法国老太太，应该称她“马当姆马蒂”，我们舌头笨，称她“马大马的”。她家也在港大附近，爸爸的朋友路过香港时往往住在她家。爸爸去看朋友时有几回也带我们一起去，她家没小孩儿，但有好些奇奇怪怪好玩儿的东西。她也爱开“游乐会”和“跳舞会”，都是我们最爱参加的。徐悲鸿先生在香港开画展，就住我们家里，他想买些古画，妈妈就开车送爸爸和他去了“马大马的”家。“马大马的”拿出许多画来给徐先生挑选，当他看到那幅后来被称为“悲鸿生命”的《八十七神仙卷》时，两只手都哆嗦起来。妈妈说，搞艺术的人情绪就是容易激动。

有位Aunty谭，信天主教，独身，她与母亲及独身的哥哥同住。她家的餐厅像个船舱，还总是吃西餐。她对我们很好，我也喜欢她。

有位胡校长，是一所女中的校长，她弟弟就是我们家对面的医院的院长胡惠德。胡校长在新界青山有座别墅。我们在那里度过暑假，平时假日也去过。

《大公报》的名记者杨刚女士是我家常客。她总穿蓝布旗袍，不烫发，不化妆，在当时的香港是很少见的。我们称她杨先生，到客厅去见过就退出来，因为爸爸总要和她谈许久话。妈妈说她是共产党，我想共产党就是不一样，挺好的。我将来也不要摩登，要像共产党那样。

《新儿童》的主编黄庆云，我们称她黄姐姐。《新儿童》是半月刊，封面特别好看。爸爸应她的要求，编了《桃金娘》和《萤灯》两篇童话刊在《新儿童》上。可惜，爸爸去世太早，否则还能多给孩子们写些。黄姐姐来，我们欢呼雀跃，她喜欢孩子们，还在我的作文本上找了一篇，题为“小蜜蜂的自述”，大约有五十来字，这是我第一次发表的“大作”。

梁漱溟先生到香港办报就住在我家，他不吃肉，和我爸爸一样，所以他就在我家搭伙。晚上，爸爸、妈妈若是出门去了，梁先生就坐在小板凳上和婆婆、袁妈、刘妈聊天，讲好些我们闻所未闻的事情，我也挤在刘妈身边好奇地听着。我小时候就感觉到，梁先生和我爸爸完全是同一类型的人。

4…………妈妈顶起了天

爸爸下葬后，各界又开过几次追悼会，都是妈妈带了哥哥去的。追悼会开过，丧事就算办完了。治丧的朋友们可还在发愁，这一大家子老的老、小的小，没有了经济来源可怎么得了！俗话说“救急不救贫”，靠任何外人都不是长久之计。妈妈叫周俟松，是北京师范大学1928年数学系毕业的，表示可以胜任教学工作。但那时暑假将结束，开学在即，各校师资已定。朋友们多方联系，最后定在铜锣湾的培正小学。虽说有点儿“大材小用”，但饥不择食，妈妈也就应聘了。总算“开”了“源”，但一个小学教师的工资和爸爸的收入相比，直如天上地下，必须还得“节流”。按说“节流”是我家的内部事，但朋友们还是热心关怀、积极建议：一是搬家换小房子，二是减辞用人，三是转学换校。

转学换校只是我的事，哥哥已入英皇书院，是公立的，学费有限，而教会的英制圣司提反学费要高出许多。说是让我转去真光女中附小，我二话没说，就去考了。这“真光”我熟悉，姐姐

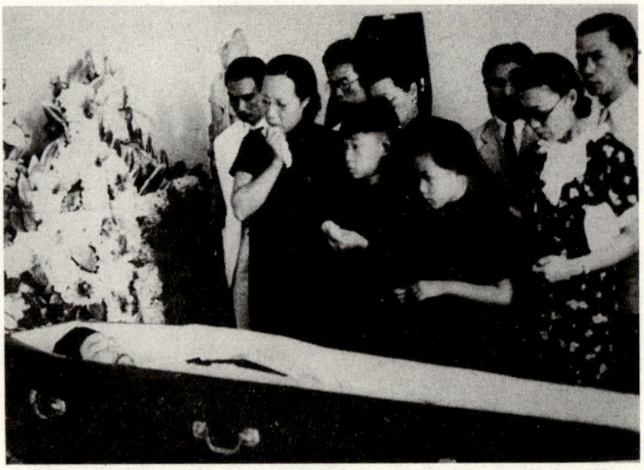

在父亲的灵柩前

念过，马小姐姐正在读着。从罗便臣道尾走到罗便臣道中，路我也认得。到了真光学校，老师已在等我，拿了题给我做。虽说只考我一个人，类乎走走形式，但我也把题都做了。中午，又一个人往回走，心想以后我就得天天走这条路，虽然比圣司提反远不少，但我也不怕。半路上，有座红砖的小楼房，哥哥说那里面有鬼，这我也没怕。我现在是个没有爸爸的小孩儿了，不能娇气，于是很有自信地回到家中。

我七姨是天主教圣方济各会的修女，在青岛圣功女中教书，听到我爸爸的噩耗，和一位尹修女一起来香港看我们。袁妈、刘妈流着眼泪跟妈妈说，她们可以跟七姨回北京去，不给妈妈增加负担。妈妈不忍，融融洽洽相处十来年了，再说，小孩子没有了爸爸，再没了自幼相依的保姆，感情上更受伤害。妈妈提出了个办法，征求她俩的意见，立时使她俩破涕为笑，表示一定尽心尽力，帮助妈妈共渡难关。妈妈的办法是腾出两个大房间，办一个带伙食的公寓。七姨走后，妈妈搬到了爸爸的书房，那看得见海的两个大间布置成了卧室。这样一来，袁妈给人家做饭，刘妈打扫房间，给人家洗衣服，工资也挣出来了，房子也不用换了。记得住西边大间的两位大学生，他们有时也和大家谈笑。特别是哥哥喜欢向他们问这问那，他们也喜欢和哥哥说话，还说得怪热闹。住原客厅的，先是一对新婚夫妇来度蜜月的，后是贝特兰先生，一位新西兰记者，还参加过“保卫中国同盟”的工作。来后不久生了伤寒病，从医院回来休养。婆婆找了爸爸的一件小古董——铜制镂花柄的小铃铛放在他的床头，有事好叫刘妈。袁妈给他做西餐夹三明治，切下来的面包皮我都捡着吃了，好像这样就可以分担一点儿家庭负担似的。

考了真光学校不久，妈妈就收到圣司提反老校长Miss Akens的信，说是为了感谢爸爸对香港的贡献，免去我的学费，直到我毕业，还让我在学校吃午饭。妈妈说，这就不用转学了，到真光去还得回来吃饭，留在圣司提反更好。英皇书院也来信，说免了哥哥的学费。还有位不相识的英国老太太，写信来要负担哥哥的零用钱。社会的关心给了妈妈挺大的安慰。

开学后，我和哥哥上学，妈妈上班，袁妈、刘妈忙房客、忙家务，婆婆管顶棚上的花和小狗、小猫，日子也过得平平稳稳。朋友们叹为观止，说：“哎呀，许太太真了不起！”

不过，变化还是有的：汽车卖掉了，钢琴没卖，移到了饭厅，大学生房客有时候敲几下。我的钢琴课彻底免了。我和哥哥的中文补课也免了，因为妈妈回来得迟，可能她也没有那么多精力来和我们淘神了。但我们下课后还是规规矩矩地坐在桌前写作业，让妈妈回来时看见心情好些。妈妈的心情就是家里气氛的晴雨表，有时候她回来挺高兴，说说学校里小孩子们的事，笑得挺开心，大家也都很开心；有时候就不然，特别是有些什么事触动她想起爸爸的时候，她就会大哭一场。给爸爸的坟墓做碑的石匠每次来都会惹她伤心，我都怕那石匠来。

爸爸的猝死给了我挺大的精神压力，我老担心妈妈什么时候也忽然死了。有一天，她感冒发烧在家里躺着，我下课回家时，在坡上摘了一把紫色的野花，到家后轻轻把妈妈的房门开一小缝，看看她还活着才推门进去，把花放在她的床头。别人有没有精神压力我没问过，七姨来时，和尹修女两人轮番地给婆婆、袁妈、刘妈三人布道，劝得她们三人都去受了洗。现在，她们没事儿就念经、祷告，说这样爸爸就能早离炼狱升入天堂，天主还会保佑我们大小平安。

就这样，我们虽有压力但也平稳地过了四个月。四个月后，香港沦陷了。

第三章　地陷

❶…………日本人打来，把我们“炸”进了天主教

那是1941年12月8日，星期一。早上，我提了书篮，哥哥背了书包，一起走出家门去学校。还没出院子，就听见天上有“嘭嘭”的声音。抬头一看，有几架飞机在飞，飞机的两侧和后面不断有像棉花球似的一朵朵白云在绽放，挺好看的，于是我们停步看了起来。这时，妈妈打开窗户大声喊我们：“快回来！不上学了！”我们怀着满肚子疑惑回到家里，才知道天上是日本飞机，高射炮是英国人打的，不是演习，真的打起仗来了。

方才是Aunty谭打电话告诉妈妈的，妈妈还在不住地接朋友们的电话，都是报告这个消息。房客贝特兰站在窗前，朝天上和海那边的九龙眺望，不一会儿，他穿好衣服和妈妈说了几句话就走了。妈妈说他投军去了，还说：“看人家，国难当头，不用叫，自己就去了。”之后，妈妈也匆匆地出门去了。上午，有人送来了三麻袋粮食，放在食品间的门后面。一袋是碎白米，两袋是玉米粒。我没见过这黄黄扁扁的玉米，就抄起来像玩沙子一样，哗啦哗啦地扬撒。刘妈过来说：“这是救命的粮食，不是玩意

儿。幸亏你妈妈跑得快，抢到这几包，打起仗来，没吃的怎么办！”

爸爸死后，我似乎开了些窍，也不那么胡搅蛮缠地捣乱了。刘妈一说，我也就乖乖地走开。袁妈还拿些杂物盖住这些粮食，又嘱咐我不要告诉外人。不久，妈妈回来了，看见我和哥哥挺高兴的样子，叹了口气说：“当小孩子多好，什么心也不操，天大的事也不用他们愁。”我本来想，当小孩儿没一点儿自由，大人想干什么就能干什么，听妈妈这一叹，隐约地感觉到，打仗是件很严重的事。

下午飞机还在炸，炸弹掉下来带来尖锐的呼啸之后，就是沉重的一响，看得见中弹房屋腾起的烟火。哥哥吓得直哭，拽着妈妈要去教堂受洗礼，说是不受洗炸死就上不了天堂。妈妈就带上我们兄妹，走到中区的主教大堂找到神父。因为早都认识了，他二话没说，带我们进了大殿，把圣水池中的水撩一些在我们额头上，入教的仪式就算完了。回家的路上，炸弹还在呼啸，可哥哥一蹦一跳地特别开心。他说一受洗礼，过去的罪孽一扫而光，现在是最纯洁的人，若是现在就被炸死，一直就升上天堂了。我未置可否，我可不想现在就被炸死。再

1939年，我（六岁）和哥哥。

说，我也没有感到有要死的危险。妈妈一路沉默。

几十年后，回忆起这事，她说，战争一开始，她就没寄希望于港英政府，知道沦陷只是迟早几日的事。倘若日本人登陆后和在南京一样见人就杀，我们就无处可躲，无处可藏。入了教，就可以逃到教堂里，日本人总不敢到哪国人都有的大教堂里去杀人吧！

就这样，我们全家都成了天主教徒。

❷…………泉水叮咚，野菜满锅

虽然有了以防万一的办法，但战争还要延续多久，沦陷后又会怎样，谁也不知道。三包粮食能否接济到社会恢复正常也是个悬念。袁妈、刘妈都说可以吃野菜，但香港有没有她们过去在北方熟悉的那些品种，还得去找寻或试吃。婆婆是南方人，她肯定地说野茼蒿是可以吃的，于是第二天，她们三人提了只大筐子上山，我也跟着。香港冬天草木不枯，野茼蒿好认，也多，时间不长筐子就满了。晚上煮了一大锅，她们当饭，却不给我盛。我就围着要，刘妈给了我一点儿，我觉得虽不难吃，可也不算好吃，对它的兴趣也就淡了。

自开战后，灯火管制，家里没开过电灯，蜡烛也不许点，所以我们早早地就上床睡觉。不几天，自来水也停了。所幸我们那个架空的院子下面是岩石，石缝总在滴水，接水的任务就是我的了。提上一只桶，桶内放个小缸子，另一只手拿个小板凳，走到院子下面，选好地方，听着小缸子里的叮咚声。接接倒倒一坐几个小时，等桶里的水快满时，刘妈或袁妈就会来给我换只空桶，提水走的时候，还总不忘表扬我几句，这是我以往几乎听不到的，心里觉得怪美。

❸............来了两位一起避难的长辈

房客贝特兰参军后，大学生房客也到学校集中参加战时服务去了。这时，家里又来了两位亲戚，一位是江南才女，很有风度的毛彦文女士，她是民国闻人香山慈幼院院长熊希龄的续弦夫人。由于熊希龄的前夫人朱其慧是我五姨父的姑母，所以虽然毛女士只比我妈妈大两岁，我们还是称她为熊婆婆。抗战开始，熊公公夫妇就离开了香山的双清别墅到上海居住，慈幼院则迁到了广西柳州，因此他们就需经常往来于沪桂两地。1938年元旦未到，熊公公就在路过香港时突发脑出血死在旅途中。妈妈及时把熊婆婆接来家里安顿，爸爸总揽的一应后事。以后熊婆婆独自主持慈幼院，每次来往路过都住我家。这次路过可能是父亲才去世，妈妈又在外工作，熊婆婆不想来打扰，就下榻九龙。偏偏赶上了战争，前进不得，后退也不能，妈妈请她赶快过海来我家，九龙不是可以停留之地了。

另一位是陈八叔，妈妈的同学、好友陈蕙君的堂弟。周家和陈家是世交，同辈人都很熟识的。不过这陈八叔年轻，当时三十来岁，清华大学毕业，学电的，在九龙工作，还没成家，差不多每周都来，可袁妈、刘妈都不喜欢他。我们有时故意叫他八哥，降他一辈。有一次，我对着他念童谣："八哥，八哥哥，学我说话，学会了和我吵架。"他飞起腿要拿尖头皮鞋踢我，被刘妈挡住，还训斥了他一顿。就这位八叔，现在九龙吃紧，他当然是不请自到了。妈妈说国难当头，大家还是互相帮助，多包涵些。袁妈、刘妈只能接纳他了，但对这位唯一的男子汉，谁也没抱什么期望。

❹............差点儿被炸死

日军攻下九龙后，朝香港炮击就更频繁更猛烈了。开炮时，我就停止接水，回家和全家一起，挤坐在底层的楼梯下面，说是这里最安全。炮弹带着尖锐的呼啸声，接着就是沉闷地一炸，能感觉到地下一震。若是啸声低粗，爆炸声就会很大，表示弹落不远。开战后，窗玻璃上都贴了防震的纸条，没想到上过栓的大门会在剧烈的震动中猛地来回扇动，都可以看见外面的院子。兵荒马乱，没了大门可是万万不能的，我们赶紧搬来椅子顶上。后来还灌了两麻袋沙石挤住门下，上面再用大杠子撑牢，门才免了被震掉之虞。躲炮时没人说话，说也听不见，大家都在默默地用身和心感受炮弹的威力。可是天天如此，人慢慢也就麻木了。

那天中午，大家围在桌前吃饭，忽然一声巨响，天也黑了，还有暴雨似的哗哗声。妈妈一跃而起奔去开楼梯间的门。门开了，天也亮了，声音也没了。大家正惊愣着，袁妈跑到饭厅来，看见大小都完好无损，才哆嗦着嘴唇说是炮弹掉院子里了。大家跑到旁边一看，那空闲地基边上有一堆土，满院子都是石头泥块，还有黑的弹片，方才一黑原来是土块迸射遮的。大家都连声说"好险""万幸"。袁妈说她正在窗前念经，看见一个大黑球过来削断了一排棕榈树，改了方向顺着那小坡滚下，院子火光一闪，轰的一下，把她震得退了几步，这都是天主保佑的。妈妈倒没说感谢天主，只说若是掉到房上，正好大家在一块儿，都炸死也就算了，要是炸残废了，或者剩下几个，就难活了。当天下午，她就到胡惠德医院去租了一间从上往下数第三层的小病房——开战后，病人差不多都走光了，空房间多得很。这样，大家不用再挤在楼梯下，打炮时就去小房间的床上"排排坐"，晚上不打炮就回家睡觉。

胡惠德医生的家就在医院旁边，他家也到医院里避弹。胡医生的小儿子比我小一点儿。他带着我们兄妹在医院里玩，从顶楼跑到底层，再从另一边楼梯跑上去。医院楼层多，过道拐来拐去，我们在里面捉迷藏就像入了迷魂阵，开心之至，以前对医院的紧张感全烟消云散了。

有一个傍晚，我和哥哥在医院门厅玩，看见有汽车开过。本来这条路是不准走汽车的，我们便到路边去看，一下看见了我学校的秘书、英国人白伦斯女士，开着一辆货车往坡下走。我们离开学校好些日子了，看到老师特别高兴，不由得欢呼雀跃。老师也看见我们，笑着跟我们招手，慢慢地开了过去。我目送着，当车的尾部展现在我的眼前时，我就像胸口挨了致人眩晕的一击——后面是两条被齐齐炸断的腿！人躺在车厢里看不见，这两个截面，白的骨头，红的肉，太吓人了。我的感官和心灵都还没有承受过这么大的刺激，也没有这种准备。我忍着哭，好像也不是要哭，胸口压着，呼吸都困难起来。一连好些日子，这可怕的画面老在我眼前，觉也睡不好，吃也没胃口。炮弹掉在院子里只是惊了一下，随后就庆幸开心起来，而这两条断腿的印象竟纠缠了我数十年。

有一天，我家那只黑白花的小狗多利像往常一样被放出去撒欢，可到傍晚还没有回来。哥哥扒在窗前盯着院子大门，呜呜地哭得怪可怜。我也喜欢多利，可我不抱什么希望，它肯定是被人捉去吃了。炮火连天，人还死呢，何况狗乎！这大概是哥哥在战争中最伤心的事了。

开战十几天了，日本的炮越打越近，弹丸之地的香港岛估计坚持不了多久。一天在饭桌上，陈八叔说："日本人来了，我就当顺民。"哥哥忽地一下拍案而起，直瞪着眼睛冲他大喊："你这是想当亡国奴，没准儿还要当汉奸呢！"在我家，冲长辈大声嚷嚷属于"没样子"，是绝对不许可的。陈八叔反倒哈哈大笑说："看把小苓气得，真是爱国！"也不知他是表扬我哥哥，还是在揶揄他。袁妈把哥哥拽走算完事。可是日本人来后，"亡国奴"就不是谁想当或不想当的事情了。

1941年秋，陈八叔和我、哥哥。我穿着圣司提反校服，佩着银质校徽

第四章　铁蹄

❶…………明抢

香港史称“黑色圣诞”的1941年12月25日晚，港英政府挂白旗投降日军了。第二天早上人们才知道。我下坡去接水，看见路上丢了好几件巡逻队的制服，还有防毒面具。我看面具好玩儿，拾了一个，被刘妈随即扔掉，说日本人看见要杀头的。怪不得都扔在路上了。炮是不响了，但山下市区时有枪声，也不知是谁打谁。有人来告诉妈妈防“烂仔”（地痞流氓）来抢，若来了就敲锅盆，大家邻里互救。还算幸运，“烂仔”没来，可日本人来抢了。

日本人由两个汉奸带着，他拿着支大枪，站在门边。两个汉奸掏出个布告样的纸片给妈妈看，说是要“借”被子给“皇军”，就径直到卧室去拿。袁妈扑到被子上按住，说：“这个正盖着的，不能拿。”他们又去拽另一床被，袁妈又扑上去按住。妈妈怕汉奸要打袁妈，赶快去把贝特兰盖的那床被拿来给他们。他们还要，又给了一床挺厚的俄国毛毯。他们还不走，又给了一床薄些的被子，才算不出声了。走到楼梯口，妈妈追上去要汉奸写个“借条”，汉奸倒是写了。他们走后，妈妈把“借条”贴在大门外面。也许是起了作用，抢被子的没再来，可抢房子的来了。

来的是个穿便服的日本人，带个翻译，把几个房间看看，就说让我们马上搬走，他明天就要房子。妈妈面对这种霸道的占领者，知道和他们是没道理可讲的，更不要去求他们，二话没讲。他们走后，妈妈定定神，马上去30米外的郑家，请求租他家的客厅过渡。郑先生爽快地答应了。郑先生是香港中国银行的经理，那一幢四层楼连半地下的底层都是他家的。客厅在一层，挺大，占了一层的一半面积，还带一个向着马路的大阳台。我们一秒钟也不敢耽搁，收拾的收拾，运输的运输。陈八叔停战后就回九龙去了，袁妈、刘妈还有我和哥哥就成了搬东西的主力，像蚂蚁一样，穿梭来往，东西一放，马上回来，真叫马不停蹄。

下午，那个日本人又来了，一看，按住这件，说“这不要搬”，又按住那件说“这不要搬”。他一转身，我们马上就搬走这件。记得客厅里有一张红木镶边的大理石桌，我和哥哥抬起就走，重也顾不得了。这是我第一次跑这么多路，出这么大力。晚上，大家累得连铺盖都不打开，在堆得满满当当的郑家客厅里，靠在行李卷上，腿疼得没地方放。天亮又接着干，等上午日本人来，基本上剩个空房子了。他愤愤地说了句“我不要了”，扭头而去。这场斗争我们虽获全胜，但往回搬可就搬不动了，直搬了一个月，还交了两边的房租。

朋友们说打仗以后，房租都停交的。妈妈说，人家肯给我们救急，就感激不尽了，怎能再前说后不算。这一个月，我和哥哥基本上都在郑家这边。郑家最小的四个小孩儿，双生的儒钧、儒玉和她们的妹妹儒咏都是我们圣司提反的同学，还有他们一个弟弟，年龄也相仿，在一起玩得很开心。玩得最多的是“做戏”，随便出一个题目，大家就分分角色，自编自导自演起来，即兴发挥，却都是挺投入的。剩下我和哥哥二人时，就在那阳台上玩皮球。不上学的日子也自由，快乐！

2…………米粒

香港大学的师生在战时组织了护校、救治伤员等工作，停战后也没解散，考虑到经过18天的战乱，各家都将断炊，便让住在近处的家属们也到他们的食堂吃饭。我家也享受了这份照顾。妈妈、婆婆、熊婆婆和我们兄妹共五人便一天三回往港大跑。好在近，下个坡再上个坡就到了。开始还分中餐部、西餐部，没过几天，外籍人士都被抓入集中营了，我们就吃中餐。排个队，先拿一只大碟子，往前，扣上一勺饭，再走，浇上一勺菜，就坐到饭厅的餐桌上吃。这一份饭，对大小伙子是不够的，我们则嫌多些。人熟以后，他们就少给我们一点儿。

吃完去还碟子，再领一份生米回桌上去拣。这拣米的工作就由婆婆和我二人来完成。米里有黑的小硬壳虫，白的细肉虫，绿的、黑的霉米，还有稗子、稻壳、沙子、小土块儿。得把米倒在桌上摊开，一点点地扒拉着拣，五份米也得拣好一会儿。若有没去壳的，就用指甲剥出米粒来，一颗也舍不得扔掉。有时候也有大学生来跟婆婆说好话，把他那份倒给我们拣，婆婆都没拒绝过。拣干净后，婆婆还要拿个小簸箕簸一遍，绝对可以食用才去交回。饭厅的服务人员也都是大学生，对我们这一老一小总是笑脸相迎。在港大吃了一个来月，日本人开了粮站，按户口本配售平价米，港大的特殊照顾也就停止了。

买米的任务是袁妈和我两人的。粮站在下面的般含道。袁妈是天足，能走路，带上我是因为她不会说广东话。头天去没买到，第二天一大早就去，在粮站门口排着队，慢慢就来了许多人。袁妈一手拉着我，怕挤散了。粮站的人怕人多乱挤再出事，就拿支粉笔在每人肩上写个大大的号头，没排队的不给号，写够

1941年，袁妈（左），婆婆（中），刘妈（右）

号头就叫明天来，这样迟来的人就散了，秩序也就好了。原来粮站的米有限，按供应量也供不上，供应量是每人每天老秤六两四，合现在就是四两，两百克，其他副食和油都没有。经常看见路边上躺着饿死的人，盖条麻袋，露出大黑脚板。

港大的蔡爱礼医生是台湾人，通日语，日本人把他叫到卫生课去任职。他念及友情，让我妈妈也去上班，好拿一份工资糊口。在那里，妈妈得以看到收尸队的报表，港九两处一天收过九百多具！收尸队员告诉妈妈，头天看那人还有一口气，没收，第二天一看，身上被片得红鲜鲜地，被饿人吃了！自那以后，剩一口气的他们也收，省得那人再挨刀割。妈妈也看见过被割过的尸体，告诉我原来人是没有肥肉的。长大后我才悟过来，饿死的人哪里还有肥肉？

卫生课占的是汇丰银行旁边一座银行高楼，也在海边，我去时总看见摩罗差（印度警察）押着苦力们扛着米麻包装上大轮船。衣衫褴褛的小孩儿们拿着废罐头盒跟在后面，一粒粒地拾掉在地上的米，被赶走随即又聚来。路人若丢下什么东西，小孩子们就蜂拥去抢，若是能吃的，就迫不及待地塞入口中。有一回，我看见一辆汽车里扔出一把柿子皮，后面的车碾了过去。小孩子们还是围过去，从地上抠起来送进嘴里。

爸爸曾带我去看过一个大仓库，除了粮食，还有咸鱼、咸菜，贮在一排排大大的木囤里，要爬梯子上去才看得见里面的东西。这些食物都让日本人运走，接济南洋的战场去了。铁蹄之下，中国人的命连蚂蚁都不如。

3…………悲惨世界

妈妈在卫生课没干几天，因为那里每早上班时要向东京方向默祷，像当汉奸似的。蔡医生就把她介绍到赞育医院做了事务员。赞育是家妇产医院，在西边街上，离家也近，当时有这么一份工作真是不容易。

夏天，华仁书院复了课，是所男校，只能哥哥去上学。我的学校成了医院。战后，校长也入了集中营，我就在家“博览群书”。“群书”是商务印书馆出的一套“小学生文库”，马鉴伯伯家回内地时给的，有百多本，公民、历史、地理、化学、生物都有。而我专看童话、民间故事和小说，多半能看懂，比如《黑奴魂》《鲁滨孙漂流记》《天方夜谭》等。午饭后，我下山给妈妈送饭去，就留在医院做妈妈给我指定的算术题，等妈妈下班一块儿回家。

当年的西边街是条台阶路，路边是宽大的阶台，每级台阶上都坐着几个肿得黄亮的大男人。他们靠着墙伸着圆粗的腿，爹着圆粗的脚趾。我经过时，他们就盯着我手上的饭盒。我很紧张，低下头，快步离他们越远越好。那时发肿的人很常见，称“脚气病”，一说是缺少维生素B，一说是缺少蛋白质，总之就是饿的。医院门上下坐的都是产妇或病人的家属，铺着席子，晚上就睡在街上，等着，熬着。也不知是战争中受到惊吓，还是营养极差的缘故，难产的不少，几乎每天都有死亡的。医院的人还称死者为“黄鱼”，妈妈说，这些人连点儿同情心都没有。有一次，妈妈指给我看门外一家，一个年轻男人带了三个很小的孩子，说他们在门外已有两三天了，方才孩子们的母亲已去世，他们还不知道，还在盼着妈妈抱着孩子出院呢！真是可怜！

我每天做算术题的空房间大概是医院的教室，中间一张长条桌，一排窗户临着西边街，窗下放了一张没有挡头的铁桌，罩着洁白的床单。我不敢把床单弄皱，更不愿看窗外的悲惨人群，习题做烦了，就只有拿墙角那副人骨标本解闷了。那是副完整的人骨，吊在支架上，各关节有铜丝连接，不但能动，还很灵活。我拉住它的手一拽，它就稀里哗啦地摇摆一通。那时我人矮，视角低，没有和那龇牙空眼的骷髅头面对面，否则不会那么开心的。做一会儿题，和骷髅跳会儿摇摆舞，时间也就过去了。

有一天，我刚推开门，就看见一个女人叉开腿躺在窗前的铁床上，有几个穿白衣的在她身边忙着。听见门响，他们连同那床上的女人都转过头来，我马上关上门跑开去。妈妈不让我去她办公室，又怕方才那临时产房的医生出来骂我，我便跑出了医院门，沿着西边街走下坡，不远就到了皇后大道。

皇后大道我战前来过，很漂亮很热闹的，有许多大商场，橱窗里的东西都好看极了，有眨着眼睛的猫头鹰招牌灯，转螺旋的柱子灯，还有飘出馋人味道的食品店、咖啡屋……现在完了，中弹的楼房还立着，不是没了顶就是残了墙，门、窗都没有了，只剩下空架子。好房子的铺面也多数上了门板。我正踯躅着，就听见低沉的呻吟，侧头一看，就在一栋破楼底下，躺了一片干枯的人。昏暗中，我看见他们向我伸出胳膊，掬着手，深眼眶中闪着灼灼的目光。一阵恶臭扑过来，一瞬间我差点儿喊出来，扭头一气跑回了医院，心还扑通乱跳，直想要哭。这些活骷髅是收尸队给集中的吧？掬着的手是向我要吃的？灼灼的眼光是怎么回事儿？我为什么要怕这些可怜的将死的人？惊吓、悲哀、同情、怜悯，似乎还有点儿愧疚，理不清的压抑，折磨了我好久。

西边街的坡顶就是英皇书院。大门顺着转角，原来安着很大的门扇，显得庄重、高贵、鲜亮的红砖墙，映着神气的男孩子们，着实令人刮目相看。战前我哥哥就在这里上学。他说，英皇书院是不许女人进去的，这更激起了我的好奇心和一探究竟的欲望。战后，学校停办了，学生散了，学校的门窗连同地板都让人给拆去当柴烧了，学校就像个张着大嘴的大怪物，趴在这转角路口。我探头看看，里面很大，静悄悄的，几次走到门口想迈腿进去，几次又停步缩回来。因为我怕里面也躺着饿殍。

百年繁华的香港，转眼变成了人间地狱、悲惨世界。

4…………老朋友们的情况和教会的新相识

战争进行中间，朋友们相互都是生死不明，家里只来过一位客人，就是给爸爸做坟的石匠。他看我家在半山，面对敌人炮火，目标显著，让我们到山下他家去躲避。才相识不久的人，冒着危险上来关心我们孤儿寡母，妈妈十分感动。

停战后不久，就听说弗朗士牺牲了，Aunty谭的哥哥被登陆的日军枪杀了，陈寅恪伯伯一家还有梁漱溟先生都逃回内地了。楼下住的梭特先生入了集中营。他的厨子把家里的罐头给他送了去，说是梭特变得又老又瘦，在集中营得干苦力活儿，还挨日本人的鞭子，见到这位中国仆人竟痛哭失声。房客贝特兰入了战俘营，日本投降后，他写了一本书《在战争的阴影下》，在美国和英国出版。四十多年后，他将原稿寄给了我哥哥周苓仲，由我哥哥译成中文，编入中国和平出版社的"国际友人丛书"，也算一种缘分。

熊婆婆在交通恢复之初就回上海了。走之前，她希望和我妈妈一起去看望一下蔡元培夫人。我妈妈说，小报记者知道后，会对三个寡妇凑到一起作些无聊的文章，所以就让我陪她去了。蔡夫人我以前见过，蔡先生两年前在香港去世时，我父亲主持了他的丧葬大事。经历了战乱，蔡夫人更显瘦弱憔悴了。

熊婆婆还带我去看过梅兰芳先生，他就住我家上面的干德道，不远。回来时，熊婆婆说："现在不唱戏，正好写点儿著作，他却老在家里睡觉。"

最后，我还陪她过海，去万国公墓给熊公公上坟。墓地虽中过炸弹，但熊公公的坟无恙。再问蔡元培先生的墓，看坟人说没有这坟，我们以为炸坏了。正遗憾时，看坟人恍然大悟似的说："你们要找蔡子民吧？"熊婆婆哭笑不得，只好点头。原来碑上刻的是"蔡孑民先生之墓"，看坟人认为是"子"字。蔡元培先生的墓碑被弹片崩掉一角，幸无大损。

我们在炮火中受洗入教，一切从简，现在各样的规矩、礼节都得从头补上。好在我和哥哥在圣司提反都上过《圣经》课，天主造世界，亚当和夏娃，童贞马利亚生耶稣，耶稣死后又复活，这些都知道。教会介绍的"教母"叫左士琨，是港大的学生，长得挺漂亮，人也和善活泼，我们都喜欢她。她再教我们一些天主教的规矩、天主教的经文之类，就算通过了。七姨给我取了个教名Agnes，哥哥叫George。之后还有坚振礼，是在额上抹点儿油膏。还有一位教母，叫吴秀兰，大概有十六七岁，也是那种不认得多少汉字的华侨。她家就母女二人，离教堂不远，我又得定期去听"课"。课文全不记得，但她送我一串念珠，绿玻璃六角形的珠子，特别好看，我视若珍宝。又起了个坚振名字，是左士琨的教名，叫Beatrice，哥哥叫Albert。

这回成了正儿八经的教友，一切也得正儿八经地按规矩办事。入教堂望弥撒得跪着，膝盖很痛。还得去"告解"，神父坐在小龛里，我跪到他侧边，隔着一扇有网板的小窗向神父坦白自己的罪过。之后，神父让我念多少遍经赎罪就算完毕。可我不喜欢告解，向一个陌生人说"隐私"总是挺紧张的。再者，每次都是说"我没听话，我打人了，还骂人了"，想不出什么新鲜词，怕神父斥我为屡犯不改，压力不小。告了解就可以领圣体，跪到祭台前，张开嘴，由做弥撒的神父放一枚硬币大小的干面片在我舌头上，我就回到原来的跪板上。干面片一会儿就化了，一点儿味道也没有，就像我入了教一样，一点儿味道也没尝出来。

5…………和日本人做斗争

楼下梭特的厨师去集中营与梭特办过交代后就离开他家走了，房子空了一两天就住进来几个日本男人。自此，我们就不再在院子里逗留。战前西边的那幢楼就有了裂缝，用木杆子撑着，没有人住，那日本人在这里跟没有邻居一样。有时候他家有来客，送客走时，主人在门外，把腰弯个90度。每送走一个，他就点一下头，直到走光了才直腰。我从窗户朝下看，心想跟朋友敬礼还讨巧偷懒，不是好人。有时候还来日本女人，穿着和服、木屐，在院子里打羽毛球，叽叽嘎嘎地笑着，发现我在看她们，就向我招手。我赶快走开，不理日本婆。

我哥哥上华仁书院，有日文课，同学们都不学，在底下玩，说话，吵。老师也明白，干脆站在教室门口去望风，见日本人或校长过来，大家就坐好，装出上课的样子。哥哥说，这也是抗日斗争。

我们走在路上，要注意前面有没有岗哨，若是有便绕小路越过，不给日本兵敬礼。有时路上还有搜身的，特别在公共汽车和电车站上多。我们就夹紧胳膊弯着腰，说怕痒痒，笑着跑过去。搜身的看我们是小孩儿，也就算了。

日本统治下的香港，粮食都只供应那么一点点，食油、副食根本就没有。蔡爱礼夫人常叫我和哥哥去她家吃饭，因为她家经常有肉吃。我们也在她家和她的三个孩子玩。那时蔡家已搬到卫生课的楼顶层，再上面就是11层楼的顶棚，地方大，视野也宽，也吵不到别人，成了我们五个孩子的乐园。那天，日本人庆祝攻陷新加坡，弄了一群人在汇丰银行前面耍狮子、舞龙。我们从上往下看得很清楚，齐声向下骂着“汉奸”“汉奸”！没人听见，自然也没人理我们。后来，蔡家的女佣拿上来五个面饼，说是日本人散发的。这种甜面饼，战前我们是不屑一顾的，现在也算是一种美餐了。圆饼中间是个红疤，日本的国徽。哥哥带头，先把那红疤抠下来，说是“消灭小日本”。我们也学样子，把红疤放在口中使劲儿嚼，颇有“壮志饥餐胡虏肉”的气概。

香港人不堪日本的统治，日本人也维持不了这一百六十多万人的香港，回内地的人很多。人走得多了，一方面日本人减轻了负担，另一方面可以大量搜刮民财。凡是上船的，担子、行李都得打开让他们搜，好东西，他们就要了；看不顺眼的，或有怀疑的，就顺手扔进大海。

我们在香港没有基业，单靠妈妈的工资难以维持一家六口的温饱，也不愿过这种亡国奴的日子，将来还会发生什么情况也未可测，所以妈妈决定我们也走，回内地。回内地不是回老家，若让日本人搜掠得只剩下铺盖和换洗衣服，也是不易生活的。还是蔡医生帮助，介绍了一个管交通的日本大佐，只要我们送他几幅国画、字，他就让我们免受检查。

那天，日本大佐来选画，我和哥哥二人在旁怒目而视。妈妈推我们下楼去玩，我们就下去坐在门口台阶上。大佐的日本司机是个小伙儿，坐在门外汽车里，看见我们就招手叫我们过去。我们摇摇头，他就下车走了过来，还拿出糖来给我们，一边比画着，说他家有弟弟、妹妹，和我们差不多大。看我们不接他的糖，就把糖纸剥开再给，表示诚意。糖并不高级，糖纸上印的连环画。我不认得日文，猜想大概是鼓励日本兵打仗的，就把糖纸踩在脚下。那小日本兵还是和善地笑着。我不禁奇怪起来，这貌似文人的大佐和这笑眯眯的小日本兵不像是鬼子，不过不像鬼子我也不喜欢他们。

6…………离别

从这以后，家里就开始收拾东西。把钢琴处理了，盛字画的大柜子连同爸爸收集来的残砖破瓦，还有客厅角上立着的佛像等等，不可能带走的东西，一并拉到教堂的地下室存放。地下室没有墙，像学校的风雨操场似的，只是矮得多。那时，地下室存放的东西已不少，一家一堆，都有标记，以为很安全。1948年我七姨从青岛去美国，路过香港，来信说地下室遭了火灾，什么东西都没有了。妈妈当时就明白是被偷光了，放把火打掩护而已。果不然，30年后，妈妈在南京“文化大革命”抄没物品认领展上，看见一幅题款“地山兄指正”的字画没人认领，于是它就物归原主了。可惜它不会说话，不然如何从香港的教堂地下室到了南京的红卫兵手中，必是一个引人的故事。

大人们忙着启程前的各种事情，我和哥哥视为最重要的就是动员袁妈、刘妈和我们一起走，还找出地图来证明，回内地就离北平近了一些。她俩只是叹气，被我们缠烦了就说我们两个不懂事，还说不能再拖累妈妈了。我们还真是不懂事，振振有词地说拖累不了。有时候，她们也不管我们的喋喋不休，只是把我们搂紧在怀中，泪光闪闪。

妈妈已将她俩安排好了。袁妈去熊婆婆家，刘妈去水太太的妹妹家。我一岁时，刘妈带着我在水家住了半年多。水太太的妹妹，我们称她五姨，那时还没结婚，就住在她姐姐家，现在结了婚也在上海。妈妈托了人，把她俩一块儿带去，路上也能相互照应。到了上海的人家也都是熟悉的人，妈妈比较放心。

分别的那天终于来临了，雇了一辆小货车，把行李全装上，婆婆带着我和哥哥坐在车尾行李上面。当车子起动，袁妈和刘妈追着车子跑，边哭边嘱咐我们两个一路要听话。婆婆也哭，哥哥也哭。我咬住嘴唇忍着，觉得自己就像《黑奴魂》里被卖走的小孩儿。

我们在码头附近的一家旅馆里住了一夜。第二天，袁妈和刘妈也下了山，和带她们走的人住到另一家旅馆。她们俩还过来看我们。我们又见了面，又分别了一次。我和哥哥送她俩走了一段路。我的两只手一直攥着刘妈的大手掌，脸贴住她的身子，都没有说话。

妈妈到码头上亲自看着把我们那六面都贴上了名字的行李装到了货船的中层，因为装在下层的东西通通都会被压坏，装在上层的就会被偷剩了空壳。这都是那些字画起的作用，而且还免了检查，所以妈妈连日本人最爱要的英文打字机都带了回来。我们还提前上了船，算个二等舱，其实就是个小统舱。没有床位，自己在地上打铺，能容二十来人。我们捷足先登，就占了离门远些的最里边。弄妥后，我和哥哥就到船舷看后上船的人们被检查。船下海面漂着枕头、小匣子之类被日本人扔进海里的东西。

船终于离开码头了。我看见临海的干诺道上，从前那一座座英国国王大铜像的空柱台，铜像都倒在了街边地上，面朝里，颈上还挂了一块木牌，吊在背上。过去爸爸指给我看过，说那是英国人向中国人示威的东西，什么时候香港回到中国，就会把它们都搬下来。现在它们都下来了，但不是我们，而是我们的敌人干的，说不清是高兴还是悲哀。往上看，山上一片郁郁葱葱，房屋掩映，那边曾经有过我的家。再西边，有爸爸的坟。走以前妈妈带我俩去告别，坟依然是土堆，妈妈在一边坐了许久许久，以至我们俩玩得都打起架来。妈妈流着泪喝住我们，指着土堆说："这是你们爸爸的坟哪。"我俩才又悲从中来，乖乖地挨着妈妈，低着头坐了许久，惭愧不已。抬头再向上看，山顶飘的不是看惯的米字旗，而是个红膏药，赶快把眼光收了回来。香港越来越模糊，远去。

1998年，和哥哥一起给父亲上坟。这时，我和哥哥也都老了

别了，香港。别了，我的童年！

第二部

颠沛流离

第一章　归途

1…………伶仃老小过伶仃洋

两岁时从北京到香港坐的海轮，刘妈说抱着我在甲板上，海风把我的帽子吹到大海里去了。这事我不记得。后来也坐过海轮。爸爸的一位朋友打造了一艘游轮叫“郑和”号，妈妈带我们参加了它的首航式，绕香港一周。赶上那天有风，大家都晕船呕吐。现在我有了经验，待在船舱外面，眼界也宽，空气也好，也很自在。

不久就到了澳门。澳门是经常听说的，就是没来过，兴致很高地跟妈妈上了岸。这里没有打过仗，街面上比香港要好得多，看见一座教堂还进去祷告，求了三件事。七娘说，每初次进一座教堂可以求三件事，很灵验的。我照例还是求那老三件：第一，让爸爸早日升天堂；第二，让妈妈不要生病；第三，让全家都平安。在街上吃了一点儿水果，还去看了大三巴，心里奇怪，它怎么好几百年也没倒下来？在教堂的遗址上拾了块小石头做纪念，就回船上去了，继续航行。

第二天，我和哥哥还在船舷上玩。下午起了风浪，我们就蹲在栏杆下，随着船的摇摆，好像荡秋千一样。开始还挺惬意，风浪逐渐大起来，我们的“秋千”就越打越高，一下子上去，仰望白云蓝天，一下子下来几乎碰到水面，两手攥紧栏杆的铁条，够刺激的。好景不长，浪花打到船舷上了，我们赶快进舱去。婆婆正在呕吐，妈妈在照顾着她，我帮她捶捶背。

第三天，总算到了广州湾，现在叫湛江，当时归法国辖属。下了船一看，岸上的门面都交叉挂着法国的三色国旗和我国的青天白日旗，满地红国旗，心情大振，才想起这天正是10月10日国庆节。妈妈下到码头上，看管着行李。船工将我们的行李都卸到了码头上。这时，天下了小雨，海潮又涨上来。码头工看我们一行妇孺老小，就敲竹杠，抬价，不肯把我们的行李背到马路上。妈妈急了，自己下去将箱子一抡，就上了肩。码头工一看妈妈自己能扛，才纷纷动手，可是好几件行李已经被海水泡了。妈妈一向很注意仪表，即使爸爸去世后，她也是衣着平整，发卷顺贴，腰身挺直，步伐稳健，不失雍容高贵的气质。没想到，她竟能和搬运工一样扛箱子，这一幕给我的印象很深，影响很大。

广州湾是港区，市区在赤坎。我们站在街边的房檐下守着行李，等雨停了，妈妈雇了辆车拉行李去赤坎，说路不远，可以跟着走去。可哥哥不干，闹着要坐车，妈妈只好又叫了辆出租，生气地说：“都是少爷小姐！”我是准备走路的，听了妈妈的责备，很不服气，但也没出声。这出租车是辆方头的老式车，在香港都不大见得到了，坐在车里朝下能看见路面，我直担心它不要开到一半路就散架了。按妈妈的要求，车把我们带到了一家叫“迎宾旅馆”的小店。门面不大，却有三层高。我们在那里住了半个多月，为的是等钱。

❷…………赤子坎坷困赤坎

爸爸活着时工资虽高，但开支也大，除供在内地上学的姐姐外，还经常援助逃难来港的青年人，所以积蓄不多。即使有钱，日占期也不让百姓取走。梁漱溟先生离港前托人给妈妈带话，说他回内地了，妈妈由此知道有东江游击队营救在港的文化界人士。可是爸爸死了，我们就不在营救的范围内，所以妈妈虽多方打探也联系不上，直到后来听说国民政府有救济离港文化人的资金，才敢带我们回来。到赤坎后，妈妈就急忙和内地联系申请这笔路费，她每天早出晚归，奔走于各有关部门和邮电局之间。

我每天帮着婆婆把海水浸湿的行李打开，逐件漂清，拿到旅馆的顶棚上去晾晒。最难晒的是爸爸的书和文件，得一页页地翻着晾晒。我把它们排成几排，按顺序翻过去，到末了，再从头翻起。幸而房顶有风，太阳也好，翻一遍下来，先翻的也就快干了。楼下的饭馆每天也上来在楼顶上烤乳猪，下面架一溜炭火，上面是铁架子。乳猪穿在铁钎上，烤猪的人一手转动着铁钎，一手将蘸了调料的排笔在乳猪身上刷抹。我在翻晒之余，就去看烤猪、闻香味。哥哥很少上来，他几乎整天在和同旅馆的住客们聊天。那些住客也多是从香港来的，都知道爸爸，所以对哥哥很热情。过了七八天，泡湿的东西才晒完。哥哥的新朋友，一位自称“芝麻官”的青年小伙儿带我们过边境去赶集，去过好几次。

边境是一座桥，称“寸金桥”，是国土寸金之意。桥东站着法国岗哨，戴的贝雷帽，顶上红绒球，穿的皮靴，还有皮护腿，身上还交叉着武装绶带，挺鲜亮神气。桥上放着一个钉有铁蒺藜的鹿砦架子。桥西边则站着我们中国的士兵，穿着黄布军装，打着绑腿，黑布鞋，腰间系着黑皮带，背着长枪，更神气。人们过去都给他鞠大躬，以泄给日本兵鞠躬之愤，也是踏上了自己国土的爱国激情。我和哥哥也给他鞠了躬。

过了寸金桥，走了三里路就到了集场，这里归遂溪县管。“芝麻官”认得那里的人，大概都是边境海关的工作人员。我过去郊游过，但没去过农村。也去过嘉年华会，但没赶过集，这下可开了眼界。集市热闹非常，人们熙熙攘攘，猪在人们腿下钻来钻去，人人嚼着甘蔗，猪嚼人咬下的甘蔗节儿，以至地面就像蔗渣铺的弹簧垫子。广东的甘蔗甜而多汁，还特别酥脆，我后来再没吃过这么好吃的甘蔗，而且还很便宜。我和哥哥也边逛边嚼边吐渣，还看见当地的孩子们买一种叫龙虱的甲壳虫吃，黑的，就像只大蜣螂，但我们不敢尝试。人们吆喝着卖东西，我们只是看热闹，也很开心，到中午才回赤坎。

我们在旅馆包饭，但菜不够吃，婆婆每天带我出去买点儿青菜，回来炒炒。旅馆在冲凉间外放了几个泥炉子和锅，自己买点儿菜就可以做菜。在香港家里，我是被禁止入厨房的，到这时才知道菜是如何炒的，自己炒了觉得特别好吃，特别香。

终于，妈妈托人帮忙申请的救济金寄到了，我们又忙着做启程的准备。为了防止日军从广州湾进攻，把广州湾通玉林的公路挖断了，往来交通只能步行或乘轿子。妈妈托靠了中国旅行社。旅行社要求每件行李不超过50斤，以便挑夫担运。于是我们买了许多带锁眼的帆布袋子，将行李分装成38件，写标签，又是贴又是缝，总算诸事齐备。“芝麻官”还来送行告别。

3…………轿子上的旅行

旅行社安排了三乘轿子，轿夫们都抢着抬婆婆，因为她瘦小，却不肯抬我和哥哥，说是只抬一个人。交涉了一阵，让我和哥哥上磅称，超过100斤就加钱，妈妈只好答应。都怪我太胖了，一过秤，二人都110斤出头了。点好了加的钱数，问题总算解决，才起轿上路。轿子前面贴着乘轿人的名字，妈妈轿前贴的是“许地山夫人”，到了海关，工作人员都出来打招呼，很是热情。

轿子经过我们赶集的地方，再走就是农村土路了，有时还走田埂，风景真美。我和哥哥唱呀、笑呀，就是不敢打架，因为一动轿夫就回过头来大声斥责，我们也就老实了。第一站，歇在廉江，住的地方也是旅行社安排好的，第二天，3点就起床，吃了早饭就上路。走好久后才天大亮，中午就到下一站不再走了，轿夫、挑夫们自去休息。我和哥哥就走街串巷地到处玩，到处看。晚饭后早点儿睡觉，后半夜再起床上路。广东、广西当时大概流行早婚，我们轿子经过村庄时，往往就有小孩子们拍着手喊“睇新抱”（看新媳妇）。下午在歇站的小镇上游玩时，也会有大人问我哥哥，我是不是他的童养媳。我们可算开眼了。

广东、广西人还喜欢修大坟墓，沿路都可以看得到。有一次经过一座小山，坟墓从山顶直到路边足有百来米，轿夫正好要休息。我和哥哥直爬到坟顶，看了顶上面的碑文，原来是个大官的，一层层下来都是他的儿子孙子们的墓，又开了眼界。

挑夫们担着行李跟在轿子后面，一行19担。路转时，看见后面长长一队，若在水塘边，还有一队倒影，颇为壮观。有一天晚上，挑夫们一起来围着妈妈吵要他们的证件。原来旅行社早就跟妈妈嘱咐过，他们的证件只有到达目的地后，交给当地的中国旅行社，由中旅还他们才可以。否则，他们就会把行李担跑了，找都找不回来。大概他们看我们一行妇孺，以为有可能上当，吵了好久，妈妈就是坚持不给，算是躲过了这一劫。我和哥哥当时站在院子里，看见他们这么多人围着妈妈大喊大叫，心里怪害怕的。

第七天，到了广西的玉林，轿子旅行就结束了。我们将行李又合并起来，乘汽车去柳州。汽车是烧木炭的，车头一旁安着一只长铁炉子，上面添炭，下面还用摇手把儿转着扇风，弄得乌烟瘴气。原来是汽油短缺，也不知是哪位能人就发明了这种木炭汽车。我又开了一次眼。当时有首民谣形容这种车：“一去二三里，抛锚四五回，修理六七次，八九十人推。”我第一次听到把车坏叫“抛锚”，觉得挺有趣。乘这种常“抛锚”的车又是一番经历，不过最终还是到达了柳州。

❹…………在柳州香山慈幼院小学，第一次上了讲台

到柳州，我们直接去从北京搬来的香山慈幼院。熊婆婆事前就给关照过了，学校已腾好一个大房间。安置妥当后，妈妈就一个人到桂林找工作去了。婆婆管不了我们，只好由着我们俩在校园里疯玩。抗战期间，物资缺乏，但慈幼院小学的体育设施还不少。粗绳子吊着的秋千，两根大毛竹做的滑梯，两腿一跨，边向下滑还可以边翻出许多花样的筋斗，杠子、沙土、篮球等，小学生们上课时，整个操场就成了我和哥哥两个人的大乐园。自从香港打仗后，我就再没玩过这些，这回可以尽情地玩耍了。

后来哥哥发现了更有吸引力的游戏，就是到学校小卖部去帮忙。他本来就爱吃零嘴儿，这回可得其所哉。下课时卖东西给小朋友们吃，上课时，他就买东西给自己吃。婆婆一向娇惯他，他要钱就给，买的吃不完就拿回来，放在窗台上都晒坏了。我从小就不馋零嘴儿，只跟着当了几次“售货员”，年龄相仿的女孩子们喊我去，我就加入她们圈子和她们“交际”去了。有个姓张的女孩儿和我最好，还带我到她家去过。哥哥也和男孩子们玩，玩到天近黑才满头沙土、满脸灰泥地回来，也不肯洗脸洗脚，倒在床上就睡着了。婆婆拧了毛巾给他揩擦干净，拎了他那都几乎看不出颜色的条绒外套到院子里去拍打、扫刷，天天如此。我们女孩子在一起说说笑笑，也做游戏，可玩得文雅干净。好久没有女伴了，我也不像在圣司提反那样，招这惹那的，大家也喜欢我。婆婆洗衣服时，我也帮助洗些袜子、手帕之类，帮她漂涮、晾晒，开始有了点儿责任感。

抗战时期，广西机关学校都是每日二餐，上午10点，下午 4 点半。常言道：“一顿不揭锅，两顿一边多。”习惯了也不觉得

饿。学校的作息时间也按两顿饭安排，有少数家境较好的学生还是吃三顿饭，中午也有休息时间，但很短。下午放学早，饭后还有不少时间。老师们就在校园内种了一块菜地，我们有时也参加一点儿劳动，当作另一种游戏。

有一次，老师们带我们去搞“肥料”。离学校不远就有山洞，那时山洞也就是防空洞，洞两边栽些木桩，钉点儿木板，供躲飞机的人坐。山洞里没灯，老师们在前面打着手电，我们跟着，挺神秘的感觉。走不太远，地上就有了些粉末、颗粒，这就是“肥料”了。扫了装回来，上到地里，还真速效，菜长得又快又绿，老师也不知道那是什么，说是躲警报时偶然抓了些回来，才发现它的功能的。山洞能出产肥料？这更增加了我对山洞的想象，现在想想，大概是蝙蝠粪而已。

有一天，女孩子们都上课了，我一个人在校园里无聊，便站到她们教室窗外听老师讲课。不一会儿，老师发现了我，就开门招我进了教室，向大家介绍我是从日占区逃难回来的，让我给同学们讲讲敌占区的情况。我一点儿思想准备都没有，站在讲台上，被那么多双眼睛盯着，紧张得手足无措，面红耳赤。老师说随便讲讲，同学们竟都拍起手来。我只好抱着豁出去的决心开口讲起来，讲着讲着也不紧张了，真是想到哪里讲到哪里。同学们问我看见过日本人吗？日本人什么样子？我就给他们连说带比画地学楼下那日本人鞠躬、点头送客的样子，还学日本女人穿木屐走路的样子，引得满堂大笑。直到打铃下课，老师才终止了我的“滔滔不绝”。出了教室，我舒了口气，原来在讲台上就这么回事儿，自此就不怕在人前讲话了。

三个星期后，妈妈回来了，她已在广西大学找到图书馆的一份工作，所以心情挺好。第二天，带了我和哥哥还有一位老师陪着去柳州市里逛街。柳州市分两边，一边叫河南，一边叫河北。一个城叫出两个省份的名字，我觉得挺奇怪。再一看，满街多是棺材铺，黑的白的，大的小的，几乎是一家连一家地摆放着，更奇怪了，莫非这里一人需要用几具棺材？那位老师笑着对我说，你不知道有首民谣说“生在苏州，住在杭州，吃在广州，死在柳州”吗？这里的木头最适宜做棺材，是有名的，有钱人都来柳州买棺材。原来是这样，可我们没福气死在柳州，还得去湖南投奔五娘家。

和小朋友们告了别，给诸位老师道了谢，我们一家四人上了北去的火车。妈妈要把婆婆交给五娘赡养。四娘和五娘住在一起，她们姊妹三人要团聚一次。五娘的小儿子和我同年，比我大四个月，也许可以让我和他一起上学。我没考虑这么多，上了火车，一摇一晃地就睡着了。

第二章　在湖南

❶…………五马归槽

车到桂林停了，我也就醒了。天蒙蒙亮，我抬头一看，车窗外一幢一幢的，似山可没有坡，似楼可没有窗。赶快到另一边的窗口伸头出去看，远处、近处直上直下的确实是山！想不到，有这样的山！早就知道桂林山水甲天下，原来是这样“甲”的。

妈妈已经下车去了。不一会儿，领来了在桂林工作的五姑爹。因为哥哥姓周，姨爹都称为姑爹，我也随着叫。五姑爹个子很高，早年留学美国，好行洋礼，弯下腰来吻了哥哥和我。他是来送我们一起回衡阳江东岸的郊区五马归槽。他家这地名也真特别，五姑爹说咱们这五个人回家，不就是五马归槽吗？他和蔼风趣，一路上和我们说笑。下午到了衡阳市，之后到了五娘家。五娘、四娘轮番和妈妈拥抱，和婆婆拥抱，和我、哥哥拥抱。五姑爹也凑热闹和五娘拥抱，和四娘、四姑爹拥抱，一通乱拥抱。人人都很忙，只有四姑爹在一旁抹着胡子笑。他那时就60岁了，患哮喘，不再工作了。

总算到了目的地，已是1942年底，转眼我就要满10岁了。

四娘的独子，我叫他文哥的，那时在四川，已经上大学。五娘的女儿椾姐（朱文椾）和儿子壸哥（周壸夫）那时在衡山县上初中，寒暑假才能回来，家里只有小儿子倜哥（朱文倜）。我们来了，顿时热闹许多。不过，五姑爹几天后就回桂林上班去了，妈妈不久带了哥哥去衡山，还去了一趟当时南迁的省会耒阳。原来省教育厅的厅长朱经农是五姑爹的堂兄，中教科科长余先励夫妇是妈妈北师大的同学。他们都留妈妈到教育厅工作。妈妈考虑耒阳离衡阳近些，又有亲戚朋友照应，就辞了广西的聘请，春节后带了哥哥和壸哥去耒阳，留下我在五马归槽。

五马归槽对我这城市的孩子说真是新奇世界，广阔天地。

北边的小山包是我们经常去的，满山长着马尾松和油茶树，都不高大。地上的土是暗红色的，还夹着层层的白色土，也不长草。我们在树间、山包间撒开腿跑，放开喉咙喊，还可以顺着坡滑下来，像滑梯一样。倜哥还给山包起了些名字，如象鼻山、洛阳桥等。山顶上有军队挖修的炮位、掩体、交通壕，在里面跑着，想象着，非常有趣。

在有风的晚上，睡在床上就仿佛在千军万马之中，那是松涛。听惯后就不紧张了。想象力随着吼吼的涛声飞扬，飞到迷迷糊糊的梦乡。早上，五娘养的大公鸡会叫醒我，鸡窝就在我的窗下。我起来第一件事就是放鸡。大公鸡首先窜出来，飞到篱笆墙上，拍拍翅膀，伸着颈子使劲儿地打鸣。鸣够了才飞下来和母鸡们一块儿啄食给它们撒的谷子。春天我醒来时，许老头儿已经在南边的水田里耕地了。水牛不紧不慢地哗啦哗啦地迈着步子，许老头儿在后面扶着犁，一只手还是挥着鞭子，嘴不停地喊着那牛。倜哥说，这就叫"拖泥带水"。原来这四个字形容牛耕水田还真贴切。婆婆说水田里有蚂蟥，耕田人的腿上都被咬得鲜血淋漓的。我这才知道，耕田真是不容易。有一次下雨天，我在房檐下的水沟里发现一只两头尖、身子扁的虫，倜哥说这就是蚂蟥。

我赶快到四娘的厨房拿了她舀煤泥的长柄勺子，将虫舀起来放在火上煮。那蚂蟥受热，变得又细又长，在勺内飞快地转着圈，不一会儿就被烫死了，又缩成短短的。解恨之余，感到这么会变样子的虫，大概真是不好惹的。树枝上有黏黏虫，菜叶上有胖肉虫、蚂蚱……各种各样的小生物都是我从前没见过的，真乃大千世界。

2…………扶轮小学

我在香港上的是英制十年一贯的学校。回到内地上小学，该插哪一级？妈妈说该插六年级。可是附近只有倜哥上的这所小学，而且还没有办六年级，五年级就是最高班。妈妈说，那就上五年级吧，还可以和倜哥一起念书。我已经一年多没上学了，现在不论上几年级，我都乐意去。大人们给办好了手续，下一个周一，我就跟着倜哥上学了。

走过田埂，走上沙石公路，约二里，路边一个大铁拱架子，牌子上面写着“粤汉铁路衡阳扶轮小学桐家垅分校”。进去是条小土路，走约50米就是个陡坡，这才看见学校原来在两座土山的狭窄山沟底下。整个学校建成三台，上面是四、五年级，中间是低年级、老师办公室和宿舍，下面是个土坪，是学生集合的操场。土坪台下是个水塘，是这条山沟的最低点。

学校在周一早上都要集会，纪念孙中山，叫“纪念周”。我们集合在土坪上，先唱升旗歌，立正，升旗。再向后转，面对上面教室外的宽房廊，那里挂着总理遗像。先唱国歌，再三鞠躬，之后集体背诵《总理遗嘱》，还要默哀三分钟。之后，老师讲话。跟香港圣司提反女校的集会读经、唱赞美诗、祷告有点儿相似。我更喜欢纪念周，因为这是我们中国的，可就是国歌不大懂，为什么“紫耳朵是为民先锋”？谁的耳朵能是紫的？“树叶飞谢主义是从”，这么说这主义和秋天有关系了？（注：其实是“咨尔多士，为民先锋”“夙夜匪懈，主义是从”。）心存疑惑也不求甚解，倒是下午放学降旗后唱的“放学歌”句句明白。“今日事今日毕，老师再会，同学再会”，排着队走上坡出校门，挺有意思。

老师上课讲的是湖南话，这我都懂，因为婆婆一直讲的湖南话。同学们多半是铁路员工子弟，各省人都有，讲的是普通话。所以，一上午的工夫，我就融入了这个班级集体，自以为和同学们一样，挺得意的，不料，下午就显出差距了。

下午写大字，老师转到我桌旁，一看，就罚我起立，用手指叩着我的桌子，生气地问我：“你为什么要写成这样？”我一下没反应过来，结结巴巴地说：“我没要写成这样，我就是写成这样……”也说不清楚。幸而倜哥站起来救了我，他说：“老师，她写字就是这样。”又补充说：“她才从香港回来，那里人不练字。”老师让倜哥坐下，又向我核实了一番：“你既然从香港回来，那你学过英文了吧？”我答应“是”，她说：“你把英文字母给我背一遍。”这太容易了，我背得很快，她才信了，让我好好练字，还说：“像你写这样的字，要考学校，人家拿你的卷子看都不看就扔一边去了。”我坐下前后左右一看，同学们写的都和字帖差不多，我写的真是太难看了。后来知道，湖南人最注重书法，甚至和人格相关联。以后，我还真是用心去写了，到底也没写出好看的字来，只好写大点儿，写工整一点儿，以免被人不看就扔掉。抗日战争时期，铅笔都很少，钢笔简直是奢侈品，写字完全是毛笔，做算术都用毛笔。那时，书和本子都是毛边纸的，也吃不住硬笔。我想，这也是他们毛笔字写得好的一个原因吧。

我在香港只会唱一个《义勇军进行曲》，到这里可谓大开耳音，同学们唱的抗日歌曲我听都没听过。听到“我们生长在这里，每一寸土地都是我们自己的。无论谁要强占去，我们就和他拼到底”，心情特别激动，听到“爹娘啊，什么时候才能欢聚在一堂”，不免眼泪盈眶。他们唱《大刀进行曲》，我积聚能量跟着喊那声“杀”！由于大家经常唱，我也听会了。老师在音乐课上还教《五月的鲜花》《石榴花》《地狱天堂》《你这个坏东西》等，也教些抒情歌曲，比如黄自的《踏雪寻梅》之类！可大家还是更爱唱抗日歌，觉得唱起来特别有劲儿。倜哥的歌唱得好，而且还会用谱子唱，我也跟他学了不少。

我入学不久，为庆祝1943年元旦、春节，老师就叫我和另一女同学两人排练一个小歌舞。歌我学会了，可舞姿太僵硬，害得那位同学老得陪我重复练，她都生气了。其实我也苦不堪言。还剩一个星期就要到校本部会演了，老师看看实在没指望，临时换上了善表演的汪玉娇同学，人家排一遍就通过了，我才如释重负。自此，老师知道了我的艺术“才能”。寒假后，可能是要和校本部较劲儿，老师给我们五年级排了一部多幕歌剧《草原之歌》，其中好几首歌是脍炙人口的。“在那遥远的地方，有位好姑娘”流传至今，班上除了我，几乎人人都派了角色。汪玉娇演女主角阿依莎，姓沈的一位男同学演流浪青年，他皮肤虽黑，但嗓子特亮，上场一曲“走不尽的平原，望不到的天边”肯定能博个满堂彩，倜哥演一个牧民。我只参加落幕前的大合唱《看醒狮怒吼》。时间紧，大家又是初次演这么大的歌剧，老师也着急，排练中挨打挨骂是少不了的，连聪明的汪玉娇都哭过好几回。当时，我暗自庆幸，若没有双人歌舞的亮底，今天我必成为挨打的第一名了。

4月4日儿童节一早，我们全班背着服装，拿着道具，步行十来里到了校本部。歌剧排为压轴戏。我们都没心思去看校本部众多的节目，攒着劲儿准备自己的演出。老师派我在后台管服装。我知道这些皮袍子都是贵重物品，都是向同学的家长们借的，其中也有五娘家的，所以我管得很尽心，没有损坏也没有弄脏。演出没出错，大获成功。老师很高兴，夸了大家，也夸了我。全班人顶着星星月亮回家，一路上充满了自豪感，特别体会到团结一致、集体努力的快乐。

❸…………到永兴县去住校

转眼到了暑假，椭姐、懿哥和我哥哥都回五马归槽了，家里热闹了许多。五娘家的长工郭师傅得多做饭菜，女佣杨妈得多洗衣服，就五娘并不需要多费心费神。因为15岁的椭姐像个小大人似的，把我们这四个弟妹管得比五娘还严。这时，妈妈的工作忽然有了变动，由教育厅派到永兴县的省立第三中学当校长去了。她把三中的事情安排好，就匆匆地回来接我们，除了倜哥，五娘不让他去住校，我们四个都跟着走了。

坐一段火车，再坐一段木炭汽车，就到了永兴县城。永兴县城只一条石板街，省立三中在街东头，附属小学就在三中东边，操场相通，附小也走三中大门出入。开学在即，学生们都陆续来了，各就各位。我被领到附小交给了小学部主任，妈妈就赶快走了。主任给我出了个作文题，算是转学考试，之后帮我抱了铺盖，送我到了女生宿舍。女生住校的总共才十来个人，住在一间房里。

我在香港时就盼着住校，现在实现了，特别高兴。住校的生活很有规律，早上打铃起床，把被子叠成方块，拿上脸盆去厨房舀水，一边洗漱，一边看大师傅造饭。湖南人一天三顿都吃干米饭，把煮得七八成熟的米用大笊篱捞到木饭甑里，剩下白稠稠的米汤舀到桶里提去喂猪，换上清水蒸甑子里的饭。在五马归槽，郭师傅每早都在稀饭上撇一碗米汤，放凉就和凉粉一般，留给倜哥中午吃。我也想要，五娘说只能撇出一碗，没有我的。那是我初次感到我是寄住在别人家。现在眼见这么多米汤，真想要上一碗。可是同学们都对此无动于衷，我也没敢开口，怕人家说我是校长女儿，闹特殊。这是妈妈嘱咐过的。早饭后，走读的同学们

1940年，爸妈结婚十一周年纪念

都来了，升旗早操，上课下课，直到降旗放学都和扶轮小学一样。到晚饭间有一段自由活动时间，走读的同学有的也不回家，我们在操场尽情地玩。除了把秋千荡得很高，我还学会了抽陀螺和趴在地上弹玻璃球，往往弄得满身尘土，蓬头垢面。晚饭后大家围坐在饭桌旁，就着桐油灯上晚自习。到了时间，集合点名，排队回宿舍睡觉。头一个月妈妈让我随老师的小灶吃饭，因为老师不都是湖南人，菜里不放辣椒，而且营养也好一点儿。可是老师们总往我碗里夹她们自制的“美味”，辣得我眼泪直流，又不敢拒绝，只好囫囵吞下，居然把舌头锻炼出来了。第二个月我就和同学们一起吃大甑子饭。糙米饭是红的，菜里辣椒也是红的，饭量大增，和同学们也更融洽了。

有一天半夜，我忽然要拉肚子，没有了手纸，又舍不得撕本子。摸到楼下，大门是用大杠子顶着的，我搬不动，开了西边跨院厕所的小门，从院墙和房子的窄缝中走出去，跑到中学部去敲妈妈的窗户。中学部的生活区用的是早年间的一所大书院，大门两边有两只大石狮子，朦胧中像是两个大人坐在那里，把我吓了一大跳。妈妈还以为出了什么要紧的事，原来只为没有手纸。我坐在她房间的马桶上，听她好一通批评。

第二天早上回小学，同学们都笑我。不过她们都佩服我胆大，后来连男同学都知道我不怕走黑路了。自此，晚自习时趁老师不在，他们就来求我去厨房偷东西出来吃，还说就是被捉住，也不会把校长的女儿怎么样。我还有这种豁免权，不禁得意起来。再者，我也想找点儿东西吃。厨房的地理是熟悉的，若摸到萝卜或凉薯之类，就算丰收了。男生住校的有三十来人，每人也只能分到一点点。醉翁之意也不全在酒，偷点儿吃的大家高兴，也不瞌睡了。有一次，我摸来几个腌萝卜，一吃，哇呀，咸得发苦！一会儿老师过来查自习，大家只好把萝卜握在手心，老师也没注意到这晚学生们怎么都攥着拳头。点过名，走到狭窄的楼梯上，大家把咸萝卜都扔到下面的房顶上了。后来，一定是大师傅有所觉察，再摸不到能吃的东西，这项活动也就告终了。

元旦前我们班还排了一部歌剧，是中学的宋之秋老师和文化馆的郑馆长给教导的。剧名忘了，内容是解救一个被日本人掳去的小女孩儿。宋老师自己演那日本人，我们班个子顶小的谷安鸾同学演那小女孩儿，是主角。我和同学们参加集体歌舞。记得有一段歌词是“亲爱的小妹妹到我这里来，受苦的小妹妹到我这里来，这里是另外的世界，抗日的大课堂。工人在厂里做工，农人在田庄……”也不懂究竟是什么意思，只跟着唱呀练呀！到正式演出时，有一段灯笼舞，台上黑了灯，我那灯笼还灭了，只好举着黑灯笼一起做动作。好在黑着灯，妈妈在台下也没看出是我的灯笼灭了，还说我们演得不错。自此，我们和郑馆长也熟悉了。他是个小伙子，长得挺帅，也风趣，爱孩子。星期日，我和哥哥就去文化馆玩。

在永兴，我还认识了刘娘，刘娘名兰畦，是妈妈中学的同班同学。大学里，她学的是教育系，我妈妈是数学系。抗战爆发后，刘娘将一双儿女交给外婆和舅妈，只身到了抗日后方，在湖南教书。妈妈接任省立三中校长后，就倚靠刘娘，组成了领导班子，刘娘当训育主任。她的一位叫沈志强的朋友，任教务主任，都志同道合。刘娘和我妈妈住一间宿舍，对我和哥哥都很关爱。我感觉刘娘还特公平，不像妈妈总偏袒哥哥，我有什么不对的，刘娘也耐心地和蔼地批评我，让我特别心服。我很爱刘娘，在她身边快乐而幸福。

不久，生活又有了变动。这次，是飞机惹出来的祸。

4…………飞机掉下来砸了妈妈的饭碗

那是个星期日的下午，我跟刘娘在中学教师食堂吃晚饭。小学的食堂，星期日同学都回家了，照例要停一天。中学教师食堂星期日还会改善伙食，所以拿上刘娘的花瓷碗跟她去吃“客饭”也是我的一乐。正吃饭间，就听见飞机低飞的嗡嗡声，邻近的郴州有机场，飞机声是常听得见的，但这次特别，声音大得震耳。还没容得大家反应清楚，就轰隆一响，地都震动了。刘娘和老师们都立即跑出去，看是怎么回事儿。我也想跟去，可又舍不得饭菜，三口两口吃完，就听到中学生们在喊：“飞机掉在河滩了！”“拿上脸盆救火！”我也跟着奔跑的人群到了城外不远的河边。只见河中间的沙滩上，两架飞机在熊熊燃烧。虽然是冬天了，可湘南并不冷，我也挽上裤腿蹚了过去。三中的学生们个个奋勇救火。还有维持秩序的，不让我这小孩儿靠近。天渐渐黑下来，只见火光映着攒动的人群，分辨出是三中的老师们在指挥着学生们。还看见一个戴着礼帽、不停地挥动文明棍的男人和我一同“观战”，人们说那是县长。最后，我又跟着人群回到了学校。

第二天，竟然没有上课。我正向同学们讲昨晚的见闻，妈妈差人来喊我去，让我找上一个同学，再摘点儿花草，随她去医院看望那两个迫降的美国飞行员。我赶快叫上我的好朋友李琼安。到了医院，只见那两个美国兵睡在床上，伤并不重。我走近前说了句“How do you do，wish you health”，就把花草放在他们床头，甚至都没看看他俩长什么模样就跑了出来，带着李琼安蹚水去看劫余的飞机了。李琼安拾了块很厚的碎玻璃，视为宝物。那机身原来是三夹板做的，烧得只剩下个铁架子。中午，哥哥愤愤地说我："那两个混账一定是喝醉酒迷了航，把飞机撞坏，回去准得受处分，你还去给他送花！"我回嘴说："是妈妈让去的。"妈妈也打圆场说："不管怎样，也是盟军嘛！"可是我感觉到中学的气氛不对，好像人人都很气愤。我先还以为都是冲着我的，后来才知道是昨夜县长在火场瞎指挥，拿文明棍打了三中的老师。学生们上去夺了县长的文明棍，七嘴八舌地训斥了县长。县长第二天上午就到学校来，让查出昨夜夺他棍子训斥他的学生，予以处分。妈妈和刘娘的拒绝了，反而表扬了救火的师生。县长愤然走了，扬言学校包庇"不良分子"（共产党），决不甘休。师生们得知，义愤填膺，酝酿着学潮。我不清楚妈妈和刘娘是怎样紧张地做工作的，学潮是没闹起来，但又出了一件事。

学校的生活区和教学区跨在永兴县唯一的那条石板路两边，中间架有一座木头过街天桥。县长说他走过天桥下面时，有学生向他扔石头，砸到了他的阳物，致使他受伤卧床。妈妈和刘娘去看望过，认为气色很好。学校军训课的王教官却说确实是被砸肿了，挺严重的，他看到伤了。我听见妈妈和刘娘在讨论这件事：首先，从天桥上朝下扔石头，顶多砸到头或肩膀，怎么可能砸到下身？其次，他知道妈妈和刘娘都是单身妇女，不可能去验他的"伤"，纯粹是讹诈。这王教官原是县党部派到学校来主持三青团的，妈妈和刘娘来后主张学校不参与党团活动，取消了三青团部，王团长改做军训课的教官了。这事的实质是爱国的民主知识分子与法西斯的国民党的斗争，不过那时妈妈和刘娘在政治上都比较天真幼稚，没能有深刻的认识。

过了一两天，王教官看妈妈没被县长的伤讹住，就开始放风，说永兴是共产党的老窝子，矿上就闹过工潮，现在闹到学校来了，学生们唱的歌、演的戏都有问题，还指名说沈教务主任的弟弟，才二十岁出头的沈垚老师就是赤色分子。沈教务主任吓得晚上到我妈妈房里大哭，连声说："周校长、刘主任，救救我弟弟。"我妈妈劝他让沈垚快走。就这样，沈垚连夜逃到广西去了，撇下他17岁的未婚妻、图书管理员况德坤。我表姐周莼章当时也在学校做实验室管理员，和况德坤住一间宿舍，我常去，管她叫"况"。沈垚逃走后，"况"天天都泪汪汪地倚在窗台上，写了密密麻麻上百个"沈垚"。我还拿她取笑，不懂得她的痛苦和担心。

转眼，学期就结束了，妈妈和刘娘都被撤职。妈妈的罪名是"治校无方"，刘娘的是"训导乖张"。因为五姑爹常拿这八个字来和妈妈、刘娘开玩笑，我也就知道了。其实还是教育厅长、国民党元老朱经农力保，才没有把妈妈和刘娘当共产党"查办"。若是"查办"，关进监牢，性命都难保了。和我妈妈关系好的一些教职员也都纷纷辞职离去。郑馆长也走了，后来在重庆街头碰见，他一身军装，参加了青年军到过缅甸。春节后，新任校长来办了移交手续，妈妈带了我和哥哥又回到衡阳五娘家。不久，刘娘也来了。她们二人已不宜在湖南教育界谋职，暂时失业在家。

5…………上完最后一课，离开了湖南

离开仅一学期，我又回到了扶轮小学，还是和倜哥一块儿去，一块儿回来。老师、同学也都是熟面孔，似乎没什么变化，可家里却事故颇多。先是哥哥出麻疹，继而转成肺炎，发高烧，呼吸急促。妈妈和刘娘日夜守着他，他还老问妈妈他是不是快要死了，吓得妈妈更不敢离开他一刻。接着倜哥也出麻疹。五娘全心照顾他。第三个是我，第四个是杨妈的小毛头。其实，毛头已经出过麻疹，这回又感染发病，真是祸不单行。杨妈也就顾不上做家务事了。我颇有自知之明，默默地躺着，忍着高烧的痛苦，

只有椭姐偶尔来看我，给我拿点儿水喝，还顺带表扬我几句，心里得到十分的安慰。他们从城里还请来了医生给哥哥诊病，哥哥吃了他的药水没明显好转，还是妈妈自己用从香港带回来的“兜安氏”药膏给哥哥敷胸部，才慢慢好起来。家里总算没病人了，但我们还不准出门，饭也送下来，一人一份，多了不给。病愈的人往往食欲特别好，可是五娘说病愈的人体质还弱，消化力差，不宜多吃。两三天下来，倜哥就哭开了，哥哥就喊开了。妈妈说，湖南有“背冤单”的乡俗，相当于游行请愿。哥哥就找了两张大纸，上面写上“我要吃饱饭”几个大字，贴在自己和倜哥的背上，二人在各房间“游行”。我能忍饿，笑着看这一个呼口号、一个流眼泪的难兄难弟。大家都笑，就五娘生气。又过了几天，我们能正常吃饭了，我和倜哥又去上学，哥哥还休养辍学在家。悫哥和椭姐也没再去永兴的三中，就在衡阳上学。

不久学校搞了一次统考。因为粤铁路所有的扶轮小学要集中到韶关去进行毕业会考，衡阳就来了个摸底测验，算术我考了90分，是全班第一。本来我可以考100分的，可是移项那部分老师没教过，我想了一下，还是老实稳妥，就没发挥想象力和创造力。回家一说，妈妈说我太死脑筋。虽然差了10分，得了个教训，但还是在全校大会上受到表扬，上前领了一本作为奖品的本子。从前在香港，婆婆给我绣的花，我领了一个笔盒，惹得同学们不服气。这次同学们没有不服气，可是我自己觉得太笨，也没高兴起来。过了没几天，我们这桐家垅分校的六年级学生，全部并到校本部上课，以保证衡阳扶轮小学的成绩。我们全班也保证努力“冲刺”，不给学校丢脸。

到校本部上课也是件新鲜事。首先，每天早上得去赶火车，就站在铁路边上，交通火车来了，就爬上去。因为没有月台，我够不着车门的阶梯，每次都是倜哥先把我托上去，我再拽他上来。找好座位，一路看风景，火车开到东阳渡。这是个正式的车站，上满了员工，再开回衡阳站。好在校本部离衡阳站不远，出站就到校了。可是下午回去的交通车开得早，我们赶不上。降了旗放了学，我们成群结队地顺铁路走回五马归槽，一步踩一根枕木，边说边笑。有时候男孩子们还比赛看谁能在铁轨上走得远，有时候还把耳朵贴在铁轨上，听听有没有车过来。一个多小时的路程也没觉得累。第二件新鲜事是带中午饭，校本部有厨房，给蒸热，但是要交钱。五娘说，顺便蒸蒸热没有收钱的道理。第二天，同学们都拿到热饭，就我和倜哥的饭盒被放在一边。倜哥眼泪汪汪地说声"不吃了"，就伏在了课桌上。我鼓了鼓勇气，就去和厨房的人理论，最后达成协议，明天带钱来，今天的饭我自己来热。我探身到大锅里，把饭和菜一起倒下去，拿大锅铲翻了几番，得亏在赤坎有炒菜的经验，这回用上了。倜哥破涕为笑，回去五娘也称赞了我。

坐火车上学的日子没持续多久，长沙就被围了，不要说毕业会考，整个学校都要提前放假，给我们每人发了一张毛边纸油印的毕业证书。上了最后一课，大家想起都德的课文，站起来齐声喊着"抗战必胜""中国不会亡""中国万岁"！全校集合在操场上，行了降旗礼。校长在台上哽咽着说："同学们，不管你们走到哪里，不要忘记你们是衡阳扶轮小学的学生！"台下唏嘘一片，记得我们班还慷慨激昂地高唱了一曲《毕业歌》。此情此景更使我们体会到了歌词的内容，少年们怀着"担负起天下的兴亡"的豪情，却又是悲伤地、默默地在枕木上一步步地跨着。我们回到家，也看见长辈们都在忙着收拾行李。

形势已经很紧了，报上又登载了城里千万只老鼠咬着尾巴浩浩荡荡凫过湘江，看奇观的群众上万，认为城里要临大灾了。本来就人心惶惶，这下更是火上浇油。空袭频繁，有一天晚上还进行了激烈的空战。只见炮火的红光交织，被击中的飞机冒着熊熊大火栽向地面，枪声、炮声、爆炸声和飞机撞地的轰隆震动。

我惊得瞠目结舌，而哥哥、倜哥他们在拍掌欢呼。其实黑天里，也看不见是日本飞机还是我们的飞机。四娘过来说他们："人家在拼命，你们高兴什么！"他们吓得不敢喊了。这血火交织的惨烈场面，是永不会忘记的。国民党的士兵也来到了土山包上工事里，修建那些炮位，还扛了大斧头来砍我们房子边的那一排笔直的大树。树的主人许老头儿在旁苦苦哀求，说那是他爸爸种下的，求他们给留下，几乎都要下跪了。大兵们也不理他，仍一下下地砍，那咚咚声也震动着我的心，"敌人杀来炮火疆场"，当了亡国奴，什么都完了。

在我们去永兴之前，四、五姑爹还有五姑爹的朋友季先生合伙，我妈妈也入了一点儿股，集资办了一家"竞新纺织厂"，厂址就在湘江堤岸上。四娘、四姑爹住到厂里，置备了一台毛巾机、两台袜子机，雇了一个工人王师傅，四娘也学着干。形势紧张后，厂房和机器也都便宜卖了，四姑爹二人也搬了回来，给每家分了一些袜子和毛巾，算是血本所归。五娘家的鸡也都杀着吃了，猪给了附近农民。我们也要启程上路了。我望着那收拾得井井有条的小菜园，挺舍不得；郭师傅想必心里更不好受；只有毛头高兴，她说可以见到她爹爹了；也许杨妈妈也高兴，但不表露出来，因为杨妈和毛头的爹还没结婚。

从衡阳站上了火车，坐车的人虽然很多，但还有秩序，有座位。走了半天到达桂林，出了车站，杨妈对五娘说了许多道谢的话，就领着毛头走了。五娘、四娘还有我们，和刘娘、郭师傅三家一共13个人都住进了美娘家。美娘是五姑爹的堂妹，数天前全家都逃到重庆去了，一排平房能容纳得下。房前还有一片几亩大的果园，可供我们几个玩耍撒欢，可也就是这片果园，又惹出来不少麻烦。

第三章　逃难

❶…………卷入了湘桂大撤退的洪流

到桂林时已6月，房前的李子树挂满了紫红的果子，让人一看就想去摘了吃。哥哥和倜哥会爬树，就在上面解馋，我在下面等待他们的“施舍”。不用上学，也不用做功课，妈妈和刘娘天天要出去看朋友，找关系求职。没有了杨妈，五娘的事也多起来，我们可自由快乐了。李子吃得太多，必然影响吃饭，被五娘发现，下了禁园令。哥哥不听，午睡时仍溜出去偷吃，把衣服剐破了，婆婆悄悄地给缝上。最后，他吃得拉起痢疾来了，而且还挺严重。妈妈和刘娘带他上医院。五姑爹还去找认识的医生。那个年代，痢疾就是难治的病，有一定的死亡率，所以哥哥这一病又搅得全家不安。最后，是吃传到中国不久的磺胺药才渐渐好转。

妈妈在桂林找关系求职非常困难。一天，遇到了李宗仁夫人郭德洁女士。她们在北京早就相识，郭女士请妈妈去她办的学校教书。妈妈兴冲冲地到她学校去，不料接待的人态度十分傲慢，就像对待一个讨饭的人。妈妈很生气，虽然急需有个经济收入，但还是扭头出来了。古人云：饿人不受嗟来之食。妈妈对刘娘说，她也不任那嗟来之职。没料到战事急转直下，衡阳已被日军围困了，容不得妈妈奔走求职，又得准备逃难了。空袭警报经常响起，我们就到附近的七星岩洞中去躲避，看那些钟乳石笋，一点儿都引不起兴趣。

街上从早到晚络绎不绝的都是逃难的人群。小板车拉着行李，后面总是有个小孩儿拽着刹车的大绳子，以防行李丢失。这角色有一天也轮到我来干了。我们的行李很多，雇来好几辆小板车装车时，婆婆大喊："我那箱子里都是要紧的东西呀！"五娘制止她都来不及。车子启动时，我一个箭步去抓住那辆装有"要紧东西"的小车，一路急行到了火车站。等了一会儿，全家大小才来到，郭师傅是搬家主力，椭姐也显出她的泼辣能干，哥哥、倜哥、悫哥三人呆若木鸡。四娘说："男孩儿还不如女孩儿有用。"

月台上人挤人，行李堆得阻塞交通。我们上的这车是铁路上专为疏散家属开的，每家给一个卧铺间。我们这十几个人当然是挤不下的，刘娘和我就拿了小板凳坐在过道里。那时火车已经没有什么班次钟点了，逃难的见车就上，上不去就爬到车顶上坐着，连车厢下面铁管子上都搭了板子躺着人，更不用说火车头的两边和车厢的台阶上了。我坐在车厢里，隔着玻璃看车外面上不了车急得前后乱跑的人群，感到自己太幸运了。妈妈带着椭姐和郭师傅在行李车下面"力争"装车，那边也是乱成一团，我们的行李又多，装得困难。渐渐地我睡着了，车开动时把我震醒了，转着头四面一看不见妈妈，五姑爹说"你妈妈没上车"。他好开玩笑，我不信，赶快问刘娘。刘娘说是的，因为行李没装完，妈妈和椭姐、郭师傅三人留在桂林站上运行李。我很担心，幸而有刘娘，我挨着她，踏实了好多。在车上也没有饭吃，五娘事先准备了大饼，还将园子里的李子都摘下煮了一大锅，装在暖壶里在车上吃。车上也没有了厕所。因为厕所里全挤着人，而且也没办法走过去。中途，哥哥的痢疾还没完全好，只好便在盆里，用手纸盖着。车开开停停，没有准儿。遇见敌机来空袭，车就停了，叫大家都下去。我们跑到田野、山坡上，好好地伸腰躺躺，看看蓝天白云。警报解除了，车上的工作人员拿一个大喇叭喊人，大家又争先恐后地上车。都方便过了，又吸了新鲜空气，精神为之一振。

也不记得走了多久，这天早上，总算进了一个大站——柳州。站外的人们看见来了火车，一拥而入，真像潮水一般。忽然，刘娘看见一个熟人，大喊“杨聪华，杨聪华”。她一下也看见了刘娘，跑到车窗边，刘娘一伸手就把她提了进来，随即放下了窗子。人是软的，又插上一个人，也挤下了。可旁边的人就有了怨言，说你们也不是铁路的人，自己是沾光来的还带旁人。刘娘小声对我说：“国难当头，能逃出来一个就是一个，是朋友的帮一把就应该帮。让别人抱怨去，咱们别出声。”杨聪华也是位老师，较年轻，我在衡阳见过她。她说，她看从桂林上火车没希望，随着人流步行到柳州的。她到金城江就下车了。到了金城江，火车被甩进一股岔道，五姑爹下车去了，天黑才回来，说是妈妈她们三个人也到了，还说那边车不挤，能睡得下。哥哥和我就想去，五娘说那边车没上得去，这边车再开走了可怎么办。刘娘也说安全点儿好，这么些天都熬过来了，再忍几天就到独山了。我们就听话没冒险过去。可是第二天，五姑爹自己掉车了。车停在一个小站，他下去洗澡，我们的车就开走了。好在他是铁路员工，蹲在另一辆火车头边上，又赶了上来。他说在火车头上看得清楚，沿铁路边上有许多死人，也许是坐车顶被震下来的，也有过山洞被挤下来，或被烟呛死的，真是惨不忍睹！我又想起在香港看到的街边路尸，战争就是死老百姓。

终于，我们的火车到达了终点——贵州省的独山。当年的铁路只修到这里。下了车，随人流挤进一所中学，在一间空教室里抢占了几平方米的地方，打下地铺。这贵州省原来就穷，所谓

“天无三日晴，地无三尺平，人无三分银”。独山又是个边远小镇，就没有旅馆客栈，就是有也容纳不了这逃难的人流。幸而还有这么一所中学。那时正在暑假里，教室都腾空，供逃难者驻脚。我们大家又团聚了，东西也没丢失，人也没有伤病，这在湘桂大撤退中可称是最幸运的了。在独山能买到红糙米，甚至还能买到牛肉。郭师傅用三块砖支着我的铜脸盆，每天煮两盆牛肉豆芽红米饭。大家吃得喷香，这么多天都没吃过热饭菜了。哥哥痢疾刚好，五娘还是老政策，不准他吃牛肉饭，只让他喝些藕粉或稀粥。每次我们吃饭，他就坐在一边哭，可伤心了。妈妈骂他没出息，我冲他做鬼脸，他就举拳头向我示威。独山街上摆着大小坛子，上面贴着广告卖“盐酸”。刘娘说，这小地方怎么还会有化工厂？后来知道“盐酸”原来是一种咸菜，味道很好，就是太辣。五娘买来洗过给大家下饭。

过了几天，五姑爹找了一辆车，装上他们的行李和人，连四娘、四姑爹一起到贵阳再转车去重庆了。妈妈、刘娘和我们两个因为车实在坐不下，便留下来。妈妈每天出去找车，发现隔壁教室躺着李四光夫妇。李夫人许淑彬是我妈妈中学的老师，老夫妻都在病中。妈妈和刘娘热心地给他俩帮助，悉心照顾。湘桂逃来的人每天都有不少，可是从独山去贵阳的车很有限，烧木炭，路不平，山陡谷深，滞留独山的人愈来愈多。我们这四个妇孺，一是走不动，二又怕土匪抢劫，不敢步行去贵阳，困在独山钱也快用完了，真是孤苦无助，一筹莫展。

父亲，1941年

一天，忽然听见有人依次在每个教室窗外问：“里面有位许地山夫人没有？”听了第二遍，妈妈一跃而起，急步迎出去。一问，原来是贵阳交通银行的行长邹安众派人来接我们，真是喜出望外。邹行长是我外公的朋友，也是我爸爸的朋友，听说我们也在湘桂撤退的人流中，就让银行拉货的车来探问，这回还真问到了。司机很高兴，我们更是如逢救星。搭上银行的货车到了贵阳，被安置在银行新建的一排平房里，虽然没有邻居，但新房子外面有自来水，里面有电灯，感觉到了天堂一般。接着又遇见一桩好事，妈妈在求职中碰到她北师大的同学崔老师，还有她好朋友的弟弟赵泽环。他们都在贵阳的国立第十四中学任教，向校长力荐。这样，妈妈和刘娘都不再失业，哥哥和我也都可以在十四中上学。困难的事都解决了，我们也不用再去那充满未知数的重庆了。

2…………贵阳马鞍山的国立十四中

不久，我们就搬到了十四中。十四中在贵阳城外，傍着南明河，后面是座小山，有一高一低两个圆山峰，像个鞍子，于是那地方就叫马鞍山了。学校既没有围墙，更没有大门，房子就分布在山坡和河旁。远处有个小街镇叫水口寺，近边没有民房。教室都在坡上，生活区在下面河边。妈妈和刘娘住一间宿舍，只有八平方米左右，放两张双层床和一张桌子，东西都放到上铺，也算是一种发明创造。哥哥和我都住到学生宿舍。

全体住校的初中女生都住在一个大大的房间里，以最节约面积的排列法，密密地放着木头的双层床。因为还没开学，床几乎都空着。我图凉快，拣了个上铺，睡到半夜，被臭虫咬醒了。凡接触床板的地方，从脸颊到脚趾，都是大大小小一个连一个的疙瘩。我迷迷糊糊地就用手去捏去掐，弄得两手都黏乎乎的。我在永兴住校时身上长了许多虱子，还没领教过臭虫，不想这东西还真如其名，奇臭难闻，想必饿了一暑假，这回来了一胖姑娘，都过来大会餐了。好在我正年少，折腾一番后就又入梦乡了。早上起来，除了两只手都结了厚厚一层酱色的干痂，身上光溜溜的，一点儿痕迹都没了。大概我有臭虫抗体，得感谢父母的遗传。第二晚，妈妈给我一顶带底的蚊帐，犹如把自己装进了口袋，臭虫们只好望我兴叹了。

很快就开学了，同学们把一个宿舍住得满满的。姐妹二人的得挤一张铺，其余人抽签，抽着的也是二人一挤。上百人聚居一室，门只一扇，窗户不好，但空气还很新鲜，原因是墙泥都掉了，露着竹笆四面通风。到冬天，人挤人也没觉得很冷。学校照顾女生，每人下午可以去伙房要一勺热水搞卫生，早上的洗脸水就得下南明河去舀水。为了多睡一会儿，同学们大都头天就把水端回来放在床下面。老鼠半夜常常作乱，把水溅出来将鞋打湿，还有一回竟淹死在盆中，吓得水盆的主人尖声大叫。我沾妈妈的光，到她们房间洗脸，不用下河舀水存着。

抗战期间，学生都要接受军训，一切都以军号施令。起床号响过就是集合号了，被子叠得方正，就赶快往操场跑，整队、唱歌、升旗、做操、听训话之后，就往饭厅去。吃饭的规模比住宿的还大，全初中男女生在一个大房子里，只有饭桌，没凳子，碗装在口袋里，挂在墙上，很整齐的。各人把饭舀好，八个人围一桌，听到喊“立正”，这是值星队长在向教官敬礼之后，也不用喊“稍息”就是一声“开动”。没有一个讲话，都在忙不迭地往嘴里进食。饭菜是天天一样：早上糙米稀饭一碗，煮黄豆；中午和晚上都是糙米干饭一盆，煮地瓜片（凉薯）。月底打一次“牙祭”，能见到红烧肉。男同学到那天把筷子削尖，说是一下就能扎好几块。有好些男同学是跟着学校从南京中央大学辗转来到贵阳的，他们靠公费助学，穿得也破，就更吃不饱了，每次大饭桶都被刮得干干净净，连稀饭桶也刮得和洗过一样。我事先就了解了情况，用了一个大碗，实实地按上一下子也就够了。我们女生不是他们抢饭的对手，不可能盛第二碗饭的。我虽然算是吃饱了，可是还老嘴馋，总想着老师吃的酱油煮黄豆一定很香，好几次跟刘娘要求去吃一回教师的客饭，都让妈妈给否了。

十四中的童军服是黄色的，我没有，只有白衬衫。管报到的老师说抗日期间从简，没有肩章绊，没有上面两边的口袋都凑合，但颜色一定得一致，不能万黄丛中一点儿白。那时很少有洗染店，好容易找到一家，还没有黄染料。正发愁，听人说用黄泥可以染衣服，就和了一盆，将白衬衫沤了进去。过几天拿出来一刷，居然成功了。理直气壮地去报了到，编在五年一贯制实验班，不叫初中一，就叫一年级，还领了小锄头和一把蚕豆种，分了河边坡上一小块梯田地。十四中注意培养学生的劳动观念，校歌的第一句就是“神圣劳动，小工人爱做工”，最后是“为什读书？为祈助劳动”。我在衡阳看见过许老头儿耕田、郭师傅种菜，这回自己动手，兴致很高。松了土，挖了窝，豆子点埋好，感觉也沾点儿“神圣”的光了。

十四中的每个班还都以级任老师的名字命名。我们班叫“启圣级”，老师是男的，教体育，我们称他梁老师。他给我们排了座位，女生一行男生两行，男女生不但不混座位，还互相不说话，更不能一起玩了。我想，这就是中学和小学的差别吧。下了课，男生那边吵呀闹呀，地板跳得山响，有时把梁老师都惊动得上来训斥他们。而我们女生这边总是斯斯文文、雅雅静静地，除了我，个个都很用功，我一个人也哄不起来。上课时，扭着脖子看窗外，有树，有鸟，耳朵听鸟儿叫唤，还注意着下课的号声。下午课完了，我就满山乱跑。我交了个好朋友叫陈杏杏，她也是从衡阳来的，他父亲和我五姑爹是朋友。五姑爹有一次带我去过衡阳她家，所以到十四中一见面，我们俩就搭上档了。合伙种蚕豆地，一块儿上山去教室，下课还一块儿玩，一块儿去学跳踢踏舞。我学了两次不感兴趣，就不去了，但杏杏一直坚持着学和练习。

星期日，城里有家的同学头一天都回去了。我一早也进城去教堂。妈妈和哥哥走得飞快，11岁的我连跑带颠地也赶不上，路又总是泥泞难走，有时我气得干脆蹲下以示抗议，他们这才等我一会儿。在教堂跪得膝头挺痛，弥撒完毕，妈妈把早餐的费用全部捐到奉献袋中，饿着肚子到邹安众先生家。他家有个比我大一点儿的女儿和儿子，我们四个人谈谈笑笑。他们还有一个只四岁的小妹妹，我们也逗她玩，只是不敢惹她，她会去告状的。中午可以打牙祭，下午在交通银行的浴室洗澡，回学校时还照例带上一瓶邹伯母给准备的肉丁、豆腐干炒豆瓣酱，可以吃到星期三。比起离家远的同学们，我和哥哥的生活是很优越的了。

3…………翻山越岭逃到重庆

十四中的生活虽然艰苦，亦很紧张有趣，但好景不长，日本鬼子又打来了。11月底，形势愈来愈严重，学校准备再北迁，同学们陆续有随家人逃难退学的。凡是要跟随学校步行转移的，去教务处报名，转移到何处也没说定，一时人心惶惶。学校也停了课，留下的同学都是随校走的。这天，响起了尖厉的紧急集合号。我也随大家跑到操场，原来是宣布明天出发，读了编队名单，安排了各项事情。第二天早饭后，大队人马集合好，前面打着标旗，后面还跟着几辆马车，装上大家的行李，吹着号出发了。我目送着大队人马，直到看不见了才回来，满腹悲愤惆怅。

妈妈和刘娘这几天也都在忙，还是邹安众先生搭救，让我们搭交通银行运货的大卡车去重庆。走以前，我还特地去看看我的蚕豆，好几天没顾上来，它们又长高了，有十来片叶子了。开春结果，谁来收获？离开了空荡荡的校园，我们又踏上了逃难的路。

交通银行的货车装得已经超过了车帮，又插上些木杆，围上些板子，搂上一圈绳子，我们就高高地坐在了货上。出了贵阳市，又上来了七八个人，这是司机私带的客，当时称“黄鱼”，顿时我们就挤得不能再挤了。司机有办法，让我们把腿都塞进货包间的缝隙里，刘娘说这叫“镶嵌”起来了。司机又让像我哥哥这样的小伙子坐到车帮上，两腿垂到车外面。这是危险作业，可谁也不敢得罪司机，只好听任命运摆布了。幸而烧木炭，车速不快，颠颠簸簸，虽然很不舒服，也安慰自己说能坐车逃出来，应该知足了。

晓行夜宿，在路边小摊子上吃冒尖碗的硬饭，住的旅馆更没有标准。只要有旅馆住就不容易了，没准儿还要使出一点儿招数。比如有一次，发现旅店的老板是广东人，妈妈就用广东话去求宿。他认同乡，把楼梯下面的杂物挪走，我们在那里睡了一夜。第二天一早，我们给他钱，他一定不要，还为实在没有房间而抱歉。这也不是常有的运气，我们在街边、房檐下也睡过，逃难的人实在太多了。

车行第二天，我们赶上了十四中的大队人马，他们也发现了我们，一个个振臂欢呼。特别是妈妈和刘娘班级的，跳起来喊我们，真令人激动。可惜车不能停，那热烈的场面让我们回味了一路。

过了遵义、桐梓，有个地方叫七十二盘，路像蛇一样，左右盘旋而上。在半坡的一个盘弯处，我看见下面有摔烂的汽车残骸，还看见摔死的马。我们的车开得很慢，很费劲儿。好不容易到了山顶，大概司机需要放松一下吧，车停了。我们也下来定定惊魂，往下一看，简直不敢相信自己已经上来。下山时，还是盘旋而降，仍慢慢而行，但没上山时那么费劲儿。到了平坦路，车又停歇了不少时候，感到山下暖风扑面，最阴、最难走的地段过去了。进了四川，过了綦江，车停到海棠溪，江对岸就是重庆市了。司机和带的客人全下车走了，我们也从“镶嵌”中拔了出来，身心为之一快。

四娘、五娘从衡阳出来就直达重庆了，我们到了重庆也算举目有亲，总算还有个家在等我们。妈妈和刘娘还得去找工作。黄姐姐把我和哥哥接到嘉陵江北岸的石门炼铁厂住下。黄姐姐是妈妈湘潭老家的亲戚，从小失母，到北京就是妈妈几姊妹照顾她。这时她已三十多岁了，丈夫是留美学钢铁冶炼的，回国后就在资源委员会工作。黄姐姐在炼铁厂的医务室当护士，家就安在炼铁厂，她丈夫每周末才回来。黄姐姐对我们很好，炖肉给我们吃，我们四个人在一起很乐和。黄姐姐身体不好，吃些妇科药丸。哥哥将药丸的方单仔细看过，下结论说黄姐姐吃这药就能生孩子了，黄姐姐笑得流眼泪。过了几天，晚上放空袭警报，我不理会，哥哥却吵着一定要去防空洞。他说，日本飞机轰炸的目标就是钢铁厂。黄姐姐只好带他去，可是他的两只脚在路上垂在车外，长了冻疮，每天用热水洗还没好，走得去走不回来。黄姐姐又背不动他，最后哭着挨蹭到家里。他不肯住炼铁厂了，黄姐姐也怕担不起责任来，把他送到城里面四娘家去了，剩下我和黄姐姐两个人。她去上班时，我就在家打扫卫生，把她家的门窗都擦得干干净净，有时候拿着勺子，不一会儿就搅一次锅，怕把肉炖煳了。或者我去看出铁，见那橙红的铁水汹涌而出，叹为观止，百看不厌。有时候我也去医务室，学会了包药、搓棉球、卷棉签。那时，每天下午都有个工人背一个小青年来换药。他的一条腿整个儿露着肉，说是铁水烫的，我很可怜他。在炼铁厂，我知道了工人的辛苦。到晚上，黄姐姐给我讲故事，还教我唱京戏。星期六、星期日，黄姐夫在家，他喜欢小孩儿，还喜欢四则题，出题让我动脑筋。黄姐夫真的是很和蔼的一个顶好的人，可惜第二年他得粟粒性肺结核，骤然就去世了。我知道后心里特别难过，一晚上都没睡着觉。

在黄姐姐的铁厂住了近一个月，妈妈来接我了，她已找到工作，在战时生产局当收发。人都快要挤爆了的陪都重庆，哪里还能留下一个细小的职位空缺，是爸的朋友也是妈妈幼稚园同学的丈夫吴景超先生给活动的。战时生产局的局长是翁文灏，他正是清华的教授，认得我父亲。吴景超就在战时生产局工作，仗了这么大的面子，总算让我们在重庆生存下来。刘娘还到十四中教高初中两个迁来重庆的毕业班，她们俩都各自住在很多人一间的集体宿舍。妈妈先把哥哥安排好了，让他降半级，上中央大学心理学系的实验班。十四中与中大附中及实验班本来是一所学校，托了熟人找了主任，接收了我哥哥。剩下我了，我的出路就是考南开。

我们到重庆，赶上个寒假，各校都是不招生的。南开中学看到逃难又来了这么些人，与其成天接待说情入学的，不如破例招考一次。我就是要抓这个机会。我又到五娘家去与倜哥为伴了。他在南开读了半年，再开学后要补考算术。我则是半个学期都没读完，也需要补课。五娘请了位家教来教我们俩，是位中央大学的男生。他总穿一件灰棉袍子，讲课挺风趣的，我很受益。临考那个星期，妈妈来五娘家，走时我送她到大路边，妈妈说："你得好好考啊！考不上你就没地方待。"我低下头，看着脚尖，轻轻地点了点，咬着嘴唇没让眼泪掉下来。

考英语，我还有香港的底子，考国文也不怕，就是考动植物我差得太远，对着选择题瞎蒙。有一题，蜘蛛是用气孔、肺还是腹呼吸的选择，费了不少脑子，最后还是选了个错的腹部。就是考算术得了个全面胜利，五题都对了，五娘还不相信。最终榜上有名，我进了最有名的南开中学。

第四章　沙坪岁月——南开生活

❶…………最好学校里的最差学生

南开中学确是名不虚传，一进校门，广场两边芝琴馆、范孙楼矗立着，既雄伟又庄严，放眼望去，是一个很正规的大运动场，两边还有高高的水泥看台。图书馆是栋独立的三层楼房，礼堂有大舞台和带台板的排椅，和大剧院差不多。女生部远在校园里面，是栋三层的大楼，前面有大操场，虽然没有二道围墙，也俨然另是一院，男生是禁止去的。校园内有一条通往教师宿舍区和风景花园鱼池的大道，两边是高大的梧桐树。这气派不是那地面狭小的香港学校可比的，更不是那抗战后方的“简装”学校可攀的。成为这个学校的一分子，我不由得自命不凡而飘飘然起来，殊不知，这学校对学生学业的高要求和严厉的规矩在等着我。

妈妈带我去报到、交费和买南开的童军服，还闹了个小插曲。原来教务处发榜时，把我放到了男初一五组，这回验明正身是个女孩儿。教务处老师摇头叹气说：“没法子，只好在女初一二组再挤进去一个吧！”把男童军服换了一套女的。妈妈又把买的黑裙子退了，告诉我：“你的裙子可以充数，能省一点儿就省一点儿。”这我能理解。对住校我是老经验了，妈妈也放心，办好手续，她赶快进城上班走了。

我抱了铺盖自己找到女生部——受彤楼。老师找了个同学带我去宿舍，安顿之后去教室。教室里真是“济济一堂”，过道窄得要侧身而过，现给我搬来的课桌塞在最后一排的边角上。教室后壁有个大壁橱，上面全是带门的格子，给学生放书本的。每人一格已经满了，没有我的，可是她们来取放东西时，我还得起身给腾地方。这我不介意，一会儿吃饭有我一份就行。

饭厅在大楼后面，很大。高中生在一头，初中生在中间，女老师隔着层板栏在另一头。桌子排得很整齐，一荤三素四个菜已经放好，八副碗筷也在桌上，居然还有八张板凳，这里可以坐着吃饭，而且不用自己洗碗，天天能吃上肉，怪不得要交这么多钱。哥哥说南开是“贵族学校”，大概这就是“贵族”待遇了。不用喊“立正、开动”，一吹哨子便开吃。12分钟后再吹一次，15分钟再吹就必须离席。我吃得快没有问题，可有的同学往往就得把没吃完的饭扣到碗下，老师看见要批评的。这里饭也富余，盛几次都有，菜也不至于到“道光”（倒光）年间。我这大饭量得其所哉，也不像在十四中时老想着酱油煮黄豆了。

寝室还在饭厅后面，是三排平行的平房。前面一排是单身女老师们住，中间一排是初一两个班组，一个班住一边，中间是通道，后面是初二的两个班。三排房子顶头是条总的通道，安的花格窗。通道前面就是唯一的那扇大门，形成一个封闭的大院。房间不大，放六张四块板子、两条凳的床，床下一只木板箱子，床上的被子平铺着，罩上白单子。老师每天都要查房“考美”。有的同学在被子上铺油布，或毛毯，再用比较细的漂白布一罩，四棱见角和豆腐干一样。每回布告栏上都是红色的“美”字，稍差一点儿是“蓝美”，再普通一点儿，就什么也不算，同学们戏称“白美”。我的粗布单子怎么拍怎么挤也出不来线条棱角，若是起迟了动作慢点儿，来不及侍弄，它就如同一张发面饼了，发面饼就得得“劣”。一学期下来，我的名下一个“美”也没有过，倒是赫然几个黑色的“劣”。

教室里也要查整洁的，桌椅的棱棱缝缝都得一尘不染。有的同学甚至用蜡把桌面擦得锃亮。桌斗里的书本垛得整整齐齐、直角直线。我没有书橱，所有的东西都塞在桌斗里。一比较，我自然就是最差的，经常又是“劣”的一类。

南开的生活很紧张，男生听号作息，女生太远就再加一个铃声。闻铃急起、铺床、洗漱、上厕所，总共只给15分钟，就得在操场集合。早操完毕，多数同学都奔向洗脸房或大厕所去办未办了的事情。不一会儿，早自习铃声就又响了。各班的纪律股长已拿了本子和笔站在教室门口。只要铃声一停止，再进教室的就被记上了名字，以至同学们一边跑一边叮嘱摇铃的老校工“多打一会儿”。我是个马虎快，铺床不求甚方，洗脸不求甚洁，很少被记“迟到”，但自习时和别人说话，或者出什么怪招，惹得哄堂一笑，都得被记上“不守纪律”的黑名单。

南开的每个楼门内都立着一面大长镜子，镜架楣上面刻着“面必净、发必理、衣必整、纽必结，头容正、肩容平、胸容宽、背容直”24个字，两边还有“气象毋傲、毋暴、毋怠”、“颜色宜和、宜静、宜庄”的对子。这是学校要求学生的标准相，我又差之无垠。我没有大衣，妈妈找出她的一件大圆领子、大肥袖样式的灰麻点子的呢大衣，拆去了领子，撮缝上袖口给了我。妈妈不懂缝纫的学问，不知道衣服没有领子，领口就会愈裂愈大。没过几天，撮小的袖口也开了。我本来就胖，挺胸凸肚地再配上这么件挂到了肩头的大衣，风风火火跑来跑去，同学们送给我一个形象的绰号——“杂毛老道”。四川话“杂毛”就是假冒伪劣的意思。老师看见直皱眉头，不是说“把扣子扣好”就是说“把皮带系紧，衣服拉直”，心里一定在想“怎么收来这么个肋腻兵”！

南开的老师也是比较严厉的，上课说小话是绝不允许，传条子、发短信息被发现也得罚站。化学课要示范实验，在芝琴馆的阶梯教室上课，老师看得清，谁若是打个呵欠，甚至当时老师没看见都得罚站，因为眼睛里有泪水了，提问答不上来就更不必说了，所以上化学课大家都得规矩。平常我虽然坐在教室后面角上，比较隐蔽，但总爱扭动身子，转动颈子东张西望，老师也会发现，以致罚站成了我的家常便饭。上课尚且好玩儿，下课就更不用功了，临考就抱佛脚混个刚及格。有一次考国文，有默书一项，错一个字扣一分，我这项几乎被扣光，以致只得了59分。同学们替我说情，国文老师说：“若是别人，这一分我早给添上了，对许燕吉就不能添，添上她玩得更欢了。”为了下次超过61分，我只好背起书来。到学期末了，居然还样样及格，没被淘汰，不过还是有一样没及格，就是童子军课。

童子军课还有不及格的？恐怕连男生带女生只我一个。说来还是怪我，事情是这样的。天热时，学校规定要睡午睡，可我们都睡不着，躺在床上装样子。我睡在窗户下，有时就坐起来朝外看，这一天，正好看见院子对面教童子军的王老师（是位女老师）开窗户朝院子里泼水，只穿了件背心，身后还站着一位男士，我不禁哈哈笑起来。没过一分钟，她就到我们这排来了，站到我们房门口，生气地问：“刚才是谁笑的？”其实我们房里的同学听我一笑也都起来看见，都笑了，可是是我引的头，只好乖乖地承认，她便训斥了我一顿，说我不守纪律，不遵守作息制度，还扰乱别人午睡，等等。我挺不服气，嘴上不敢讲，心想你才扰乱我们午睡呢！没想到，她还到主任那里告了我一状。不久，有一天我在宿舍院子边玩，忽然看见垃圾箱旁有张撕成两半的男人照片。拾起来一看，后面还写着送给我们童子军王老师，再一看，不远处还有封扯破的信，原来是给我们王老师的情书，大开了眼界。好笑之余，心生报复之念，将照片糊好，将信裁去上款和落款，都贴到了班上的壁报栏，同学们看过都笑了一通。王老师一定知道了，于是我的童子军课不及格。第二学期开学时，我一个人补考童子军，结果还是不及格。这影响不了我什么，我也不在意。

学期末了，我的成绩报告书上写着不守教室秩序记小过几次，不守寝室秩序记小过几次，教室整洁不合格记小过几次，寝室整洁不合格记小过几次，自习时看小说记小过，对师长不礼貌记大过。原来，得三个“劣”就是一过，主任叫我去，说幸亏你拾到过一支钢笔交了来，记了一小奖，否则都有被开除的危险。妈妈看我的成绩都算及格了，也没训我，她大概早听说过南开是“平价大过”。

❷…………小伙伴们

南开规定全体学生都必须住校，因此同学们整日厮守，相互都很熟悉。虽是熟悉，也有脾气相投、家境相似的，在一起有更多的共同语言。有的同学们相好到除下课一起玩外，上课还要互传条子写短信息的程度。老师发现了，就会当众把信息读给大家听，惹得哄堂大笑。两个人相好的叫“两脚规”，三个人相好的叫“三角板”。我和徐彬彬是“两脚规”，同年龄，又同时考进来。她妈妈带了她外婆和她哥哥还有她，从敌占的上海辗转来到重庆找她父亲，途经宝鸡还被军警审查，关入监牢，和我妈妈带了婆婆和我与哥哥从香港回内地的经历相似。她个子高，坐在后面，我们还分在同一间宿舍，所以我俩很自然地就成为“两脚规”了。徐彬彬很有艺术细胞，美女像画得特别好。美女戴着大草帽，穿着时髦衣裳，修长的腿，窈窕的身段，和画报上的电影明星一样。同学们求她给画，她都不拒绝，所以同学们都喜欢她。她还教我画，可惜我学不会。

课余，我们一块儿去图书馆，二楼阅览室挂着一个大条幅，上面只有一个“飞”字。她特别喜欢这个字，我也感到这个字写得确有“飞”的气势，隔三岔五地我们都会去欣赏一番。图书馆后面有一间独立的平房是音乐教室，里面有架钢琴，没有课的时候门总是锁好的。可是每天下午，课后有人在练琴，弹得很快，也很好听。我们俩就蹲在外面墙根儿静静地听，甚至都没敢朝里面张望过。我们俩还常去大门口隔着马路向对面的烧饼摊子打手势，叫他送两个烧饼过来。迈出校门是要记过的，徐彬彬很守规矩。有时碰上几个同学还“赌”橘子吃。重庆的橘子便宜，一毛钱都能买十个，大家围坐在大看台上，将橘子核放在面前，最后数数谁的核最少，就由谁付钱。这个赌法不知是谁发明的，说是谁的橘核最多算输，就有可能将核咽下去，就不公平了，还挺有点儿“学问”。有些同学能从通道“秘密”潜去吃“抄手”。我们也知道那个通道，但没去过，除了她守规矩外，主要是我俩家境都不富裕，吃个烧饼就很知足了。有一次星期日，徐彬彬邀我去她家，见到她妈妈和外婆，都很和善。她父亲很少回家，我认为和我没有父亲差不太多。我们俩把少女的心思、受的委屈、高兴和不愉快的事都无保留地相互倾诉，真可谓知心了。第二学期，因患伤寒病休学的周安慈复学来到我们班。她患病脱去的头发还没长好，短而蓬，我叫她“茅草头”。她也不生气，还提出要和我们成为“三角板”。我们就三个人玩，但这个“三角板”不是等边的，我和徐彬彬更知心一些。1946年分别时，我俩合影留念，一直通信到解放。她由重庆回了上海，又由上海去了台湾。开放后，我托美国的同学打听也没消息。90年代联系到了周安慈，她在天津，我们见了面，为“板”缺一角而遗憾。没想到，2004年我们终于联系上了，原来徐彬彬就在北京。三人见面，皆是白发苍苍的老太婆了。

在南开时，我还和陈杏杏保持着联系。她家从贵阳也来到重庆，她姐姐陈棣棣降了一级，考上南开和我一个班。杏杏考到不远的小龙坎的树人中学去了。星期日，我常去树人找她，她也常来找她姐姐，我们一块儿玩。杏杏比我小一岁，棣棣比我大一岁。她们俩面目不大像，但都是雪白的皮肤、鲜红的嘴唇，小时候在北京，说的一口好听的京腔。棣棣很用功，性格也文静。我拿她当个小姐姐，常常逗她，欺负她，有时悄悄地溜到她背后，用我的尖下巴使劲儿地硌她的肩窝。她疼得直叫，回过身来追打我。有时候，我拿她害怕的东西吓她，还撵着去追，她都眼泪汪汪了，我则高兴得大笑。大概她也拿我当个淘气妹妹，不和我生气，也没影响我和杏杏的友谊。有一次杏杏来南开还没吃饭，我就带她去学校的合作社，给她买了碗牛肉面。后来向妈妈报账时，妈妈问我怎么只买了一碗，我说我吃过饭了。在一旁的哥哥便哈哈大笑，说我吝啬而抠门，请人吃面，自己在旁边看着，拿着当话柄，直笑话了几十年。其实我对朋友是绝不吝啬的，只不过年幼简单，杏杏也没觉得有什么不恰当，坦然地自己把面条吃了，这才是两小无猜、不沾世俗的真挚友情。1946年分别后失了联系，几十年后，知道棣棣在美国当了天主教的修女，说不清是怎样的感慨。

我还有个挚友，她对我的帮助最大，名叫高宏瑾。高宏瑾的绰号叫“小数点儿”，因为她的鼻子旁长了个小痣瘤，联系到她的数学特别好，就得了这么个数学外号。“小数点儿”顶憨厚、温和，有一次，她星期日在家感冒发烧了，但仍坚持回校上课。她妈妈不放心，第二天来学校看她，捧着她的头贴上自己的额试温度。等高妈妈走后，同学们就捉对地学这额贴的动作，而且大笑不止。“小数点儿”也没生气，只是憨憨地笑笑。第二学期，老师不让我在后排“自由”了，调我到中间和“小数点儿”并桌，大概是以优带差吧。南开提倡办壁报，我们小队办了一张，取名“宝气”（四川话即傻子、二百五之意），登些笑话、小品之类。讽刺的对象就是前班长外号叫“老牛”的姓刘的同学。“老牛”当班长时，我还在贵阳，她对同学们怎么不好我也只是听说，可我也跟着起哄，写些什么牛肉能吃、牛皮能做鞋之类。还劝“小数点儿”也写一篇，因为听说“老牛”对“小数点儿”也不好。可是“小数点儿”摇摇头说：“人家已经被选下来了，还没完没了地干什么。”说得我挺惭愧，自此对“小数点儿”有了敬佩之意。

我虽坐得离讲台近了些，但还是不听讲，不做作业，常被记过。有时“小数点儿”还督促我说：“不交作业又该挨罚了，拿我的去抄抄吧。”我抄都嫌麻烦，侥幸老师不查就混过去了。期中考试后，妈妈寄来一封信，只有几个字：“看到你们的成绩单，眼泪就流下来。”“小数点儿”把信拿过去说：“你妈妈供你念书多不容易，再不能贪玩了。”我真心地点点头，可过后又忘了。每当我又不听讲时，“小数点儿”就会捅捅我，小声说：“你又忘了你妈妈的信啦！”我就马上规矩起来。

再一学期，老师干脆把我调到了第一排中间坐着，上课看小说是绝对办不到了，但仍是少不了回过头去东看西瞧，做鬼脸。每当目光碰上“小数点儿”，她就给我使眼神“你又忘啦！”，我就赶快回身坐好。上课不分心了，对学习渐渐也有了兴趣。期中考试，我的数学竟名列前茅，比“小数点儿”仅差一分。老师报完分数，我赶快转头去看“小数点儿”。她笑着冲我做拍掌的样子，真是位无私的挚友。自那以后直到大学毕业，我都没为考试发过愁，是南开的教学质量高给打的基础扎实，还是管得紧规矩严，我想都是原因，但对我的学习起了关键作用的就是“小数点儿”。

1946年，我们都到了南京，但不在一所学校。直到考大学，排队报名时我们又见了面。她从队的前面跑过来问我报考什么，我告诉她，我要考农科畜牧专业，还说：“你一定是要学化学的

1946年，重庆南开中学女生部受彤楼前，初二二组合影。本人是立者左三，中间烫发的是王克仁老师，前排左二是高宏瑾

啰？”因为我知道她父亲是中央大学化学系的教授，她的化学也学得特别好。她答应道：“你说对了。”之后，她还回到前面去排队，可一会儿，她又跑到我面前来说：“畜牧系要学繁殖配种什么的，女学生到三年级都转系了。”我说我不怕那个，她说：“你不像个女孩子性格，你可能是不会转系的。”我俩笑了一通，她才又回去排队了。我们四年没见了，相逢时竟和昨天还在一起似的。30年后，我调回南京工作，第一个要找的就是“小数点儿”，托单位一位家在南京大学的同事去打听。果然，第二天就有了回音，那同事睁大眼睛说：“你说的化学系河南人高教授是学部委员高济宇！”我也睁大眼睛说：“是吗？可我只认得他女儿高宏瑾。”她的眼睛马上变小了，说：“去世了！去世二十多年了！”我真不敢相信自己的耳朵，沉了一会儿，才问仔细。原来她果然如我所料，毕业后就留在南京大学当助教，才工作两年多，就因白血病去世了，撇下才五个月的小女儿。第二年，她丈夫也去世了，小女儿由她父母抚养成人，就在南京大学工作。我想去看看这不幸的孩子，又怕引起高伯母伤心，只是有机会就问问她们的情况，来寄托我这无从寄托的怀念。惜哉！痛哉！国家的英才、我的好挚友——高宏瑾。

3…………周六见鬼记

妈妈住在重庆城里战时生产局的集体宿舍，四个人一间，床紧挨着床，吃也在单位的大伙房。安不起家，刘娘也住集体宿舍。一个学期上满，十四中这两个毕业班结束了，重庆临时的分校也撤了。刘娘没回贵阳，另受聘于重庆的捍卫中学，自己有间很小的宿舍，放了张双层床，但也住不下我和哥哥，所以我们很少进城。隔一两个星期，妈妈和刘娘会到沙坪坝五娘家，我们在那里团聚。每到周六下午是自习课，有家的同学都拿好了东西等着老师给发回家证。下课铃声只一响，她们就已冲了出去，以赛跑的速度奔向小龙坎的公共汽车站，因为车少，去迟一步排队就会错后几丈，真叫失之毫厘，谬以千里。有一次，妈妈写信来叫我也进城去度假，到城里天已完全黑了，所以我也不羡慕她们回家的了。

我和几个家在外地的同学，往往去逛沙坪坝，常去“六合饭店”吃凉面。拌面案子就临街放着，厨师一手挑拌面条，一手摇大蒲扇扇面，扇得香味四溢，引人食欲。一碗下肚还想再吃，就找只苍蝇放在碗里，像煞有介事地大喊大叫。堂倌也不细究，一会儿就给换来一碗。吃饱了，大伙儿心满意足地说说笑笑往回走。管宿舍的老师也回家了，我们唱呀、蹦呀、打呀、闹呀，玩够了，她们几个就搬了被子凑到一个房间睡了。我懒得搬，回到顶头那间我自己的房里睡。

到初二，是宿舍最后面的一排，外面草木杂生，是个乱葬岗子。夜晚，隔着花格窗，风吹影动，近在咫尺，的确有点儿瘆瘆然。要充大胆，也就不去想鬼了。这一回睡到半醒不醒，听见房里有动静，睁眼看，天还黑着，一下子就全醒了，坐起来一看，靠门的第一铺上有东西在动。这一惊非同小可，紧抱着膝头瞪大眼睛目不转睛地使劲儿分辨，渐渐看出来是个烫发的“人”。南开的学生都是短发，哪里有烫发的？更紧张了。那“人”下了地，梳了头，还把床单铺成原样。天已蒙蒙亮，她可能是发现我在盯她，回过身来说：“我是杨老师的朋友，昨天来晚了，她又不在，就在这铺上睡了，麻烦你给这铺的同学打个招呼吧。”说完，挎上皮包就走了。我的心从嗓子眼跌回到肚里，想起方才的紧张，不禁自己笑起来。下午，第一铺的同学回来后，我试探着问她，她一点儿都没发现她的铺被动过。

后来我听说一个故事，讲一村外小庙停着一具尸体。守尸人困了，就将尸体放在地上，自己在停尸板上睡了。夜行人看见小庙透出灯光，想去歇脚，一推庙门，惊醒了守尸人。守尸人以为诈尸，跳下来便追；夜行人以为诈尸来撵，撒腿就跑。二人跑到天明，回来看那具尸体还在地上。回想我那晚若是胆小蒙上脑袋，肯定就是见鬼了，自见“鬼”后，我的胆子更大了些。

不久，学期结束，由于日本已投降一年，许多人都复员回乡，我们这一班的同学们就要各奔东西了。

第五章　顺江而下

1…………胜利的欢乐

1945年的暑假，我住在七星岗捍卫中学刘娘处。8月15日那天下午，到上清寺战时生产局的宿舍等妈妈一块儿回去。妈妈下了班刚到宿舍，就听见街上放鞭炮，还有人在喊着。我以为有人结婚或是店铺开张，也没理会，正准备出发，宿舍的女工兴冲冲地跑进来说："日本投降了！"看妈妈还有点儿疑惑的样子，她加重地说："外面都卖号外了，好多人都上街了！"停了一下，她又说："这回你们下江人都要回家了。"妈妈向来遇乱不惊的，和平常一样，带了我就出门到街上一看，真是人山人海。马路中间都是人，车是不能坐了，好在也不太远，可是，走也不好走了。越近七星岗，人越多，只好在人群中挤着前行。我正好看到人们狂欢的场景：有人举着号外大声地喊，大声地笑，有人相互拥抱转着圈子跳，街边的饭馆里面全是人，桌子上下都站着举杯欢腾的人们。一辆公共汽车陷在人海中，有个人探出身子拿着酒瓶，向下面的人敬酒。还有个人也探着身子出来逮谁跟谁握手，整个重庆街上的人们似乎都不存在相识与不相识的界限了，都像醉了一般。我们好不容易走到捍卫路口转了进去，天已全黑，鼎沸的人声也渐远去，到下坡时，耳边已经清静。妈妈叹口气说："这回台湾也收回来了，可是你爸爸已经看不到了。"我也想起了爸爸，一直到了刘娘房里，我们都没再开口。

不久，开学了，第三天晚上，沙坪坝各学校庆祝胜利大游行。我们按班级排好队，秩序井然，举胳膊、喊号、唱歌、欢呼，男高中的"野猿队"还在行进中跳土风舞，热闹极了。店铺们也都张灯结彩，放鞭炮配合我们。过不久，我们学校在大礼堂还开了个庆祝晚会，老校长也出席了。南开一向提倡话剧、体育，支持学生们的各种活动，这个晚会上真是各显其能。我们班的奚娟琳上台高歌一曲《嘉陵江上》，声贯全场。高中的节目更具水准，形式多样。我记得京剧组自编的时装剧，日本天皇是个白鼻子丑角，原子弹是个大爆竹，用一顶小降落伞从天幕上放下来，正好到台口就爆了，还配合了火光，吓了大家一跳。特别是"坐飞机"的创造：前面一个人拿着纸糊的螺旋桨，不停地转，后面一人骑着纸糊的尾翼，中间一人戴着礼帽迈着四方步，就算是大员去受降。这种京戏我完全能懂，特别爱看。

庆祝活动是振奋人心的，胜利的喜悦也在我们这些小姑娘心中躁动，都关心起前途来。有一次，老师在课堂上也问起大家的籍贯和去向，同学们东北、华北、华南、中南各省的都有，四川同学占少数。转到我，我站起来说："我是台湾人！"老师无奈地说："你净会瞎扯。"我急忙申辩："不是瞎扯，真的是台湾人。"同学们都笑了，七嘴八舌地说我想当日本人。我虽不服气，可也不太气壮，只说："胜利了，台湾就收回来了。"老师也未置可否。我坐下来想，她们怎么都不知道台湾是中国的？下回我还是当福建人吧！

寒假前，就有同学随家人回乡走了，几乎每天都能听见老校工在过道里喊："×××，你家里人来接你了。"于是这位同学转眼就再也见不到了。一时，写纪念册、合影照相很风行。老师也有走的，借此全班和老师也留了合影。四川的银子便宜，我们班也打了纪念戒指，戒面是紫色南开的英文缩写NK，一旁还有一个JⅡ2字样。我也想要，可又怕给妈妈增加负担，便放弃了，只和徐彬彬二人照了张二英寸小照，还买了男生部紫燕摄影社的几张校园风景算作纪念。

1946年和南开中学的好友徐彬彬分别前合影。徐是歌星成方圆的母亲

胜利的欢庆没持续多久，除了同学们分别的惆怅，就是丢失了蒙古的阴影。哥哥把地图画了个大黑边，还写上"桑叶缺了"四个大字，慷慨激昂地说："这和第一次世界大战一样了，我们浴血奋战，是胜利国，而国土反倒丧失掉！"重庆还搞了个声势浩大的反苏"二二二游行"。南开也参加了，但限于初三以上的班级，我不能去，还觉得挺遗憾的，因为我也恨苏联，它挖走了我们的蒙古，还抢走了东北的机器。游行之后，特务砸了七星岗的新华书店，把书扔了满街。我也恨国民党，因为新华书店的书我都爱看，一个暑假里，我几乎天天都去那里站着看一两个小时。那时的我真是浑浑噩噩，一点儿政治都不懂。

❷…………复员的困难

妈妈的工作是在战时生产局，胜利了近一年，所有挂"战时"头衔的单位都在收尾，给员工发遣散费。遣散费不多，是绝对不够三个人离渝的旅费的。原先妈妈工作的收发室在战时生产局的门口，旁边就是会客室。有一天来了一位求职者向局长翁文灏诉说家庭的困难，翁局长响亮地打了一阵官场哈哈之后说：

“我这里又不是慈善机构！”妈妈听在耳里，寒在心上，哪怕不复员，离渝也不去向这些官僚要求什么。没有产业，又没有积蓄，是失不起业的。妈妈又开始努力去求职，幸而北师大的毕业生牌子响亮，丰都一所中学有意聘请。她笑着对刘娘说：“丰都鬼多，不能去。”其实，我明白妈妈是在考虑我们的前途。前年，妈妈决定不去重庆留在贵阳时，哥哥就说妈妈不考虑我们的前途，害得妈妈伤心地大哭了一场。虽然我赶快表示不怕鬼，妈妈还是没应丰都之聘，继续寻找工作。这时一个机会来了，是熊希龄的大女儿熊芷给的。她原是战时儿童保育会的总干事，战时儿童保育会也要结束，但还有个扫尾的工作，就是将找到家的保育生们送回去，工作完成后，可以再得一份遣散费。而且，还可以搭乘送保育生的包船东下，真是大好的事！妈妈马上就接任了。

二战时期，作为同盟国的美国给中国运来许多物资，成立了一个叫“善后救济总署”的机关。战争结束，善后救济总署的物资就给了国民政府，宋美龄让社会部出面在南京办了个“儿童福利实验区”，将这些物资利用起来，在政治上也有好的影响。和战时儿童保育会一样，还是宋美龄挂名，熊芷当主管做实事，成员基本上是保育会的得力干将。熊芷看我妈妈能干、有魄力，就约妈妈到南京后也参加她的工作。本来，妈妈和刘娘都想复员回北京的，事不由人，只好放弃北京，决定去南京了。我们又挤进了东下的洪流。

那个年代，长江水急滩险，滟滪堆等暗礁没有炸掉，是有名的鬼门关，大船是不能走的。要走的人太多，船又小又少，还经常有超载船翻沉、人葬身鱼腹的报道，我们只好等待。五姑爹一家带了婆婆是乘飞机走的，五姑爹留学美国学的是卫生工程，武汉既济自来水公司请他去当经理，他们等不及乘船，先走了。四娘、四姑爹也去儿童福利实验区工作，他们没有遣送保育生的任务，不久也去了南京。我们还在等船。

由于船不可能重载，要复员离渝的人们就形成了一个处理家私衣物的市场，在两路口、体育场下坡的大路两边。地摊从坡顶摆到坡下，足有几百米长，我们也参加进去。妈妈怕碰见熟人，哥哥不愿意在太阳下坐着，就刘娘和我两人守着摊子。练摊的经历也有趣，早上去抢地盘，铺上油布，将衣服叠好错开放整齐，以便买主一目了然。刘娘有时也起身加入购物的人流，有一回还买回来一双皮鞋，随即把脚上的皮鞋放到摊子上卖。妈妈笑我们是“越卖越多”。不过东西便宜，几乎是给钱就脱手。最后，成绩还是不错，刘娘把我“杂毛老道”的“道袍”又缝上了领子，也销掉了。后来，我在路上看见一个小姑娘穿着我最喜欢的那条蓝色连衣裙，心里觉得怪怪的。

到1946年8月底，暑假都快过完了，我们终于等到了船。船是艘小火轮，没有舱位，人都坐在船舱的甲板上，后面还拖着两条木船，木船里坐的也是保育生和保育员们。船走得慢，也没风浪，甲板狭窄，且坐满了人，不能前后乱跑。我坐着看书打起盹来，书就掉进江里了，看着它漂走，可惜之至。晚上停船，大家就地而卧，真叫“头枕着波涛，轻轻地摇”。船舷有栏杆，没有翻身落水之虞。天刚亮就起航了，妈妈说这叫“朝辞白帝彩云间”。有雾，我没看清白帝城，也没看到彩云，和李白的心情不一样。正行进中，后面的一条木船失火了，大家惊呼着跑到船尾去看。只见木船篷上冒出黑烟，几个人竟从缆绳上三两步就攀到我们这铁船上来了。缆绳虽粗，但也是条颠颠抖抖的软绳子，下面翻滚着轮船排出的大浪，若跌下去，是绝没有生还希望的，真是人急了，胆子就大起来。幸好，火马上被浇灭了，可这几个过来的人就再也不敢顺原路回木船去了。虽是有惊无险，我也久久不能平静，直到过三峡才又开心起来。船像进了一个湖塘，四面环山疑无路，转一个弯又是一片江天，神奇之至。两岸直峭的高山，仰着头才能看见蓝天。神女峰在蒙蒙雾中尚可辨认，还有好些有名字的山峰，总的感觉就是险峻，目瞪口呆地看着，心里什么杂念也没有了。出了三峡，忽然感觉自己作为中国人挺自豪的。

到了宜昌，我们都下了船，第二天换了一艘大些的轮船，木拖船上的人们也都归到一起了。到了武汉，还是五姑爹来码头接的。妈妈马上送保育生走了，因为五姑爹的家没安置好，还是临时状态。五姑爹带了我和倜哥住"信谊公所"，哥哥和五娘、楠姐、婆婆他们住另一个地方。这信谊公所是个外国人的公寓，楼下餐厅只有西餐供应，头一顿还挺新鲜，蛮开心，吃上几顿就倒胃口了。这西餐可真是少盐无醋，味道不好极了。倜哥天天在算，说六娘回来，咱们就不用吃这种饭了。五姑爹在外国念书时大概常年就吃这种饭，看我和倜哥两人愁眉苦脸的样子只是发笑，还说这就叫"受洋罪"。终于，妈妈完成了送保育生的任务，大家到饭馆里美美地吃了一顿中国饭。

接着，我们又出发了。这回坐的是民生公司的大客轮，有舱间，有床铺。我成天坐在船头，看宽阔的江面、无际的平野。在九江泊了一夜。我们上岸看，满码头都是瓷器，街上也多是瓷器店，我还是头一次看见这么多各式各样的瓷碟、瓶壶。船上热，我们就在码头上睡了一夜，仰面看着天上的皓月，耳边响着江水拍打码头缓缓的低音，心里很想念刘娘。明天我们就到刘娘的老家南京了，而南京人刘娘还在重庆。

3…………告别了刘娘

我真的十分想念刘娘，从1943年到1946年，这三年我都和刘娘在一起，受刘娘的呵护，受刘娘的教育。

刘娘名叫刘兰畦，和妈妈是中学同班，在师大，刘娘是教育系的，妈妈是数学系的。上大学时，刘娘就结了婚，没毕业就生了她的儿子。她的婚姻是由家庭包办的，丈夫姓严，是电影界前辈严华的弟弟，人长得帅，又在商业场面上做事，不免有女人喜欢。他和刘娘商量娶妾，说是还可以减轻刘娘的家务负担。刘娘断然拒绝，认为他是侮辱妇女，提出可以离婚，让他另娶，就这样结束了这段婚姻。她的儿子、女儿，我们称京生哥、强子姐的，由刘娘的母亲照管，刘娘就全心全意地投入了教育事业。抗战开始，北京沦陷，刘娘只身奔赴抗战后方，在湖南教书育人。1943年，刘娘遇见了妈妈以后，在省立第三中学同甘共苦，又辗转逃难一起到了重庆，寒假和暑假期间，我都住在刘娘的小房间里。

刘娘的心中充满对学生、青年人的爱，是位真心的教育家。她在湖南省衡女中任教导主任时，有位女考生成绩合格，就因脸上有大麻子而不被录取。这个女青年找到刘娘，质问为什么麻脸人就不能获得受教育的权利。刘娘认为她说得有理，而且赞赏这个青年人的胆识和为前途奋斗的魄力，将来必能成为有用之才，就代她向校长力争，为麻脸女青年讨回了公平。她的学生众多，对她都十分爱戴，她保留了许多学生送给她的纪念品。我还一直保存着她的一只大瓷盘，上面烧着“兰畦老师留念”的字。三中的一位小职员，改革开放后从台湾回来，已是个老太婆了，向我探问刘娘，要我翻拍一张刘娘的照片给她带回去。她说，刘娘对她太好了，终生难忘。

刘娘教育人总是温和地循循善诱，还带着鼓励。在三中时，我不小心打碎了刘娘的饭碗，紧张地等着挨打——以前我打破东西，妈妈总要给我两巴掌的。而刘娘并不生气，说：“记住，等你挣了钱，买一个碗赔我。”我如释重负，直到现在我到瓷器店，还总要看看有没有那个花样的碗。有一次在重庆暑假中，晚饭后我和哥哥上街逛，跟刘娘说一会儿就回来，没想到碰上了流求和小彭，大家高兴得跳起来。她俩当时住在她们姑父俞大维家，说哥哥的同班同学彭鸿远兄妹二人（俞大缜的孩子）也在。我们就一起去了俞家，同龄人六个，说呀、唱呀、玩呀，把时间都忘记了。回去时大概都已八九点钟，天黑了，刘娘正着急地在外面张望。等回到房里，我们向刘娘说了经过。刘娘没发脾气，慢慢地跟我们讲，做事要想到别人，不能只由着自己的兴趣。再说，说好一会儿就回来，也要讲信用。我俩没挨骂，更没挨打，可对害得刘娘着急深感抱歉，“做事要想到周边有关的人”铭记于心。

还有一次，刘娘一位姓李的朋友来访。她吸烟，还把烟头丢在地上。哥哥反对吸烟，更反对妇女吸烟，他将烟头都拾起来，放在客人面前给客人闹难看。刘娘瞪了我们一眼，给了几毛钱，打发我们去吃担担面。等我们回来，客人已经走了。刘娘让我们二人坐下，慢慢地讲这位李娘。她在湖南当过一个县的税务局长，因为秉公收税得罪了国民党的地头蛇，诬陷她贪污。她不畏强暴，奋起抗争，差点儿被投入监狱，虽然被罢了官职，但树起了正气。我们不由得也钦佩起李娘的勇气和出淤泥而不染的品德。最后，刘娘说：“我也不喜欢她吸烟，但各人有各人的爱好和习惯，应该尊重别人，特别对长辈应该有礼貌。”说得我们两个面红耳赤，惭愧不已，方才回来的路上准备好的挨骂辩护词一点儿也使不上了。我在南开上学，不用功还捣乱。有位老师找到女中部主任，要求开除我。刘娘知道后，把我叫到一个没人的房间，好好地跟我讲学习对自己一生的重要，也说妈妈辛辛苦苦供我上这所收费高的私立中学多么不易，说得我泪珠直滴。刘娘给我擦干了眼泪，说她相信我，既能考得上，就能学得进，用点儿功，守纪律就是个优等生，她等着我的好消息。我认识了错误，还树立了自信心。刘娘就是这样和风细雨、循循善诱，施行着爱的教育。

在贵阳十四中时，有一次我和哥哥吵嘴，他吵不过我就动手打，把我的半个脸都打肿了。刘娘回来，一边批评哥哥，一边自己流泪。以前我也和哥哥打架，从来没人向着我，顶多是二一添作五，两个人都挨罚。这是第一次有人为我批评哥哥，第一次有人为我流泪。还是在贵阳，我患疟疾。妈妈带我去红十字会看病，要了一些奎宁丸，走回去的路上，就到了该吃药的时间，妈妈叫我干咽下去。我有过奎宁丸烂在嘴里的经验，苦得我直打激灵，这回再不敢冒险，到家果然因药吃迟了又犯了病，不住地发抖。妈妈还不住地冲我发火，嫌我没听她的话。我身体难受，心里还委屈，是刘娘给我铺了被窝，还帮我掖紧，我发烧时，给我倒水喝。过了些日子，我屁股蛋上曾被狗咬的地方红肿起来，疼得坐立不安。刘娘烧了壶开水，给我做热敷，很快脓包就破了，马上不疼了。可是刘娘的双手被烫得通红，她还安慰我说，她的手禁烫。在衡阳，刘娘教哥哥下象棋，指导他看《封神榜》。到重庆，刘娘给我借来一套《西游记》，还告诉我要仔细看每回前面的篇头诗，还有妖魔或神仙出场时的形容诗。南开学校要求每人写读书报告，刘娘带我去中苏友协拣了一本班台莱耶夫写的《表》。我读了好几遍，为那流浪儿最后将表物归原主而感动。暑假里，刘娘常带我去江苏同乡会的剧场看话剧。抗战时期，重庆的话剧是很兴旺的，常演新戏。我虽然不太懂，但《雷雨》的霹雳、《原野》的枪声，都给我挺大震撼。刘娘还手把手地教我缝被子，做针线活儿，告诉我人应当会料理自己的生活事务。

京生哥哥和强子姐姐常常有信，还有照片。每回来信，刘娘都让我们看，还告诉我们，京生和强子从来都不打架，连嘴都不吵。我们还常常想象抗日战争结束，一起回北京，我会和京生、强姐同亲姊妹一样。可是事情总难如愿。1946年，四川江津女师请她去当附小的校长。她认为是实现她教育理念的好机会，便接聘了。临近分别的一天下午，妈妈来刘娘这里，说到分别的事。刘娘哭了，她对妈妈说：“你把小妹给我留下，不然剩我一个太难过了。”我马上点头，过去拉住刘娘的手，紧紧地挨着她，妈妈没说什么。之后妈妈带我出来，走在路上，妈妈问我：“你真的愿意和刘娘留在这里？”我肯定地说：“真的愿意。”妈妈沉默了一会儿说："过不几天，强子就要来了，她的肺痨病挺厉害的，刘娘又不讲究隔离，别把你传染上了。你还是跟我走吧！"妈妈的指令我向来是不敢违抗的，再者强子姐来了，刘娘也就不寂寞了，那么我还是跟妈妈走吧！

强子姐到四川，潮湿的空气对她的病不利，反倒严重起来，只好又回了北京。那时她外婆已去世几年了，跟着舅妈过，第二年就早逝了。刘娘总因没能照顾好强子姐而内疚。其实这都是日本侵略所害。日本统治下，给中国人吃的只有杂和面儿，玉米芯磨的，哪来的营养，得病是不奇怪的。好在京生哥还算健康，已经上大学了，学的电气工程，后来毕了业到五姑爹的自来水公司工作。刘娘更是全身心地投入她的教育事业。我到南京后，经常给她写信，还把我的作文本寄给她看，仍然经常得到刘娘的教导和鼓励。解放后，她当选为第一届全国人大代表，来北京开会，这时我已经是北京农业大学的学生了。她在百忙之中还是抽出了时间和我见面，关心我的学习，关心我的政治思想，鼓励我多参加社会活动。1955年，她代表中国去瑞士参加了世界母亲大会，我正好出差在北京，又见到刘娘。刘娘说，她没有给京生、强子姐当好母亲，可我认为，她是青少年最好的母亲。

1955年6月，我和刘娘。她因参加世界母亲大会来北京

1957年，风云突变，她被打成右派分子，《人民日报》上还称她为"章罗女将"，只因为她觉得干部子弟的幼儿园太脱离社会，对孩子的成长不利，用了"贵族"这尖锐的字眼。她被迫离开了终身从事的教育事业，发配到山区一个农场去改造。她那年已55岁，自己扛着铺盖，走在荒山野岭，天黑了，只好一个人在石头上坐了一夜，幸而没有遇见狼。刘娘一直劳动改造到退

休，熬到成了“摘帽右派”。到南京我妈妈处住了不到一年，就开始了“文化大革命”，京生哥哥要她到武汉去帮忙管孩子。开始她还能承担大部分家务，不幸在干活儿时大腿骨折了，没有医生肯给右派分子看病，以致残疾，生活不能自理，不但不能干家务，还成了家庭的负担。“文化大革命”后期，京生的单位搬到了郑州，一路上都是京生背着老母亲，因为没有人肯去抬一个右派。1971年，我到陕西去“相亲”回来时，过郑州去看望十六年没见的刘娘。刘娘坐在床沿上，旁边倒放的凳子下放了一个便盆。她站不起来，用手撑着能挪上去。京生哥哥常年在平顶山建电厂，京生嫂子上班，孙子孙女上学，回家来也各忙各的，只有小孙女每天来给她倒便盆，和她说几句话。有时候正说着，小孙女就摇手说：“我妈妈回来了，她看见我和你说话要生气的。”就跑开了。京生嫂也确实忙，要做饭，还要洗衣服，管孩子。我住了几天，尽力帮她做些事，拖地，擦门窗，洗厕所，还烧水给刘娘洗了澡，换洗了卧具，晾晒衣箱，等等。京生嫂子挺高兴，我走时，她送我到公共汽车站，一路上向我诉说刘娘让她们受了多少株连，京生挨了多少批判，最后说：“若不是她腿坏了，我们是绝对不会让她跟我们住在一起的。”那天下着小雨，我的心也在流泪，若是我告诉她我是个反革命释放犯，她一定会把雨伞一扔掉头就跑的。车到石家庄，还是晚上。我在无人的车站坐了个通宵，为刘娘的孤苦难过。刘娘对我说：“若是强子不死，我和女儿在一起，不至于受这样的冷落和嫌弃。”我想说“强姐死了，还有我呢”，可是不敢说出来。我自己还像个漂浮的萍藻，生活都成问题，拿什么来照顾刘娘？我也为自己的处境难过。第二天，我到市里，买了四只万向轮，回去请木匠做了把能活动又带坐便盆的椅子。我想，刘娘若能自己去倒便盆，还能到厨房做点儿事情，境遇可能就会好一点儿。

我到陕西安家后就萌发了把刘娘接来的想法，跟妈妈说了。

妈妈考虑到农村医疗条件差，万一有个三长两短，她儿子、媳妇没准儿还问你个罪过。再说赡养老母是亲儿子的义务，你自告奋勇去承担，也许人家还怀疑你的目的，责任太大，是很不值、不妥的。这个想法也就没有实现，只是经常地和刘娘通信。她还像以往一样为我改善了处境而高兴，为我成为一个体力劳动者而给予鼓励。可是时间不太长，就收不到回信了。从妈妈处知道，刘娘从我给她做的那椅子上摔下来，中风去世了。我很自责，当初应该买一对大万向轮，活动起来能省些力，也许不至于摔下来。我更自责为什么这样计较自己的责任，没能让刘娘在最后的日子里得到尊重和爱护，得到安慰与快乐。一切都太迟了，无可挽回了。

事隔十年，我平反复职，借出差之机重去郑州。京生哥哥患白血病已去世数年，京生嫂也已搬家。我在他们单位老干处请他们帮我联系。老干处的干部对我说："严工程师（京生）的母亲是个了不起的人，她的小孙女常和奶奶接近，就考上了大学；她的两个哥哥没和奶奶接近，就都没考上。"我听了稍有安慰，见到京生嫂，她告诉我，刘娘火化时是她一个人去的，京生没能回来，孩子们戴着红领巾也不能去送葬。骨灰没留，墓地就更没有了。无处凭吊，无处寄托哀思，只有常常地悔恨，我活着一天，刘娘就在我心中。这也是我心上一道永远不会愈合的创伤。

第三部

动荡年代

第一章　落脚南京城

❶............儿童福利站

妈妈的工作在重庆时就安排好了，到了南京，马上报到上任，单位叫“儿童福利实验区”。可能是美国没有料到日本投降来得这么快，运到中国的军需品不能再漂洋过海地运回去，便都给了国民政府，处理这批物资的机构叫“善后救济总署”。宋美龄正好结束了战时儿童保育会的工作，便向善后救济总署分了一杯羹，创办了“儿童福利实验区”，名义上归社会部，实际上是宋美龄的事业。具体做工作的还是熊芷和熊芷手下原战时儿童保育会的那批干部，我妈妈也是其中之一。

实验区总部建在白下路。1946年秋，楼房还没完工就住进了人，开始了工作。实验区操场大，门口是座高大的水泥牌坊，上面写着实验区的全名，漆得鲜亮，气派不小。和实验区联手同时开办的就是我妈负责的第一福利站了。第一福利站建在太平路南段，娃娃桥巷口买的长宽约20米见方的一院平房民居。大门开向太平路，双开的大黑铁门上，拱形的大门楣上焊着“社会部南京儿童福利实验区第一儿童福利实验站”这么些铁字，幸而两旁有江宁师范学校和圣保罗教堂，否则在当年灯红酒绿的闹市上就显得太不和谐了。

进门的操场只有十来米宽，后面和太平路平行的就是那排顶着南北两头的平瓦房。这排二十来米的房子分成三段，北段和中段是两间大教室，南边这段隔成了五块，靠中段教室隔出一条一米宽的走道，通向后面院子，剩下的地方隔成东西两半。西边，也就是后边又隔出一间女老师宿舍和一间小储藏室；东边也隔出大小两间，靠走道的是老师办公室，里面就是我妈妈的办公室兼卧房。桌子、板凳都是定做的，可谓小巧玲珑。女老师宿舍横竖贴墙放了四张办公桌，我妈妈的房里除了办公桌和双层床外，还有一只保险箱和一个小立柜、一个脸盆架。我和哥哥同时进去，就像进了高峰期的公共汽车。隔着操场，对面还是一排平房，南边是厨房，里面一口大锅灶，旁边一个小火炉。大灶是给孩子们煮饭的，小火炉是给老师们做饭的。厨房北边这间还是个教室，放着一架钢琴，靠大门的山墙上开了扇窗户，发放东西用。三间教室都没有课桌，而是大方台子和小板凳，孩子们可以写字和吃饭，教室内还放着几台缝纫机和一些木工工具。前面的操场也就六七米宽，立了一个南北荡的秋千，一排小动物笼子，北头是一个带滑梯的攀登架，还有根旗杆。孩子们可以在仅存的空地上集合站队，待做体操时就得分散各找可以伸臂踢腿之处。后院只四五米宽，盖了个医务室、厕所，还有间民工卧室兼大家的浴室，院内还留着原有的一棵树。整个福利站对面积的利用可谓登峰造极。

福利站的学生们都是老师们亲自家访收来的。他们的家长多是卖菜的、挑高箩（收废品）的、拉车的、蹬三轮的，总之都是供不起孩子上学校的贫苦劳动者。孩子长到十三四岁，就可以送去当学徒、童工，在这以前就只能满街乱跑了。现在，福利站不收分文，教他们识字、念书、学手艺，每天还特别给他们吃一顿黄豆搅上固体植物油煮的大米饭，家长们没有不愿意的。可能也是家长们的教导，这些野孩子来了都很听话守规矩。记得有一回来了两个流动戏班的小演员，他们扎着腰硬子，肚子都被捆得凸出来，孩子们也没歧视他们。小演员还翻筋斗给他们看，表现出孩子们的善良和同情心。孩子们大概有五六十个。老师只有四位，还有几位是兼着实验区本部和这边的，教木工、缝纫、手工的也都是兼职，大家都努力地从事这种特殊的前所未有的教育事业。

老师们除了教孩子们以外，还有做家访和社会调查的任务，造了表册，定期给贫苦家庭的婴儿、幼儿发放奶粉和面包，有时还发棉布。面包是善后救济总署给的面粉，由食品厂加工的，闻起来很香。我有一次赶上帮忙，心想发剩下我也解解馋，不料发了一上午，对面包的感觉一点儿都没有了，应了“厨子不吃荤”的俗话，熏都熏饱了。我看孩子们吃那黄豆菜饭狼吞虎咽的，也想吃上一碗，被妈妈严厉制止了。不过也沾过几次光，吃过几次冰淇淋。发的奶粉中，有时会掺进几筒冰淇淋粉，婴儿没法吃，站上就留着慰劳教职工。哥哥对此最积极，得令就去买冰块，又出力气去搅去摇。大家都吃不了多少，我比老师们吃得多，但也不是哥哥的对手，剩多少他都能给“包圆儿”。

第一福利站开学后，建在长乐路的第二福利站也成立了。妈妈兼任这两个福利站的主任，两边跑，但还住在第一站。那时，我和哥哥都住进了学校，星期天回第一站吃顿午饭，和妈妈见见面。那第二站，我们一次也没有去过。

1947年4月4日儿童节，实验区和所属的两个福利站三“家”的小孩儿在杨公井的国民剧院办了个不小的庆祝会，演出了许多节目。第一福利站的节目最多，孩子们歌唱得齐，舞也跳得够味，那新疆舞，颈子的移动都达到标准，还有表演唱歌、小话剧等。那天我也去帮忙，在剧场楼上维持秩序，目睹了那满堂喝彩的热烈场面。剧场前厅展览了孩子们的书法、绘画、作文、手工制品之类，显示出苦孩子们的智慧和才能。家长们的高兴，各级官员们的赞许，领导人的成就感全都在脸上表露出来。排练出这么多节目，准备了这么多道具，特别是缝制这么多演出服，因陋就简，跳舞的服装竟是皱纹纸做的，老师们付出的辛苦真令人感动，这也是老师们敬业、乐业的表现。

庆祝会造成了很好的社会影响，第三福利站开始筹建了。第三福利站建在鼓楼渊声巷，与第一、第二福利站的简陋不同，它是按儿童的特点新建的，低台阶，低矮扶手，小舞台，花园操场，外观就像一座豪华的别墅楼。1948年底建成，还是由妈妈当主任。这下妈妈兼了三个福利站主任，实验区给她配备了一辆三轮车，一位男工老常蹬着车送她每天城南城北地跑。妈妈也不住第一站的狭窄小房了，搬到了第三站十几平方米的大房间。我也有了自己的床，和单身女老师们住在一起。

福利站办得红火，招来国民党特务的注意，他们径直进来质问："小孩子唱的《大石桥呀要倒了》是什么意思？"妈妈说："这是英国古老民歌《伦敦桥要倒塌了》译的，小孩子的游戏，全世界都流行，你们不知道吗？"特务又说："那一回你们就表演《朱大嫂送鸡蛋》，哪里来的歌，什么人教你们唱的？"妈妈就理直气壮地说："教育部出版的音乐教材里就有，劳军歌有什么问题吗？我们老师都是按教材教的，有问题吗？"特务们悻悻地走了，不过常常有些可疑的人在福利站外面闲逛。解放后才知道，《朱大嫂送鸡蛋》是解放区流行的歌，而实验区和福利站的老师中真有几位中共地下党员。

福利站一直办到解放后。熊芷随宋美龄去了台湾，熊芷曾动员我妈妈跟她走，还许诺送我妈妈去美国进修。可是我妈妈"领教"过国民党，坚定地等待着解放。现在，实验区是南京市第一幼儿园，第三福利站在解放初期是干部托儿所，现在是第三幼儿园。第一、第二福利站则痕踪全无了。孩子们解放后大都上了正规小学，有的还上了大学，当了教授，“文化大革命”以后还来看望过我妈妈。老师们有联系的更多，可惜六十多年过去，也几乎都变成历史了。

2…………入学的困难和波折

我们到达南京已是9月中旬，学校上课都两周多了，同时复员到南京的人很多，各校皆满，问了几所学校都不肯接收。其实我并非勤学的好学生，但被排斥在校外也不觉得快乐。妈妈只好抽时间去找关系，讲情面。妈妈找到吴贻芳，她姨父陈叔通是我外祖父的至交，吴贻芳是在姨父家长大的，和我妈自幼相识。她说，她只是金陵女子文理学院（金女大）的校长，女大附中另有校长，但答应给打个招呼。妈妈认为问题不大，让我自己去金女中报到。我到校时正是上课时间，室内外都安静得见不到人。我平时调皮捣乱胆子不小，到这时忽然感到孤立无援，忐忐忑忑硬着头皮在教务处喊了声“报告”，进去说明了原委。教务主任是位中年妇女，态度和蔼，说我来得太迟了，教室实在挤不进去了，否则别说是吴校长介绍，就是南开来的，金女中也是欢迎的，还顺水推舟地让我去附近的中华女中、汇文女中问问。我头一次出来闯就碰了这么个大软钉子，也不懂得“死乞白赖”，鞠了个躬就出来了。正赶上下课，好几个南开的同学发现了我，围上来问这问那，以为我也进这金女中了。我的眼泪都快流出来了，没有多停留，蔫头耷脑地走回去。

晚上，妈妈回来知道了情况，她说：“实在不行，你去青岛上七娘的圣功女中吧！我送你到上海上船，七娘在那边接你，行不行？”我不假思索一口就说：“行！”过后一想，七娘是很严厉的，我在她眼皮下只能规规矩矩，不苟言笑，大概要和小修女一般了，虽然发怵也得去受。正做着去青岛的准备，没料到事情有了转机。原来，妈妈以爸爸的名义托过当时的教育部政务次长杭立武，因无多少交情也就没寄多大希望，却不知杭立武的内弟媳陈黄丽明是明德女中的校长，她居然答应收我入学，真是喜出望外。

第二天一早我就兴冲冲地去报到，也不知远近，走到明德都快10点钟了。邬教导主任说，今天就给我安排课椅，明天才能进教室上课，双层床还得一个多月才能造好，目前只能走读，7点半得到校，不能像今天来得这么晚！我记好了要交的各项费用，溜溜达达地逛回家去。明天更得起早疾行了。

哥哥既不能到七娘的学校也不能上明德女中，这么个15岁的半大小伙子就住在窄小的福利站。晚上，我俩将教室的方台桌拼在一起当床，早上再搬回原处，虽说不太麻烦，但住站的四位女老师都是未婚的年轻姑娘，必定感觉不大方便。妈妈更是着急，打听到南京有所天主教办的男中，便以破釜沉舟的姿态去见那位神父校长。这学校叫“弘光中学”，是美国耶稣修道会办的，校长是位年轻神父，姓Murphy，取了个中文名字叫牧育才，中文讲得很流利。妈妈把自己和哥哥的处境介绍完后，就强硬地说：“教会应当为教徒解决困难，哪怕自己带张小床睡在过道里，今天也得进入你这所学校！”牧育才大概没领教过这么强硬的教徒，愣了一会儿也就答应了，但附加了一个条件：“你儿子来了得给学生灶当管理员。”妈妈知道哥哥算术不好，更没有管事的经验，但转而一想，谈判也得互让，就答应下来，让儿子锻炼吧。

自此，哥哥的上衣口袋总是一边鼓鼓囊囊地装着伙食团的公款和发票，另一边则扁扁平平装着妈妈给的零用钱。弘光中学有好些老师就是美国耶稣会的神父，我哥哥的英语流畅，和他们交流没有障碍，于是又承担了些额外工作，诸如给神父们做弥撒（每日的宗教仪式）当辅祭，给过客神父当导游，等等。他一有工夫就钻进神父的图书馆，看他特爱的美国著名杂志《国家地理》和一些书刊，或者和神父们聊天、论道。寒暑假我们都是留校，所以在三年里，哥哥都和洋神父们在一起，受到很深的影响，埋下了祸种，累及一生，是当时不能料到的。

③…………妈妈的老友新朋

我们到南京之初，住在陈娘向她单位借的一间房子里，一直住了十几天，等福利站房子弄好才搬离的。陈娘叫陈蕙君，比妈妈小三岁，和我七娘同龄，世交之家，她们从小就是朋友、玩伴。后来陈娘赴美留学，我妈妈结婚生子，陈娘抱守独身。她回国后在红十字总会工作，也住在红十字总会院里的一栋小洋房里。那天下船，在码头上看见接我们的陈娘，特别高兴和亲切。1938年，陈娘到香港我家住过一段时间，每天晚上，哥哥和我都缠着她给我们讲《西游记》，听一段还要求再听一段，陈娘也不嫌烦。有一回我已上床睡觉，陈娘进了房间，我赶快闭上眼睛装睡，陈娘弯下腰在我脸上轻轻地吻了一下，我偷偷睁开眼看着她悄悄地走出去，自此认定陈娘才是最喜欢我的。第二天，我就向哥哥和刘妈宣布我改姓陈了，并且把我的书、本子以及我的玩具小箱、小盒子都写上了陈燕吉，心想，这回哥哥不能再笑我是"没头牛说话了"。再者，常在一块儿玩的流求、小彭都姓陈，我们人多势大，可以让哥哥孤立。不料哥哥还是笑我，还到妈妈那里去告发，妈妈根本不理会。在学校里，老师同学们都只称名字，姓什么不起作用，只陈娘说好，但还是叫我"小妹"，并没有强调"陈"字。不久，陈娘回内地了，我的改姓也以无人承认而告终，不过，我对陈娘还是保留着一种特别的感情。

1938年，我、哥哥和陈娘

陈娘信天主教，每个星期日我们都会在教堂会面，之后一起到第一福利站吃午餐，下午我和哥哥回校，陈娘回她家。那时她就患了严重的关节炎，只能弯着腿迈步。1948年，她几乎不能走路了，因而辞职去她上海的表姐家休养。解放后，住到北京，和她的两个哥哥一块儿生活到70年代末去世。这以前，我妈妈每年暑假都去北京陪她一两个月。

妈妈的新朋友叫司晓南，比妈妈小八岁，胜利前她也在战时儿童保育会任职，和我们一起乘船来南京，在儿童福利实验区工作，住在第一福利站，睡在我妈妈的上铺。虽然那时她还不到40岁，但老姑娘的怪癖已经显露出来，总爱教训我和哥哥。和刘娘相比，她太缺少和蔼慈祥的心地，我们自然不喜欢她，对她也就不够尊敬。恶性循环，到后来，她训斥我我就顶嘴，她打我我就还手，常为她挨妈妈打骂。下课后，我在马路上游荡或站在书店里看小说，直到天黑开晚饭前才悄悄溜回福利站，幸而时间不长我就住到学校里去了。

解放后才知道，司娘在北京上大学时和一位地下党员谈过恋爱，也参加了共产党的工作。后来那位地下党员被捕了，她翻墙逃脱了国民党特务的魔掌，但失去了组织关系，一直在白区从事教育工作，而且一直没有结婚。她在儿童福利实验区只干了一年就去创办南京市立第三女中，任教导主任直到解放。后来她被派去办民主促进会，是省政协的驻会常委。她于1992年病逝，四十多年来一直和我妈妈共同生活，互相照顾。我退休时她已病重，经常住院，虽然我也是尽心尽力地照顾她，但感情上总亲近不起来。

第二章 在明德女中的两年

1…………走读和住校

到明德我上初三了，先生把我放到乙班，和初入南开一样，最后一排靠门口挤放着我的课桌。朝前一看，同学们的后脑勺有如发型展览，有长辫子、小刷子、短头发、长披肩，还有烫波浪、烫小卷的。花发卡，蝴蝶结，玻璃丝带，各色头绳，真是琳琅满目。我的侧前方是位留着披肩烫发，穿着掐腰西装的同学，正在讲她和男朋友在励志社骑马的经历；另一位身穿旗袍，涂着口红、化着淡妆的同学则说她参加交际舞会的各种步伐。同学们都听得津津有味，而我只有瞠目结舌的份儿，顿时感到和这些同学格格不入，陌生极了。好在是走读，放学就走人，中午买个馒头到学校对面的书店站着边啃边看书，到上课时才回教室。孤独也有好处，能专心听课，得100分。

福利站到明德坐公共汽车有六站之遥，开始公共汽车是用大卡车加了围栏和帆布篷代用的，乘客从车尾的梯子上车，和重庆战时的公交车一样。售票员说我是小孩儿不用买票了，我就天天爬车来去。好景不长，不久就改成大面包公交车了，而且叫我买票。我也不明白怎么一下子就不是小孩儿了。回家把地图研究一番，记好需要穿过的大街小巷，走捷路到学校也只要半个多小时，自此我每天乘自己的“11路”。

学校也有了新规定，头发一律齐耳，脸上不许化妆，周一有国父纪念周会，必须穿蓝色旗袍，其他日子可以穿白衬衫蓝裤子或蓝裙子。邬先生到教室逐个儿检查，有的同学哭起来了，而我觉得美滋滋的，都和我一样了。这时床做好了，我又开始了住读生活。物以类聚，我们这几个复员回来讲四川话的成了一帮，在一块儿说呀，玩呀，分东西吃呀，开心之至。

寒假后，我被调到了甲班。这班上有两个南开的，一个十四中的老同学，老友新朋加上乙班的也不疏远，玩伴多了，我又开始调皮捣乱了。明德的规矩比南开宽松许多，被子不用叠出棱角，吃饭不用听哨音，就是犯了什么规矩，被老师告到邬先生处，她也就说个：“这么大的姑娘了，好意思吗？不好意思吔！”就被赦免了，没有记过之说，只是大门把得特严，只开能过一个人的窄隙，旁边还总坐着一个姓汪的老头儿。连星期天在内，住读生没有舍监发的牌子是绝对出不去的。南开没有围墙，冒着记过的风险依然可以溜出去吃“抄手”解馋。不过明德的伙食比南开好，经常还有善后救济总署给的牛奶、巧克力等食品做课间餐，肚子不饿，嘴不馋。校园大，体育设施也全，草坪更多更广，足以宣泄我们这帮青春少女的活力了。1947年暑假，我已初中毕业，依然留住学校，升本校高中不用再考，也没有作业需要完成。和我一起留校的还有同班的裴匡丽，她父母双亡，兄姊未婚，所以她也无家可归。我们二人白天去同学家串门，晚上看小说，自由得和小鸟一样。

2…………宗教课

明德女中是基督教长老会于1885年创立的一所老学校，没有三青团，也不建立童子军，但是有宗教课，有团契组织。住读生早饭前有自愿参加的早祷会，晚饭后则是必须参加的晚祷会。每周一的纪念周多半用来布道，各年级每周都是有两节宗教课，由两位奉献终身的女传教士担任教师。她们除管校内的宗教事务，还管住读生的思想和纪律。她俩都是福建人，都四十来岁，大声祷告时都带着哭腔。身材高的那位姓黄，她每次主持祷告必定高唱一首名为《解脱落》的赞美诗："解脱落，解脱落，一切重担在我心解脱落。"唱得如痴如醉，学生们背地里就称她为"解脱落"。身材瘦小的姓张，她每次带众祷告必以"我亲爱的爸爸神"为开始，于是她的绰号就叫"爸爸神"。我们这楼的宿舍就归"爸爸神"管，每餐开饭她俩就一起来，弹琴，领大家闭眼唱一首谢饭歌，"感谢慈悲天上父，赏赐饮食救我们，更求天父教我们，自己有的分给人，阿门"，之后才能端碗动筷。

我们这帮不信教的调皮学生认为饮食是家长交了不菲的伙食费而有的，也没看见她们把饮食送给乞丐吃，纯属虚伪。特别是她们的那种哭腔祷告令人浑身不舒服，于是集体"罢祷"，在教室里哄玩。"爸爸神"来找，我们便一窝蜂地从另一扇门逃出，奔到厕所，一人钻进一间，插上门屏住气。"爸爸神"在外面训斥了一通，等她走了，我们笑得眼泪直流。期中考结束那晚，大家放松，熄了灯还在说说笑笑，有人在学"爸爸神"祷告，还有人学"解脱落"唱歌。没料想"解脱落"就在门外面，她猛地推门进来，顿时鸦雀无声了。她打着手电筒挨床地照我们脸，我一位同学就大喊："你把我照醒了！"另一位接着说："亲爱的爸爸神保佑我们安眠吧，阿门！"我忍住笑闭眼装睡。第二天，我们全室人被传到"爸爸神"房间，听她凶凶地训斥一顿，最后宣判：全体禁假，就是星期六不许回家，星期日不许出门，结果星期天我们玩得更热闹。

上宗教课时，大家先起立闭眼祷告，我总爱在这时去弹别人鼻子，吓人一跳。这一回，“爸爸神”等同学们坐定后把我叫起来说：“刚才祷告，你为什么不闭眼？”我灵机一动回她说：“你不是闭着眼吗，你怎么知道我闭眼没有？”惹得哄堂大笑。“爸爸神”吃了瘪，过了几天叫我去她的房里来次“单个儿教练”。先说：“你不是也信教的吗，为什么老和不信教的人一块儿不守规矩？”接着让我和她一起跪下，念天主经，她念的是主祷文，“阿门”完毕，她说：“不是一样的吗？”我说：“你信的是马丁·路德创造的基督教，我信的是耶稣亲立的天主教，才是真教。”她气得说：“不论你信什么，你进的是我们基督教的学校，就得遵守我们基督教学校的校规，否则你就不要进我们的学校。”这下倒把我给将死了，学期末了，我的宗教课不及格，我们这帮不晚祷还气她的都得了这个待遇。补考日那天，我的好友张增连考完了，我把她留住说：“咱们俩要求补考宗教，怎样？”她一听觉得有戏，便一口答应了，我俩找到教务主任，编了好些理由一定要考，害得主任去找“爸爸神”，现给出了几道题。我俩借题又大发了一通谬论。交卷出来，二人又享受了一次恶作剧的快乐，一致认为“爸爸神”晚上祷告时，一定祈祷她爸爸神把我们这俩魔鬼学生转到别的学校去。

❸…………干了一回政治

教会学校一般政治气氛很淡，校外什么运动，例如声势浩大的“五二〇”反饥饿游行，明德就没人参加。国民党选总统，开国民大会，南京街头彩旗缤纷，国大代表又是打架又是自杀，热闹之至，校园内就没有任何反应。公民课是政府规定必须有的，老师也只照本宣科，从不发挥。1947年蒋介石六十大寿，南京各中学集合到大校场去“万人大合唱”。我们只是跟着队伍走了一趟，也没人给讲解唱的歌词是什么意义，也没宣扬他有什么功德。只是有一件事似乎与政治有关，就是1946年给校长陈黄丽明竞选市参议员拉票。

那天，邬先生在操场向全体学生宣布停课半天，两人一组分散到选区大街小巷逐户宣传拉票，最好是把选民证要回来替他们投票。我那时和同学们不熟，只认识也信天主教的郑璟，在教堂里打过招呼，于是我们二人结伴成行。郑璟比我小一岁，长得特别漂亮，也许多这点儿优势，居然收来了十几张选民证交到邬先生手上。过了几天，选举完毕让我们去归还时就遇上麻烦了。我俩去的是个回民聚居区，阿訇叫回民们都选回民的代表，可是选票已被明德的学生收走了，于是大为光火。憋了一肚子气的选民就把阿訇的火气再加上自己的火气，变本加厉地发泄到我俩的头上，把我俩围在中间，七嘴八舌地骂我俩是骗子，是流氓，是特务，干的是不道德、犯国法的事，应该叫警察来把我俩抓去坐牢。我俩吓得噤若寒蝉，想跑跑不了，想哭又不敢哭。最后，他们火泄尽了，也许是动了恻隐之心，总结一句："看你们年纪小，饶了你们。再干这种事，一定叫你们坐牢！"回学校的路上，郑璟的胆子又缓了过来，她说："把我抓走我也不怕，我爸爸能找人救我出来！"我想，我妈妈可找不到人救我，以后再不敢干这种"参政"的事了。

校长最后还是选上了，我们也没感觉她当了市参议员对学校有什么影响，不过再也没有发生过类似的事情。

4…………明德的体、音、美教育

陈黄丽明校长是金陵女子文理学院体育系的第一期毕业生，留学美国回来后当过母校体育系主任。她参加过1936年柏林奥运会，是我国体育教育的老前辈，邬先生是她的学生，还有几位教职员都是体育系毕业的。由于对体育的重视，明德女中的运动会在南京是最有影响的。开幕式要求全体学生表演团体操，我们练了又练，校长都亲自示范，纠正动作。体育老师叫喜勋，后来是我国艺术体操的创始人。当年她风华正茂，英姿飒爽，光彩照人，站在指挥台上，下面是满操场白衣蓝裤、动作统一的少女们，真是一道亮丽的风景线。记者们把操场围得水泄不通，闪光灯不停地咔嚓响。我们学校的田径项目也是南京的佼佼者，球类更是常胜。喜勋搞的是重点培养，我们班的徐如跳远特棒，上体育课就主要教练她，一个暑假，徐如每天都来练习，别班有某项特长的也是如此，难怪明德的成绩出众。可是对我们这些“体育笨蛋”，喜勋就放任自流。我们也乐得拿个球瞎扔瞎玩，无拘无束。

教会学校重视音乐是个传统，我们的音乐课不光是学唱歌，要练美声，练膈式呼吸，要学乐理，还进行笔试，什么大调、小调、和声、和弦，什么调的“哆”在五线谱的什么位置等等，复杂极了，我一直没弄清楚。唱歌也别想滥竽充数，考试时得站到钢琴旁一个人独唱，老师说我唱得没走调，虽然笔试糟糕，也算及格了。学校的钢琴有四五架之多，同学们可以报名学琴，给排练琴时间，每年还要举办一次钢琴比赛。我也曾想把从前学过的再继续下去，一问，学费不菲，便打消此念了。学校还向社会公演过一部歌剧，动员了各班共数十人参加。我们班的程淑安演主角，报纸上对她赞誉很高。后来她一生从事声乐，是南京师范大学音乐系教授，到欧美去讲过学。

学校每年还要向社会公演一出话剧，有这方面天赋的尽可施展。我们班的叶琳琅就有表演才能，不论男女老幼她都模仿得惟妙惟肖，总是担纲主角。1948年演出的话剧是《沉渊》，就在本校礼堂，灯光布置并不太正规，但也座无虚席。我被派当引座员，有机会搭眼看戏也看观众，发现流泪的观众还不少。叶琳琅在校长的鼓励和支持下，1950年考上了北京电影学院，是长影名演员，七十多岁了还活跃在影视屏幕上。

除了公演的歌剧话剧外，每个班级毕业前都要搞一台晚会，其中就要有小戏。1947年我班初中毕业，老师派我在小戏里演一个六十多岁的老头儿。排练了一个多月，导演老师说我还是只像个16岁的，也来不及换人，就硬上吧。下巴粘上棉花，头上扑上面粉就上场了，排练时吃蛋糕就比画一下，上场时却是真蛋糕，我一口下去就噎了个瞪眼，台词也说不出来了。同台的彭静云笑得背过身子蹲在地上起不来，我只顾着急，也管不了台下笑成什么乱象，终于把噎住的蛋糕咽了下去把戏演完了。回到后台准备挨批，不想她们还在发笑，没有说我，自此大家都知道我的“道行”了，再没有让我表演过什么。

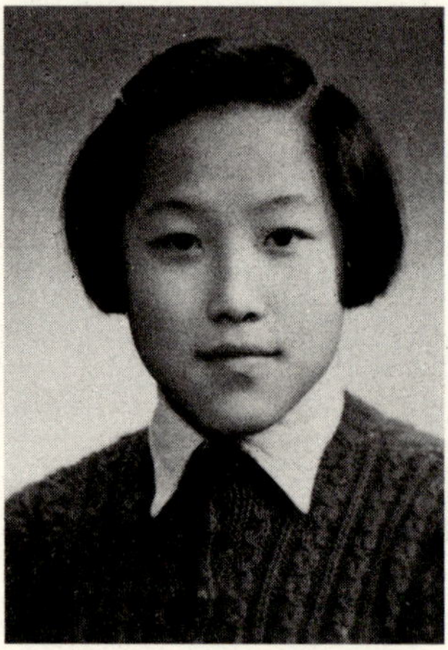

1948年，明德女中高一时

画画更是我的弱项，我对讲台上放的瓶子、圆球等东西都不感兴趣，便和邻座的同学说闲话，弄得别人也画不起来。图画老师是位男青年，我们根本不怕他，他拿女学生也没办法，就罚我站着。我低着头在图画纸背面写了“先生罚我stand，我骂先生是dog”。这是当时学生中流行的一首中英文杂写的打油诗里的一句，老师发现，抢过去一看，气得把我的图画纸交给邬先生了。下了课，邬先生传我到办公室，我立着正，听她说：“上课不画画还和别人说话，写的是什么呀？”因为我是直行断开写的，她没念顺。之后她就说：“这么大的姑娘了，好意思吗？”我赶快接嘴：“不好意思”。她说既然知道，下次就不要犯了。这样就把我赦免了。自此，上图画课我就看小说，等别人画好了，我就拿来到外面的玻璃窗上去蒙。有一次老师看见我作弊，头一扭装没看见，大概是不和不可救药的人计较。

还有劳作课，教我们做针线，每人缝一双婴儿鞋交成绩。妈妈给我的布又厚又硬，我缝好翻过来，既不圆又不方，不敢交给老师，让同学替我交。老师以为是开玩笑，随手扔到窗户外面去了。我最后还是拿别人做好的去交了差，老师知道，但也没追究。

每周还有两节家政课，讲食品的营养，还讲穿衣服的比色、搭配，还讲些女生的生理卫生，等等。家政课还附带一个烹饪实习班，在校园角上有一间厨房供实习班用。这个班我不敢参加，因为得交不少材料费。

5…………春游和野营

1948年春日，学校租了一条小轮船载着高中的学生们去附近、却属安徽的当涂县采石矶春游。采石矶传说是李白醉酒下江心捞月被淹死的地方，古迹很多，风景也美，上到矶头看大江东去，心胸顿时开阔。尽兴地游到下午，依旧乘这小轮船回南京。不料船行不久就听见轰地一响，船身抖动一下，就突然听不到马达的响声了，原来锅炉爆了。幸而没造成什么大祸，同学们也没有慌乱，船只能顺水漂流，大家必须在船上过夜了。那夜，月白风清，我们坐在甲板上挤着，也不觉寒冷，难得有这么个彻夜长谈的机会，少女们各发奇想互诉衷肠。同班的绰号叫小猫的同学说，她将来要做个老处女，决不结婚。我表示不信，裴匡丽也说不可能，而小猫坚持。于是我们击掌为赌，还让班长徐如做证：若是小猫结婚，就应付给我和裴匡丽一两黄金；若是未婚，在遗嘱中可以支配我和裴匡丽付给她的一两黄金。还有什么可笑的事已记不得了，只记得到天亮大家也没困倦。上午9点多船才漂到中山码头，邬先生已在那里翘首以待，说校长一夜也没合眼，现在还在学校接答家长们的电话呢。那年代没有手机，船行江中实在无法联系，看见大家安全回来，不住地感谢上帝，同学们也都很感动。自此经历，同学之间和老师之间的感情都加深了一层。

1947年春季，我们两个初三毕业班在玄武湖搞了三天露营活动。明德虽然没建童子军，但一切也和童子军的野营同样。头一天，我们在老师的指导下自己动手建起了帆布帐篷，挖好了灶台。那年代玄武湖内空地很多，游人比较少，水也干净，就像置身原始的大自然中。我们拾柴的拾柴，淘米的淘米，烹饪组的大显才能，指导着大家，居然煮熟了饭，炒熟了菜，吃得特别香。各组间还交换着，炫耀着自家的手艺。

头一天忙于开营建营，都很新鲜、快乐。第二天不开心的事就出现了，先是年纪最小的小沈划小船到湖里洗碗时，把整摞碗都沉到了湖里，哭着回来了。后来是赵钟英和同组的人吵嘴，站在帐篷外仰天大哭。她和我在南开就是同学，功课很好，因此有些骄傲，绰号“干博士”（英语的“干”念Dry，和四川话的“拽”即骄傲同音），争强好胜，现在大家挤在这么小的空间里，摩擦是必然会有的。我看着她眼泪顺眼角流进了耳朵不免好笑，叫她别哭了，她大声说：“我昨天就要哭了，憋了一天，现在还没哭够！”惹得大家都笑。晚上，分小组搞追踪活动，我们五个人在朦胧的月光下追踪到了菱洲的动物园，走在前面的小马忽然大喊一声：“有鬼！”就往回冲，我一把搂住她问鬼在何处，她都哭起来了，用手指了一下。我胆大是有名的，于是独自上前一看，原来是笼子里的猫头鹰，夜里它的两只大眼睛像两盏灯一样，于是小马又破涕为笑，继续前行。野营期间，我们还搞了划船比赛，站岗防偷营贼，都很刺激有趣。夜色中还能发现搂搂抱抱的谈恋爱的情侣们，我们就朝他们扔小石子把他们惊走，亦一乐也。我们玩得开心，殊不知警察局派了好些人在外围保卫着，否则这么些女孩子还能不招流氓湖匪来捣乱？这段经历的确使人难忘，50年后老同学们聚会，谈起这次野营都是津津有味的。

6…………几位老师

给我印象很深的是濮之珍老师，那时她才毕业，只能算是个大姑娘，教我们国文。结合课文，她常给我们讲她的家乡芜湖，幽静的小巷，悦耳的鸽哨，把我们都带进了那江南小城，产生些奇妙的遐想。她最崇拜柏拉图，几乎每堂课都会提及。《中央日报》的副刊上登载了她的处女作，那天她特别兴奋，为我们朗读了这篇作品，引得我也跃跃欲试想当个作家。有一次全校周会由她主讲，题目是“假如我再当一回中学生”，她说了三件要做的事，其中第三件是交一个好朋友，我还是头一次听到这样的教诲。我的好朋友不少，得益匪浅，这得感谢濮师的启发。后来，她成为复旦大学的知名教授，她丈夫蒋孔阳更是美学大家，她女儿蒋濮写过一本《东京没有爱情》的畅销小说。我在杂志上看到过对她一家的报告文学，觉得濮老师和她一家就会是这样的。

高中的国文老师是徐仲涛，那时他不过四十来岁，总穿件灰布长衫，也不修饰，好像多老似的。他是河北省乐亭县人，乡音很重，带我们吟诵古诗词时，我们就学他的口音取乐，他对我们挺宽容，也不生气。他在我的作文上画了好些红圈圈，评语也写得好，是唯一不讨厌我的老师。后来，他是江苏教育学院的名教授，每年春节，我们在宁的同学都去看他，直到他八十多岁去世。

英语老师，先是温同庚，已是中年人，课教得好，对学生要求也严。她还曾是我哥哥在重庆中央大学实验班的老师，她发现我哥哥的英语较班级的水平高，就另给他上课，免得他浪费时间，真是有责任心的教师。解放后，她去了美国。

后来的英语老师是陈琳，教我们时还是金陵大学经济系的在读生。小青年一个，头梳得挺光，鞋擦得挺亮，穿一身笔挺的美军制服，头一天上课，一言未发就在黑板上写了一条“Economy is very interesting”，大家面面相觑，莫非让我们也去学那个经济？他教课时，喜欢在同学们的课桌行间来回踱步。捣乱的同学就写了骂他的小纸条，乘他不备塞进他的后裤袋。他告到邬先生处，害得全班都挨批。改革开放后在电视里看见他在教英语，原来他已是北京外国语学院的教授了。没想到，我们这帮调皮的女学生没把他吓跑，反倒让他终身从事了英语教学事业，Economy也不interesting了。

7 …………我接触到的国民党高官及其子弟

进了明德女中，知道陈立夫、陈果夫的女儿都在本校，和同学们都一样，没什么特殊之处。我们同班的有国民大会秘书长洪兰友的女儿洪娉，国民党中央执委赖琏的女儿赖韵玫，我们都玩在一起，还到他们家去过多次。我们说赖琏是“党棍子”，赖韵玫也不生气。

住读生的床做好后，新生们不分班级都住在一间大宿舍里，由于床位还是不够，凡是姐妹二人的就挤在一张床上。紧挨我床的是于右任的两个女儿：于绵绵和于无名。于绵绵比我大，反比我低一年级；于无名小，上初一。于绵绵穿得讲究，腿上是长筒玻璃丝袜，于无名穿得和我差不多。她二人老吵嘴，原来不是一个母亲生的。于绵绵善于和人交往，我不认得“無”字，她告诉我“無”就是“无”。“无名”是姐妹中最小的，怪名字是她父亲亲自取的。还告诉我，他们是陕西人，讲的是陕西话，有一次还带来张全家福给我看，竟和我们的毕业照相仿。中间坐着美髯公于右任，两边坐的足有十来位妇女，于绵绵说都是她的妈妈们；后面站着两排，前面地上坐了一排，全是她们兄弟姐妹和侄子侄女、孙子孙女们，还指给我看她的大姐，说50岁了。她讲解时神态自若，似乎有这么庞大的家庭挺光荣的，而我惊讶得不知说什么好了。于右任还是书法家，凡同学拿个本子，或拿张纸求绵绵捎回去的，她都答应，而且星期日准给带回来。我心想，这于右任真没架子，小孩子求字他也给写。我不喜欢娶这么多老婆的人，所以我没有要字。

我还去过顾祝同家，是司娘的同乡朱女士带我去的。朱女士是顾家的家庭教师，顾的一个女儿和我同年级，在中大附中上学，我想借她的化学笔记看，就去了一趟。顾家也有好几房夫人，待遇也不同，这位和我同年的穿着也和我一般。朱女士说，顾祝同一概不管子女上学的事，谁有什么能力考什么学校就上什么学校，休想让他去说情上学。和我同年这位大概也属不受宠的一房，知道奋发读书，考上了中大附中，当时也是最难考的学校了。

卫立煌的夫人韩权华是我妈妈的中学同学，我称她韩娘。我们到南京不久，她设家宴请我们，由此知道我在明德走读，中午啃馒头。原来卫立煌的小女儿卫道蕴就在明德上学，比我高两级，当下就说好让我每天跟卫道蕴回她家吃午饭。

卫家在上海路南头，离明德不远，房子很大，是相连的两幢洋房，闲着一幢，住靠马路的一幢，有花园有车库。饭厅在楼下，长条饭桌，卫立煌坐在顶头，我算客人坐在他下首，韩娘坐我对面，卫道蕴和她姐姐坐我这边，她弟弟卫道然坐韩娘下首。卫道然比我小，在金陵中学上初二。这三位卫“道”各有各的母亲，而且都亡故了，看来这位大将军挺能克妻。吃饭时这大将军总对我问这问那，问我七娘为什么不结婚当了修女，是不是长得太漂亮的缘故。有一回问我籍贯，我说是福建漳州，他就大谈他在漳州打共产党的事。我那时哪里知道什么打内战的历史，也不知如何回应，幸而韩娘总给我圆场。妈妈怕我脚长得快，给我买的皮鞋大，不跟脚，走在他家地板上咚咚大响，他就问我是不是错穿哥哥的鞋了，还哈哈大笑。虽然他似乎也没有架子，可我对他总心存畏惧，认为他属于开枪杀人的一类，和我家教书的不同。在他家吃饭还有一点儿不习惯，就是身后总站着一个勤务兵盯着我的碗，我刚吃完，他就上前一步把我的碗夺去，也不管我还要不要，就盛满一碗放到我面前。饭后，我就在两位小姐的房里坐了一会儿，等着卫道蕴叫我一块儿去学校。卫道然不像他的两个姐那么内向，常在饭后和勤务兵一起擦洗他的自行车，有说有笑的，有一次还硬要开小汽车送我和他姐姐去学校，大概是要过开车瘾。

40年后，我出差到北京，特地找到棉花胡同去看韩娘。60年代卫立煌回祖国有韩娘很大的功劳，她一直被聘为国务院参事。韩娘的心脏不好，躺在床上，看到我很高兴，问过我妈妈、七娘的情况，还告诉我她在“文化大革命”期间的经历。那时卫立煌已病逝了。我怕她说话多太累，便告辞出来。卫道然在院子里等着我，他还记得我在他家吃饭的事。他谈到他父亲从南京逃到广州，又从广州逃到海外，脱离了蒋介石的控制，一路艰险，他都保镖在侧。他谦虚地说，他只爱玩枪习武，书念得不深，回来后在一家汽车公司工作，他夫人竟也是明德的校友。两个姐姐去了美国，一个哥哥在广州当教授，不幸为救人自己溺水牺牲了。我们谈了好半天，这次拜访后一年多，韩娘就去世了。

第三章　市立第三女中

1............秘密行动

1948年夏天，我上完高一真的转学了，倒不是“爸爸神”祈祷的结果，而是教会学校的学费太高了，物价飞涨，学费随之，特别是住校生，开学时除了学费，还得将这学期的住宿费、伙食费一下子交清。我算了一下，我和哥哥一学期五个月要交掉妈妈四个月的全部工资。妈妈还得吃饭，我们还得零用、穿衣等，是无论如何都维持不了的。不像以前每次开学，妈妈预支点儿工资，找点儿首饰卖掉，再向司娘倒借一点儿就能应付，所以我主动向妈妈提出转到公立学校去。妈妈说，公立学校英语程度没有教会学校高，以后会后悔抱怨，她不论想什么办法都要供我上学的，让我不要考虑学费的事。我当即表示是自愿的，不会后悔，就办了转学证，考了三女中高二插班。

司娘在三女中当教导主任已经一年了。三女中的情况我也大致了解，校园不大，操场边只有一栋三层楼，教室、办公室、礼堂都在这楼里，没有学生宿舍，家远的只好结伴在附近租房子住。在她们的要求下，学校便在操场边搭了一个厨房，我去时才开始办伙食，楼顶西端隔了两个小小的阁楼房间，有一间是司娘的宿舍，我就秘密地住在那里。司娘命令我，同学们还没来时我就得早早地到饭厅去等开饭，下午等同学们都走完了我才许回小阁楼去，不能让同学们知道有个特殊住读的。司娘每天还是到妈妈的福利站住。

三女中的学费很少，伙食费也不高，而且每月交一次，这里的伙食自然比明德要差很多。同学们的家境都不富裕，穿着也朴素，好多都是复员回来的，讲四川话。我很适应这个新环境，就是晚上一个人在这栋空空的大楼里也不害怕。另一间小阁楼住着我的化学老师，姓唐，是妈妈教北师大女附中时的学生。她不来住的时候多，若是来住，总让我陪她去看电影。三女中就在新街口闹市，离戏院、电影院都不远，她比我大二十多岁，是老师又算长辈，我不敢推辞，其实，她爱看的什么奶油小生、摩登妖女之类的言情片是我最不爱看的。路上有不少阿飞流氓、妓女老鸨，旧社会商圈中心的夜晚就是沉渣泛起的黑渊。我硬着头皮跟着她去，回来再开夜车做作业，唐老师还让我别告诉我妈妈，也算是秘密行动。

三女中的校门，隔着不宽的巷子正对着特种刑事法庭的后门，据说这特刑庭专门审共产党的人。大黑铁门总是关得严严实实，临巷子的窗户也用木板风斗挡得很紧。有几回我们中午放学，校门不开，同学们都在操场上站着，直听到汽车开走，大铁门关上，我们的校门才能打开，说是对面押解犯人需要戒严。夜深人静时，听到对面铁门响，有时还有铁链子的哗啦声。我就赶快从老虎窗探出身子偷看，在昏暗的路灯下看得见被押的人出门上车，不知去向何处，不知是否被杀，又惊愕又同情，我总要愣坐好一会儿。大早上我探出身子朝西看，可以看到特刑庭院子里面，那院内围墙是回字形的，里圈有好些年轻人在做体操，我想他们定是被关押的人。我把这些偷看的内容告诉了司娘，司娘警告我千万少看，更不要被人发现，别把我也抓进去。不过我还是忍不住要看，只不过把身子少探出一点儿，隐蔽点儿而已。

小阁楼的秘密住校对我也是一种锻炼，练胆子，练了独处。有一天我正做作业，台灯的灯头坏了，我手一拨它竟断了掉到地上。我黑着坐了一会儿，点上蜡烛，用我学的那点儿电学知识，居然安全地把灯修好了，信心大增，自此不再怕自己解决问题。

2…………三女中的老师们

三女中成立于1947年，校址原来是所小学校，由于复员的学生多，一女中人满为患，就以一女中的部分学生加上社教附中的女生们为基础，再招收一些就成立了。校长是崇启，当时也就40岁左右，体形和气质都给人精明能干的感觉，她不是国民党，学校也不搞三青团，这在公立学校中是很少的。

教导主任是司晓南，我在学校里也称她为司主任，不敢有特殊。以前我只知她会冲我和哥哥发威，岂知她在学校里威风更大，集会上训话总声色俱厉，若是谁犯了校规被叫到办公室，那一顿挨批几乎全校都听得见。不单是学生，连年轻教师都受她呵斥。我们班的同学背地里称她“螃蟹”，因为她胖，走路一跩一跩的，更主要的是形容她横行霸道。和蔼的校长加严厉的主任，可能是一种领导搭配，但她们对教师的聘用要求是很高的，对学生是负责的。

沈廷玉是南京有名的数学老师，三女中很不容易把他聘过来教四个高年级。那时他已属中年，骨瘦如柴却精神奕奕，讲课言简意赅，条理分明，在黑板上演题时，随手画出的直线、圆和用尺、规画出的一样。他还特别民主，不明白的可当即发问，注意力不集中时允许站到教室后面或边上听讲，对学生从不发火，有时还到操场来和我们一块儿做课外活动。他投篮百分之百地命中，说因为他算好了抛物线。沈老师家庭负担重，每天下午还得到私立学校教课，课时排满，六个班就要批改二百四十多份作业。他除了批出对错，还用红笔把正确的演算写在错题的后面，头一天交上的作业，第二天一准儿发下来，上面还盖上了日戳，真难以想象，沈老师单薄的身体里怎么会有这么大的能量。我妈妈也是教数学的，对沈老师也佩服之至。我上大学去报到时，招生的老师就问我的数学老师是谁，莫非从考卷中还能看出老师的功力？沈老师原是金陵大学物理系毕业的，解放后就被调到南京师范大学数学系任教了，“文化大革命”后恢复高考之初，他拖着病体给考生们补习，劳累以卒。每当人们将教师比作红烛，我就想到沈廷玉老师，燃烧着自己，照亮了学生们。

国文老师是位永远穿身灰色长衫的老夫子余诗舟，他讲起古文来特有韵味，还教我们吟诗，说古体诗是要吟的，而不是念的。我认为不好听，还可笑，而妈妈说能懂得吟诗才算得正宗的国文老师。余教师还给我们讲书法，讲墨讲毛笔，甚至如何分鬃制笔，如何熏烟制墨，让我们知道了作为中国知识分子应该知道的许多事情。

英语老师是张相曾，他的女儿比我低两级，学习成绩和体育水平都很出众，所以我们都认为张老师是位教育家。他教我们的同时还在金陵大学英语系听课，是很用功的老师。除了教课文，还找来些英文报纸给我们看，学新名词、时代用语。有一次，他还布置我们翻译《马赛曲》，最后全班评说看谁译得好，译得有诗意。他还让我们译过朗费罗的《生命》，把个背单词的英语教得生动有趣。后来知道他是陈琳的姐夫。我想，陈琳弃经济而学英语，很可能就是受了这位以教英语为乐事的姐夫的影响。

金瑞苹老师教我们地理，还当我们的班主任，既是师长，又是慈母，我们班的陆渝蓉放学回家时，总有弘光中学的一个男生在街角盯着她看，吓得她让顺路的同学送她一段，为此挺有思想负担。金老师知道后，写了个条子让陆渝蓉大大方方地交给那个男生，让那个男生来他这里一趟。那男生真来了，金老师苦口婆心地给他做了一次青春期心理教育。那男生果然不再站街角，不再单相思了。若不是怀着真诚育人之心的教育者，是做不到的。金老师是中央大学地理系毕业的，解放后因国家需要还干她的老本行去了。

学校的灵魂是教育理念，要靠老师们的实践来体现。三女中没有美丽的校园、宽广的校舍，但绝对是一所很好的学校。

第四章　山雨欲来

❶…………在上海避风

1948年冬，东北已经解放，平津战事还在继续，淮海战役正在激烈进行。平时不问时局的同学们也论起“徐州大捷”“徐州失守”之类的新闻，不时有同学退学随家人离开南京走了，纷纷传闻南京会被包围，需要提前疏散人口，弄得人心惶惶。学校干脆提前放了寒假。妈妈也做了应变准备，让哥哥和我去上海熊婆婆家，她一个人留或撤都方便。

1947年春节，熊婆婆邀请哥哥和我二人到她上海的家去度假，袁妈正在她家，刘妈在水伯母的妹妹家，也在上海。虽然都是用人，但主家都熟识，我们到她们身边就像在亲人身边一样，过了非常美好的一个寒假。这次去的性质和上次不一样了，到达后，哥哥马上把妈妈带的钱交给熊婆婆，买了一麻袋米。平时就是家常便饭，不似上次刻意地招待我们，但对我们两个住校吃大锅饭的来说，伙食就好极了。只是袁妈到熊婆婆北京的家去了，只有我还能亲近刘妈。

熊婆婆的家在徐汇区的余庆路上，弄堂里全是单幢的花园洋房，熊家的三楼住的是熊公公的同乡亲戚，姓田，田夫人是沈从文的胞姊。田家的两个儿子在名校——南洋模范中学上高中，他俩特别用功，很少和我们玩。楼下是客厅、饭厅。熊婆婆和她的大妹妹在二楼各住一间，我称熊婆婆的大妹妹为五婆婆。五婆婆没有了丈夫，只有一个女儿，比我小一岁。熊婆婆的另一个姨侄女，是她小妹妹从孩子小时就抱给熊婆婆的，叫何钦翎，比我哥哥大一岁，睡在熊婆婆房里。他们表姐妹二人也是从南京来的，我们四个不用上学。但是五婆婆的女儿叫小安的，是言慧珠的追星族，从早到晚跟着言慧珠，像个小跟包的。可能是小安长得好看，特别是两道眉毛美（学名叫眉春，还是我爸爸给取的），言慧珠也乐于带着她。我睡在五婆婆房里，小安晚上回来也和我说说话，但她说的还是言慧珠。我对京剧一窍不通，只有点头唔唔的份儿。我们聊不起来，所以能在一起的只有钦翎和我们三个了。我们三个逛公园，看电影，打扑克牌，钦翎还带我去看她的同学们。钦翎已有了男朋友，是个空军飞行员。她妈妈认为飞行员不定什么时候就会栽下来，竭力反对，但钦翎不听她妈妈的。飞行员到上海就打电话约钦翎出来见面，可忙坏了五婆婆和她家的老女佣，簇拥着要我跟着去。我不愿意，朝后退，她俩就在我背上推、屁股上拧。钦翎看出名堂，干脆过来拉上我一起走。就这样，我当过几次“萝卜干”，幸好那空军帅小伙儿没恨我。他俩小声说话或坐得很近时，我就扭头看另一面，装作有什么东西吸引我似的，那场景一定滑稽可笑。

我时常也和在上海的南京同学们聚会，有一个同学带着弟弟二人住在一栋空房子里，用煤油炉自己做饭吃，另一个同学带着弟弟住在畜牧场的牛栏里，我都觉得新奇有趣。有两个同学是上海有家的，还有两个同学和我一样住在亲戚家，我们在一块儿瞎聊就像他乡遇故知，感觉特别开心。我还到刘妈那里住了十来天，那里有我在北京童车里的小朋友水建如。我妈妈和我爸爸去台湾时，刘妈就带着我住在水家，我和建如同年，那时都还不会说话，但是已经会抢东西吃，现在都成了大姑娘，竟还挺谈得来。水伯母去世后，建如就跟着她姨妈过，我也跟着称她五姨。五姨父是申新纱厂的经理，资本家，他怕共产党，夫妇二人到香港准备搬家的事情去了，留下四个不到六岁的小孩儿给刘妈管。我和建如两个在屋里屋外、楼上楼下地玩、跑，刘妈也顾不上管我们，别的用人更不好发言，只说我们二人不像是女孩子。建如喜欢看武侠小说，梦想得道成仙；我则爱看翻译小说，梦想浪漫奇遇。建如有五个哥哥，在上海就有两个，她哥哥来时，我们俩就老实一会儿。

熊婆婆是国大代表，可我认为她并不懂政治。国民党摇摇欲坠之时，她还忙着在上海买了一幢小洋房，过几天就叫钦翎和我去打扫一次，好像要搬过去住，我还跟着高兴。不料有一天，熊婆婆家收到一封信——《告国民党空军官兵书》，让她大大地紧张起来。其实这信是寄给熊芷的丈夫朱霖的，朱霖是航空工业局局长，属空军官员。熊婆婆惊呼："共产党太厉害了，都知道朱霖是我女婿，策反书都寄到我家了，可怕！可怕！"其实国大代表并不算什么党政要员，不是共产党清除的对象，她怕的一定是她妹夫的关系。她妹夫何芝园是军统的处长，正宗的特务大官，共产党是绝对不会放过的。熊婆婆在上海解放前夕还是逃到台湾去了，丢下了香山慈幼院，舍弃了北京香山的双清别墅，更不要说在上海新买的房子了。熊婆婆在台湾并没有住多久便去了美国，靠教学生活，老来回到台北有钦翎照顾，可惜钦翎得了癌症先她而去了。改革开放后，熊婆婆和妈妈常有书信往来，诉说她的悲苦，还寄过一千美元给哥哥，让哥哥去台湾看她，可惜那时没能"三通"，不得前去。她活了102岁，去世后发表了她写的自传《往事》，在北京也出版了，这是后话。

在上海过的这避风寒假很快就过去了，北京已和平解放，时局似乎缓和了一些。哥哥即将高中毕业，决定回南京去，妈妈说若是上海可以住读，我就在上海也行。于是我便四处找学校问，公立学校寒假都不招生，能进的只有私立学校。我试着去了一趟天主教办的震旦女中，修女校长看了我的成绩单，又知道我是教徒，当即就表示收我，立时就向我宣布诸多规矩。我觉得好像不是来做学生，而是来当预备修女似的，最后说每月得交20美元食宿费。我妈妈到哪里去弄美金？我二话没说，和哥哥一起回了南京。

❷…………乌云压顶

回到南京发现变化不少，蒋介石下了野，李宗仁当代总统。三女中的崇启校长走了，换了个国民党的女官叫杨德文的当校长。第三儿童福利站建成开学了，妈妈住进了这新房子。司娘还在三女中，但没有了那个阁楼小房间，于是我也结束了秘密住校的生活，也住到了第三福利站的单身女教师宿舍。三女中的伙房也关闭了，因为物价飞涨，而且供应紧缺。临放寒假时，每桌八个人只有一碗青菜，而且还是汤多菜叶少。妈妈每个中午让我吃一个咸鸭蛋，我就不忍心再去和同学们争捞那为数不多的“固体”物了。现在不开伙，我中午到第一福利站去吃，虽说跑点儿路，但比只能吃一个咸鸭蛋强。

1949年2月，在鼓楼渊声巷的第三儿童福利站内，我学会了蹬三轮

开学不久的4月1日，各大专学校的学生们上街游行，反对内战反对饥饿要求民主和平，声势浩大。国民党将学生诱到总统府院内，关上大门，出动军警大打

出手，打死了两名大学生和一位司机，称为“四一烈士”。政治斗争激烈，国民党的镇压更残酷，经济上更是一溃不可收拾。我头一天买个烧饼是30万金圆券，第二天就是36万，吓得我再也不敢问津了。幸而没有对公教人员停发工资，发工资那天，全站人都紧张地等待，总是给妈妈蹬三轮车的那位男工老常去领。钞票都捆成方方的小捆，再把这些小捆绑成一长捆，装进一个个面粉口袋里。老常的车一到，大家就一拥上前找自己的那一捆，拿上就向外冲，去换银元。那时繁华地段的路口都聚集着好些银元贩子，他们站在那里，手里用两个银元敲出叮当的响声。银元价格瞬息万变，迟去一分钟可能就损失不少。我妈妈跑不了冲刺，还总是由老常去给换。有时候也会换来假银元，遇上就只能自认倒霉了。倒贩银元的人掌握不了行情，也有破产自尽的。拿钞票换银元的和拿银元换钞票的都是在生死线上挣扎的小老百姓，国民党崩溃前夕的南京就是这般街景、这种世道。

终于熬到了4月22日，我还照常从鼓楼走到新街口三女中，沿路看见国民党的军队从北向南走着，到了中午我去吃饭时，军队还没有走完。等下午放学，我在路上还看见稀稀拉拉的军人在向南走。路边墙角有些灰头土脸的军人坐着，还有躺着呻吟的，大概是走不动掉了队的。他们向路过身边的人乞讨。这天，银元的叮当声没有了，商店也都上着门板，路上一辆汽车都没有，平常满眼皆是的三轮车、板车都绝了迹。早上我还以为是军队调防，回家的路上我才悟到，他们逃跑了。

3…………1949年4月23日　星期六

这天，我还按时去学校，路上很清静，同学们也多数到了。老师说，今天不上课了，都回去吧，路上小心点儿。于是我就去第一福利站等吃饭。妈妈每天上午在第一、第二福利站，下午在第三福利站，儿童们还是来上课吃饭，表面上还和平常一样，但又有点儿紧张气氛。妈妈叫我等着和她一起回鼓楼第三站，把老常先打发回去了。午饭是提前开了，也让儿童们下午不要来，等什么时候来再通知。我和妈妈没走中山路，而是走西边那条平行的背巷子。还是妈妈有经验，路上就听见中山路上有零星的枪声。登到鼓楼坡顶往下就是渊声巷了，只见整条巷子都白了，和下过雪一般，原来是面粉。巷口那家粮店上午散粮，谁来就给谁，所以撒了一路，现在紧上着门板，表示什么都没有了。由于老常上午就回来传达了妈妈的布置，我们到达时都已做好了准备，在大门口摆了一张板床，把福利站库存的布、米、豆等放上，通知儿童家长们来领取。妈妈不让我在门口看，让我回楼里帮忙。原来库存的东西只散发了一半，余下的从库房转移到每人的床下面。大门口的物品发放完了，人们知道里面已没东西，就不会进来抢夺了。事后家长们说，不发东西他们也不会来抢，而且还不让别人来抢，因为福利站是为他们办好事的机构。

天黑以后，看见天空红了一片，是鼓楼南坡的司法院在熊熊燃烧，那原本是一座有蘑菇顶的宏伟大厦，可惜了。实验区一位老师就住在司法院对面，他来电话说隔着那么宽的中山路，烤得他们都待不住了，也没有任何人去救火，四面还有零星的枪声，那夜，无人入睡。这天本是哥哥18岁生日，被时局冲得都忘记了。

历史记载，南京是4月23日解放的，其实那天城里没有政府，没人救火，没人维持秩序，老百姓看到解放军已是24日早上了。

第五章　解放区的天

1…………对共产党的第一印象

1949年的4月24日是个星期天，太阳还没出来。福利站的男工老常就已侦查回来，说渊声巷口有个共产党的军人在讲政策。妈妈就让他去听，我也好奇地跟着他去了。那军人穿着黄布军装，腰间扎着大皮带，腿上打着绑腿，蹬着黑布鞋，除了帽子上有颗红五星，和国民党的军人没大两样。他靠墙蹲着，向围着他的一圈市民慢条斯理地讲着，说共产党决不共老百姓的产，更不会共妻，推翻国民党的统治就是要建立一个人民当家做主的政府，还讲了三大纪律八项注意。他态度和蔼，也很诚恳。人们七嘴八舌地向他发问，称他为长官。他笑着说共产党官兵平等，都称同志，军队叫人民解放军。于是大家都改口问这位同志，金圆券还能不能用呀、粮店还让不让开呀、信能不能寄呀、学生还能不能上课呀等等之类的切身问题，看他不厌其烦地反复解答，人们胆子也大起来，问他是哪里人，家中有没有父母，什么时候被抓当兵的等等。当他说他不是被抓而是自愿参军，而且解放军都是自愿来的，引起了一片窃窃私语：哪有自愿当兵的，不让说吧，共产党就是比国民党厉害……我听了一阵子，知道明天能照常上学，肚子也饿了，便离开人群回去向妈妈汇报了。

上午，我照常去了国府路弘光中学的天主教堂望弥撒，回来在中山路上看见解放军队伍从北向南单列行军，打扮和早上见的同志一样，虽算不上雄赳赳气昂昂，但也不失精神饱满，步履稳健，和前天国民党的行军队伍大不一样。队伍两边很近地站着观看的市民，我也挤进了这看行军的人流。行军的人默默走着，看军的人也默默地直着眼睛立着，鸦雀无声，挺微妙的，我也“微妙”了一个多小时才回去。

第二天是星期一，我照常挎上书包到学校，同学们也都到了。老师接着上个星期五的课教，仿佛这两天里发生的天翻地覆变化和我们都没关系。国民党的杨校长也照样来校，只是多了两位穿黄军装扎大皮带的女同志。下午课后，全校集中到礼堂里，来了一位男同志，就像昨天早上在巷子口的同志，先讲了一段安民告示，之后由大家随便递条子提问，问的和答的也和昨日巷口基本一样，只是没人问他的个人情况。

男同志后来再没见过，两位女同志一直留在三女中的教导处工作。不久，换了校长，是位中年妇女，叫吴伟，虽然也是同志装束，但气度不凡。后来知道她父亲是北京大学的教授，她本人也是位大学毕业生，投奔延安参加革命的，她丈夫是当时《新华日报》的社长石西民。陆续又来了几位年轻教师，党员公开后才知道他们都是地下党员。我的同班同学余宗莲竟也是地下党员，渐渐地，我对共产党的神秘感和隔阂就消除了。

❷…………妈妈失业却安了家

过了一两天，我放学回福利站，在妈妈的办公室兼卧室的桌上做作业。妈妈基本上是不坐办公室的，房里就我一人，门敞着，径自进来了一位穿黄军装扎大皮带的三十来岁的男同志。

我想，他准是那位叫苏朋的接管福利站的军代表了，便站起来和他打招呼。他大概也知道我是谁，只点点头便转着颈子打量整个房间，之后注意力转到了房里的五屉柜，柜上摆的几只茶杯和一个盛零食的小盆子，一目了然。接着他就拉开了抽屉，逐层地翻检我们的换洗衣服。我妈妈是寡妇，我是大姑娘，这内衣裤怎好让个陌生男人翻看的？我大感诧异，顿生反感，没敢责问，只是站着盯住他看。翻过柜子，他就走到书架前，发现了一本《圣经》，抽出来一翻，转头问我这是什么书。我平静地说我们是信教的，这是说教理的书。他显得很惊奇，说你们怎么还迷信？我没回答，他把书插回去，不屑似的摇摇头走了。这位同志给了我极坏的印象，几乎抵消了巷口那位同志给我的好印象。

这件事的第二天，这位苏朋军代表宣布，福利站暂时不解散，继续开办，人员都留用，唯有我妈妈是“敌伪人员”，必须转业，还发给我妈一纸转业通知书，让我们马上搬出福利站。我妈妈提出得容缓几天以便找寻住房，苏朋军代表倒是应允了，但是限令在5月1日之前，连找房子带搬家，只有三天。

我们不是南京人，以前在南京的几位亲友解放前夕都走了，着急之间，妈妈想起了刘娘弟媳妇的姐姐，我称她为王娘的。她丈夫在国民政府的交通部工作，复员回到了南京，王娘是老南京人，一定能有房子的信息，便去找到了王娘。果然她哥哥家有闲房，当下带了我妈妈去见了她嫂子，看好了房子，交了租金。没用三天，第二天我们就搬出来了。

房子在国府路，后来改称长江路，和我哥哥的弘光中学是斜对面，离我的三女中只要走二十分钟，比从鼓楼渊声巷走要近一半。房子是王家祖产，四进的中式府宅，临马路的南边两进开了家打字机行，房主王家住最后面，我们租了第三进的西半边。这大瓦房的西半还用木板隔出了南北两间，南间铺了地板，北间是水泥地面，下过雨街上干了，北间还是泥浆满地，得穿胶鞋。房子东边有一条直通前后的窄过道，所以我们出入不用穿过打字机行。第三进还有扇小绿门开在过道上，自成一个小院子。妈妈和司娘住南间，我一个人住北间，哥哥还住弘光中学，不过为了节省开支，他不再在学校吃饭，回来吃了。

俗话说破家值万贯，又说千两银子不置家，一点儿都不错。幸而老式房子堂屋里有八仙桌、太师椅和茶几，南房里有一张大床，妈妈到弘光中学找牧神父买了张美军用的折叠床给我睡，就不用再买家具了。头一天，买了个小泥炉子和一小篓木炭，在房檐下用小搪瓷盆煮面疙瘩吃了，第二天买了锅碗水壶之类还有马桶，吃喝拉撒睡五项活人必需的问题都解决了。后来又和房东协商，把小绿门外面闲置的一间小披屋借给我们放火炉，不再怕下雨，而且可以烧柴，柴比炭便宜多了。

我们自从离开香港就没有家了，七年之后又有了家，可是并不感到快乐，因为这个家断了经济来源，幸而司娘没被转业，暂时还能维持，可不是长久之计。妈妈当然焦虑，闲坐家中也不是她的性格所能耐受的。当时南京从一个首都陡然萧条下来，就业就万分困难了，转业就是失业。妈妈每天出去自我推销，公立学校不聘老师，私立中学生源大减，难以维持，更不能增加教师了。于是妈妈又降格跑了许多所小学校，也是处处碰壁。南京无望，她又去了趟上海，也是无果而返。给北京的一些老友写信也不见回音，想必是朝代换了，老关系们也无能为力，再者我父亲已去世八九年，人在人情在，也不是意想不到的事。为了向往共产党拒绝去台湾，还影响了福利站的老师们，她们都表示跟着周主任，“周主任不去台湾我们也不去”，为兢兢业业办起来的福利站留住了人，自己却被扫地出门，连吃饭都成了问题，哥哥和我除了要吃要穿还得要学费。妈妈在思想上和经济上的双重压力下，心情很糟，脾气更大，我和哥哥都谨小慎微，动辄挨骂。哥哥的旧自行车被小偷偷去，为此，已18岁的他还被妈妈打了一顿。我每天放学，买菜做饭，扫地抹桌，不时还要跑典当行。

3…………哥哥离家上大学去了

解放不到两个月，哥哥的学校就提前让高三的学生们毕业了。按我们这种知识分子家庭的传统观念，上完中学上大学是顺理成章、天经地义的事。哥哥受刘娘的影响，认为教育乃救国之道，可是现在改朝换代了，这教育还能不能学？妈妈认不清形势，只能写信求教于长辈陈叔通了。

1986年，随母参加陈叔通纪念会，在北京与雷洁琼（左一）合影

陈叔通和我外祖父周大烈是清朝时同在日本学习时相识的，他们都是维新派，支持孙中山的国民革命，志同道合，结为忘年挚友，回国后又都生活在北京。好友们希望死后还能相伴为邻，于是我外祖父在北京青龙桥附近叫董四墓的地方买了一块数亩大的地，到解放前连同我外祖父，已葬入了三位。陈叔通后来入了八宝山革命公墓，并非他早年的愿望。解放后，陈叔通作为民族资产阶级的代表人物，当时正在北京筹备人民政治协商会议。妈妈认为陈叔通懂得共产党的政策，相信他能给予最正确的指导。果然，陈老的回信很快就到了，他说若是思想能跟得上形势，就

可以学社会科学；若是思想还跟不上形势，最好是学自然科学。哥哥听了陈老的话，放弃了学教育的志愿，而他理科不好，只能选择农科了。

考试之前，妈妈再三叮咛，让他用心仔细答题，否则考不上学，工作是找不到的。

哥哥一共考了三次，是南京的中央大学、金陵大学，还有北京的清华大学，在南京也有考场。每次考完回来说考题，数学这方面我比他会的还多。金陵大学是私立的，收费很高，妈妈让他考就是防备他考不上公立大学。他可令人担心了。中央大学最早发榜，榜登在报上，就贴在各大街的报栏上。我还邀了个同学一块儿挤进人群去看，还是我同学的眼力好，她先看见指给我看，我看了几遍，的确是周苓仲的名字，才欢欢喜喜地回家了。进房一看，妈妈脸很阴沉，再看哥哥低着头坐在小板凳上，我大为诧异，以为他又犯了什么大错，便大声问："你怎么了？"他低声说："我没考上。"我禁不住大喊："你考上了，我刚看的榜！"他马上跳起来飞也似的跑了出去。妈妈细问了我一遍，只见他趾高气扬地回来了。我和妈妈都问他为什么说自己没考上，他说同学对他说的。妈妈接着又骂了他一顿，说自己这么大的事，光听人家说，连榜都不去看就相信，真是大昏虫。骂归骂，大家心里都挺高兴。第二天我向他表功，他反倒不领情地说："哼，你不看榜也没关系，清华的录取通知已经寄到了。"过了几天，金陵大学的通知也到了，还附带说因为他英语成绩突出，可以给他三等奖学金。即使有了奖学金，要交的学费也还是比公立大学高出许多。我们都向往着北京，最终决定去清华。

熊婆婆离开大陆前没有忘记在北京香山慈幼院的袁妈，她托雷洁琼把袁妈介绍到合适的人家，雷洁琼就把袁妈介绍到吴晗家去做饭了。吴家就在清华，得知此事，哥哥更盼着去报到的日期，妈妈也放心，没什么顾虑了。

4…………徐悲鸿降的及时雨

9月初，哥哥兴高采烈地走了，打点行装、旅资学费又是一笔不小的开销，家里的经济更窘迫了。

1950年春节，妈妈只买了一斤蜜枣，我一个也没吃。节后不久的一个星期日下午，妈妈趁人们休息在家，又出去访友找工作了。我一个人在家正搞卫生，院门没关，径直进来了一位穿军装扎皮带的年轻女同志，要找我妈妈。这些日子公安局的同志来的次数不少，住四进的房东王先生原是个警察局长，解放前夕逃了但没能逃得掉，前些天又回家了。公安员可能也对我们这新搬来的三个姓氏各异、籍贯不同的纯女人户有怀疑，所以去过四进后，也到三进看看问问。这回来了个女公安，而且一屁股坐下，要等我妈回来，我感到不安。我借口扫院子，在外面从窗户缝偷偷朝里看，只见她坐着没动，打量着房间，不像苏同志那样乱搜乱翻。过了十几分钟，她出来叫我给她找张纸，说给我妈留个条子，就不等候了。我送她出去，把门插上，赶快回屋看她留的条子。原来她是徐悲鸿的女儿，叫徐静斐，在市教育局工作，是遵父嘱来的，约我妈明天去教育局找她。虚惊了一回。

第二天妈妈到教育局去了，由徐静斐引荐，见过徐平羽局长，当即被安排到市立五中任教。后来知道徐静斐原在金女大上学，解放前夕，她不愿随母亲蒋碧薇去台湾，通过地下党逃到了安徽解放区，所以南京解放时，她就以接收干部的身份到教育局工作了。妈妈的求职信寄到了悲鸿先生手中，他很念旧，正好女儿在南京，便促成了这事。俗话说天上云彩很多，不知哪一朵能降雨，徐悲鸿就给我妈妈下了这及时甘霖。这甘霖滋润了我妈妈的后半生，她一直在五中工作到70岁退休。1956年，她代表五中到北京参加全国先进生产者大会，后来还升为副校长。她90岁时，五中举办了有各界人士参加的祝寿会。

妈妈有了工作，家里气氛好得多了。虽然每月有了30元（当时是30万），但哥哥每月得交7.5元伙食费，外加零用还得寄去10多元，妈妈和我的伙食费，还有房租水电，经济还是紧张的。幸有司娘在一起过，能缓和一点儿。解放后当铺都没有了，而寄卖所生意很好，是我常去之处。直到大学里有了助学金，哥哥申请到了乙等，不用再交伙食费，我们才改善了些。妈妈说早知有助学金，你和你哥哥一起考走算了。

5…………走向极端

解放初，家里气氛虽然压抑，但学校里热火朝天，每天学唱歌，除了《解放区的天》，还有“你是灯塔”、《解放军进行曲》等等。下午放学后，大家整队到新街口、夫子庙等人多的地方去宣传：先围一个圈，唱起刚学会的这些歌，等聚集的人多了，就由领队的老师或称“同志”的干部演讲，反对投机倒把，禁止买卖银元，警惕特务破坏等等，都是我很赞成的事，所以我很乐意参加。学校还开办了夜校，有扫盲班、小学班，因为是免费的，来的人不少，我担任了算术课老师。由于地近闹市，又都是些年轻女生执教，学生中免不了夹杂些小流氓，净提些诸如“小姐芳龄多少”之类不怀好意的问题。就是没人跟我捣乱，可能我穿件大夹克衫，像个愣小伙之故，每逢别的“老师”被气得“罢教”出来，我就顶替去上课，还挺有成就感的。有位四十多岁的学生，学习特别认真，引起了我的注意，原来他是老解放区来的，在《新华日报》当工人。他说解放区的人个个都要进步要学习，我很尊重他。除了热心地参加学校组织的活动，我还常去看演出。那时二野文工团每周都在人民大会堂演出一两次，离我家也近。我看过他们演的歌剧《白毛女》《赤叶河》《兄妹开荒》，还有话剧《思想问题》等等，才知道地主如何压迫农民，知识分子为何应投入革命队伍。

有一天，哥哥说我：“你不要整天跟着共产党瞎跑，要知道共产党是反对天主教的！”“嗯？”我还从来没听说一个政党和一个宗教有什么利害关系。他看出我的诧异，说：“共产党讲的是唯物论，说宗教是人民的鸦片烟，要消灭宗教的。”我将信将疑，目瞪口呆。哥哥说我知道的太少，当即到他学校拿回来好些图书和讲义叫我认真看。上海天主教会的这些出版物很有针对性，从自然科学的角度证明无上力量的存在，说天主教不是唯心论，而是唯真理是从的唯真论；还讲了历史上的教难，和苏联迫害宗教信徒的许多故事。对“唯真论”我是全盘接受的，而对迫害教徒则心存疑惑，共产党不是说信教自由吗？不犯法何用军警搜捕？十几年后的“文化大革命”才让我明白了当时是何等的天真幼稚。

那年，曾被纳粹关进集中营的匈牙利大主教明曾蒂又被共产党投入了监狱，牧育才神父在做弥撒时让大家为他祈祷，我认为这就是教难，并且把这个观点写到作文里。我的国文老师没见过这种异论，就拿给军代表看，自此全校的老师都“奇文共赏”过了，因为我每过教导处都看见有人拿着我的作文本。我觉得起了意想不到的作用，挺自得的。

不久，来了一位教政治课的男老师。第一堂课他就先自我介绍，他叫罗宏信，26岁，东北人，在日本留学时受朝鲜同学的引导，接受了马列主义，打入了国民党的国防部做地下工作，还讲了他如何获取情报的故事。解放前夕，组织让他留在南京，他志愿到学校教书，于是就站到我们的讲台上了。这位长期从事对敌斗争的人碰上了我这思想异已的学生，可算是又找到了斗争的对象。政治课本应讲解新民主主义、毛泽东思想，而他则每课必批判宗教，而我一定接受挑战而奋起反驳。举例如下：

罗：宗教是帝国主义侵略中国的工具。

许：帝国主义还没有侵略中国时，天主教就传入中国了。

罗：不平等条约中就有准许传教的一条。

许：帝国主义是以传教士被杀为由挑起侵略战争的，所以才有这一条。

罗：天主教是欧美人的宗教，传来迷惑中国人的。

许：马列主义也是从欧洲传来的。

罗：你说有神有鬼，你见过吗？

许：你没去过莫斯科，你就不相信它存在吗？

罗：物质是第一位的，譬如你看见了一张椅子，你脑中才会有椅子的概念，这就是唯物主义。

许：在椅子出现之前，它必已在木匠的脑中出现，这就是唯真主义。

罗：你认为是英雄造时势还是时势造英雄？

许：我认为时势造英雄。

罗：你怎么和唯物主义观点一致了？

许：是唯物的观点和唯真主义一致了。

有时候我也主动出击：

许：老师，你为什么总拿米店老板说事儿？人总要吃米买米的。

罗：正是人人得吃米买米，米店老板的投机、剥削最典型，最有代表意义。怎么，你们天主教还开米店吗？

就这样，一位不懂得教育的老师和一个头脑简单不懂政治的学生，不断地进行着这种低水平的辩论，或称为斗嘴，并不能起到积极作用，只让旁观的同学们觉得挺有趣、挺好笑，而我被激得越来越走极端了。

6…………追求真理青年会

转眼到了1950年初，我上高三下学期。开学不久的一天，本校初二的两个同学来找我，把我叫到教室门外自我介绍。她们一个叫潘秀珍，一个叫金秀珍，先问我是不是信天主教，得到肯定答复后，才说她俩也是教徒，在石鼓路天主堂认识了董保中。董保中知道她俩也在三女中，就让她俩来找我，说是石鼓路教堂的裴主教想见我，放学后她俩带我一块儿去。

这董保中的母亲是我五姨父的堂妹，由于世交家庭的关系，我妈妈和她们姐妹都熟识，解放前夕我和哥哥在上海“避风”时，也常到董家玩。董保中还带我们去听过一个反对天主教的演讲会，他上台去和主讲的牧师理论。他怎么入的天主教我不知道，但通过这件事知道他很虔诚还很激进。他在南京上金陵大学，每星期日他都在弘光中学望弥撒，因为他正在追求郑璟的姐姐，而我们都是上这座教堂的，他怎么又会去石鼓路教堂的？我也没想就爽快地答应了。

石鼓路教堂我认得，只是从来不进去，更不认识那里的神父们。这教堂是南京教区主教于斌的驻地。于斌是国大代表，他把教徒们捐的助学金拿去送国民党高官的子弟们赴美留学，引起各地教会不满。我们在香港的好朋友谭女士就代表香港教徒到南京来抗议，还到福利站看望了我妈妈。因此我们对石鼓路教堂并没有好感。现在于斌逃走了，既叫我，我就去吧。

这裴主教是比利时人，40岁左右，和弘光的牧育才一样，汉语说得流利，中国名字叫裴效远，是南京教区的副主教。他见到我们很高兴，问过我的基本情况后就开门见山地说，现在共产党讲的唯物论和我们的信仰违背，教会就得巩固教徒和信德，特别是对青年学生，要我们联系信教的中学生们，每星期日聚在一起，他来给大家讲道。此事正合我意，三人当即决定分头去联系人，我只认识郑璟，到她家去一说，郑璟就答应了。我又去找牧育才神父，他说他们学校的男生信徒们受的是修士教育，不能和女生们一块儿活动。我只好到教堂门口去守候，看见年龄差不多的就上前问询，这办法只问来了两个。两个秀珍也联系上几个，加上住在石鼓路教堂对面的修女院里的在助产学校学习的几个预备修女，总共有了十几个人，还都是女生。第二个星期日，聚会就开始了。

教堂东边有一个挺大的跨院，除了神父们的宿舍饭厅，前面还有大小不等的几间会议室、会客室。裴主教说都可以给我们用，他还让我们给这聚会取了个名字，订了个章程。于是大家讨论取名叫“追求真理青年会”，宗旨是学习教理，抵制唯物论，坚定信德。选了我当主席，因为我的年级最高。郑璟因病休了一年学，比我低了一级，她的字写得好，就选她当了会议记录。她从家里找来一本美浓纸的大账本，把每次来开会的人员、时间、地点、讲道的内容、每人的发言都记得清清楚楚，仔仔细细。

每次聚会裴主教必到，由他开头讲一段教理，然后问大家在学校有什么见闻，政治课上都讲些什么，每人有什么不明白或有疑惑的事，讲出来大家讨论，最后裴主教总结再说教一番，一个来小时就散会。他还再三地说，这个聚会是公开的，在会上讲的话到新街口都可以讲。

我有位同班同学叫王士雯，以前上过基督教学校，入过基督教，现在是很积极的青年团员。我们这青年会活动由于我从不隐瞒，同学们都知道。她对我说，她对神之有无尚存疑惑，希望能参加我们的活动讨论究竟。我向裴主教反映了，裴主教说欢迎她来，这样她就每星期也到石鼓路天主堂来和我们一块儿开会。

和我一起从明德女中转到三女中的同学王煦仁，少年老成，博览群书，文章写得好，口才更棒，在全校都挺有声望。我班的地下党员余宗莲在争取她加入青年团，还把记载着自己思想认识的日记拿给王煦仁看。我和王煦仁虽然性格不同，但是多年的朋友了。王煦仁背着别人告诉我说，余宗莲的日记里有“王士雯过去也是教徒，今天却能为党去工作，进步真快”这么一段，要我明白王士雯参加活动的真实目的。其实我早已知道，她去了不是更能体现裴主教所说的“公开”吗？王士雯只参加过不多的几回，就推说要准备高考不再去了，可能是没有得到预期的收获，“工作”没什么价值之故。

追求真理青年会从3月成立，到6月放暑假就停止活动了，随后我到北京上大学，再也没有联系过。幸好有郑璟的记录本，还有王士雯的“坐探”，1955年肃反运动时能查清楚。但在1958年反右时，我因这追求真理青年会被定为反革命分子，判了六年有期徒刑。

80年代中期，我从郑璟的姐姐处得到了郑璟的地址，她已于1975年移居巴黎了。我特地写了封越洋信去，为拉她入这青年会向她致歉。她回信说：“你不必对我抱歉，因为我根本没把青年会一事入脑，因此也没有为这事受任何影响。幸好我没记得这回事儿，不然也许和你一样，想想都汗毛懔懔呢。”读了回信后，我呆了好一会儿，啼笑皆非。

裴效远在1950年就被逐出境，去了台湾。二位秀珍中的潘秀珍在安徽农业大学任教，这都是搞外调的同事告诉我的。

董保中的父亲是我国农业教育的老前辈董时进，因对土改政策有不同看法，1950年被迫出走，去了美国。董保中也于1951年去了，他和郑璟的姐姐也没能结成姻缘，但她一直照顾着董保中的奶妈。这是题外话了。

7…………“柳贝贝事件”

追求真理青年会成立不久，1950年3月南京又出了个“柳贝贝事件”。

解放前，南京广州路上有所天主教法国某个修女会办的孤儿院，称“圣心儿童院”，收养被弃的婴儿。这些孩子长到十来岁就开始干活儿了，所以偌大的儿童院除了十几位修女，没有什么别的工作人员。解放后，可能是经济来源有了困难，修女们又办了个收费的托儿所，柳贝贝就是入托的一个两岁的小女孩儿。这一天，大孤儿给托儿所送来了开水，倒进桌上的杯子里就离开了。小贝贝想喝水，就伸了胳膊去够，把杯子碰倒了。开水把桌边的小贝贝烫伤，小贝贝被送到鼓楼医院，过了不几天并发肺炎死了。家长为此告到政府，媒体也大量报道，定调是“帝国主义的天主教残害中国儿童”，社会影响极大。

我为此事去找了牧育才和裴效远，他们一个是美国耶稣会办中学的，一个是管教区事务的，和法国的修女会都没有关联，眼见舆论指向天主教，他们都表示无可奈何。我对他们这种态度很不满，径自去了圣心儿童院了解情况。其实修女们也不认识我，但见来了个同情者，还是热情地接待，带我参观了婴儿室、幼儿室、孤儿的教室、卧室等地方。托儿所出事后已被勒令停办，孤儿院还在继续，当时有大小婴儿三十多个，幼儿十几个。我看修女们给小婴儿喂奶糊糊，带幼儿们玩耍，绝对不是在“残害”他们，就萌发了带人来看的念头。

这事我还真办到了，三女中的同学们跟着我去了几批次，有了影响，学校为此特地开了一个“揭露儿童院罪行”的全校大会。先由柳贝贝的父亲进行控诉，后有几位老师发言，我听她们讲些没有事实根据的话，就站起来当场质问，弄得会场气氛很紧张。我说：“烫伤了小孩儿，修女们当然有责任，可这是工作的过失，绝对不是残害儿童的罪恶，儿童院有这么多健康成长的孤儿就是证明，我虽然批评了修女们的严重错误，但我还是一个天主教徒！”最后一句我说的声音特别大，以表示对借此事攻击天主教的愤慨。

没想到三女中开大会的事第二天竟见了报，报道的内容是：“有学生许燕吉说，我是个天主教徒，但我认为修女们是有责任的。”把我在会上的“慷慨激昂”整个儿给反了过来。青年会的几个会员看了报纸对我大为不满，星期天开会时就对我严加质问。幸而两位秀珍给我做证，我自己也说明了一番，大家才释然消气。

日本人占领香港时期，我妈妈曾在路上拾到一个弃婴，送到了天主教办的孤儿院。第二天去看，修女说这婴儿是严重的腭裂，口腔没有上腭，喂的奶一咽就从鼻子出来，活不了。第三天妈妈又去看，修女说："孩子死了，但我们给他施了洗礼，现在他在天堂了。"挺心安理得的，但我妈妈很不满意，认为修女们以救灵魂为第一，而不去千方百计地救命。回家后她说，以后拾到弃婴再不给修女们送去了。解放前，妈妈在第一福利站工作时，有人给送来一个弃婴。妈妈果真没把他送孤儿院，而是自己养着，给他裹上小被子，焐上热水袋，放在纸箱子里，请福利站的大夫给检查，亲自给喂牛奶，还特地打电话到学校叫我回来看。没想到，那小婴儿活了几天还是死了。妈妈又叹气说，早知道不如送给修女们，起码还能救灵魂。到底怎么好也没得结论，但我自此知道弃婴是不好养的。

"柳贝贝事件"最终的判决，我那时已去了北京，不得而知了。到了1951年，见报载南京圣心儿童院院子里挖出大量儿童白骨，还配了照片，当然还有大篇幅揭露帝国主义天主教残害儿童的文章。我认为说残害儿童有失公允，而反对天主教才是真实目的。

两位修女会长被判了徒刑，其余的外国修女一律驱逐出境，孤儿们转给新成立的南京市社会儿童福利院，搬到后宰门。广州路原址建成南京市儿童医院。

8…………中学的末了阶段

虽然政治老师总拿我当敌对面，但班上的同学们和我还是很融洽的。解放后不久学校就设了助学金，我们班申请的有好几位，程序中要进行家访，将家访得到的情况报告全班，再由全班同学评定报给学校批准。通过助学金的申评才知道有些同学家境十分困难，为了不让一个同学失去考大学的机会，班上设了个互助箱，箱中收集的钱用于给家境困难的同学们提供高考的报名费。我把每天早餐的四分钱（相当于旧币四百元）都投了进去，积少成多，还真起了作用，全班三十多人除了三个进了公安部的干部学校，其余的都参加了高考，大多数接受了高等教育。

我不吃早饭，捐了钱还省了时间，早上起床就赶到学校，给余宗莲和王士雯两位同学把昨日数学老师和物理老师讲的课复述一遍。余宗莲过去做地下工作耽误了学习，基础较差。王士雯学习认真，一点儿没懂都得问明白，我就每天给她俩“补课”一小时。

中午匆匆回家，开水泡饭稀里呼噜一吃就赶快搞卫生。扫地抹桌洗衣服，我、妈妈和司娘共三个人的衣服总有一盆。洗过晾上马上就得回学校，若是这天洗了床单就得跑步上学，把耽搁的时间追回来，不能迟到。

下午回来，放下书包就出去买菜，淘米做饭，弄好自己一吃，给妈妈和司娘留的放饭盒里一焐，便赶快又回学校教夜校。晚上回来再做作业。顺利的话，10点就寝，不顺利就得延时。有时妈妈睡醒一觉看见我这边灯还亮着，就催我睡觉，我一定得把作业做完才睡。

做饭、买菜、洗衣服、走路，也是我背书、背英语单词的时间，一心无二用，好几次我给了钱忘记拿菜，还有一次多给了菜贩一倍的钱。幸好到了高三下学期，夜校把毕业班的任务免了，我就利用放学时间跑到石鼓路天主堂或明德女中去串，以至于有几个明德的同学以为我还是在明德毕业的。

17岁年纪轻，身体棒，精神足，节奏紧，效率高，我以第一名的成绩拿到了高中毕业证书。不知为何，连个毕业照都没照，我们就离开了中学，各奔东西了。只有我们五个住在长江路的“下课一路行”照了一张分别纪念合影。

暑假开始，青年会也暂停活动，裴主教叫我们会员们都去修女院做“僻静”。这是天主教的一种修行功课，大家在一起念经、祷告、默想、反省、忏悔，向神父告解，不能交谈，更不许说笑。过去我只听说过“僻静”，这次亲身经历，觉得新奇有趣，在石鼓路教堂街对面的修女院住了三天。“僻静”结束，修女会长和我谈话，希望我加入修女会。我一点儿思想准备都没有，不上大学而去传教？我没考虑就回绝了，她们也没有再动员我。

“僻静”回来马上就要高考，我没时间复习功课，似乎也不用复习功课，因为心中有底。高二那个暑假，我把一本《三S平面几何》从第一题做到末一题，写得整整齐齐，像在南开一样，一页页订成本子，成了同学们争借的题解。给同学补课，新学的课程，听一遍又讲一遍就都记牢了，就这样去高考肯定能旗开得胜。那时还没有全国统一招生，只是华东区和东北区招考一次，华北区另招一次。我考华东、东北区报的是东北区沈阳农学院的森林系，因为我想东北森林多，还有森林工业可以发展，华东区的学校就没有报。考华北区时，妈妈已经去了香港，我就随心所欲地报了北京农业大学的畜牧系，我从小就喜欢去爸爸的朋友弗朗士的牧场玩，爱这一行。

爸爸死得猝然，没有遗嘱，四个月后香港又沦于日寇。1950年，香港大学虽已复校，但爸爸在港大的书籍还未处置，港大和妈妈的手续还有未了之处。爸爸的老朋友马鉴先生即将从港大退休，所以催妈妈赶快趁他还在职协，帮着把诸事了结，所以妈妈没等我高考完就走了。是她希望我学点儿工业，让我报的森林系。东北区先放的榜，接新生团走得急，我借口母亲没回来，不能随团前去，接新生的团长就限给我一个日子，过了这日子就不再收我入学了。这个限期正是华北区发榜的第二天，那时没有快车，从南京到沈阳得走三四天。司娘给我出主意，先到北京等着，在北京看榜，若是没取上，马上赶到沈阳就不致误期。我考虑一番，还是有信心，就放弃了东北。果然，北京农大榜上有我，还有同班的陈家凤和濮祖芹。濮祖芹选择东北先走了，我和陈家凤二人结伴随北京的新生团，乘火车走了两天到了北京，农大的大卡车把我们拉进了大学校门。

第六章　北京农业大学

❶…………下马威

火车走了两天两夜，由南京到了北京。出站时是清晨，一眼看到纸烟盒上熟悉的大前门，很是兴奋。再看站前的人群，有几个穿着棉袍的老头子，觉得挺可笑，认为北京人连冷热都分不清，其实是自己不明白北方昼夜温差大。各大学都派校车来接南京的新生，各找各的，各搬各的行李，乱完一阵，我们坐在行李上随车看着市容街景，最后看到了农大校门。先到的同学们热情地帮我们安置，还带我们看校园，看食堂、礼堂、教室，特别瞻仰了老平房大门的“农科大学”的石匾。石匾两边还立着两条龙，证明这大学是清朝时就建立的。其实，这里是北京大学农学院的原址，北京农业大学是由北京大学、清华大学的农学院加上解放区的华北大学农学院合并而成，才半年的历史。不论学校新老，这里是我今生事业的起跑点，新的环境、新的生活还有新的身份都让我激动，让我满怀信心和喜悦。

下午，拿上带来的各种证件去报到注册。教务处把报到的地方集中在一间大教室里，每系一张桌子，排成一大溜，各系的人坐在桌后等着本系的新生。我找到了畜牧系，接待我的是位年轻妇女，我按她的指示一样样地办。她看过我填好交回的表格时竟惊呼了一句："啊！你怎么还信教？"我也奇怪她为什么大惊小怪，便说："表格上不是有'宗教信仰'这一栏吗？不是应该填写的吗？"她说："不是不让你填，是说你一个学科学的怎么还迷信！"我严正地回答："我这是宗教信仰，不是迷信！"也许是双方的声音都越来越高，大教室内各桌的工作人员都放弃了自己的职责，跑过来把我围了一圈，七嘴八舌地向我发表他们的唯物论和反宗教观点。我也不甘示弱地"舌战群儒"一番，幸而我在三女中已有历练，否则就被这突如其来的阵势吓傻了。后来我才知道，这些年轻的教务人员都是从华北大学农学院来的，大概从那第一天起，我就被贴上"思想反动"的标签了。

报过到，我也就成了先到的学生，也协助安置后来的同学。系里也给我们作些介绍，放幻灯片给我们看，也组织同学们唱唱歌，做做游戏，互相熟悉。我哥哥趁合校时转到畜牧系了，我到北京时，他们正在卢沟桥大一部，来看我时告诉我，过几天我们就和他们"换防"，让我趁这几天没事儿到城里逛逛。我和陈家凤两人走着进阜成门，以前没看见过偌大的铜茶壶，就去喝碗油茶，也没见过大锅熬的丸子，于是吃上一碗，反正都不贵。学校东门外是片山林，还有一个长条湖，现在是玉渊潭公园，还长着两棵很高的钻天白杨，也是我们这帮新生排解思家情绪的地方。10月1日是国庆一周年，我们跟着全校师生整队去天安门参加游行。路上一会儿猛跑，一会长站着等候，早上5点出发，下午4点多才散，累得几乎走不动，但看见了天安门和城楼上的毛主席，还是很高兴的。

游行回来不几天，我们就去卢沟桥了。那天上午，49级的打着大旗步伐整齐地回到校园，在大操场开了农科实习汇报大会，之后全体留一大合影。我没参加照相，到东门外躺在金秋的树林中看云。午饭后，我们这50级的接过49级打回来的大旗，也步伐整齐地奔赴卢沟桥大一部去了。

2…………农耕学习

农耕学习是老解放区的华北大学农学院的办学传统，和北大、清华农学院合并后，华北大学农学院的乐天宇院长当了北京农业大学的校长，因此，农耕学习也就成为革命传统被继承下来。特别是解放初期招进的学生多是城市青年，入农门必经农耕的历练，以树立劳动观点，接触农民，熟悉农村，体验农业生产。

农耕学习的地方也称大一部，是北大农学院的一个农场，称卢沟桥农场。其实离桥有五六里之遥，向南七八里是丰台火车站，离复兴门外的罗道庄校本部有二十多里，走路得三个小时。古时这里是永定河的河床，沙土地里满是大大小小的鹅卵石，正是由于土地贫瘠以致村落稀疏。我们走到一看，四野茫茫，孤零零地一排大石头砌的平房，平房中部是大门，上面有栋两层的小塔楼，是原农场的气象站。进到房子里，看见房后还有一个院子，院墙也是大石头砌的，开着东西两个大门，北面一排是仓库，还是大石头砌的。院子中间有几排49级在这里农耕学习时自己搭的板条矮架子，可以放脸盆洗脸。架子旁边是一口水井。厕所在院子外，仓库后面，敞篷式的一排，中间隔着，男生出院西门，女生走院东门进去。院子外的西北二三十米处有一间平房，那是伙房。女生们也不分系，通通住进平房西头的大房间里，男生们住在东头。中央大门两边还有南北四个不大的房间，西边两间是教室，东边两间是老师住的，兼办公室。学生宿舍是上下层的大通铺。我们安顿好被褥就去领“马扎”，给的是木框子和麻绳，华北大学预科班来的几个同学教我们如何穿孔，穿成一只能合拢能肩挎的小凳子，挺有成就感。第一堂课是在田地里上的，我们坐在马扎上，黑板挂在树杈上，抬头看见白云飘飘，低头看见小虫子乱爬，有趣极了，就是没记住老师讲的什么。

除了兽医系另上解剖课、农机系另有微积分外，所有各系的都上生物、俄文、进化论和政治，还有农耕课。教俄文的几位是从哈尔滨来的“白俄”青年，虽然他们都出生在中国，但中国话基本不懂，可见十月革命后逃到哈尔滨的俄国贵族不少，能有自己的社会，不去和中国人掺和。解放初期喊“一边倒”的政治口号，倒向苏联老大哥，这些小白俄也沾了老大哥的光。我们这群小革命还是继承着尊师的传统，学习得很认真。俄语中有些单词与我们多年学习的英语相似，更引起大家的学习兴趣，只是那弹舌音在英语中是没有的，每天早晨不会“嘟噜”的同学都在外面仰着颈子苦练。幸而我小时候跟哥哥那帮男孩子学过，否则长大了舌头也不灵活了，练起来够费劲儿的。教进化论的是从苏联聘请来的绥吉纳教授，一位胖老太太，上课时她嘀里嘟噜讲一句，翻译翻一句，既耽误工夫又乏味，更加上是几百人一起上的大课，听课的注意力就更难集中了。兽医系的男生们琢磨着我胖得和绥吉纳教授有些相仿，便给我起了绰号叫“绥吉纳”。政治老师批评了他们一顿，说他们不尊重苏联专家，可他们还是做着怪样称我为“教授”。教政治的是女老师，才二十多岁，叫刘炼，是华北大学来的“老”革命，瘦长身材，穿一身供给制发的黑制服，腰间还扎条大皮带，显得精干英武。她口才极好，还富有煽动力，大家都聚精会神地听讲，只是她讲的唯物论我不以为然。农耕课也是大课，由各系的大教授亲自来讲，相当于各系的介绍和基本认识。记得农学系主任蔡旭教授讲耕作的“犁、耙、盖”，用他那江浙口音，听起来特有趣，以至大家都学会说了。

石楼院子西北面三四百米处还有一个小院子，住着一位五十多岁的老革命，经管着大一部这一百来亩的土地，还养着好几头大牲口。其中一匹“功勋”马是朱德总司令长征时的坐骑，在延安时就由这位老革命饲养着，现在也跟着来了北京，在此养老。

我们都怀着崇敬之情伸手去摸摸这老马的毛。老革命说，朱德总司令还亲自来探视过它的。小院南面还有一小片果林，可惜我们去时一个果子也没有了，连树叶也掉光了。我们常去的目的是研究另外的几头牲口，学畜牧的分不清马、骡和驴岂不是贻笑大方？49级的在这里半年，把捡鹅卵石作为主要的劳动课，现在地里基本上没有石头，可以耕作了。有一次我们碰上老革命正在犁地，男同学们一拥而上，有拉牲口的，有扶犁的，把老革命推在一旁。热闹了半天，一寸地也没犁成，犁也倒了翻到地面上，牲口扁下耳朵瞪着白眼直要发脾气。干的人尴尬无奈，看的人笑弯了腰。最后还是老革命复职，犁了两趟给我们看，我们才知道“犁耙盖”也不是件容易的事。

❸…………抬水、淘粪、抢吃饭、养兔、打狗、抓刺猬

大一部有电但没有自来水，大家吃用全靠院子里的这口压水井。刚来时，学校就把我们分了班和组，一级管一级。大活动以班为单位，其他活动都在小组里，学习、讨论、干活儿都是这十个人一块儿。这一天轮到我们小组给伙房供水，一点人数少了一半，原来那几个好吃的广东同学溜到丰台去打牙祭，逃之夭夭了。组长是女同学万兆玲，她生气也白搭，我们剩下的几个只好多抬几趟吧。我和万兆玲二人抬一只半人高的大铁桶，男同学就每人挑两小桶，也数不清抬了多少趟，总算把伙房的几口大水缸灌满了。晚上累得腿疼，肩膀疼肿，好几天都不敢碰。自此，肩膀就压出来了，再抬多重的也不疼了。不久，大家抬运49级同学捡到地边堆起的卵石堆，我和万兆玲成了众人羡慕的劳动模范。

淘粪坑、扫厕所也是轮流的。这个劳动强度不太大，可是冬天上了冻就得用尖嘴镐去刨，刨得粪渣四溅，吓得人人紧闭双唇，稍一松懈就会尝尝苦头，因为粪是苦的，我们几乎都有这个经验。小时候在《平民千字课》中读到“饭也香，菜也香，吃饱

了上茅坑，倒马桶的滋味谁来尝”，笑了半天，现在不觉得好笑了。通过淘粪，我们懂得了沤肥。

再有一种体力活儿就是抢吃饭。伙房的工人把蒸笼屉、汤、粥桶抬来就放在后面院子地上，不奋勇向前就得拾碎馒头破饼子吃。大家都年轻，活动量也大，个个都能吃，七元五角（币制改革后。后同）的伙食标准难以维持，所以很少吃白面馒头，常吃杂粮，就这样也不行。伙食委员是我们组的李金声，他是北京人，想出了个高招：吃红薯。那时的红薯还没被提到保健养生的地位上，一分钱能买好几斤，便宜，而且南方同学特爱吃，吃起来连咸菜都不就。蒸红薯的笼屉抬来，男同学们一拥而上，把压在里层的同学烫得大喊。我们女生望而生畏，只能最后去捡几个小的吃吃。赶上下雨，粥就会愈来愈稀；若是刮大风，吃什么都不敢嚼了，只能囫囵下咽。50年代初，北京的沙尘暴又频繁又厉害。

伙食标准低，油水少，老觉得饿。广东的几位侨生较富，常去丰台饭馆解馋，而多数的我们只能自想办法。我们小组的办法就是养兔，养兔对我们学畜牧的更是名正言顺：积累养家畜的经验嘛。院子内外有的是石头碎砖，齐动手搭了兔窝，垒个围墙，图书室借本养兔的书一看，到丰台买上一对小兔子就开始了，还准备要写一篇报告，甚至小试牛刀的论文。兔子的繁殖真快，30天就下一窝。小兔子白毛红眼睛，可爱极了，大家给拔草，买豆渣，捡菜叶，打扫粪便，不遗余力，甚至不去上课，几个小时地看兔子，百看不厌。几个月过去，兔子也多了也大了，杀兔子可成了问题，谁都不忍去当刽子手。书上说，用一根铁丝或尖竹签朝兔子的鼻子里一捅，它就死了。大家推举组长万兆玲来实践，不料兔子竟尖声大叫起来，叫得人毛骨悚然。杀兔实验宣告失败，只得另想办法：打狗。

兽医系的同学有解剖课，有全副杀狗的器械，他们解剖完狗就吃狗肉，还名正言顺。由于畜牧和兽医两个系是一个班，所以我们也能分享一点儿，但总只是一点儿，不如自己小组也杀上一只解馋。那时农村的野狗不少，晚上还常来袭击我们的兔窝，我们就给它设了个绳套，居然还套住了一只大黄狗。我们把它吊在农具棚的房梁上，便欢天喜地地分头去准备杀狗、烹狗的器具，等一切就绪天也不早了，决定明天一早动手。万兆玲不知怎的忽然动了恻隐之心，说狗已死了，老吊着看起来不舒服，于是把狗放下来撂在地上。第二天大家早早来一看，狗竟然不见了，四处找也没有。懊恼之余还没忘记总结教训，有人怀疑是被别人偷去了，分析的结果是不可能，七嘴八舌。最后统一了认识，是它没有死透，接了地气又复活了，还下了个专业性带术语的结论：狗因窒息而休克，生理指标降至最低，没有仔细检听心跳，没有检查瞳孔，就误认它已死亡，是最大的错误。狗虽没吃成，但业务水平提高了，聊以自慰。

狗不易抓，刺猬可好捉。天热以后，晚上瓜地里刺猬不少。我们用网兜兜上脸盆静立守候，听见响动就踮起脚跟悄悄靠近，看见就踢它一下，它马上缩成一团，刺都立了起来，小心用手指捏住一根刺提起来，放进脸盆就成功了，一两个小时就能捉十几只。说来容易但也得有技术，有一次我没注意，伸手太急，刺猬还没有缩紧，趁我碰到它的那一刹那，猛地一缩刺到我的指尖。虽然没扎破，但疼得我好一会儿说不了话。兽医系有解剖小动物的专用木板，把它的四只小爪子固定住，肚皮朝上就可动手了。虽然它也大声尖叫，但不是自己养大的，能下绝情。刺猬肚里的脂肪不少，是黄色的，吃起来有点儿土腥气，但馋不择味，每次炖一脸盆都吃个精光。杀刺猬还锻炼了我们该出手时就出手的果断性，说难听点儿就是残忍性，这也是畜牧工作者必须具备的。

我还和有农村生活经验的男同学一起挖过鼹鼠洞，又是烟熏又是水灌，累了一上午也没看见一根鼹鼠毛，只找到它储存在窝里的几颗陈玉米粒。夏天我还学会用高粱篾子编蝈蝈儿笼，饶有兴致地在野草丛中捉这种叫声好听的雄性小虫。

4…………政治风波

1950年我们初到的那个冬天，卢沟桥大一部的艰苦就凸显出来了。洗脸用井水，洗头发也用井水，洗过梳头梳下来许多白渣屑，我还以为又长虱子了，仔细一看原来是水渣。广东来的男同学们在厕所冲凉，不知感觉如何。我们女生打一暖瓶开水在一间生了火的小房子里洗澡，冻得我上下牙不住地对敲，气都快出不来了，只此一次，再不敢尝试了。住的这排房子南面搭了个大席棚子作为教室，反正是坐马扎上课，棚里只挂了块黑板，别的什么也没有。用钢笔记笔记，写不了几行就写不出来了。我记得墨水是课前才灌的，挤一下还是有水，写几个字又不行了，正摆弄着，旁边同学告诉我是冻了，不是笔坏了，果然，哈它一下就能写几个字。俗话说冷尿热瞌睡，的确，冻得老要上厕所，刮大风的日子上厕所也不是件易事。卢沟桥当西山口，风刮得人呼吸不成，得背对着风倒退着行走。不要说我们这些南方来的，就是北京的同学也从未有过这番经历。

这个冬天，三校合并已一年多。清华、北大来的专家学者的办学理念和校长乐天宇的革命传统矛盾积累，变得尖锐起来，学生们也不融洽。华北大学来的是供给制待遇，以革命者自居，而通过高考入学的清华、北大的学生学历过硬，学业成绩较好，双方互相敌视。问题闹得中央过问，周总理批评了乐天宇，说他搞宗派主义。学校里的事自然也会传到大一部，不满意农耕学习、不满意艰苦生活条件的学生们和校本部的同学串联着闹学潮，要到校本部请愿，弄得人心不安。后来政治老师刘炼发话说乐天宇是共产党员，谁反对乐天宇就是反对共产党。最积极请愿的那位南昌来的男同学吓得大哭一场，认错检讨，风波就此偃旗息鼓。

春节前，平房西边、伙房南面盖起了一片倒T字形的建筑，南边长排是学生宿舍，后面是大礼堂和图书馆，虽然睡的还是上下通铺，但宽了很多，还分了系住。礼堂内虽然还是没有桌椅，但有了舞台，而且有门和玻璃窗，比席棚强很多，上课也不用朝钢笔哈气了。大家搬进了新居，男生们每室都贴了春联，内容各异，许多透着牢骚和讽刺的意思，校团委还来人拿着本子逐条记走了。

那一冬全国开展声势浩大的镇压反革命运动，卢沟桥边沙坡下是刑场。学校组织同学们去看，枪声一响，同学的队伍顿时分成两半，有朝前跑的，有朝后跑的。回校后，青年团开会，朝前跑的有没有受表扬不知道，就知道朝后跑的都挨了批评，说是对被镇压的反革命少了阶级仇恨，敌我立场不坚定。幸而那天是个星期日，我进城望弥撒去了，否则没见过枪毙人的我，也不知会往前跑还是往后跑。

在大一部，我们班一个男同学被开除了团籍。因为家乡土改，他写信给农会，要求增加给他的地主家庭留下的子女教育费用，被视为阶级立场异己。我们班另一位男生，他地主成分的父母怕土改运动，逃到北京的亲戚家，而他没有去举报，受到撤销团内职务和严重警告的处分。我虽早就被划为思想反动的一类，但我在贵阳国立十四中上初一时经历过更艰苦的学校生活，对卢沟桥大一部的生活条件很能适应，而且农耕学习我也玩得非常开心，没有不满言论，别人请愿闹风波我也不掺和，我也不是团员，他们批这个处分那个都与我不相干，所以没被当典型当众批判，还算平安。

暑假前，曾被49级华大来的学生们高呼万岁的乐天宇校长被免职调走了，继任的是工商界的民主人士孙晓邨。校内的“左”倾政风有所抑制，有了新气象。学生会改编了一首歌词：“新农大是火车头，新校长是司机手……”教全体同学唱。我一边唱一边想，这农大成立才一年多，就又成“新”农大了。

5…………初识农村和农民

50年代初，北京农村还没有小学，49级在这里农耕学习时，在附近各村办了夜校，我们来到马上接手。听说以前这里的农民是不理“洋学生”的，北大农学院的学生来农场，农民看见就赶快避开，敬而远之。49级初到时也曾受到这种待遇，办了夜校，关系才融洽起来，50级来到就很受欢迎了。我们对农民统称“老乡”，具体人就称大爷、大娘或大叔、大婶，对我们这些从未接触过农民的城市青年来说，感到新鲜而有趣。我的普通话说得好，还有教夜校的经历，马上就被分派上任了。我们班管大屯和小屯两个村，我在小屯村。我们班的女同学李敏当校长，教师有本系的男同学赵燕生、李金声、董智远，还有兽医系的邱瑞华等好几个人。小屯的村长一位叫张荣，一位叫叶普。叶普家富些，房子也大，教室就在他家，我只管教小女孩儿们。小屯在大一部北面二三里之遥，晚饭后走过去十几分钟就到了。那时京郊还有狼出没，农村墙上都画着大白圆圈，说是狼性多疑，不知大白圈是何种武器，就不敢入侵了。我们不好在衣服上画白圈，便各执一棒。有那男同学普通话极差教不了夜校又有这份热心，便常结伴来当志愿保镖接我们回校。有一次，他们躲在路旁的秫秸堆中想吓我们，可惜我们夜路走惯胆也大，没吓着。其实我还真希望能碰上一回狼，把它打死足够刺激的，还能吃肉，可是一回也没遇上，狼见人多，望风而遁了。

在我们课后，村长和几位老乡经常会来和我们聊聊天，问问时事、政策方面的事，问校医什么时候到大一部来。我们告诉他们可以去看病，小姑娘拿我当个大姐姐，说说笑笑全没隔阂。我自认已经劳动人民化了，你们华北大学来的几个同学，别张嘴闭嘴地说我们是小资产阶级。冬天上课的地方挪到大菜窖里，那里生着火，暖和。有一回老乡在炉子边上烤了红薯，大家边吃边聊，我把红薯吃了，剩下一把红薯皮不知往哪里扔，环顾周围，人家都没有红薯皮，原来他们都一块儿吃了。我只好装作没事儿的样子，把这些皮连同皮上的炉灰一块块地塞进嘴里咽下去，悟出我和劳动人民还差得远呢。自此，我留心观察老乡们，他们怎样我也怎样。我的学生们玩刺猬我也玩，她们玩那黄绿条纹两寸来长的大豆虫我也玩。过春节，村长请我们去他家吃黏豆包，我不饿也吃了好几个。

麦收时节，大一部全体同学下乡到丰台区的农村宣传选麦种。一个村派住十来个人，除了在村里开村民会，还四处赶集，在集市上搭出布横幅，摆上低倍显微镜，吆喝老乡们来看麦粒里的小线虫，以破除对病害的神鬼迷信。像我这样能说普通话的就给老乡们讲、说，说话不易懂的同学们就唱、表演。节目有《三头黄牛一套马》《王大妈要和平》《中国人民志愿军战歌》《反对美帝武装日本》等等流行歌曲，还有用《王贵与李香香》歌剧曲调自填词的选种歌："把种选，好的坏的挑出来……"老乡们对我们的这种宣传方式挺感兴趣，挺认可，来看的很多，问这问那的不少，所以我也接触了各样的农民。

同学们就住在老乡家，我们四个女生是由妇女主任安排的，住在一户男主人在外工作不在家的人家里，还说每早上的饭就派在她家。我们四人一起睡在她家西屋炕上，早上呼嗒呼嗒的风箱声把我弄醒了，摸摸身下挺热的，正觉得奇怪，忽然明白这叫热炕，和女主人正做饭的锅灶是连通的，早就听说热炕，这回才有了体验。我刚刚下炕，万兆玲突然坐起身来大喊"着火了"。我把她喊清醒后，她说她正梦见火灾，二人大笑了一通。早饭是玉米面的贴饼子，棒糁粥就大萝卜咸菜，也让我们这四个南方人视为美味佳肴。中午吃派饭，主家有人到我们宣传的地方来领。他说几个人就几个人跟着去，两个广东同学回来时捂着嘴还直摇头，说是饺子里包的是中药不能嚼，只囫囵咽了几个。北京同学说那是最高级的饭，叫茴香饺子，可惜得直跺脚。那时农民还是单干，贫富差别较大，饭都派到不太穷的人家，又绝不能派到地主富农家。

麦收宣传回来就准备着去长辛店作抗美援朝的捐献演出，不分班系选人，排练了蒙古舞、新疆舞、苗族舞等，还有合唱、独唱、快板、相声等。压轴的一台话剧是《战火中的青春》，土化系的孙鸿烈演男主角，兽医系的邱瑞华演他父亲，有文艺细胞的都各显其能。我有自知之明，报名去了纠察组。正式演出了三天，长辛店铁路工厂和驻军部队都是包场，还有卖零票的场次。我在收门票和维持秩序的工作中了解了各类人的审美观点，接触到好几种身份的人，也算是另外的收获。

6…………不信教了

在卢沟桥农耕学习了一年满，这期间参军、参干、调干、转学转系，还有保送留苏的，六十多人的畜牧系剩下45人。回到罗道庄校本部，升入大学二年级。

校本部在我们离开后有了很多变化，平台南面盖了一排三间有大玻璃窗和日光灯的宽敞明亮的大教室，黑板是毛玻璃的，课椅是带书写板的。北面除了两间教室，还盖了一个能容二三百人的阶梯大教室。食堂也加盖了一个新的。操场南边矗立起一栋二层红砖大楼，称五一楼，是女生宿舍。虽然还是睡双层床，但不是通铺了，每人还有一张漆得光亮的书桌。我们班十六个女生住二楼向南的一大间，红漆的地面，新打的床，宽敞明亮的大窗户，绿油油的镶着玻璃的门，让我们高兴之至，特地请会写仿宋体的本班男生写了一份名单，庄重地贴在门上玻璃后面。房号是206，一住三年，这数字也成了本班女生的代号。楼东头有宽大的盥洗间，有热水的淋浴室，分间带门的厕所，楼下有全天供应开水的锅炉房，比起卢沟桥的大一部可算是一步登天了。感到社会的发展真是快，信心十足，铆着劲儿投入学习，好为社会主义服务。

二年级的课排得很紧，要把本该是一年级上的课补回来。这时教务处给我一个人下了张通知，让我重修辩证唯物论。原来，在卢沟桥唯物论的考试卷上，我一题未答，还写上“辩证唯物论不是真理”九个大字，刘炼当然给我判了大零鸭蛋。这下后患来了，幸而51级的新生头一学期不去卢沟桥，在校本部上基础课，我可以随他们听课。我打听到教课的不再是刘炼（她升教研组长了），而是吴培。我找到吴培老师家，想让她通融，别让我重修了，理由是和解剖课时间冲突。吴培的丈夫是我们系的安民老师，那时他俩也都年轻，才结婚不久。安民老师偏袒我，对吴培老师说，解剖是一切专业课的基础，不能不修。吴培说辩证唯物论是所有学科的基础，更不能不修。我看他们夫妇快要为我吵嘴了，便赶快说，你们别说了，我都修就是。他们二人一齐转向我问：“你怎么个修法？”我只好嗫嚅道，缺的解剖课我自己补上。安民又问我：“行吗？”我肯定地说了个“行”就出来了。心想，我在教会学校宗教课不及格只是补考，这回补考都不准，勒令重修，怪不得李金声要当两面派，不过我宁可自己去补解剖，也不当那言不由衷的两面派。

李金声是和我同组的男同学，我入学报到“舌战群左”之后，他悄悄地对我说，他也是天主教徒，但他不暴露，不去惹那些人，让我也学他。我听了怪恼火，就顶他说，信教又不是干坏事，干吗要瞒人？自此我认为他是个两面派，但他也没有记恨我。在一个小组，接触的机会多，没有旁人时，他就跟我讲天主教里的坏事。原来，他家贫，自幼入天主教学校当修生，就是将来要当修士为教会工作的。他在修道院生活多年，了解教会的黑暗面，这些我自然是闻所未闻的，降低了教会在我心中的地位。在反对崇美、亲美、恐美的运动中，学校组织大家去协和医院看揭露医院罪行的展览。一具被美国牧师医生拿中国穷人做实验害死的人骨骼，给我很大震撼，悟到在教会中，仁慈的外表下可以实施残忍。

既然付出了缺课的代价来修唯物论，我也别浪费时间，认真听听，知己知彼总没坏处，听了几堂课下来，觉得也有道理。星期天我望过弥撒就去找张神父解惑。张神父是东交民巷的本堂神父，那个教堂小，神父少，好找。问过几次之后，张神父就解答不清了，他说他只是个本堂，神学造诣不深，写了个介绍信让我去阜成门外的神学院求教。神学院的神父水平就是高，我只去了一次，就把我的问题和疑惑都解决了。他说："有神还是无神，是哲学界一直没能解答的问题，达尔文也没放弃宗教信仰，爱因斯坦也不是无神论者。你才是个大二的学生就想探讨这个问题，是不自量力，归根结底是自己的信德不够。天主教要求教徒具备信德、望德、爱德，你应虔心求告天主，巩固自己的信德，各种疑惑和邪念自然就消除了。"

在这以前，我还真的仔细想过，一个人学点儿什么，从高处讲是为人民服务，从低处讲是取得在社会中生存的手段，而灵魂是永恒的、超生命的，我是否应该转去学哲学，专门探讨有无超自然的力量。听了神学院神父的话，我想了又想，想明白了，就是你信就有。之前，我也去找过刘炼。她说的就是实践是检验真理的唯一标准，相比之下，教会有这么多黑暗面，传教者可以做出极残忍的事，而唯物论的共产党还是能说到做到，改善了人民生活，促进了社会发展（那时党的政策虽有点儿"左"，但形象还是清正廉明的）。考虑的结果，我宣布：不信教了。

不信教对我来说是件头等大事，自然就得向组织报告。我们班的团支书用不信任的眼光看着我说："你说了不算。"我说："宗教信仰自由，不信就不信了，还要怎样才算？"他说："你得去跟你们那个神父声明，才算退教。"他倒给天主教多立了个退教规矩。我马上就去东交民巷见到张神父，说明我今后不再信教了。他并不诧异，说了句："那你就大踏步地前进吧！"我再没说什么就回学校了，把我的经本、念珠、圣牌圣像包了一包交给我的好朋友盛衍俊，她那时的社会工作在校团委会，让她交上去。第二天，她又原封不动地给我拿回来，交代说组织上不干涉信仰的自由，信与不信自己决定，宗教物品自己处理。我们二人便到锅炉房拿了把铁锹，把那个包埋在锅炉房外的野地里了。这些事当时并没有刻意去做，后来证明幸亏有了这么个过程。

不久，开始了"忠诚老实运动"。师生们在一起，每人当众交代自己的历史，我没保留地说了"追求真理青年会"的事和"柳贝贝事件"中我起的不好的作用。事后，校党委派了一位高班的女党员同学和我谈话，首先说我交代的"青年会"不算什么政治问题，又向我讲了党的宗教政策，末了鼓励我多学习，争取更大的进步。我真心地感谢党组织对我的关心。

唯物论自然是通过了，解剖课虽缺了一半的课时，但实习时我不顾福尔马林那刺鼻的味道，每次都动手去翻马尸体的各个部位，像个辅导员似的给同学们展示这是什么肌肉，那是什么骨骼，手脑并用记得特牢，结果考试还名列前茅，算是什么也没耽误。

7…………运动接着运动

1952年的寒假我回了南京，哥哥先去武汉看姐姐，之后也回南京了。这时妈妈的工资涨了，爸爸留在香港大学的一些线装中文书被澳大利亚堪培拉国立大学收购去。我家的经济状况大有好转，另租了一处较大的独院房子，把在上海的陈娘也接来南京一起住。那个春节人多热闹，妈妈还给我买了件很贵的滩羊裘皮短大衣，穿着特别暖和，充分地享受了家庭之乐。过完年我和哥哥就回了北京，满怀兴奋地推开宿舍门，里面却一个人也没有。我的床上放着一堆零食，知道是也回家过年的同学带来给我的一份。我心里纳着闷，一面把我带回来的花生糖、花生米也分了份儿放在每人床上。直等到吃午饭时有人回房来了，方知道一部分人去了城里“打老虎”，就是参加三反运动查奸商的偷税漏税，一部分人在本校的检委会查总务科的贪污浪费。那时全国在雷厉风行地进行反贪污、反浪费、反官僚主义的“三反”运动，没回家的同学们都派上了工作。我很后悔回家过了年，心想“打老虎”一定很有意思。既错过了，只能参加学校里的反资产阶级思想的运动了，天天跟着高班的同学去教授家中批判他们的思想，或者参加批判他们的大会，批得大教授们一个个低头检讨，甚至痛哭流涕。校园里到处是标语、漫画，广播里放的快板、相声也是在揭老教授们的老底，连挖苦带讽刺。我不明白学生怎么可以如此对待老师，这些全国知名甚至在世界都有名望的教授的威信还在我脑中，所以我只能一言不发地充个人头，他们喊口号我就伸伸胳膊。想必校领导也知道有我这种思想的人，所以广播里也批判尊师重道，我更加噤若寒蝉了。这期间，有个星期日，哥哥和我去吴晗家看望袁妈。正巧吴晗在家，出于礼貌我们自然去上房请安问候。吴晗问我们农大运动搞得怎样，哥哥如实说了说。吴晗说北京城里有的小学把老师按在板凳上，小孩儿们排着队打老师屁股，说完他哈哈大笑。我也不明白这位曾是教授的副市长笑些什么，还好农大没有打老师，只是让总务科的张科长笔直地站在雪地里。我们去饭厅从他身边过，他低着头我们也低着头。

开学前，“打老虎”的同学们撤回来了，有两个帮忙体罚资本家的同学还在班上的生活会上作了检讨。可他们私下里说资本家可顽固了，怎么逼问也不肯交代偷漏了多少税，甚至还要寻死吓人，工作组实在是忍无可忍才体罚他们的。说他们工作组长是个老八路，被撤职时大哭一场，说出生入死都过来了，没想到栽在资本家手里。我挺同情他们那位工作组长，感到阶级斗争真不容易。

到检委会工作的同学开学后也没回来上课，直干到暑假，脱产了整个学期。检委会结束时没宣布总务科长贪污了什么，我大惑不解去问我们班参加检委会的党员同学，她回答我："这才体现了共产党的实事求是嘛！"我不禁愕然，那凭什么让人家站在雪地里示众？我把我的不满对盛衍俊谈了。盛衍俊比我长五岁，是华大农学院来的团员，但从来不歧视我，我们谈得拢就是好朋友。她说，她父亲在"三反"中被罚款她原也搞不通，因为她父亲虽是资本家，但绝对是守法的。她姐姐参加革命早，开导她说共产党的目的是要消灭私人资本的，这运动就是削弱私人资本，并不拘于有没有偷税漏税。我似乎明白了一点儿，但三反运动和我没有切身的利害关系，我也没再深入去思考。

"三反"运动还没结束，就开展了"忠诚老实运动"，这之后就放暑假了。除了参加检委会的同学留校补课，其余的50级学生参加"农业合作化运动"，打乱了系别，分了两路下乡，一路去河北南部的大名县，一路去河北中部的饶阳县。我分到饶阳这队，出发前大家学习了农业合作化的文件、资料，武装好头脑，先向农民们宣传动员，后帮助村干部组织建立农业互助合作的初级形式社组。饶阳县是抗日战争时的冀中根据地，最早闻名的耿长锁农业社就在这里。我们先到五公村参观耿长锁社的油坊、绳子工厂，还有地里的庄稼，优越性太明显了。理性认识加上这感性认识都具备后，就五六个人一组地住到农村去了。当时的村干部都是1938年的党员，认为我们是上面派下来的工作组，热情接待，积极配合，晚上开村民大会宣讲互助合作的好处，白天还分片分组地开讨论会。我的任务只是搜集村民意见，再就是听会。农民家少有钟表，等人到齐是最耗费时间的，等真开会了，多数人只是闷头坐着，村干部和我们的小组长就再三启发催促。可能是哪句话没说好，一个中年男子就直接地说我们："你们这些大学生到我们这里宣传合作化说得是挺好，可是一家人还不一定心都一样，别说十几家人了，将来弄不好发生了矛盾，你们早不知上哪里去了，还是少管我们的事好。”吓得我低头闭口。后来又驻过几个村，我都没敢说话。带队的大队长是农学系的学生会干部，对我最不满意，说我什么问题都没反映上来。他满意与否我也不在乎，这一个多月的农村生活倒是让我收获颇丰。

首先，我切身感受到民族的灾难。饶阳是八路军武工队活动的老解放区，被日本侵略者残酷镇压、扫荡的地方。我们走了这么多村子，小孩儿都不多，青壮年男子几乎不见。他们这代的男青年不是被杀就是被抓走了，幸免的都投八路当兵去了。老乡说，蹲在家里躲得了初一躲不过十五，迟早是个死，不如当兵抗日，万一活下来还有个光荣前途。村里的会计是我看到的唯一年轻男人，但面黄肌瘦。村干部说他和病人一样，一点儿力气活儿都干不了，只好让他记记账。他就是被抓到日本去的劳工，回到村子那天，全村哭声一片，被抓走的人太多了，只回来了他一个。还有位房东大娘流着泪，跟我讲述她15岁的女儿遭日军轮奸致死的惨况。一位村长豁着两颗门牙，是日本兵用枪托打掉的。他说他把门牙吐到地上，挺挺地站着瞪着那日本兵，日本兵被他的气势吓退了。饶阳各村原都修了地道，日久都塌了，凡是新一点儿的房子都是塌后重建的。日本人也到我家抢过东西，迫使我家颠沛流离逃难多年，但比起这广大的无处可逃的农民，他们才是主要的承受者。

其次，认识到农民的质朴真诚。村里的干部们多是1938年前后入党的，当年因为家累没能随解放军南下，否则都是级别不低的领导干部了。而今在村里没有任何津贴、待遇，依然勤勤恳恳地为党为村民服务，无怨无悔。农民待人坦诚，不口是心非，不赞成搞合作化的就直言不讳，赞成的视我们为亲故。我住过一个孤老太婆家，她有地没劳动力，种收都困难，地六劳四的初级合作社保障了她的生活。她找到村干部，一定要派我在她家吃一顿饭（一般是不派饭到穷困户的）。我一看，桌上竟摆着一碗豆腐，几乎是奢侈品了。豆腐是生的，上面放了点儿葱花和咸盐。老太婆见我不动筷子，认为我客气，三下两下就把那块豆腐戳烂拌好，往我碗里拨，我才知道原来豆腐是可以这样吃的。我何德何能受此款待，又感动又惭愧。还有一次派到一家，给我吃杂面条，还在井水里过一遍，吃起来又凉又爽，我连吃三大碗。一起去的男同学胃弱，只吃了一碗。主人对我大满意，认为我和他们没隔阂，而不喜欢那位胃不好的男生，对村干部说下次还派我去他家吃饭。

再者，体验了农村生活。以前下乡去的是京郊，还是比较富裕的。这次到冀中就艰苦多了，住的房子旧，铺的炕席破，晚上才躺下臭虫就大兵团地进攻。这次是我和农学系的容珊二人同住，四只手捉都来不及。第二天作了战备，买两支蜡烛顺着墙缝烧，烧得臭虫们噼里啪啦地朝下掉，称为火烧追击法。端了盆水，捉了就投进去，称为水淹灭顶法。再就是拿蜡烛油滴到臭虫身上，称为蜡油固定法。我还把这三法传授给其他同学，仗着年轻，大战一轮后还能酣睡不误。饶阳土地贫瘠，主产红高粱，农家天天就吃高粱面烫黏了烙成的薄饼，卷上一根葱，没有汤水也没有稀粥。我也学着样，先把葱用指甲划开，看看里面有没有小虫，再卷到红红的饼中，一嚼，辣得眼泪盈眶，不敢吐出来，只好用力咽了，后来就知道拣一根最细的葱吃。按说我这常年吃大锅饭的人，应该吃什么都是香的，但对这高粱饼实在不敢恭维，它苦中还带涩。当地农民长年累月就吃这种饭食，真不好过。再看穿衣，不论男女夏天都光着上身，只有少女和刚结婚还没生小孩儿的新媳妇才有上衣，男同学们都为这满眼的大乳房尴尬不已。我住在孤老太家，晚上上炕她一再叫我脱衣服。我已经脱得只剩裤衩背心了，她还叫我脱，像她那样一丝不挂，我实在学不了。她说炕席磨衣服，太费了，原来还是一个“穷”字。我想，什么时候这里的农民不再吃高粱面饼，还能就上豆腐菜，身上有衣，炕上有褥，就是我们这些农业大学学生尽到责任的时候，我当时的想法是多么的天真！

最后的收获是一身衣服。在饶阳县从南到北驻了七八个村子，待了一个多月回到县城，每人给了几块钱的出差补助费。那时大量地卖着苏联花布，容珊给我选了一块白底黑花有小红点儿的，做了一件衬衫，还买了一块蓝布，做了条饶阳式的大裤脚的长裤。当时的县、村干部响应国家号召，带头买苏联花布，都穿一身大花衣服，我们看多也习惯了。好些男同学为了和农村干部一样，也做了这样一身，回北京后我一次也没见他们穿过。

开学前夕回到学校，得知不用再交伙食费。国家现在有财力培养自己的干部，而且更有利于学生们和剥削阶级的家庭划清界限。不但不交钱，伙食标准还从7.5元提高到12元，端起饭碗，想到农民，感恩之心和责任之心油然而生。

我们上大学三年级了。

8…………大草原上的生产实习

1953年寒假几乎没人回家，因为马上要出去实习，得做好在外半年的准备。不巧斯大林逝世，要开会纪念，还要到天安门去参加有毛主席到场的万人追悼大会，出发日期推迟了十几天。走之前，寝室和个人卫生都得搞好。全班合力来了个被褥大拆洗，拆的管拆，搓的管搓，刷的管刷，晒的管晒，缝的管缝。那天风和日丽，早饭后开始的，晚饭前这四十多套被褥全部完工，引得全校同学对我们班的团结协作刮目相看。

又是兵分两路，一半人去东北，那边畜牧场多，可以多看多得经验；另一半人去察北，就蹲一个牧场，能较深入地学习实践。我去的是察北，这察北牧场是解放后才建的，以养马为主，从苏联高价进口的苏纯血轻型马都养在这里。位置在张北县的北端，离内蒙古不远了，乘火车到张家口转乘大卡车，过了座“大好河山”的石牌坊就步步高升，上了坝上高原。海拔升高、温度降低，我们冻得挤在一块儿，司机还不时地停车下来，喊我们不可睡觉，睡着就可能冻死。张家口比北京冷不少，坝上更比张家口冷一季。到了察北牧场，房间里不生火就待不住，好像北京的三九天，幸而我们都带的厚被褥。

牧场建在大草原的一个小山包下，一排土坯矮房是生活区，马厩建在半坡，一排一排的，高大又整齐，是按照苏联的标准建的。我们男女生分住两个大房间，木板通铺，天蒙蒙亮就起床，跟着牧工们上坡去马厩刷马喂马，打扫厩舍除粪换褥草，干完之后下坡吃早饭。上午，种马就去运动场骑乘运动，母马和青年马由牧工赶着放牧去了。我们不会骑马，这两项工作都不能参加，便去配种室、兽医室、饲料厂帮忙干活儿。走到室外，满眼是绿色的大草原和湛蓝的天，小学时唱过“走不尽的草原望不到的天边”，现在有实际感受了。

了解了牧场的各部分后，带队的老师把我们分成许多小组，驻到各个部门以求深入，最后再汇总交流。我和女同学姚馥芬二人去接产，春天正是产驹的季节，每天晚上都有接产任务，我俩索性搬住在马厩。管接产的技术员可高兴了，以前他一个人，遇上不肯卧倒站着产驹的母马，他只好站在马屁股后等着，以致羊水淋得他满脸满身，有一回还灌进他嘴里，害得他好几天都没有食欲。现在有了两个帮手，再遇这种情况，我和姚馥芬就一边一个扯着大毯子接住，马驹出来不致栽到地上摔伤。这些小驹都是宝贝，不敢有半点儿闪失的。在等待产程进行时，我们三人坐在产房外的过道里，技术员给我们讲他接产的经验和教训，顺产时他敢放手让我俩操作，难产时我们只能看着他伸胳膊进去手术了。同学们都没见过产驹，想看的就和我们约好，到时候我下山坡去叫他们，每次只能来一两个。因为纯血马很神经质，旁边人多它就紧张暴躁。姚馥芬胆小，都是我去叫。有一次没月光，草原上也没有路，我大概是踩到了百灵鸟的窝，它大叫着扑棱棱地飞起来，着实把我吓得不轻。技术员说建场之初，夜间常有绿色的双光点儿在游动，那就是狼。现在少了，但晚上出去还一定得拿上手电，而且千万不能见狼就跑，面对它手电一照，狼就逃了。我光注意狼，反倒被小鸟吓着，实在可笑。交流会上，我整理出挺详尽的接产报告，还把马的胎盘研究得很仔细，连脐动脉、脐静脉、脐尿管以及后来成为内脏的什么韧带都讲得一清二楚。别的小组写的材料也都很翔实有分量，最后集成厚厚一大本，是我们两个月马场实习的成果。

除了技术方面的收获，察北牧场的何场长也给我们留下深刻的印象。何场长是日本留学的，也许是有点儿日本作风，对干部工人都严格要求，各项规程都得做到位，批评起人来毫不留情，但若真出了问题，他又能耐心地给分析原因，开导教育。有位牧工说去年他养的小马死了，何场长叫他去办公室，他吓得腿直颤。没想到何场长和气地让他坐下，给他分析死马的原因，给他上了一堂业务课，教他如何把马养好，让他由衷地自省工作缺点，同时对场长佩服得五体投地。训练公马的小青年说何场长要求他们能飞身跃上奔马，开始他们都暗骂场长是法西斯，后来练成了，马也更驯服了，才感谢场长让他们有了这身本领。何场长给我们讲过几次课，理论结合实际，我们受益很多。我认为将来若要管理一个牧场，就得以何场长为榜样。

当时牧场有不多的几位技术员，都是一两年前大学才毕业的，谈起建场之初的艰辛，现在都颇有成就感，但也有不满之处，一是没有女性，不好找对象，二是缺少文化生活，工人们只好晚上请“嘛嘛”们念经以此为娱乐。“嘛嘛”是蒙语喇嘛之谓，解放后要他们自食其力，所以牧工中有几位喇嘛，念的什么都不懂，只算听唱歌吧。骑马背枪的邮递员半月才来一次，报纸成了现代历史。电影放映队半年来一趟，一部片子最少得重放两次，否则大伙儿不肯罢休。牧场的生活还得耐得住寂寞。

那一天我在公马厩劳动，赶上县配种站来提种马，养那匹马的工人把马又梳刷打扮了一番，交给了来人。他站在外面一直看着那马走远，绕过了坡脚再看不见了，竟一下子蹲下呜呜地大哭起来。一个大男人又不是个小孩儿，马又不是去屠宰场，养它的目的不就是为给配种站去发挥作用的吗，哭的哪一门子？我觉得可乐但没乐得出来，我跟牧工的感情有距离，或者我和马的感情没那么深，当个畜牧工作者是否合格？

离开了人也熟了、地方也熟了的察北牧场总场，我们再往北到了察北牧场的分场。这里以养羊为主，我们又开始实习养羊的工作。这时羊毛已经剪过了，要进行药浴清除体外的寄生虫。我们每人拿一根头上有拐的木棍，羊只依次通过放着药水的水泥沟槽时，我们就用木拐使劲儿地按下羊头，让它全身都沾上药液。一位男同学没按着羊，自己倒栽了下去，成了大伙儿的笑料。羊场养着几只粗壮的蒙古狗，颈上戴着有铁钉的皮项圈，敢和入侵的狼群撕咬，白天拴着晚上放开。有一晚它进到男同学住的房子，依次闻嗅每个人的脑袋，男同学们吓得一个个气都不敢出。那一天，有只羊被草原上的一种小青毒蛇咬死了，场长让我们每人拿片羊肉喂狗以建立感情。我去了，姚馥芬不敢去。过了几天我们大家在男同学房里学习，姚馥芬忘了拿笔记本，要回女生房里拿。她认为狗是拴着的，不要别人陪着去，不料狗一吠她就怕了，撒腿一跑。狗竟把拴着它的窗棂拽断，扑上去咬她。场里人听见狗的叫声不对赶来，才把她救了，但已咬了好几个口子。老师只好派了一位女同学送她回北京打狂犬疫苗，她的实习就此半途而废了。

羊场实习过，我们就去内蒙古锡察盟公营牧场，那里是纯牧区，人人都住蒙古包和帐篷。我们除了实习养牛，了解牧区生产方式，还有个替牧场测量草原的任务。测量那天早上，风和日丽，正干得开心，骤然乌云密布，冷风呼呼，大冰碴儿就唰唰地落下来。我们冻得扛起仪器撒腿往回跑，回到住处盖上被子还发抖。一觉醒来，热得浑身冒汗，原来是热醒的，外面正是火红的大太阳。高原的气候真是无常。当晚姓蒋的男同学就发了高烧，第二天也不退，量一下40.5摄氏度。老师吓得向场长要了辆大卡车，由姓沈的男同学护送他去张家口住进大医院，直等到他退了高烧，又送他回北京学校，交代给校医室，自己才回来归队。我们都为他的友爱、牺牲精神所感动。事实表明，在第一线工作的畜牧人，除了要有胆量，还得有好身体。

我们几个女同学住进女牧工的大帐篷，反正是地铺，能挤。草原没电，天黑就睡，黎明即起，跟着女牧工们去挤牛奶。那蒙古牛的奶极稠，把我的指头都粘在奶头上了。早餐就喝才挤出的奶，不过得兑上水，否则我们汉人的肠胃适应不了。我们也学着帮她们将牛奶发酵，撇奶油，撇乳清，熬制奶豆腐。奶豆腐和土豆是牧区的主食，奶豆腐微酸，而牛奶煮土豆堪称美食，最好吃的是奶皮子，那是浓缩的奶油，可惜很金贵，只给我们吃过一回。牧工们大多是蒙古族，不通汉语，我们连比带画也能交流。她们爱唱歌而且很好听，我们学了好几首，请会讲汉语的干部告诉我们歌的意思，还跟她们学了跳舞。后来学校开了个实习汇报演出晚会，数我们畜牧系的节目又多又好。

公营牧场的羊养在较远的营地，我们去的时候它们在夏营地。好在大家在马场都学了骑马，牧场的蒙古马老实，也矮小，可以作为我们这些新骑手的交通工具。到了营地一看，就是一个羊圈带一间小土房，在茫茫草原上更显得孤单凄凉。只有两个牧工，一个人赶羊放牧出去，一个人在小屋内看门带做饭，晚上守夜白天睡觉。这两个人一天相聚、说话的时间不会超过两小时，长年如此。这也是一种畜牧工作，让人很难想象其中的苦乐，我由衷地敬佩这两位养羊的工人。告别了孤单的牧人和吃草的羊群，马识归途，一路快步跑了回来，享受了骑马的快乐。

离开公营牧场时，场长特地招待我们吃了一顿手把肉。就是整煮的一头羊，自己拿刀割下用手抓着吃，还尝了马奶酿的酒，又送我们每人一本硬面子的记事本。我没舍得用，一直留着。

结束了牧场实习，我们到了张北县城，第二天就分组去农村县属的几个配种站。我们四个女同学住一个站，参加站上的所有工作。我第一次采精，大概是假阴道的压力没调好，那纯血公马立马生气，掉转身子就是一蹄子，幸而给我保驾的工人把我拉开了，否则踢得不轻。我还被那大公马踩过一蹄子，好在我穿的是大皮鞋，就这样我的小脚趾好几年都木木的。村里的老少妇女知道配种站竟来了女配种员，都来看我们，也是来看配种，满足她们的好奇心。

配种站的实习结束时，附近配种站的四个男同学租了一挂马车，带上我们一起回张北县城。不料赶车的老乡不认得路，在田野转到天完全黑了，又怕有狼，好容易看见了灯火，赶过去一看是家大车店，便住了一夜。大车店整个房内就是一铺大热炕，也不用被褥，也不分男女，就地一卧，倒也挺暖和的。第二天到了县城，各站的同学昨天都到了，还以为我们出了什么事，大家见面分外高兴。

在张北又住了好几天，汇报，交流，讨论，总结，还请了老革命干部给我们讲抗战故事，最后圆满回北京。在外实习五个月，业务收获不小，思想收获更多。东北队的同学们在我们之后回校，全班相聚，又一番交流，开心热闹。可惜我都没能参加，我生病住院去了。

9…………病中度过了大四

实习回校的路上我就发烧了，以为是感冒，也没当回事儿。

校医认为是疟疾，给我吃了些奎宁丸还打了针，却没有一点儿疗效，就重视起来，不顾我的反对，派了辆小吉普车把我拉进城里专门收治大学生的五四医院。校医和那里的大夫嘀咕了一阵后就向我宣布，高烧40摄氏度住院治疗。本以为过几天就能痊愈回校了，没想到竟住了一个多月，化验、检查、透视好几次，还到结核病医院去照了胸片，折腾了二十多天也没查出病因。这期间，我的全日高烧变得很有规律，每天中午12点半开始发冷，继而发烧到40摄氏度，晚上10点准时出一身大汗，就和健康人一样了，既不影响我睡觉，也不影响我吃早饭。同房间的病友是财经大学的同龄人，我们挺谈得来，每周的探视日也有同学来看我。我倒不着急，可是医生很着急，只好以药找病，给我注射链霉素，居然很快见效了。当时链霉素都是进口的，我上学吃饭连住院治病都是国家负担，我一天工作还没干，半点儿贡献也没有，就用了这么多贵重的药，很有感恩之心和负债之想。不发烧后，我饭量大增，一顿要吃十几个小馒头，伙房的说我在捞本，护士则总顾虑我消化不良，每周称重我都要长两三斤。我认为病好了，可是医生不认可，直到9月中旬快开学上课了，我才获准出院。医生告诉我，我的白细胞数极低，血沉太快，说明病因未被消除，让我每天记录体温，每周再去复诊一次。我去了两次，就再也不把生病的事放在心上了。

好了还不到半年，病又犯了。这回变了样，每天下午低烧38摄氏度。幸而下午没有课，我午觉睡到开晚饭，喝点儿稀饭一觉又睡到天亮，上午精神很好，不耽误上课。不光同学们，连我自己都怀疑是不是得了肺结核，又开始经常地往医院跑。最后还真跑出了结果，原来是黑热病。这是一种地方性的原虫病，和血吸虫病、疟疾是类似的。俗语说："疮怕有名，病怕没名。"这回肯定了病因也就踏实了。医生又叫我住院，我说都患病近一年了，用不着只争朝夕，等我考过毕业考试再来不迟。这最后的一个暑假，同学们都去北戴河玩了个开心。我独自在医院里挂水，注射能杀死黑热病原虫的针剂，还被输了一次血，以致发了两天烧。治了一个疗程，回校参加了毕业前的一切程序。

先是填写志愿表，我们几乎全体都填上三个“服从分配”，又都被打回来，要求必须填个志愿以供组织考虑。于是大家就在第三条上填了志愿，前两条还是服从分配。我填的是现场工作。我的一位学长曾对我说过，和牲畜打交道是最可靠的，你对它好它一定对你好，比和人打交道好得多。这话入了我脑，所以我愿意到第一线去工作，和牲畜打交道。

毕业大会，是胡耀邦来给讲的话。当时他是团中央的书记，性格活泼，在讲台上边讲边走动，言辞风趣而具鼓动性，记得他说：“我们虽然抗美援朝打败了美帝，但海军还不是第七舰队的对手。我们要统一祖国、保卫祖国就得加速科学进步，增强国力，建设祖国，就有待于你们这些新中国培养出来的大学生！”讲得我们个个意气风发，热血沸腾，一如临阵出征的战士。

宣布分配名单的大会，全体唱的不是聂耳的《毕业歌》，而是一首苏联的毕业歌曲：“祖国早晨闪耀光彩，吹来清凉的微风，走向伟大劳动生活时，我们年轻的前途广阔，太阳东升，朝霞放光芒，新的生活召唤着我们前进，向着列宁斯大林道路，我们满怀信心前进。”唱得都非常投入，唱完鸦雀无声，就开始宣读名单了，这是对我们的一生有重大意义的宣读，不由得令人紧张。当听到“许燕吉，石家庄奶牛场”时，我确实满心欢喜，信心十足。

很快，同学们一批批地上路，走向社会、走向新生活的兴奋冲淡了离别之情。

尊敬的师长，美丽的校园，再见了母校，人生中这段珍贵的时光，会永远深藏心中，不能忘记。

1954年，北京农业大学畜牧系全体女生毕业留念。前排右一为本人，好友盛衍俊在后排左一

第七章　京城故人

❶…………妈妈的老友们

妈妈每年暑假都会到北京来，并不是专为看我和哥哥，我们俩暑期不是农耕就是外出实习或工作，和妈妈也见不了几面。她来北京，一是南京夏天太闷热，二是她在北京的老朋友很多，而且都是因父辈交好，她们自幼就熟悉友爱的。

在燕京的有陈意，当时她还没结婚，是位老姑娘，是燕大家政系主任，解放后家政系被撤销了，她就在化学系当教授，和另外一位姓白的单身女教授合住一栋别墅式的宿舍。另一位是梁思庄，是梁启超的次女，燕大图书馆副主任。她只有一个女儿，小名叫补补。补补一岁时，她父亲食物中毒，猝然去世，当时到香港我家来过。她装在一个睡袋里，刘妈给她换尿布时说这么一点儿就没了爹，真可怜。她那睡袋和可怜给我留下了记忆。这时她都上高中了，是先进的少先队辅导员，正准备考北师大的教育系。哥哥和我不论去她们哪一家，都得到热情的款待。

燕大附近的清华大学有妈妈幼稚园的同学龚业雅，她丈夫吴景超在重庆时给我妈妈安排了工作，是帮了我们大忙的。她女儿吴清可和我在南开还是同班同学，但我们去得比较少，因为她儿子吴清俊思想特别进步，我哥哥和他谈不来。

城里我们常去的有陈衡恪家，陈衡恪虽早逝，但夫人还在。我外祖父曾是陈衡恪的老师，但我们称陈夫人为师母，也不知是怎么论的。哥哥每到周日就掰着指头算，该到哪家去混饭解馋了。

我们也常去看袁妈。1951年吴晗离开清华园搬到西单的头发胡同，是个完整的四合院。袁妈住在外院西屋，有自己的房间。她还拿我们当孩子，我们也无拘无束，附近有一家卖牛肉火烧的，袁妈总以这美食招待我们。

最常去的还是舅妈家，舅妈是刘娘的弟媳，我们甚至我的同学们也都称她为舅妈。她叫王棣华，当时也就四十多岁，两个女儿都比我大，而且都工作结婚了。她丈夫在山西教书，身边只一个两岁的小儿子，就住在西单的二龙路，离学校较近。我们不但去混饭，我看病也头一天晚上住她家，好一大早去挂号，有时同学要看病，我也住舅妈家替她们挂号。1952年春我咳嗽挺严重，咳得同学们都睡不好，便干脆住到舅妈家。她带我去看中医，给我煎汤药，几天就好了。男同学们也知道我有个舅妈，几个华侨同学买些海货也到舅妈家去煮吃解馋。那时舅妈因孩子小也没出去工作，经济上不富裕，但并不厌烦我们这些年轻人去打扰，拿我们都当家人一般，真是一位心地善良的长辈。

三十年后我又能去北京了，去世的已矣，在的也不健了。梁思庄先生已中风失语失忆，我去看她时，补补上班不在家，只有保姆守着。我默默地坐了半个小时，感慨颇多。后来我见到补补写的纪念她母亲的文章，感动之外更多的是尊敬与佩服。舅妈是中风失语，脑子还清楚，见我便大哭，我对她说什么她能点头会意，待我告辞出来，听见她又放声大哭，我忍住的泪水便决堤而下了。

2…………我见到的齐白石

妈妈于1953年暑假来北京时去看过齐白石，我正生病住院没有随去。1954年春，妈妈寄来许多钱叫我去取画，那时白石老人已九十好几，算是风烛残年了。我不敢稍怠，周日及时前往。

白石大师在北京画坛成名是陈衡恪（又名陈师曾）提携起来的，陈衡恪是我外祖父周大烈的学生，我外祖父和齐白石又都是湘潭同乡。齐白石是木匠出身，文化功底自然不如我外祖父，在画幅的题跋上也得益于我外祖父，因此两家交往是较多的。我小时候就听妈妈讲过齐家的许多滑稽事：譬如齐白石有多位妾，孩子一大群。客人来了若主人离席，孩子们就蜂拥而至抢拿招待客人的零食，齐老闻声拿了鸡毛掸子回来，小孩们就一哄而散夺路而逃。齐白石治印也是有名的，印泥都亲手制作，家里人多偷他的印泥出去卖。他就写了张条子贴在房门上："谁偷印泥，男盗女娼。"齐白石画小鸡，右手点色左手一拍，小鸡的绒毛就跃然纸上，非常神奇，所以齐白石在我脑中是个传奇人物。

到了齐家，看门人就特别，既像个老头儿又像个老婆婆。进门后要走一条长长的夹道，我一路都在想着这问题。见到白石老人，他穿着一件大襟长袍坐在躺椅里，白胡子垂胸，似乎有点儿仙气。我鞠躬请安自报家门后，他就大声喊："伍啊！"伍就从里间出来，原来是位五十多岁的妇女。他吩咐道："你去把给周家六小姐的画拿来，她女儿来取哒。"说着把站在一旁的我一指，我赶快向伍也鞠一躬。伍瞄了我一眼，就转身回里间拿出来四个宣纸卷子放在齐老膝上。齐老就向我交代："这一张是我送给你妈妈的，这一张就不要钱；这三张是你妈妈要我画的，这三张是要钱的，一张25万元（币制改革前），一共75万元。"我赶快把带来的钱双手奉上，齐老一张张仔细地数过就拿出几张递给了一旁等着的伍，说："这是那天什么什么的钱（具体什么我忘了），我们俩清账了啊。”说着把剩下的钱叠好揣到大襟里面去了。伍“嗯”了一声扭头又回里间去了。我拿了画鞠躬告辞，走到前面门口再仔细地打量了看门人，还是不得要领。走出好远才恍然大悟，那是个太监！我的判断后来在齐白石的传记中得到证实，还知道“伍”是位护士。拜访过齐白石是我想起来就要笑的事。

3…………我的刘妈

我是刘妈带大的，婴儿时期妈妈只是按时给我吃奶，其余的一切都是刘妈管。稍大一点儿，刘妈是我的保护伞，妈妈打我，她必来拉，哥哥欺负我，她就冲他发火，还给我擦眼泪。我若发那种不讲理的脾气，胡搅蛮缠，她顶多用指头戳一下我的眉心，骂一句“丫头片子”。我也会冲她撒娇，看她闲着就要她抱。我儿时感情上的依托，只有她而不是我妈妈。

刘妈是个白净大个子的小脚女人，眼珠有点儿黄，我常在她的眼中看自己。她头发也有点儿黄，梳着扁圆的髻，每天早上打开来，浓密的发浪像瀑布泻下，是我坐在马桶上必赏的美景。我也爱带着好奇和同情的心态看她洗脚，掰一下她那压成扁平的脚趾，再看她用洁白的长布条一来二去地将脚裹得平整，如同一个粽子。她一口整洁的大板牙，嚼起大葱来脆声作响，她额角有个小肉瘤，她抱我时我总要捏住搓玩。我熟悉她的气味，喜欢她的声音，从出生到九岁，我都在她身旁睡觉，听她小声哼吟的催眠曲，感觉她轻轻地抚拍或是蒲扇的微风。她对我是舐犊情深，我对她是母亲的依恋。香港分别时，我虽然没哭但特别难过，好像自己是《黑奴魂》中母亲被卖走的小可怜。父亲猝死，我是惊恐和压抑，而离别刘妈才是人生首次的悲哀。

分别四年后我去上海又见到刘妈，亲切如故，我已是个13岁的中学生，但看见刘妈抱哄别家的小孩儿，竟升起莫名的忌妒，心想等我长大挣钱后定不让刘妈再当女佣，我来养她老。1955年春我出差到北京，刘妈在水四哥家带孩子，我特地买了两块布料去看她，告诉她我工作了，还快结婚了。她可高兴了，说就盼着带我的孩子。我幸福地偎在她身边，就像还是个小孩儿。没想到这竟是最后一次见面，狂飙之后，我的世界只剩下残砖碎瓦。

1952年，我下乡宣传合作化回校，离开学还有十几天。我抽空儿带上向同学们搜罗来的两大包旧衣服，去京东的赵家务村看望刘妈，一声“我的宝贝哟！”体验了杜甫的“惊呼热衷肠”。刘妈住在他弟弟家，她弟媳妇待我如贵客，还特给我蒸了一回过年才吃得上的黏豆包。其时他们家还很穷，孩子又多，所以刘妈后来又出去帮佣了。

我在刘妈身边过了一个多星期，刘妈给我讲了她的经历。她母亲早故，只有一个弟弟，父亲嗜赌，输急了竟剁掉自己的食指。刘妈小小年纪就操持家务，照顾弟弟，还得经常到地里干农活儿，家里离不开，又穷得陪不起嫁妆，所以出嫁较迟。婆家姓贾，门当户对，也是穷的。婚后生了一个女儿和一个儿子，儿子一岁时她丈夫就死了，孤寡无助，吃穿无着。旧时北京有句俗话：三河县的老妈子。她只好随村人进城帮佣，孩子交给了娘家弟媳。先去的是一个大户人家，听差和女佣有好几个，有人帮带，她也不惜力气，很快就适应了，在那家除工资之外还能分些牌桌上的赏银。除了想孩子，比困守家中强多了。好景不长，不到半年那人家半夜出了命案，用人们怕受牵连，天不亮就都逃离了。刘妈没处投靠，便又回到来时的荐头行，坐在长板凳上，等来了我妈妈。

1929年我父母结婚后，我父亲就退掉了在燕京大学附近农村租住的房子，搬进了我外祖父家。我外祖父家原用着一个男厨子和一个洋车夫，现在人多了，得再雇一个女工。妈妈看刘妈年轻力壮、五大三粗、面相和善，就带她回家了。1931年，我哥哥苓仲出生，是个大宝贝，又请了个袁妈专门照看他。等我出生就不那么贵重了，由刘妈兼管。好在我幼时不像哥哥无故地哭闹不止，我是吃饱就睡。只有一次大哭不止，婆婆都哄不下来，还以为我得了什么急病，忙给在外应酬的妈妈打电话。妈妈生气地说："小孩儿哭也值当找我！"不但不回来，还把她们训了一顿。没办法，还是婆婆提出看看是不是又拉尿了，打开一看，原来是别针把尿布和屁股肉别在一起了。这是我成人后袁妈告诉我的，我哈哈笑了一通，可见刘妈属于粗枝大叶的性格，后来也传给了我。

刘妈的儿子在她初来我家时就病死了，我妈妈认为人死不能复活，回去也只能哭上一场，就没让她回去。她女儿叫菊子，比我大五六岁，一直在刘妈的弟弟家长到出嫁。婚姻也是她舅舅包办的，嫁给了本村一个较富裕家，但是是作续弦，前房丢下一个小女孩儿。菊子去后生了个男孩儿，我去那年还没有强调阶级斗争，她家虽被划为富农，但还允许开着一个豆腐坊和粉坊，隔天就让她的两个小孩儿抬一块豆腐或是黑凉粉过来招待我。刘妈带我去过菊子家，夫妇俩挺热情，但都话不多。房子大，也亮堂，还有牲口圈养着大牲畜，生活比她娘家强多了。

刘妈的弟弟叫刘自忠，这我在香港就知道。自从我会写字，给刘妈寄家信就是我的事了，信的内容无非是问候大人孩子，外带说明寄去多少钱。信封上写的是三河县，我去的时候就划归平谷县了，现在还归了北京市。刘妈的爸爸还去过一次香港，我常听刘妈念叨菊子，以为他会带菊子来，可惜没带。我挺失望的，但也有收获，就是看见了那剁掉指头的手。刘妈的爸爸解放前就去世了，他把地和房子都输光了，所以刘自忠就成了雇农，土改时分到一明两暗的一间东屋，房子不大，也黑，没厨房，就在明间做饭。刘妈回来后，在院子里又盖了一间给她住，还买了三亩地才够吃。刘妈屋里铺的盖的比她弟弟的新一点儿，其他只多了一个小闹钟，说她出去干了二十多年，就给自己落下了这件东西。刘自忠土改时入了党，但只会闷头干活儿，不爱讲话，每天回来就往炕沿上一蹲。他媳妇倒挺喜欢和我说话，手也巧，我带去的那些旧衣服，她改改就都让孩子们穿上了。那几个孩子也喜欢我，带我到地里去摘棉花，还告诉我哪种野菜能吃，哪种有毒。有个女孩儿长得挺好看，也活泼，挺可爱的。1955年见到刘妈时问起，刘妈说得了鼓胀病没看没治，拖了些时间就死了。我想准也是我患过的黑热病，太可惜了。刘妈还说，她弟媳生得多死得也多，为什么四十大几了孩子还都小，前头大的都死了，穷得。记得在香港时，妈妈开了汽车送袁妈、刘妈和婆婆去中环看一部国语电影。回来时，三个人都哭得眼肿肿的，特别是刘妈说起电影里一家人逃荒，要了一碗饭，老的让小的吃，小的让老的吃，她就哭得很伤心，直哭了十几天。去过刘妈家我才体会到，刘妈家是最穷苦的，所以她流的泪最多。

刘妈由我家到上海水家五姨的顾家干了八年，顾家在解放前夕去了香港，刘妈又跟着二次去了这远离家乡的地方。1951年，顾家要移民美洲，正好我妈妈去香港处理爸爸遗留的事情，说好带刘妈回南京继续帮妈妈照顾家。不料办离港手续时，她从公交车上跌下去摔坏了腿，我妈妈不能长久等待，只好自己先走了。刘妈等腿养得能走路了才回来，由香港乘船到天津，水四哥接她送回赵家务老家。水四哥有了孩子，又接她到北京。刘妈一辈子带大了七个小孩儿，就是没带自己的。

20世纪70年代初，我妈妈在北京和陈娘一起请刘妈吃过饭，那时她在侄女家。后来我哥哥和嫂子去北京也见过她，说她老年痴呆了，过去的事都记不起。我那时还在农村，也养活不了她，也去不起北京，也怕人问，不敢去北京，只好“莫，莫，莫”了。

我欠着刘妈的情，欠着刘妈的义，想到对刘妈的亏欠，心里就很难过。

第四部

禁锢的年代

第一章　肃反运动

❶…………牛场的人们

农大毕业分配到石家庄做第一线的工作，我是满心欢喜、满怀信心的。全班除了留校留京和去内蒙古的，就数到河北省的人多，有十来个。全校去河北省的也是主要方向，组了一个团先赴当时的省会保定报到，已在农林厅工作的我哥哥班上的同学董重九接待我们。熟人相见分外亲切，她说河北省就相当于苏联的莫斯科州，离北京最近，社会主义的光芒首先就照到河北省，能在河北省工作是很大的幸运、很大的幸福，听得大家都欢欣鼓舞。她还告诉我，分配的石家庄奶牛场还没建，牛目前在石家庄农业试验站养着，让我去试验站报到。在保定，农林厅的领导、省委的官员们又给我们讲了话，第二天各赴各地各就各位，这河北团就结束了。到了石家庄，试验站的大骡车把我们从火车站直接送到了站里宿舍门口，周场长亲自迎接，还帮我们搬行李，让我们有到家的感觉。同来的五人中有两位是已结婚登记过的，直接住到家属区了。我被安排和敬芳一个房间住，剩下两位都是男生。敬芳是沈阳农学院土壤专业应届毕业的，比我早到几天，我俩同年，又都是南方人，很快就熟悉友好得如同姐妹一般。

这个试验站建于日本统治时期，主楼是塔式的三层，平房布局也很好，院子里有花坛、操场，颇具规模。试验田围在大院四边，灌溉渠道都是水泥造的，建国初像这样的农业试验站不多，不久就改名为河北省农业科学研究所了。当时畜牧场没有科研任务，归生产科管，建在南面试验田边上，离大院三百来米远，有一个大牛舍、一个大草棚，一溜平砖房，办公室、宿舍、饲料库、牛奶处理都在平房里。东边有好几排猪圈，养着从北京双桥农场调来的苏联大白猪。整个畜牧场用竹篱笆圈墙，有五亩大小，都是近年才建的。

这群牛来历不寻常，它们是新中国第一大案的刘青山和张子善在东北买的。他俩知道石家庄将成为省会，就有牛奶的需求，有远见地打了这生财的基础。饲养员王玉河是养奶牛的技工，张国璧本是张子善的厨师，他们拉家带口地随着牛从东北到天津，再辗转到了石家庄，还没来得及建场，刘张二人就案发被枪毙了。王玉河、张国璧两家人节衣缩食，甚至连被子都卖了给牛买草料，完好地保存了这批财产。结案后，人和牛都归了农业试验站，王、张二人还因保牛有功入了党。试验站又从石家庄附近买进了几头外国传教士走后流入民间的奶牛，经过两年的繁殖，当时有十几头之多。饲养员和送奶工有九位，干部连我是四人。

干部中当领导的姓杜，是位资深的老革命，文化不高，对畜牧也不懂，他的任务就是主持开会，而开会一定要说几回“阶级异己分子”，我想这是他会的唯一的政治术语。另一位姓张，虽才三十来岁，也是老革命，管会计财务。再有一位叫黄尔汉，是辽阳人，东北解放后他入了革命大学，随革大到了河北，分配至试验站，他的专业技术都是自学、实践中得来的，比我年长11岁。我对他敬重而谦虚，毕竟他建场有功而且经验丰富。

除了杜老和我二人住在大院里，其余的人都住在畜牧场，三顿饭都得到大院里去吃，留一个人看门，不久就轮到我看门了。我在牛场、猪场转了一遍，忽然发现篱笆外面蹲着一个人，不由得紧张而前去察看，原来是饲养员史仓。我诧异地问他为什么不去吃饭，他说是怕牛跑出来我应付不了，他不放心，又男女有别，只好蹲在外面守着。我很感动，由衷地体验到工人的善良和朴实。

50年代，干部们每天天还没亮就得起床，分科室集中学习联共党史，每人发言得挨到一小时满才能去吃早饭，接着上班。这时正是太阳东升，我走在去畜牧场的土路上，迎着微风，情不自禁地就唱起毕业时的那首苏联歌："新的生活召唤着我们前进……"兴高采烈满怀信心地去工作。

2…………新官上任

我不坐办公室，上班就在牛舍帮忙干活儿，目的是了解每个岗位的工作和每头牛的特性，发现问题马上就和工人们讨论解决。譬如挤奶前洗牛乳房的水不能太烫，按摩乳房的手法不是向下抹，等等。我也向工人们学习如何判断母牛当天是否会产犊之类的技术，教学相长，日有所得，也和工人们增进了情谊，消除了隔阂。生产科的宋科长认为我有劳动观点，工作细致，还表扬了一番。

工作才三个月就快到年底了，省里给我们调拨了十几头青年奶牛，要到张家口附近的沙岭子农校去接运。黄尔汉要写总结，老张又不懂牛事，只有我责无旁贷了。宋科长似乎不放心，问我行不行。我虽没干过这差事，但一点儿也不嘀咕，爽快地说行。和我一起去的是工人赵新合，他三十来岁，年轻力壮，我俩抬着几个大水桶、一大摞麻袋，还有几盘大粗麻绳，清早出发走了十几里路到了火车站。汗水在头发上结了冰，摇摇头就哗啦啦响。先到保定拿调拨的文，再到北京倒车。趁此机会看看留在保定和北京的同学们，还买了好些玉米面的窝窝头，因为赵新合嫌白面馒头贵，窝窝头还只有北京有卖的。到达沙岭子农校把赵新合安置好，我还得去趟张家口铁路局申请车皮。在农校等车皮的几天，我们备好草料，熟悉要接运的牛们，免得它们认生在路上捣乱。农校有我们班的两个同学，虽然分别不久，见面还是很高兴、很能聊的。沙岭子真冷，房里生着火不蒙头睡，冻得鼻子痛。

闷罐车皮终于来了，装牛上车，一路饮牛喂草，清扫粪尿，点着马灯。晚上二人轮流睡在草上，车一停就拉开车门换空气，饿了就啃几口带的干面饼，第三天大清早到了石家庄。等场里派来拉牛的工人们到车站，已是八九点了。那天正是星期日，街上人很多，这些青年牛在车里闷了两天，一下车就顺着繁华的中山路狂奔起来，吓得路人乱躲，急得交警乱喊，电影都难拍出这种场面。等牛们跑够，也出了市区，来拉牛又被牛甩了的人们也陆续一个个气喘吁吁地跟到了。拢到一起数数牛，牛没少，人也没少，余下的路走得平安，完成了任务。这下全所的人都知道，新来的女大学生干活儿比男的还泼辣。

1954年，北京农业大学毕业，这年我二十一岁

过了年，杜老革命退休回老家了，新来的领导叫牛世裕。他二十七八岁，原来是农校学生，石家庄第一次解放又撤退时，他跟着到了张家口，后来又随着第二次解放回了石家庄，所以他也是老革命了。我们同在生产科学习，已经熟悉，他来管畜牧场当然要比那什么都不管的杜老革命强百倍。宣布时，我伸手给他紧紧地握着，上下掂了好几次。

开了冻，我提出搞竹筒自来水。牛嘴很大，嗞地一口就吸进一大桶，一个工人整天担水都供应不及。我这方案受到工人们的赞同，只有黄尔汉说不行，理由是井台加高，拉水车的牛像在天上转，掉下来怎么办？几个月来，我觉得黄尔汉对我挺排斥的，即便我很谦虚，听他经常讽刺大学生的言论也能容忍，但还是我有什么建议他都反对，也不知是因为工人们不喜欢他而喜欢接近我让他吃醋，还是我是科班出身让他嫉妒，我头脑简单也没多想。牛世裕是支持新生事物的，于是全体员工利用休息时间挖沟的挖沟，改造井台的改造井台，大毛竹、砖头、石灰等材料都是从大院里搬来的。总务科的师科长半开玩笑地说，你们牛场的人都是贼，趁大风天就来偷东西。竹筒自来水成功了，工人的劳动强度大大减轻，牛和牛舍也干净许多。饲养管理的条件不断改善，牛奶的产量也节节升高，牛群平均年产量超过8000斤，这在当年算是不低的了。

夏天，管财务的老张和所里总务科的师科长调到县里去当官了。畜牧场又来了两位荣誉军人，一位叫赵礼合，是跛腿，顶替老张管账；一位姓郭，是志愿军侦察连长，一等功臣，胸膛内还有弹片，在畜牧场管点儿杂事。老张走后，大家选我接替他当工会小组长，于是我和工人们的关系更密切了。他们的家庭矛盾、夫妻纠纷都会向我诉说，我尽力调解，缺钱用时也向我倒借。我按章程帮他们申请多子女补助、困难补助，还建立了互助基金会。这时工人也增加了几位，有一位叫毕长胜的是越南人，解放军复员的，我帮他申请中国国籍，手续繁杂之至，总算办成了。上班间隙，我喜欢听老郭讲他孤儿参军及抗美援朝抓美军舌头等，说不完的故事。休假日，我常去王玉河家和他妻子聊天。她一边做针线，一边给我讲他们怎样闯关东，被警察踢打，被抓壮丁又逃回来等艰苦经历。她总说现在不用提心吊胆地过日子，虽然孩子多，生活不如别人宽裕，但比起旧社会真如天上地下一般。我跟着妈妈逃日本鬼子，也受过国民党的压迫，殊不知底层的劳苦人民的深重苦难。听这些犹如受到生动的阶级教育课，政治思想有了长足进步，加上敬芳的鼓励（她当了所团委的组织委员），我还申请入团了。

这年夏天我结了婚，对方是同学四年的吴富融，在校就确定了关系，一起被分配来石家庄。他在专署畜牧兽医站工作，因为不在一起，他又经常下乡，所以还是各住各的单身宿舍，没有安家，聚少离多反而能增进感情。

我正春风得意，不料马失前蹄，栽得鼻青脸肿，意乱神迷。

❸…………当头一棒

1955年初，也就是我到农科所半年之后，所里搞审干，让我填了些表格，写清履历，附上各阶段的证明人。所里还派了人去核实过，党委书记（大家先叫后不改，还称他为周场长）让我把在南京参加天主教活动的经过再写一份详细的存档。春节后，我们学校农学系的同届生又分来了好几位，他们补学农机，迟离校半年。其中有三位女生，我们曾经一起下乡宣传农业合作化，都熟识，住在我隔壁房间，相处甚欢。那天是星期日，她们三人去市里逛，绰号“小萝卜”的喊我一起去。我随口说去不了，还得写那鬼材料呢，有点儿自嘲，实无恶意，没想到小萝卜向周场长汇报了。

当时没事，到了8月1日上午，全所开大会。周场长先是批判胡风反革命集团，之后动员大家肃清一切暗藏反革命，我也就一般地听着。忽然他点着我的名字，说我把组织上要的材料叫鬼材料，就是一种敌对立场、抗拒态度。我完完全全没有思想准备，就像平地落入井中。接着党员干部们带头，别的积极分子也争先恐后地对我揭发批判起来，有人说我留恋香港，幻想帝国主义重来。这是有一次生产科学习闲聊时，有人问我还记不记得香港什么样，我说我离开时都10岁了，当然记得。还有人说我反对过星期六，是仇视新社会人们的幸福生活。还有人说我给群众回信总用翻糊的信封，是有意损坏农科所的形象。更有人说我和吴富融通电话说的是特务暗语，夫妻对话没必要让别人听懂，所以我们总说广东话。诸如此类慷慨激昂的发言，牵强附会，无中生有，不一而足。我在那几十分钟里真叫应接不暇，脑子没蒙，惊愕之后是满腔愤怒，瞪眼直视着攻击者，散了会，我去无人处大哭了一场。上班后我就坐在桌前发愣，周场长打发人来叫我去，先批评我说鬼材料，后说方才的会是过火了点儿，但你那是什么态度，公然和群众对立，抵触情绪是不利的，好好检讨自己的错误，改造思想。宋科长在一旁笑笑说不要哭，该干什么干什么去吧。我确实该干什么还干什么，没有罢工，但是丧失了工作的激情，上班路上低头看着地下的石头子，再也唱不出那满怀信心前进的苏联歌了。

有一天在路上碰上了小萝卜，没有别人。她冲我笑了笑，吞吞吐吐地想解释点儿什么。我明白她有点儿内疚，就直接地对她说："话是我说的，你没像别人给我编造什么，我只怪自己说话随便，并不怨你。"她释然道："我确实没想到会成这样。"在学校时我就知道团员们都得汇报，这是他们的任务，我确实对她不存芥蒂。我平反复职后回石家庄想去看看她，可是她们粮食所迁到保定去了，再后来得知她患癌症已去世。我们本来处得不错的，不免黯然。

8月6日吴富融下乡回来，我对他说了8月1日乱炮轰我的事，他沉默了好一会儿说："咱们俩请婚假的事让领导误会了。"事情的原委是他二哥7月下旬要到南京参加一个学习班，我母亲也得7月中旬才放暑假，想借婚假回南京都见个面，商量好让吴富融先请假，准了以后我再向周场长说。没想到两边领导先通了气，为没有同时请假，吴富融挨了批评，而周场长更怀疑我回南京与即将开展的肃反运动有关联。婚假没被批准，我反倒成了运动的开刀羊。

我是7月3日结的婚，第三天吴富融就下乡去了，8月6日相聚一天，直到第二年的5月才得以重逢。因为我被隔离审查，在自己宿舍内坐了半年牢。

4…………囚禁的预习

事隔不久，8月中旬的一天中午，我正在安静的宿舍里午休，忽然一阵杂沓的脚步声，转眼就进来了一大帮人把房间都站满了，有本所的，还有没见过的，再抬眼一看，房门还守着一个背长枪的军人。正想开口问，一张公安局的搜查证就亮在我面前了。这些来人不容分说就忙活起来，开抽屉，翻箱包，抖被窝儿，掀被子。几个人还凑着脑袋看我的日记本，那上面有我的感情记录，从未被人看过的，现在也无可奈何了。又有一人拿着从书箱里找到的几个同学写的思想汇报，严肃地问我保存别人的人事材料干什么用。我如实地告知：这是吴富融当班长时忘记交给团支部了，又不好意思还给同学们，就夹在书堆里了，我也没看过，不知道还是人事材料。这些人最后拿上这些人事材料和我的日记本，还写了个清单叫我签了名之后就都走了，剩下我站在乱七八糟的房间里满脑子的问号。问号很快就变成了惊叹号，因为大田的工人组长、党员全进桢随后进来就向我下令，不许出大门，不准打电话，上班去畜牧场得等他来喊我，下班回来得和赵新合（赵是党员）同行。我被押解，不许单独行动了，过了一个月到国庆，我也再不用“行动”，只剩下“单独”了。

同屋的敬芳春节后就被派去北京给苏联的土壤专家当陪同，宿舍就我一人住。这天又来了一些人搜查敬芳的东西，顺便把我又搜了一遍。没过几天，敬芳回来径直住进了隔壁，换了小萝卜和我同屋，她不看我，更不跟我说话。

我住的单身宿舍是一长溜平房顶西头的一间，房间窗户都开在南面，门都开在北面，有一条长走廊通向长溜中央的大门。这时每个房间都关禁着一个审查对象，又称有问题的人。我本来就住此，就地解决不用费事。监守的就坐在大门之内，不时到南面来回踱步监看窗内的被囚者，除此还掌控着这些人的如厕时机，不能让这些人借如厕机会碰面。

每天，没问题的人都上班去后，有问题的人就坐在桌前写交代材料，两三天后我就交卷了，依然得坐在桌前考虑问题。我没当过和尚还练就了面壁打坐的功夫，偷偷地拿出捆好的俄文单词字条捂在手心里看看背背，不至于浪费时间。可惜好景不长，一天，我被监守的人发现了，他在窗外大吼一声："许燕吉，你在干什么！"随即来到房内搜走了我的俄文字条，还训斥了我一顿。这小青年我认得，是植保室的中专生，团员中的积极分子，姓陈。他说："你什么活儿也不干，人民还拿小米养活着你，把你养得和肥猪一样，你不考虑问题倒念起俄文来了，真不老实！"他义愤填膺地走了，其实我的气比他还大，谁要人民白养活了，我老实不老实也轮不到你来骂我。这回俄文也念不成了，想起那首俄罗斯的《囚徒之歌》："太阳出来又落山哟，监狱永远是黑暗。守望的狱卒不分昼和夜，站在我的窗前。高兴监视你就监视，我却逃不出牢监。我虽然生来喜欢自由，挣不脱千斤锁链。"我不敢出声，只在心里一遍遍地重复。天冷生了火，我就看着那煤球怎样由黑变红，由红变橙，由橙再变白。冬至那天正午拉笛时分，我在地上划了阳光的印子，每天量它南移了多少，消耗着22岁年轻的生命。

5…………入了圣母军

1956年春节过了，3月看着窗外前排房子北墙根儿的积雪一天天消下去，由等待去厕所的时间缩短，感觉到这宿舍里有问题人的减少。没人问我的事，我着急也白搭，终于，传唤我的日子到了。

审我的有三人，一是生产科的宋科长，他本是我的顶头上司，一是植保室的赵万镇，一是会计李林皋，他俩审干时搞过我的外调，当然三位都是党员。我把以往说过写过的又重复了一遍后，宋科长说："你的问题不复杂，现在你把加入圣母军的事交代清楚，就可以了结。"我说我不是圣母军，不是不想加入，而是条件不符合，年龄不够。圣母军正名是圣母御侍团，天主教的一个国际组织，章程明细，组织严密，以协助神父为教会工作为宗旨，中国教会解放前也有，解放后取缔了一贯道后也被取缔了，我在南京天主教堂活动时还有。

赵万镇见我不承认，马上拉下脸来说我不老实。宋科长也严肃地交代了一遍"坦白从宽，抗拒从严"的政策，让我回去好好考虑，明天再交代。我一夜未合眼，领导认为我是圣母军了，我若据实不认，就是抗拒从严；我若是认下，必定得追问谁是团长，还有什么人，都干过什么，我一概不知，还得落个拒不交代抗拒从严，委屈得泪流满面。

第二天，只有宋科长和赵万镇二人审我。赵先开导说："你不是问过裴效远可不可以加入吗？"我说："是的，是给将来问的，并没想当时就加入。"赵说："裴效远不是说了可以吗？"我说："他就说了这两个字，再也没说其他。"赵说："他说可以就是批准你加入了，还要说什么其他？"我说："他也没让我填表写申请，也没办什么仪式，我就算加入了？"宋赵二人就轮番开导说："你一问就是申请，他一答就是批准，这是解放后了，哪能按章程，又是写申请书，又是办入团仪式，又是年龄限制？"宋科长看我还在迷惘之中，就说："你不是说金秀珍、潘秀珍都加入了吗，她们比你小都能加入，你怎么就不能加入呢？"我说："她们那是辅助团员，只教小孩们唱唱赞美诗，不算圣母军团员。"宋科长马上说："那你就也是辅助团员好了。”其实我连教小孩儿的事也没做过，既然一问就算，那就算是吧。他俩一听我松了口，马上喜形于色，说：“行了，回去写清楚交来，基本可以告一段落。”自此不再提审我，监视也宽松些，我去厕所也不用喊报告了，过了一星期还让我去图书室帮忙整理书籍。五一劳动节后，牛世裕来叫我上班，囚禁结束。

肃反运动结束给我做了个结论，是“政治历史问题”，“免予起诉”，圣母军这一条只有“加入圣母军反动组织，无其他活动”十几个字。我没有异议，在结论的文书上签了名。

6…………肃反还是审干?

到1956年4月，看守我们的人都撤了，但还不许我出宿舍，也不许打电话，过了几天通知我去图书室帮田大姐整理图书，算是准许上班了。田大姐的丈夫是我所的前领导李天俦，他中风半身不遂，便从职务上退下来了，每天拄着手杖到图书室坐坐，很平易近人的。有一天图书室没别人，他就问我这么年轻，能有什么问题，需要隔离审查？我就和盘告诉了他，特别说我在学校时就交代过，学校说“不算事儿”。1950年的事情当事人都在，一调查就清楚，竟审查了半年多。他听出我的不满，就教导我说：“我们党审查干部历来都是这样的，一点儿都不新奇，我也经历过，你不要有顾虑，更不能抵触。”我很诧异，这位早年就投奔延安的老革命也要审查？也没细想就大胆地问了一句：“您也被这样审查过？”他笑了笑，很正经地说：“不单我经历过这样的审查，也许你都想不到的好些高级领导都经历过这样的审查，要经得起党的考验嘛！”出于对他的尊敬，我没再说什么，但心里想，这叫什么考验？分明是糟蹋人，先打掉这人的自尊，再打垮这人的自信，把这人的人格像烂抹布一样放在脚下踩。

在图书室搬了一星期书，就让我去畜牧场上班了，黄尔汉也复职了。他不但满嘴牢骚话，还因为工人们参加了他的斗争会，一有机会就撂几句有意味的话给工人们听，诸如“人总得有良心呀”“有人见我就脸红，他是心中有愧了”等等，工人们都尽量回避他。我觉得工人们对我还没什么两样，可能是我的问题始终与工人们不相干。

又过了十几天，吴富融下乡回来。我们重逢了，但并没有新婚久别的喜悦和激动。我们这才互通了这八个月隔绝期间的情况，他也被隔离审查了一个多月，并在专署的“学习班”里，要他交代他叔父从泰国寄来的信上面剪掉的部分写的是什么。他叔父用的是中式直行信纸，上面留有一段空白，他叔父怕信件超重剪去了，吴富融收到时就是这样的，百口莫辩。再有就是从我这里搜去的同学们的思想汇报，问他拿这些“人事材料”要干什么，也是总通不过，让他苦恼之至。邱瑞华也关在学习班，他解放前去衡阳一所基督教学校读了半年，为的是向美国传教士学英语并练口语，自然也要被怀疑的。可能是专署机关要审查的人少些，找不到投敌叛国的罪证，也就不了了之。学习班元旦前就结束了，不像农科所一直搞了半年多。

我恢复工作不久，国家发行十年还本的公债。我认购了300元，是全所最多的。所里一反常态，动员之后没有表扬，工人们说我：“都知道你是赌气买这么多的，正好是你半年没上班的工资。”后半句说得对，我没干活儿不拿钱；前半句不对，我跟谁赌气？也赌不起这气。

这场肃清暗藏反革命的运动过去了，表面上看，我的工作和生活又都回到原来的轨道上了。

7…………敬芳的奇冤

我和敬芳同屋半年，相处融洽，几乎无话不谈。她被派去跟随苏联专家做调查之前，所里给了她一个星期的婚假，回上海结了婚就上任走了。我春天去华北农科院拿牛的疫苗，在院内碰见了她，她告诉我她怀孕了，说仅有的几次就这么倒霉。吓得我在北京就买了个避孕工具，以免重蹈她的覆辙。肃反运动开始搜查她的东西后不几天，她就回来了，但直接住到隔壁，我们没见面。她不受训斥我的小陈那帮监守人员管，而是由我校农学系的两位女同学二十四小时不离地看着她一个人，对她的提审也很频繁，从窗户看得见押着她出去回来。我很不解，她会有什么问题呢？若有问题，所里能让她当团组织委员吗？她那地下党员的爱人能和她结婚吗？能派她帮助苏联专家工作吗？可是看样子，她的问题比我们都严重。

有一次叫我去开会，会场气氛很肃杀，威胁与诱导交替进行，都对着她。主会的人点名叫我表态，我表示一定坦白交代，语音一落便令我退场回去，分明是以我影响她。我又想也许是她快生产了，得抓紧结束她的问题吧。事实上我的估计也是错的，她到医院生产，我那两个同学也进入了产房监视着整个产程。所里还给找好了奶妈，及时把小婴儿抱走了。她也几天就出院了，回来继续被审问。直到对我的看管放松后，对她的看管也放松了，我那两个看她的同学也撤了。有一天，那奶妈把她的孩子抱来给她看了一会儿，又抱走了。她放声大哭了一场，激起了我的同情，便壮着胆子过隔壁去看她，才知道了她的事由。

1952年，学校号召大学生们和志愿军通信，多数同学通信一两个来回就终止了，但也有进一步交往的，敬芳就是其一。和她通信的是个军官，从朝鲜回国后驻军在邢台，离石家庄很近，来看过她好几次。我也见过，有三十几岁，和敬芳称兄道妹的，他妻子也来过，还带来许多零食，我也跟着分享。那时还没有探亲假的待遇，春节三天假，敬芳就应邀去了邢台。她走时告诉我初三就回来，没想到初一我从畜牧场回来时，她已经在房间里了，而且满脸不高兴。我诧异地问她，她说她已向周场长申明，把邢台这人从她的社会关系中除去，以后不再来往。我似乎明白了点儿什么，试探着问那人是否欲行非礼？得到了肯定的答复，后来我们也都不提这令人倒胃口的事了。

初来不久，敬芳给我看一封她收到的信，寄信人是大连某高校的青年教师，用的粉蓝色的信纸，除了写清自己的基本情况，还说会英、俄、德、法等五国语言，工资八十多元（我们才44元），希望和她建立恋爱关系。原来敬芳毕业时，分配到关内的十几个同学同乘一趟火车离开沈阳，一路上说说笑笑，言者无心听者有意，同车厢的这位青年教师就把这一伙人的基本情况都掌握了，动了择偶之心。我们都没见过这样推销自己的，荒唐而滑稽，二人大笑了一通。那信就放在她的抽屉里，谁来就给谁看，奇文共赏，邢台的那位军官自然也是看过的。

肃反运动中，那位邢台的军官便检举了敬芳，说她是美蒋特务，向他刺探过军事机密，她联系的特务还有大连的那位青年教师，她母亲也是特务，假装积极当上了街道干部。编造得有鼻子有眼，头头是道。于是我们所就真拿她当暗藏的反革命来审了，她说逼得她都不想活了。她还对我说，最令她伤心的是她的好朋友同学出差到我们所，在食堂碰见，不但不理她，还狠狠地白了她一眼，扭头走了。她说的时候又哭了："我们一块儿从上海复旦并校到沈阳，四年来无话不谈，是顶知己顶亲密的朋友，才分开半年就拿我当敌人看待，我以后还怎么见人？"我也不知说什么才能安慰她，只好说人们当然是相信党超过朋友的，以后自然会了解真相的。

运动结束后，先是敬芳的母亲来把孩子抱回上海去了，过了些日子她丈夫也来看她，我和他们都见面了。又过了两个月，敬芳也调回上海了，总算否极泰来。80年代中，我出差到上海还特地去看望了她和她妈妈。

我从敬芳的冤案中也得了点儿人生经验，一是不要和不知底细的人走得太近，特别是男人；二是在火车上少说话，尤其是不能透露自己的情况。还有自此我不再写日记，也不留信件。

8…………失密惹起的风波

1955年春节前，石家庄食品公司采购了一批羊肉，节后剩下的变质了，只好让农科所拉回来当肥料，埋在果树园里。附近农村大量的土狗每夜都来会餐，把羊骨头、羊肠肚拖得到处都是。正在这期间，我们最高产的4号牛产了犊，第二天它泻起肚子来。黄尔汉和我给它灌了药，也没觉得多么严重。晚饭后，牧场一工人气急败坏地来喊我，说4号牛拉出肠子来，要死了。我着实吃了一惊，连忙跑去一看，果然拉出的是一条肠子。我从未听说这种病，黄尔汉也束手无策，我赶快又跑回所里打电话请邱瑞华来。

邱瑞华是我兽医系的同届同学，分配在河北省农林厅。我去张家口接牛，在保定办手续时，和他见了面。他说坐办公室一点儿意思都没有，若是不批准他到基层去，他就准备到文联工作去了。我知道他有文艺才能，但业务学得这么好就放弃掉，岂不太可惜？没想到过了春节，他就调到石家庄专署畜牧兽医站来了，和吴富融一个单位。牛有病我就找他，他已经给我们解决了牛产后胎盘滞留和牛子宫炎两个困扰我们多年的问题，从领导到工人都很信服他。

邱瑞华仔细看了拉出来的肠子，又对4号牛做了检查，宣布说，拉出来的肠子不是4号牛的，严重的肠炎可以拉出肠黏膜，但不可能连浆膜都拉出来，而且4号牛有肠音，表示消化道正常，不致死亡。拉出来的肠子是吃进去的，看样子是羊的肠子，应该给牛投些缓泻药，以便把异物都排出来，免得进一步中毒。大家悬着的心一下子放了下来，顿时喜笑颜开，七嘴八舌地告诉邱瑞华，这里确实有烂羊肠子，对他讲的这节兽医课表示感谢。4号牛果然很快就痊愈了，而且产量还创了新高。

在例行的畜牧场工作会上，黄尔汉说牛吃的肠子是工人给牛添草时带进来的。工人们都不认可，说草是麦穗垛上一把一把撕下来的，狗总不能把肠子塞进草垛里吧？也有人说产犊时不止一个人在场，即便草中混进了肠子，就没一个人看见？我还是偏向于黄尔汉的分析，因为牧场有篱笆墙，狗进不来，即或老鼠及别的什么东西把肠子拖进来，牛也不会去吃，只有产犊后它舐小牛身上的羊水，才有可能将沾上羊水的肠子吞进肚里。黄尔汉早就对我说过，2号牛产犊后吞吃自己的胎盘，是他及时给拽出来的，所以规定了接产的人得等胎盘排出来及时清除走才能离开。现在工人们都矢口否认，认为工人们粗心带进来也拿不出证据，以后也不会再有羊肠子，大家也警惕了，而且没造成多大损失，没必要争得面红耳赤的。我当了一回稀泥调和派，牛世裕则只记不言，我以为这件事就算结了。

殊不知当领导的阶级觉悟就是高，不久后一天早饭时，牛世裕让我先不要去牧场，回宿舍问我话。原来他奉命调查牛吃羊肠的事故，我直言了自己的看法，是褥草中带进的。鬼使神差地，我就又想起了一件事。我们猪场东边有一间牛的隔离病房，工人们都是一个萝卜一个坑，各有各的任务，有了病牛就养在隔离病房，由黄尔汉和我去照管。这一回，我们二人守着病牛聊起来，聊到近期发生的地主给集体牛投毒的案件。黄尔汉和往常一样不失时机地显示他的兽医水平，他说要弄死一头牛何用投毒药，喂它一些腐败的饲料，化验、剖析都没用，顶多是个肠胃发炎。当时我作为一个经验记住了，现在想起就补充说若真是有坏人害牛给喂烂肠子，这人必是个内行。话说出口，我忽然觉得有暗示黄尔汉之嫌疑，便又把他当时在隔离室的前后说了一遍。牛世裕挺认真地都记在他的本子上了。此后几个月，畜牧场风平浪静，牛吃肠子的事也没人再提了。

肃反运动开始后，我还未被禁闭之时，有一天牛世裕把我叫到篱笆墙外，问我黄尔汉有什么特别表现没有，我茫然摇摇头。他就对我说，那回为牛吃肠子的事问过我之后一天早上，他正在整理采问诸人的记录，要写个报告给所领导，这时工人们喊他一块儿去所里吃早饭，他应声就走了，忘记将笔记本收锁，就摊放在桌上。黄尔汉在附近的农村租了房子，不在所里而是回家吃饭。牛世裕一走，他就把那些采访记录从头到尾看了个仔仔细细，认为牛世裕和我在陷害他，到周场长处表白了一番，还举报说牛世裕和我二人关系暧昧。周场长为牛世裕粗心失密很生气，着实批评了他一顿，还给了他个党内处分。至于关系暧昧事，牛世裕失妇感情不好是尽人皆知的，所以也认真调查了一番，把牧场的工人、干部正面侧面都了解过，答案都是否定的，这事周场长才向牛世裕说明了。牛世裕自然生气，便向我和盘托出，好让我注意别给黄尔汉造谣的机会。这我才联想起来，怪不得黄尔汉老对我说什么“男女对坐必发乎情，发乎情而止乎礼”之类的怪话。有一回我听烦了，就回驳他说：“男女对坐就一定要发情，太邪乎了！”他正好站在我和牛世裕的办公室中间，用手两面比画着说：“你不发情怎么能保证别人不发情？”我回了他一句“谬论”，也没琢磨他的用意，头脑实在太简单。牛世裕说，黄尔汉人品很差，什么手段都使得出来，叫我多长点儿心眼儿，注意他还要出什么坏招要及时反映。这次谈话后不久我就没有自由了，也再没听他说什么挑拨的话，这是我出世以来首次体验到人心险恶。

运动过后，我才知道黄尔汉是所里批斗的重点，所秘书、党员老张（是我学长）还扇了他一个大耳光。至于他为什么挨斗，我不好问，始终都不清楚，但感觉还是和牛吃肠子的事有关。

第二章　右派

❶…………黑暗前的黎明

1956年春夏之交，我恢复自由前不久，邱瑞华的妻子从老家湖南来到了石家庄，畜牧兽医站在站外的家属宿舍给了他一间房，他便有了个家。只要他和吴富融都没下乡，休假日我们一定到他家吃一顿，再一起去看场电影。两位男士总是谈他们站上的事，我和邱妻说我们妇女的话题，相处得很融洽。

那一段时间，国家号召向科学进军，对知识分子大加鼓励。每个人都得写出提高的规划，每早的政治学习也取消了，改在每周三的下午学习半天，让大家把更多的时间和精力投入钻研业务中。我订了一份俄文的畜牧杂志，搬着字典每期都看。图书室增订了好些专业杂志，我用了个专门的笔记本，把用得着的都记下来，还用到实际上。邱瑞华更用功，把下乡防治畜病得来的素材整理成报告，特别是对山区羊寄生虫病的报告加上防治的办法，寄回母校。兽医系主任熊大仕先生看了大加赞赏，让他暑假后回校读副博士研究生，进一步培养。我们也很为他高兴，不料站长不放行，他又到专署农业局去申请，也没批准，使他失望且怨愤，但没挫伤他钻研的决心，每周日他都去屠宰场搜集材料，带回来在显微镜下画图，以确定寄生虫的品种、类别。我和吴富融都积极地给他帮忙，对我们的业务也有裨益。

除了号召向科学进军，国家还实行了工资改革。我们这技术12级的由四十多元一下提到59元，11级的提到七十多元，拉开了差距，也是鼓励上进。我还买了辆飞鸽牌的自行车。所里对伙房的管理也加强了，伙食改善不少。国家还颁布了职工休假、探亲制度。我和吴富融结婚后还未和家人见过面，商量着若回他家粤东北的丰顺县，坐火车到广州再坐船到汕头，转汽车到家，探亲假就不够用，于是决定回南京见我母亲。1957年春节，我们是在南京过的。妈妈亲自陪我们去玄武湖看雪景，走之前，妈妈送了吴富融一支派克钢笔，嘱他多写论文。我感到亲情、爱情、友情都很美好，肃反造成的压抑几乎被扫光了。

令人高兴的还有牛场、猪场的工作都很顺利。奶牛由我初到时的十来头发展到五十来头，牛舍扩建，接长了一倍。从冀衡农场调来一头年轻公猪，彻底解决了近亲繁殖的问题。体型特大的老公猪送给了石家庄动物园，作科普宣传用了。小猪生得多推广得也快，整个畜牧场欣欣向荣。

不知是否听了工人们的反映，宋科长给我和黄尔汉分了工，黄管猪，我管牛。工人们嫌晚上产犊或早上配种得到大院里去喊我，径自套了牛车把我的一应物品通通拉到了牛场，于是我就住进了原本准备做兽医室的小房间里。因为事先没请示，宋科长还批评了我，好在我已结婚，不是大姑娘，用不着领导太操心，他也就默许了。有了自己的房间，生活上也自由了些。

我虽和黄尔汉分了工，他想学骟母猪，我就给他看我的《农畜产科学》，他操作时我给他搭下手，没事儿时也一起聊天。老郭、老赵都性格外向，常给我们讲战争经历、部队生活，我们四个干部相处得还和谐。唯有牛世裕一改过去，变得不苟言笑，常拉着脸。我想也许是黄尔汉造过他和我的谣，得多加避讳，也许是不屑与我们这两个有问题的人交谈。拉开距离也能相安无事，只是老郭和他吵过几次嘴，有一次老郭还冲他摔东西，他俩都是党员，自有宋科长管，我们只装不知道。

老张调走后，秋天收干草的事就由牛世裕承担了，春天发现草垛里面长了霉，牛不能吃了，损失一百多元。为此，牛世裕因检查不到、保管不力，受到记过处分，也许是他心情不好的原因之一。没想到，年底所里又宣布给他提升了一级，提级的事常是党员在先，人们也习以为常了，没放在心上。

倒是有件令我兴奋的大事，就是党宣布开展整风运动。我天真地以为这是党觉察到自己有了错误，需要改正了，以后社会就能更民主，社会主义的发展就更快了。

2…………傻蛇出洞

1957年春，所领导号召大家帮助党整风，一时大院子里就出来许多大字报。我因为已经住到畜牧场去了，只在饭后顺便瞟上几眼，有的内容我很赞成，有的就不同意，有些我不知内情，不置可否。不过我认为既是帮助党，就应该向党直接反映，像这样把什么事情都抖搂在群众面前，像是在泄私愤，不是与人为善的态度，所以我一张大字报也不写，而是要求和周场长谈一次话。周场长很和蔼地接待了我，我的意见是以提问方式进行的。

第一问："肃反运动中，我的事情时间最近，人、档俱在，最容易了解查清，为什么反把我的问题放在最后解决，白白地关了我六个月？看守我们的陈族汉还说我白拿人民小米，吃得和肥猪一样。"

周场长说："咱们所是日本占领时期建立的，旧人员多，也就是需要审查的问题多，而科研工作还得照常进行，投入搞运动的人就有限了。你的问题比老专家们的是容易多了，但事总有先后，把你放在最后也是工作需要。至于陈族汉说的话，是他个人认识问题，领导并没有教他这样说。”

我的想法：老专家们对所里的工作自然比我重要，先难后易可以接受。陈族汉在肃反结束后就被吸收入党了，可见他的看守工作是被肯定的。至于他鄙视、敌视我们这些被审查的人，却说与领导无关，我不服气。

第二问：“敬芳是被诬陷的，为什么一开始就拿她当个大敌人，特别是在她生小孩儿前后，对她打击太大，至少得少活十年。”

周场长说：“敬芳的事是她自己结交不慎引起的，领导一点儿责任都没有。她那军人‘干兄’在肃反运动一开始也没人问他，就哭哭啼啼地向部队组织‘坦白’了这么严重的‘敌特’案件，部队组织有什么理由不相信？部队把问题转到咱们所，我们也没理由不重视。调查结果不是还她清白了吗？诬告者也被开除军籍了，说明党是实事求是、公平正确的。对敬芳的刺激的确是很大的，但你也没根据说她要少活十年。”

我的想法：假若你们不像这样逼她刺激她，不是也能把问题调查清楚吗？拿人当敌人应该在调查之后，回想在“三反”运动，先不查就说人家是贪污犯，羞辱够了，斗争够了，最后说人家没问题，还落个党最实事求是。我明白了，但是绝不赞同。

第三问：“黄尔汉是什么问题被审查挨斗争，我不知道，也不想知道，但他现在经常发牢骚，说老张打他这耳光永远贴在他脸上，一辈子也忘不了。搞运动不是不许打人吗？老张身为党员、所领导，为什么要打人呢？”

周场长说：“黄尔汉的问题你的确不必了解，他在运动中的表现也太狡猾了。老张是出于义愤打了他，这当然是不对的，事后在党内也受到了批评，这是他个人的错误。”

我的想法：老张是所秘书，几乎不到畜牧场来，和黄尔汉不会有个人恩怨。他打人是为了运动，为了党，犯了错误就是个人的?!联想到屡见的斗而无果，我脱口问道："党员可能犯错误，那么党是不是也能犯错误呢？"

周场长严肃地说："党是毛主席领导的，还有党中央的集体领导，不可能犯错误。"

我的想法：?

第四问："牛世裕才被记了过，不久就提升一级，是不是党员犯错误一样提级？"

周场长说："提级是早就呈报到省里的，后来出了坏草的事，不料没多久省里的批文就下来了，也不只牛世裕一个人，所以一并公布了。处分和提级是不相干的两回事儿，你总不至于认为他是因受了处分才提级的吧？"

我笑了笑。

和周场长谈话后没两天，周场长来到饭厅，开饭时是全所人集中之处，也是所里贴布告宣布事情的地方。周场长鼓动大家多提意见，还指名说许燕吉就很好，有什么意见、什么思想都向党交心，胸怀坦荡嘛！你们这些年轻人都没提什么意见，应该向许燕吉学习，帮助党整风嘛！我傻得还挺得意，其实别人都比我聪明。

石家庄专署也为鸣放开了座谈会，叫吴富融参加。他提了几条意见，还说领导应买个耳挖子掏掏耳朵，听听群众意见。

大鸣大放正开展红火之时，党开始反攻了。我们农科所首先宣布的右派就是黄尔汉，还有甘薯专家、全国先进生产者代表王铁华，专署也将劳动局的一位党员干部打成右派。转眼间，所里、专署大院里的大字报都变成铺天盖地反右标语和反右檄文了。吴富融顿时紧张起来，后悔不该说挖耳勺的讽刺话。幸而畜牧兽医站只有一个右派名额，落到了没参加过整风座谈会也没有写过大字报的邱瑞华头上，罪名是他写的杂文和大右派流沙河写的差不多。邱瑞华很有艺术细胞，他会画画，会演戏，爱唱歌，还喜欢文学。他就在日记中将随感写成杂文，我也看过，不知别人是怎么看到的，于是他就成反党的右派了。吴富融认为与他越级去农业局要求考研究生有关，自此，胆小的吴富融也不敢和邱瑞华说话了。有一天在商店里遇见他们夫妇，我正要上前，被吴富融拉住，说是务必得划清界限，避免牵连，还警告我千万不能再提意见，小心打成右派。我还理直气壮地说："右派是反党，我提意见是帮党，谁都不提意见，党怎能改变作风呢？"

③…………瞎蛾扑火

黄尔汉的右派言论被《石家庄日报》用了半版的篇幅来批判，所里几乎每天都开批判他的大会、小会，参加的多是党员、团员和积极分子。我只参加过一次大会，是全体必到的，而且没发言，一是我认为他某些观点没什么不对，二是因为我和他关系不好，避免落井下石、幸灾乐祸之嫌。不料，他乘我不在场"揭发"我，说我曾说过"匈牙利事件给我出了气"。宋科长为此问我，我惊讶之余矢口否认。宋科长就问我敢不敢和黄尔汉对质，我当即给了肯定答复，并且说黄尔汉诬蔑造谣，拉人下水是他惯用的伎俩，宋科长未置可否。我认为宋科长是知道的，便没把这事放在心上。过了几天，我到所里的实验室给牛做补体结合试验。走到大楼下，宋科长从楼上礼堂的窗户里伸出头来喊住我，让我一会儿上班后到礼堂参加批判黄尔汉的会。我随口答应了一声，等到了实验室一想，这试验上午已做了一半，下午是看结果，而且是半小时得看一遍，我若去开会，这试验就泡汤了，从北京不易买来的试剂也浪费了。思想斗争的结果：检疫试验是公事，和黄尔汉对质是私事，不能为私事耽误公事，检疫试剂再也没有了，黄尔汉的会多着呢，下次对质也来得及，谎言真不了。我坦然无虑，没想到犯了个大错，此后宋科长再没有叫我去开会，我还浑浑噩噩。

反右期间，白天部分干部开批判右派的会，晚上全体干部分科室开思想认识会。我在会上说了对周场长答复我的一些看法，群众是听领导的话去批斗人的，而被记恨的是群众个人，反过来领导还说是群众本人有错误，群众岂不被领导“涮”了吗？想到8月1日我被胡乱揭发批判，我说只要领导要打击谁，群众就一哄而上地响应，形成“墙倒众人推”之势。说话也有危险，不一定哪一天，你的话原意就会被人歪曲，成为砸倒你的石头，这种风气下，谁还敢和别人聊天、交友？旧社会再黑暗，我妈还有几个知心朋友呢！想到牛世裕成天板着面孔，我说搞运动，被审查的人威信扫地，运动过后，领导也不向群众说明这人到底有多大罪过，群众永远对这人另眼相看，领导是只管打不管拉。总之，对肃反做法的不满意，我林林总总说了不少。有一天，我发言间，牛世裕说了句：“还有什么右派观点？”不知是他说走嘴了还是在警告我，可我完全没过脑子，就冲他发火说：“我这是希望领导改变作风，又不是反对社会主义，你瞎扣帽子，还让不让人说话了？”他笑了笑说：“你说，你说。”就这样，我又瞎又犟地往政治的火焰上扑。

和我一样发昏的还有那位荣军赵礼合，他的种种论调更是口无遮拦，中央各级领导他都敢贬，坐在办公室更是狂言无忌。我不以为然，从不接他的话。有一次他竟骂起周总理来，我实在听不下去，和他吵了一架。1957年秋，国家实行了口粮定量供给的政策，可我们是农业单位，有自产的土豆、山芋之类做补充，并不匮乏。而赵礼合这天竟大喊：“吃不饱！吃不饱！”我看他可气，就讽刺他说：“吃不饱，你就来个反饥饿大游行吧！”正好牛世裕一脚迈进办公室，严肃地说：“许燕吉，你说的什么？想干什么？”我赶快表白：“你刚进来，前面都不知道，我是嫌他喊吃不饱说他的，你别张嘴就批评人。”当天晚上是全体干部大会，会才开始，牛世裕就站起来说："现在还有人想煽动闹事，这人就是许燕吉，她对粮食政策不满，煽动赵礼合要搞反饥饿大游行！"这话一出，就像烧红的铁块扔进了大水盆，会场顿时就开了锅。人们七嘴八舌，劈头盖脸，不容分说把我批了个体无完肤。自此，每天晚上开我的批斗会，我以前在小组会上的发言，条条都是批判内容。在这种高压的形势下，我只能顺着群众的思路检讨、认罪。

这样的批斗会开过几天后，有人提出要我交代"匈牙利事件给我出了气"这话的意思。我说话一贯随便，但这句话我很有信心不是出自我口，因为我从未有过这个思想，我看到事件中被杀害的共产党员照片时，还曾泪水盈眶。任凭人们冲我挥拳，喊口号，我也坚决地说是黄尔汉诬陷我的。僵持之下，宋科长说话了，他说："黄尔汉对许燕吉有私人成见是事实，可是我们给了许燕吉和黄尔汉对质的机会，她没敢来，所以我们认为这句话是她说过的。"宋科长说的"我们"就是党组织，这才是致命一击。没想到我为公舍私，换来这么个定论。群众得了党组织的定论，更加义愤填膺了。我得了党组织的定论，精神就崩溃了。我从小就不说谎，现在不说谎就是抗拒运动，就是从重处理，只得忍辱低头，不禁泪如雨下，痛哭失声。接下来就得听从诸如"你想杀多少共产党员"之类的无稽之问，也只能编一些荒诞不经的回答。直到党组织认为足以定罪时，这旷日持久的批斗才告一段落。

我也和黄尔汉一样，本职工作完全被剥夺了，上班就干体力劳动。先是让我去磨饲料，把整麻袋的玉米、大豆磨成粗粉，再装回麻袋。那时我已怀孕六个多月，上次怀孕时给牛剥离胎盘，用力不当造成流产，大出血几乎送命，这时虽然已过了容易流产的时期，但我还是得多加小心。好在工人们能体谅我，告诉我要悠着劲儿慢慢干。但磨洋工不是我的性格，我找来个木斗扣在电磨入料口下面，蹬上去就不用费大力去举高了，再把空麻袋放到位置上，张好袋口，勤撮勤装，装满后就不用再费力去拉起挪动这二百斤的重量，就是忙一点儿，省了爆发力。

干了20多天，料都磨完了。牛世裕让我去猪场捡干菜叶子。喂猪用的干菜叶子里混杂着布条、碎玻璃、小竹片、小木牌等等杂物，堆在猪浴池，足有多半池。我站到池底，就着一米多高的池沿一筛筛地将杂物拣出来。那时已开始了“大跃进”，干部们一大早起来都到地里去劳动。我自然也得一早就到猪场，直站到天黑，中午也不能休息。已到怀孕后期的我，每天12小时的站立，两腿肿胀得难以弯曲，一直站到产前一个月。并不是领导发了慈悲，而是把我开除了，即便我想站也不容我站了。

4…………双皮老虎

1958年，刚过了元旦，是1月4日，我被传到周场长办公室，在座的还有宋科长、牛世裕等几个人，都板着面孔。周场长宣布我是右派分子，还递给我一份宣判的文书，让我看后签名。我低头一看，罪状有四大点：首条是攻击肃反运动，第二条是攻击党，说党也能犯错误，第三条挑拨党群关系，第四条是反对粮食政策，煽动群众闹事。每大条下还有好几条小罪状，其中包括“匈牙利事件给我出了气”，结论是极右。事已至此，辩也无用，我默默签了名交了回去。周场长问我，你估计会得什么处分，我说降级、记过。周场长又问为什么，我说国家培养我投入了很多，若把我开除，国家损失更大。他听了没表情地说：“行了，你干活儿去吧！”给我定四条，打极右，我都不诧异，为什么要我估计处分，至今未解。

4月1日上午，牛世裕来到猪浴池对我说：“不用干了，开大会去！”我跟着他走到会场，人们都已坐好，平时条椅都向着主席台，现在条椅摆成了相对面的两边，工人们都坐在南边，干部们坐北边，中间空出一条场地。我低头就近坐到北边的后排边上，抬头看见几个穿军装的陌生人站在场地的东头，对着西头的主席台。来时我看见楼下停了两辆吉普车，顿时反应这是公安局的。没容我多想，周场长就宣布开会，是处理大会，随即喊名字，第一个是黄尔汉。保卫科长周德耀一把将应声起立的黄尔汉拉到场地中央，按下他的头，使他弯下腰。周场长的宣判词也很短，除了右派罪状，还有在劳动时和群众斗殴，宣布逮捕劳教。话音刚落，周德耀顺势把黄尔汉推倒在地。公安局的人掏出手铐，扭住他胳膊上了背铐，拉起来就押出了会场。接着宣布了棉花室的技术员任枢庭和生产科的会计王明金，也都这样铐上手铐，扭送出去。接着，楼下汽车呼地一响开走了。

声静之后，周场长大喝一声："反革命、右派双皮老虎许燕吉出来！"我赶快绕到前排，周德耀一把把我拽到场子另一端，这时工人那边就有几个人同时喊了："慢点儿，轻点儿。"宋科长马上站起来说："许燕吉这双皮老虎，平时随随便便，很能迷惑一部分工人，大家要认清她的反动本质，不要被表面现象蒙蔽！"周场长随即宣布开除我的公职，工会主席又宣布开除我的工会会籍，畜牧兽医学会也宣布开除我，开除完毕，一声："离开会场！"我出来走下楼梯，那楼梯口已有人在等候，让我就站在那里。我听得见楼上一直在宣布，有两位北农大的学长，还有赵礼合，好像是监督劳动，自己脑子很乱，也顾不上去听人家的事情了。

我的确是愚钝，就没想到会被开除，此去投靠何人？又怎样生活？正茫然时，隆隆地一列火车从我们地边驶过，脑子一闪：跑过去一碰，什么问题就都解决了。正这一闪念间，肚里的胎儿动了一下，我马上回过神来。我还有妈妈，还有未尽的责任，孩子无辜，我也不能让他送死，无论如何我得活下去！这时楼上的会也散了，人们从我身边也过完了。我还木木地站在楼梯下面，直到来了一个人对我说："先吃饭去吧，下午再来办手续。"我一点儿胃口都没有，但还是去了食堂，因为那个人跟着我。幸而午饭基本已开过，人很少了，我胡乱吃了一点儿，管理员就过来要我退饭票。我告诉他饭票没都带着，他说下午去畜牧场给退，不用我再来了。我回到畜牧场，一个人在房间里冷静地想了一中午，想到一条出路。

下午一上班，我就去所办公室。姓丁的主任见我进来，就递给我一张转户口的文。我没接，张口说：“我要求也去劳教。”丁主任说：“给你的什么处分？”我答：“开除。”他说：“那不就对了，劳教是刑事处分，开除是行政处分，性质不一样，更不是你自己能决定的，给你什么处分你就接受什么处分。”我说：“我没地方好去，愿意去劳教所。”他竟笑了，说：“你不是有爱人吗？还有你妈吗？你到哪里去，和你自己亲属商量，现在你和农科所没有关系了！”

我不再期望有什么回旋余地，拿了转户口的文出来，路过传达室，给吴富融打了告知的电话。他急问：“光是开除，还有别的吗？”我说没有了，他松了口气说：“让你走吗？”我说：“让我先到你那里。”他马上说：“好！你就来吧，别的见面再说。”我又有了主心骨，回到畜牧场捆了铺盖，把杂物收进箱子，脸盆等物装入网兜，坐在光板床上等管理员。他不一会儿就来了，退过饭票，还收走了我的工作证、工会会员证和学会会员证。他走后，我就到办公室门外喊牛世裕，他出来站在门框下，我向他报告：东西已收拾好，我去市里喊辆三轮车，若喊不到，东西明天再来拖。他板着脸说：“最好今天就拉走。”老郭听见，挤出门来说：“我去叫车。”牛世裕没加阻挡，扭身进办公室了。没多久老郭就骑自行车回来了，后面果然跟着辆空三轮。老郭还替我搬了件行李，我没敢多话，只道声谢就出了畜牧场。没走出几米，就听见有人喊着“许姨过来”，是王玉河12岁的大儿子，他递给我几张钞票说：“许姨，我爸爸还给你的。”我想说不要了，舌头僵着也没说出来。车到拐弯处，回首见那孩子还站在原处两眼迷惘地望着我。我忽然感到太对不住这孩子了，泪水涌出，急忙骑上我的自行车，追上那辆不等我的三轮。

还是这条路，还是这个大门，再来时已是21年之后了。

第三章　国民

1…………敌人

到了专署畜牧兽医站，吴富融说他担心会把我抓走，再也见不到了。当晚他就去找站里的乔秘书谈了我的情况。乔秘书很通人情，答应接纳我的户口，还把楼上的一房间给我们住。事情顺利，吴富融也放下心来，劝我不要再哭泣，先在站上当个家属，孩子生下来再说以后的事。

第二天我就去粮管所上户口、领粮本。那位办事员看过我交给他的文书，抬眼盯着我问我的身份，其实文书上已经写明的，但我还是老实地回答：右派，反革命分子。之后他把我从头看到脚，再从脚看到头，看了几遍，我只得站得直直地任他审视。最后，他一言不发地给了我购粮本。

我把房间整理好，打扫干净，里面本来就放着三张板床和一张小办公桌，冬天的小铁炉和剩下的蜂窝煤还没搬走，正好利用。多余的那张板床可以放东西当菜板。弄停当后，就去买回粮油、锅碗等物，吃饭问题当下就解决了，下一步得解决我的长期吃饭问题。

临离开农科所时，丁主任说了句“你要工作，自己去劳动局找”的话，我信以为真。这天我打扮整齐，抱着希望就登了劳动局的大门。接待的人问明来意，知道情况后，皱着眉头明确地对我说：“我们这里是人民的劳动局，是为人民服务的。你是什么人？你是反革命右派分子，是国民不是人民，劳动局不是为你们这种人服务的！”我怯怯地说：“我才25岁，总不能不劳动靠别人养活吧？”那人就很不耐烦地说：“你要劳动找派出所去呀！再讲一遍，劳动局与你们这种人没关系，别再啰唆，走吧！”我没做过乞丐，现在似乎有了体验，对于受辱早已习惯而且麻木了。走出来时决定，生过孩子就去派出所。

我到吴富融处安置下来的第三天他就下乡走了。我想我已没有收入，生活应尽量节约，每天煮一锅青菜粥，上午吃一半下午吃一半，直到他回来。那时干部下乡都到农民家吃派饭，以前他下乡回来，总是先到火车站食堂去炒一盘肉喝三两酒才回单位。现在有家了，我尽量地把伙食弄好。这一天，菜场卖少见的黄花鱼，我知道他喜欢吃鱼，就买了两条，问过别的家属就尝试着烹制。不料水放得太多，鱼肉都煮散掉，成一锅粥了。中午他回来只吃了几口就坐到床上，靠着被垛望着天花板，也不说话。我以为他嫌我把鱼做糟了，生我的气，便赔笑道：“下回就有经验了，一定让你满意。”还劝他再吃一点儿。他却开口说了句与鱼不相干的话：“你和那些家属都说什么了？”我丈二和尚摸不着头脑，说：“没说什么呀！那天她们凑在一块儿在院子里做针线，我买菜回来，她们喊我过去聊了几句，我就上楼了，没说什么。”他说，上午老张背着人对他说，让你说话得注意。那天街道上叫家属们开会，你说了句：“你们又要开会啦！”就有家属向派出所汇报，说你要阻挡家属们开会，是老张老婆对老张说的。我一听，顿如冷水浇头、心沉井底，呼吸几乎都停顿了，半天也没动一下，空气凝结着。直到他去上班，走过还在饭桌旁发呆的我，说了句："老张是好意，你以后多注意就是了。"他走后，我还枯坐了好久。粮管所的人打量我，劳动局的人撵我，就这个家属院，还是个陷阱！高音喇叭从早到晚在唱："社会主义好……右派分子想反也反不了。"我和古时黥了脸的人一样，一言一行都必定被认定是在反党反社会主义，我还怎么在这个社会里生活呢？

晚上我和吴富融商量，早点儿回南京去生孩子，以后怎么办听妈妈的意见，回不回石家庄都在两可之间。孩子怎么带，变数更多了。

❷…………死在出生前

决定4月底回南京后，我就积极地准备，把冬天的衣服、被褥都拆洗干净，晒好收箱，房间也打扫擦洗干净，从早到晚都在忙着。车票也买的29日的，算好30日到达，过了"五一"再向妈妈交代，让她节日还能快乐。

忙着干活儿时，肚子不时地感到下坠，端着大盆水上那挺陡的楼梯时，下坠的感觉更厉害。我没经验，认为离预产期还有十几天，并未重视。不料就在28日晚，忽然一下子就破水了，但肚子不痛。挨到天明，去了石家庄妇产医院，直接入了产房，吴富融还得抓紧时间去退火车票。

在产房躺了四个晚上五个白天，羊水不停地淌，宫缩一点儿也没有。医生用了催产素，没用，再用奎宁，还是没用。第四天，我发现羊水中有胎便，这是我生产实习专攻马产科得来的知识，预感到胎儿情况不妙。但医生说胎心还正常，但愿这不幸的胎儿能挺得过。第五天，也就是5月3日上午，我从每天来听胎心的大夫的表情上就知道，胎心没有了。那天下着小雨，雨丝随着风一阵阵唰唰地打在产房的玻璃窗上。我的心也像那玻璃窗一样，被阵阵的泪雨刷过，一年来当准妈妈的幸福与期盼，和小生命一起化为乌有了。中午，来了位年轻的女大夫，先说破水五天用药不起作用很不正常。我心里说："对！我的孕期处境也很不正常。"接着，她怪我没做产前检查。我是做过检查的，是在怀孕第五个月，一切正常，后来为什么不检查了，我不能告诉她。还好，她没追问，说反正胎儿已经死亡，明天可以器械引产。我马上表示同意，长痛不如短痛，产房不是能休息的地方，我随即转到了病房。在产房的漆皮布上，羊水把我的臀部渍出了皮炎，睡到布床单上特别舒服。正待好好睡上一夜以应对明日的手术，等了五天的宫缩却不期而至了。我可不愿再回产房，便悄悄地忍着，等到阵缩紧了，我的憋气让同房间的人听出来了，不能影响别人。我只好又回产房去。四五天来，我看别人生产和牛产犊、马下驹没什么两样，一点儿都不害怕。我的产程很快，也顺利。接产的大夫对我说是个女孩儿，长得挺好看的，可惜了，又补充说，就是脚丫子小了点儿。我要求看一下，她说："你以后还要生孩子的，最好不要看，免得留下个不好的印象，影响你再怀孕。"我懂得她是为我好，就没有强求。假如我当时就知道她是我的唯一，无论如何我都要看看她的。

第二天，护士问我小孩儿的父亲要不要看一眼，不看的话就处理了。我就给吴富融打了个电话。这些日子，我在产房出不去他也进不来，现在才把经过说了一遍，说到小孩儿死了时，他脱口三个字："死了好。"我愣了一下，问他看不看，他连说"要看"。待他来看过，我问他小孩儿的脚是不是特小，他说并未觉察，我认为还是接产医生为安慰我而说的。既没有畸形，他为什么没有一点儿惋惜之情，就冒出了"死了好"？头脑简单的我并没有细琢磨。

出院回到站里楼上的小房间，第二天他又下乡去了。邱瑞华这时也搬来这边院子，他妻子每天三顿上楼来给我送饭，这时她也怀着五个月的身孕，我很过意不去。幸而吴富融这次下乡时间短，我跟他说，我不相信坐月子不能出门的规矩，我还是回南京得好。正巧，他两天后又要下乡去辛集，我们一同坐上东去的列车。他下车后隔着车窗向我摆摆手，我看着他，直至车行渐远。到石家庄四年，我们聚散是常事，这次更有依依之情，是因为自己前途未卜，还是什么朦胧的预感？

3…………妈妈的教导

回到南京已进5月中旬，社会上“大跃进”“放卫星”正如火如荼，妈妈已是五中不脱产的副校长。不脱产就是还教着四个班的数学课。和妈妈在一起的司娘这时是四中的校长，两人都忙得不可开交，星期日都不得休息。每天中午司娘回来，在院子里就大喊“开饭”，吃过饭，二人一刻不停地都到学校去了。等了几天，妈妈才得抽身提早回来了两个小时问我的情况。事前她已收到吴富融的信，只知道小孩儿没活，现在我才把戴帽、开除的事和盘托出。妈妈是饱经沧桑的人了，听过后也沉默了好一会儿，叹了口气说：“没想到会是这样。”接下来就批评我：“你懂得了什么，就给党提意见？肃反最后不是也没把你怎么样吗，运动中受点儿委屈算得了什么。你比比看，国民党的时候咱们谋生多困难，若是没有你爸爸的老朋友帮助给我找工作，你们兄妹别说上学，连吃饭都成问题。现在党培养你们念完大学，给你们工作，给你们这么高的工资，你倒给党提起意见来了。党的能人多得很，比你强千万倍，有缺点错误人家自己会改，轮得着你去说三道四吗？真是不知天高地厚！党对你爸爸很不错，把他的著作重版了好几种，评价他是中华民族值得骄傲的、正直有血性的儿子。冲着你爸爸，你也不应该去指责党！”说得我眼泪直流。妈妈又问我同学中有没有也受处分的。我告诉她，邱瑞华也被打成右派降了级，但还留用，因为兽医站的化验室没有他就开不起来了。妈妈说：“就是呀，你若是有什么特长，离了你不行，也不至于被开除出来了。业务平平，领导自然拿你可有可无了。人在社会上，事事得掂量掂量自己！”我的头更垂得下巴顶着胸口了。

到底是母亲，批评之后还要安慰一番，说：“你年轻，身体又好，只要认识错误，努力改造，还是有前途的。”又问我吴富融对我的态度，我说还好，我被开除出来，他就跟领导要求，让我住在他那里，没有嫌弃。妈妈又后悔地说：“去年你们回来，我只关心你们吃好玩好了，没细问你们的思想。吴富融不是团员吗，对你的帮助太不够了。”妈妈又问在学校时还有没有人追求过我，我说没有。妈妈若有所思地又问今后吴富融有什么打算，我说他一切听您的意见。妈妈又叹口气说：“看来他对你还是好的，你还是回去和他在一起，不要分开。”说完站起来翻翻墙上的日历说：“你的事不要让司娘知道，她思想左，还不一定会对你怎样。产假56天，你按这个日子，6月21日回去吧。”妈妈怨我生我的气，但还是处处保护我，接着嘱咐我回去写个申请，回农科所劳动改造，不要工资。又说：“你才25岁，以后日子长着呢，没有个单位去改造，谁能给你摘帽子？第二不能再怀孕，怀孕了怎能干体力劳动？再说，被改造的人也不配有孩子！”半年来，我的心就像晒枯烤裂的一片焦土，妈妈的教诲就像甘霖，点点入心，又让我萌发了希望，有了生机。我向妈妈保证一定照她说的去办，不忘记她的教诲。

在妈妈家吃得好，休息得好，贮存体力，迎接艰苦的改造劳动，乐观的本性也恢复起来了。一天，妈妈的女佣王妈拿给我看妈妈为我准备的婴儿衣服、小被褥、毛巾毯等，有一大包袱。我翻看着，体会到妈妈对小孙孩的期盼。也许我应该早回来，南京医疗水平高，不至于发生窒死胎儿的情况。老人有小孩儿在身旁，虽然增加不少麻烦，但也能给予快乐和希望，在这方面我也让妈妈失望了。又想到妈妈不是说我不配有孩子吗，的确，我没有收入，拿什么养活孩子？我戴着帽子，凭什么去教育孩子？孩子长大能有平坦的路给她走吗？怨不得她父亲要说死了好。她宁死不出世，真聪明极了。我说："这孩子有福，还未出生寿衣都做好了。"王妈哪儿解我的苦衷，笑得合不拢嘴，骂我真能瞎讲。

数学课是每天有的，妈妈晚上在灯下得批改四个班二百来个作业本。我发现这些习题还没忘，就把这工作承担下来，也像我的老师沈廷玉那样，不单画个对错号，还把正确的算式写在一边，改过的一本本地摊开摆好，等妈妈检查、签字，给妈妈节省了许多精力。妈妈说，我撂下十来年还能马上拿起来，可见当年学得很扎实。

妈妈有台当时算很高级的带唱机的收音机，还有好些唱片。我经常听，还把我喜欢的歌都学会了，没想到后来还派上了用场。

除了批作业、唱歌，我经常做的事就是帮王妈照看婆婆。我从小和婆婆在一起，从香港回内地后，妈妈出去工作，没有家了，婆婆就交由五娘赡养。我和哥哥都工作后，妈妈的工资也多了，便把婆婆由汉口五娘家接到南京自己身边，还请了王妈照顾她。我回来前，她跌坏了肩胛，躺在床上不能起身，就不时地喊王妈。王妈要买菜、做饭、洗衣服，还要搞卫生，我一听她喊便赶快去看她。妈妈租的是一进平房，一明两暗，妈妈和司娘住西边，婆婆和王妈住东边，中间是饭厅、客厅，厨房在院子外。我回来也住婆婆房。她精神好时就给我讲古。那年她78岁，血压高，讲着讲着就睡着了，一会儿又醒了，还接着讲。婆婆四岁就被父母卖给了我外祖父的姑母当小丫头，只知道自己姓钟，还有个弟弟，长大后就被主人当个礼物送给我外祖父了。老封建思想认为不孝有三，无后为大。我外婆生的都是女儿，娶妾为的就是生儿子。不料她不能生育，在家帮助我外婆料理家务，带小孩儿。她来时我妈妈才一岁多，我七娘还未生。我外祖母去世后，她就专门照顾我外祖父，一不如意，我外祖父就打她一巴掌。而她一点儿阶级觉悟都没有，总说我外祖父好，还说我外婆慈爱，更说我妈接她来南京，还让她坐的头等船舱。婆婆忽略了自己的不幸，还对别人常怀感恩。

1939年，在香港住房楼下。父母旁为婆婆，前排为哥哥和我

妈妈每晚回来，总先去婆婆床前问候，还问她想吃什么。婆婆想吃猪心，想吃牛肉，这在1958年都是买不到的，妈妈就去大药店买进口的牛肉精。王妈嫌太贵，用好酱油代替，只滴一点点牛肉精，对婆婆说是牛肉熬的汤。婆婆喝到碗底说："这牛肉渣子我不吃了。"我和王妈忍不住跑到院子里大笑一场。我把这事告诉妈妈，妈妈没笑，反批评我们欺骗老人，特别说："等我老了，你也这样糊弄我吗？"羞愧之余，我体验到妈妈为人的厚道。

日子过得快，妈妈强调身体是改造的本钱，执意给我买了张卧铺回程票，还说我在家帮了她不少忙，但为了我的前途还得让我走。我做了保证，请她放心，信心满满地迈出了改造的第一步。

4…………没听懂的暗示

回到石家庄，发现我的那个家已从楼上搬到了靠近大门的平房。房间大了些，水龙头就在房门外。吴富融已将房间收拾好，两张板床并成一张大床，还有一张办公桌，生活方便多了。他对妈妈指示的两点完全同意。第二天我就写好一个回所劳动的申请，晚上给吴富融看过，他也没加修改。第三天上午，我绕道北面机场路去到农科所，以免遇见畜牧场的人。

周场长正好在，我简单地说明来意，一并把申请书送了过去。他把申请书打开掠了一眼，就装回信封，说："以前你作为革命同志，我们也对你进行了耐心的教育，你总不听，坚持走上反党、反社会主义的道路。现在性质已经变了，你开除出去就和所里一点儿关系都没有了。这里是农业科研单位，没有改造敌人的任务，也没有这个条件。不过，你愿意通过劳动来改造思想还是好的，处分你也还是为了改造你嘛！"说到这里，他向里间的干部周振华喊："你看看法院来的文，判了王明金多少年？"周振华答应了一声，他接着对我说："你看，把王明金关进监狱也还是为了改造他，共产党最宽大，只要是能改造的人，都给予改造机会的。"我一直流着泪站在他桌旁，他说完就把我的申请朝我一推，示意我离开。我下楼时把眼泪擦干，还绕道机场路回来。我一路上想：劳动局不是为我服务的，原单位也拒我于门外，这社会上没有容我改造的地方，明天还是去派出所申请劳教吧，完全没想周场长告诉我王明金判了刑是什么意思。

吴富融不同意我去劳教，怕进去就出不来了，维持现状也不是过不了日子，没必要自投罗网自找苦吃。我说："劳教固然有失去自由的可能，我身体好，能拼命劳动，表现好总有摘帽的一天，也就又有了自由，我总不能一辈子当个家属吧？你也不愿意有个又反又右的老婆吧？"他无奈地被我说服了。第二天，我去了派出所，只说了要求劳动改造，没说要求入劳教所。派出所说已经知道我的情况，待研究好就通知我。果然很快，只隔了一天，派出所就让我参加街道上的竹编组劳动。我真的很高兴，马上就去了。

竹编组就在附近的一间房子的地下室。冀中自古产棉，住房多有地下室，称作窨子，窨子里湿度大，宜于纺线织布。竹编也需要潮湿的环境，所以也设在窨子中。窨子墙上平外头地面开着几扇小窗户，光线还是有的。十几个人都坐在小板凳上忙着，有几人在用力剖竹篾，有几人在编筐，有几人用钳子、铁丝在收拧筐子的沿口，没人讲话，只有敲锤竹篾的嗒嗒声。组长把我领到一个中年男人旁边，叫我跟这人学打筐底。原来筐子不论上面是圆是方，底都是方的。筐底不论经纬，翻起来都是筐围的经，用的都是厚篾片，筐围用的是薄竹篾当纬。那人一教我就会了，很简单。干了一天，我发现上一条纬敲砸一次，不如同时一边纬上一条，在地上钉两个橛子挡上，砸一次就纬上了两条，虽然多用点儿力气，但效率提高一倍，我一个人干就供上了。受到称赞，旗开得胜。

竹编组每天下班前还得开个学习会，有个半老妇女悄声问我犯了什么事来的。我挺诧异，因为当时“大跃进”，街道办小厂很普遍，没想到这是个小型的改造机构，对我也合适。半老妇女说她是为耍钱（赌博），指给我说那人是为拿别人东西，那人好调戏妇女……还向我诉苦说，初成立时学剖竹子，手都划破肿起来，现在干惯，才不痛了，还伸手给我看。我看看自己的手，和她的也差不多了。

吴富融看我每天按时上下班，又不耽误做饭、洗衣服，也很满意。有一次没有采取避孕措施，我吓得哭起来。他尴尬之余，说：“看起来你改造的决心还真大呀！”

在竹编组干了二十多天，常来的派出所干部这天把我叫到窖子外，说街道想办个兽医站，问我能不能挑起来。我说：“兽医虽学过，但我不是兽医专业的，这近处就是专署的兽医站，街道还建立干什么？”他说专署是专署的、街道是街道的。我又问他：“在这城市中间办兽医站，合适吗？”他说城市里拉车的大牲口很多，有这个需要。我也不敢再问，问多又成唱反调了。晚上为这件事，和吴富融去邱瑞华家。邱瑞华说：“他们要你干，你怕什么？你不知道县里的兽医站凭三桶药就开张吗？一桶凉药、一桶热药，再一桶健胃药。凡拉稀的就灌热药，便秘的就灌凉药，没什么病的就灌健胃药。”说得我们笑了一场。不过，回去我对吴富融说：“这事还是不干为好，万一死了一头牲口，说我是反革命阶级报复，有理也说不清，不如编筐子保险。”吴富融也同意，嘱咐我推辞的话要说得婉转一点儿，幸而第二天那干部没有来。

我们的社会经验太少，脑子也太单纯，闹市中开什么兽医站？可我依然没有解透，可惜我活了25个年头还念了16年的书！

第四章　拘押

1…………戴铐长街行和杀威棒

那天是1958年7月30日，我中午从竹编组下班回家，路过派出所。那位干部倚在门口像在等人，见我过来主动打招呼：“下班回去啦？”我回答了一声，没有在意。吴富融下班迟，每天我先到家，拨开炉门就去看报，好利用这等火着了上来的时间。那时，报上天天都有惊人的消息，先说小麦每亩产几千斤，后来又说产出上万斤。我怕思想落后，总是抓紧时间跟上形势。就在翻看报纸的时候，那派出所的干部就一脚迈进房来，后面还跟着两个没见过的男人。对着我询问的眼光，其中一人先开口：“你是许燕吉吗？”我说是。他随即向我展示一张纸，“逮捕证”三个大号字映入眼帘，同时听见“你被捕了”！我脑子嗡地一下，证上的小字也视而不见。那两个人示意我走，我缓了一口气，说我得留个条子，便坐到桌子前。纸也找不到，笔也找不到，脑子空白了。派出所的干部说：“你不用写了，我们会通知你家属的，东西也会给你送去。”我站起来转向门口，来人亮出手铐，我便伸两手过去，铐上出门。看见几个家属正在门外的水龙头下洗菜。我急忙把两手卷上握住铐子，躲过那几道惊讶的眼光，三两步就迈到了街上。那年代汽车少，我走在路中央以免遇上人。走到路口站定，听后面跟着的人说“过马路”，又听他说“向右拐”，几步之后我就看见看守所的牌子，急步走了进去。看守所门内原来是条胡同，两边都是一个个的院落。我没听见号令，直接走到尽头。那里有个门岗，令我站住，只见一串钥匙越过我的头顶，划出道抛物线落到门岗手中。门岗给我开了铐，将铐和钥匙交给押我的那人。那人微笑着转身走了，不知是任务完成得顺利，还是为又抓来一个反革命高兴。

进了院子，被引到办公室门口，听到喊“进来”，我迈进去看见一位干部坐在桌后，问过姓名他就大声问：“你为什么被捕？”我走在路上脑子就清醒一点了，我自被开除后没做犯法的事，总不至于因为说了句“家属们又要开会”就逮捕我吧。是不是我哥哥出了什么事？他一直还信着天主教，在西安。我们几乎也没有联系，他会有什么事呢？听见这一喝问，我脱口道出了真实想法：“我不知道！”这干部霍地站起身来，拍了桌子厉声呵斥：“你不知道?!怎么不抓别人就抓了你?!”我吓得嗫嚅道：“是不是我哥哥出了什么事？”他继续喝道：“现在抓的是你，不是你哥！”我倒踏实了，说：“因为我是反革命右派，被单位开除了。开除之后我没做坏事，为什么又抓我，我真的不知道。”那干部说：“哪个人被捕不是得先开除的？”说着他就坐下了。我也明白了，4月1日没捕我是因为我怀着孕，缓了这四个月。周场长的暗示我也明白了，没必要讨这顿呵斥的。那干部喊了声：“李莉过来，把这新来的带走！”门口出现一个漂亮的年轻女子，示意我跟她走。

李莉把我带进女监房，搜过身才问了几句话。外面喊开饭了，李莉就出去给女号的人们分饭，一人两个拳头大的红高粱粗面馍，还有一碗带菜的汤。刚才我回家时就有点儿饿，可现在一点儿食欲都没有了，又怕不吃被说是绝食抗拒，只好拿起来啃，咽不下就喝口汤。当我啃第二个时，李莉说：“你若是吃不完可以少要的。”她说迟了，我不敢浪费粮食，硬是把这份饭都吃下去了。

午饭后是午睡时间，我随大家躺到地铺上。正这时，传来脚镣声，我从来还没听到过这样瘆人的步履，不由得转头看向栅栏状的号子门。李莉马上警告说这里是监狱，不许东张西望。我顿时明白，这里是没有自由的地方。紧闭双眼，脑子却在飞快地转动。我申请过劳教，现在是劳改，无论如何我有了改造的地方，置之死地而后生，今后步步努力有了目标，否已至极，泰终将来。莎士比亚借哈姆雷特之口说过，整个社会就是座大监狱，我已在大监狱里尝过滋味，缩到这小监狱可能对我更合适。我努力地缓解精神压力，做自己的心理医生。不一会儿，哨声响起，大家起来干活儿。我喜欢干活儿，转移了注意力，心情也稳定多了。

晚饭后，女犯全体围坐读报，轮流发言。那天报上说的是农业“大跃进”，大力发展养猪。李莉说我是干农业的，要多说一点儿，我就讲了养猪能多积肥，对粮食增产作用很大，政府这么重视提倡，农村普遍“连茅圈”的养猪方式也能改变，等等。没想到第二天晚上不读报学习，而是开我的斗争会，说我来时讲不知道为什么被捕是不认罪，进来就吃两个饼子是满不在乎，说猪不应该养在“连茅圈”里是反对农业“大跃进”，是反革命右派反党反社会主义的一贯表现等等之类，不一而足，还令我站在一张高板凳上挨批斗。突然，一个叫王秀云的喊了声：“下去吧！”在我后面猛力一推。我毫无防备，一下栽到墙边的木架子上，磕得腿鲜血直流，几乎站不起来。之后又摔了我几次，但我有了防备，伤就轻多了，至今我右腿上还留着指头大的疤痕，胫骨沿上摸得着一个坑。

过了几天，又进来了个五十多岁的妇女。第二天也开她的斗争会，才知道她是基督教的传教者，因说信徒不能和共产党“共负一轭”而被捕。可惜这些女犯人不懂什么叫“共负一轭”，只能骂她反动、顽固，在她头上、背上乱打了一顿，所幸她年纪大，没有被摔。这回我总算明白了，这就是反革命进监狱所必经的一顿杀威棒，古有，今亦然。

❷…………看守所的日子

20世纪50年代，石家庄看守所用的还是民房，我进去时走过的那胡同两边全是公检法的机关。看守所是一排几个三合院串联而成的，南边就是通道。东边的三合院，东房是办公室，西房是女监，北房稍高有地窨子，下面关着特别的重刑犯，上面没住人，放着生产用的原料、成品之类东西。中间的院子是男监舍。西边院子南面是一长溜半敞式的厕所，隔着墙；北面是伙房，还有个澡堂。我想，那个院子还会有个能走大车的门，因为我进来的这东院门从未见有物品运进运出。

1958年被捕时，女监人很满，隔成两间总共不到20平方米的房子挤了三十来人。除了门内有一平方米的地方供人脱放鞋子，其余地方都是地铺，人们只能一颠一倒地侧身而卧，所以吃饭、干活儿和学习都得在院子里。遇上捕来的现行凶犯，或是提出窨子里的犯人，我们就得赶紧撤回房内，还被落锁。听见外面所长的大声呵斥，当当地砸镣子，哗啦哗啦的蹚镣子声，内心受到震慑和压迫，大气都不敢出。

听说以前在看守所被押的人是不劳动的，现在“大跃进”，人人都得创造财富。我们干的是糊装颜料的小纸袋。在院子支上铺板当工作台，大家坐着小板凳围在四边。几个男犯人在北房门口也支着案子，将印好花样的纸裁切好，再用竹片将纸沓划开，刷上糨糊就传下来，撂在我们的工作台上。我们各自揭上一沓，放到面前一个个地糊。别以为这工作简单不费力，其实因为它小，不好糊，弄不好就糊歪了，叫作“歪肩膀”，还不好返工。我把四个角用拇指和无名指用力一按，再去处理那三个边，质量好，又快。我的手指灵活得益于小时候练过钢琴，艺不压身也。我旁边的一个小姑娘手忙脚乱，弄得脸上都是糨糊，“歪肩膀”还多，急得要哭，我就教给她。那个推我摔跤的王秀云可能出于嫉妒，就说我：“你不专心干你的活儿，管别人干吗？显你能？”还说了好些气人的话。我不想和她吵嘴，只据理回了她几句。我活了25岁，还没接触过这么可憎的人，想必过去的恶霸狗腿子就是这个样子，我权当在这里体验旧社会吧。

当时看守所具体管犯人的是所长派任的组长们。李莉带我去女号时，我还以为她是公安干部，直到见她也吃一样的高粱饼子，才悟出她也是个犯人。李莉对我杀威后也没再刁难，有机会还和我聊一聊。她原是个护士，被判了三年，是个二进宫，就是屡犯，大概就是因为她熟悉狱中规矩，又没有政治问题，就派她当组长了。她有权罚人站、扣人粮，最厉害的是让人憋尿。女犯放茅一天只两次，上午10点和下午4点，排着队来去。监舍内有一备用的痰盂，李莉不准就不许用。早餐总是稀糊糊，憋得人左摇右晃头冒冷汗，真是一种特殊的体罚。我初来那几天也罚过站也憋过尿，后来李莉对我好了，可我也适应每天上两回厕所了。

带我从大门到办公室的那男子是大组长，男犯人送来饭或洗脸水都由这大组长监督着，晚上也由他锁我们监舍的门，不过多了个武警监督着他。锁门前，李莉把每人的裤腰带收来扎成一把，交给大组长，报了数，大组长再数一遍，早上开门时再发还。锁好门，武警再拽一下，确认锁好之后就都走了。妈妈认为扎裤腰带会影响肾脏发育，我小时候裤子都有松紧带，大了就靠裤钩或纽扣。我初到那晚，李莉报过数再加一句：“新来那人没有。”大组长说：“怎么可能？”李莉回答：“就是没有，来时我检查过的。”于是大组长和武警都特别地看了我一眼。早知道这样，我就带一条裤腰带来，免得惹人注意。自此李莉每晚都得多说一句："一个人没有。"

窨子里关的重犯每天只在我们午休时放一次茅，戴着手铐提着尿桶，镣子很短，蹚着小步，每次只去一人，还由两个人押着。我透过栅门瞥过一眼，兔死狐悲，感到难过。

男犯人除了伙房的，其余人也糊纸袋，常常还有人出外做工。他们在我们这院子的南墙下站队，报数。有一个聋哑犯人，报数报到他时，就由别人喊一声"他是哑巴"。我想，他一定是刑事犯，我若是个哑巴，一定当不了反革命右派，也就来不了这个地方了。

3…………当囚犯的程序

入看守所的第二天，大组长拿来一只大盒子，把我叫到一旁。盒子里是黑油墨，原来是取我的手印。这不同于杨白劳单击就完了，而是十个指头依次从这边滚到那边，还按上两手的掌纹。大组长对取得的纹印不满意，问我进来之前是干什么的，我告诉他编竹筐。原来竹篾把手掌划得条痕满布，纹印也就乱七八糟了。他摇摇头表示没办法，走了。

过了好几天，来了个照相的，在办公室墙下支好相机架，还蒙上黑布。凡没照过的都被传来，一个个把写着自己名字的白纸举在胸前，正面、左侧、右侧共照三张。想起苏联电影中有犯人照相时做鬼脸一节，共产党的犯人都挺规矩地摆出标准模样。

从李莉处知道，每个人都得经过提审才能得到判决，或是放归社会，或是判刑劳改。我不抱放归的幻想，倒是很盼望判刑，起码能离开这狭小的地方，有上厕所的自由。果然，几天后大组长来传我去提审。他带我走到办公室北面，没想到这里还有一扇门，常见有一名军人站在办公室北墙角，我还以为是保卫办公室，监视这个院子的，原来他还是提审院子的门岗。喊过"报告”独自迈进这提审院子，是个四合院，每个房间门上都有牌子“第×刑事审讯室”。虽然有思想准备，但我还是紧张，把牌子看成了刑讯室，不免一愣，随后看清了，释然自嘲。听见一声“到这里来”，我顺声扭头，见一着便装的三十多岁的干部。按他的指示，我进了第三室，他亦随后进来坐在桌后。桌前一米多处的地上有个土墩，他示意我坐下。他打开带来的那沓子文件，审讯就开始了。先问姓名、出生年月等“五官材料”。当问爱人姓名，我刚说了“吴富融”三个字，突然觉得太对不起他，眼泪就冲出来，极力去忍，反而哭得更厉害，好一阵子才控制住。那干部好像什么都没发生似的接着发问，我也能平静地回答了。他说：“听说你来时说不知道为什么被捕？”我做了解释，他没表态，之后翻着材料问我些“追求真理青年会”的事。我发现他桌上那一大本就是肃反时我写的材料，自然我的右派材料也在他手里了。他随意地翻翻问问，后来干脆不问，转为批判我的思想，犹如一堂政治课。最后他宣布今日审讯结束，拿了他写的提审记录给我，让我看过签字，这下我知道了他的名字叫刘赓。

喊过“报告”回到监舍，李莉说我错过了放茅，可以去用痰盂。我这才想起来，一上午连生理感觉都抛诸脑后了。趁着没别人，李莉问我提审的情况，说刘赓是法官，对犯人较有耐心，我说我感觉到了。隔了一天，再次提审，这回他一个问题也没问，所有时间都给我上政治课：说共产党的劳改政策是治病救人，用人道主义的手段通过劳动改造人的思想，说我是有幸生在毛泽东的时代，若是斯大林的政策，早就把我枪毙了。我讶然地看着他，心里在想，像我这样的就值得枪毙？若真这样，教会印的那些反苏材料就是真的了。他又说，只要我把思想彻底改造好，人民还会要用我。我也诧异，我还能为人民所用？编编竹筐、糊糊纸袋就知足了，不敢再有从事专业的奢望。我默默地睁大眼睛听着。他告诉我，我是会被判刑的，也许十年八年，也许三年五年，让我要有思想准备。他还告诉我，在服刑期间要表现好，有什么思想问题要及时向领导坦白报告，求得解决，防微杜渐。谆谆教诲，我都表示接受。又一个上午，这象征性的审讯就此结束。

一个星期后，大组长给我拿来一纸检察院的起诉书，还挺长的。我粗看了一遍，签了收到的字，大组长又把起诉书拿走了。我不想再看那些给我罗列的罪状，特别是那些逼我承认的不实之词，收走更好，这下就专等宣判了。

一个多月以来，几个已经判过刑的调到省第二监狱去了，那个手笨糊不好纸袋的小姑娘被释放了。李莉说她贪污的钱不多，回单位受处分去。临走时，她从我身后搂住我的颈子，使劲地和我贴了贴脸。17岁的小一贯道徒马桂英回家去受管制，她小学毕业，在50年代也算个小知识分子。李莉嘱咐她不能再迷信，她只是笑笑没回答。还有那位不能“共负一轭”的女士也释放走了，她是我在狱中见到的唯一的基督教徒。这时又新来了好几个，其中有个小学教师大概也是政治历史问题——狱中不许互问案情，猜估而已。看守所是过路之地，走的走又来的来，总是那么挤。

9月下旬，窨子里的三个重犯得到了解脱。——每逢重大节日前，政府都会有这种举措的。那天上午，三个重犯出来也没让我们回避，在南墙下稍停就往西边院子去了。下午，大组长对李莉说三人在西院听过宣判后，还被允许给家人留了遗言，开镣摘铐，五花大绑押赴刑场，再也不用回来了。我听得挺压抑的。

对我宣判是9月28日，头一天是中秋节，伙食还改善了一下。宣判放在下午，一共二十多人在南墙下站好队，点过名就出发。大组长叫我跟在队后，不必与男犯们为伍。出了看守所往西走了近500米，就到达中级人民法院。队侧队尾都有背枪的武警押解，幸亏不是闹市区，没人好奇观看。想到盼望多日的宣判马上实现，我不觉面带笑容。到了法院，押解的武警让我们到一个大房间内蹲着，就开始训斥我，说我思想反动，宣判是严肃的事，有什么可乐的？我只好低头听着，幸而没几分钟就让我们进入法庭，一排排地站在长条椅前面。刚站好，宣判的人就进来站到讲台上，打开手上的大活页夹，一张张地宣读：某某某，籍贯，年龄，罪行，根据什么什么条例，判处多少多少年，剥夺政治权利多少多少年，刑期自某年某月某日起，最后还要念上石家庄市中级人民法院，1958年9月28日。念了好半天，我听着有汉奸、国民党、叛徒、一贯道等等，虽然都是反革命犯，但案情没有与我类似的，也无法比较。终于宣判我了，罪行和起诉书的一样，定称“新生现行反革命”，判处有期徒刑六年，剥夺政治权利五年，刑期自1958年7月30日起。

刘法官早已透露过多则十年八年少则三年五年，我也估算过了，多是七年少是五年，现判六年，虽不意外，但还是如同挨了一棒。后面再宣判别人，我皆是充耳不闻了，脑子里只想着六年，六年，六年之后会怎样，不得而知。六年之前我能回忆，我读大三，去察北实习，大四毕业来到石家庄，经历了肃反，后来反右，六年间我恋爱、结婚、生小孩儿，事情还真不少，说长也够长，说短就在眼前。正乱想间，宣判结束了，宣判员说了句“不服判决的，10日之内可以上诉”，就扬长而去了。接着一位穿军装的上台，讲了一遍人道主义的劳改政策和对犯人的奖惩办法，强调刑期是活的，表现好可以减刑，再犯的可以加刑，说着问道：“有有前科的吗？”我头一次听到“前科”二字，正纳闷间就听一人举手大声说：“有！”台上的人说：“你服过刑，在狱里看到过减刑加刑的吧？”那有前科的大声回答：“是！我都见到过，刑期就是活的，好好劳动，争取减刑！”台上那人得到旁证，讲得更起劲儿，警告了想逃跑的，鼓励我们老实改造，争取减刑，我很受鼓舞。回看守所的路上，我的心态已恢复正常。我诚实，不损人利己，不两面三刀，是我的做人之本，走到这一步是别无选择，没做不道德的事，问心无愧、年轻体健是我的好条件，一定下狠心争取提前释放。现在刑期已过了两个月，还有70个月，光明有日，箪食瓢饮，不改其乐。

回到看守所，李莉说她原估计最多判个三四年，六年可够长的，欲言又止。我明白她是顾虑我的婚姻，其实我早就想到了。成了“已决犯”可以给家人寄明信片。吴富融交给看守所我的衣服被褥时，还附了个新地址。我明白，他是不愿意让单位的人知道我的所在地。我就按他的新地址写明了我判的年限，让他考虑我们的关系。

两天后是国庆九周年，节前大家洗了个澡，节日吃的大米饭、红烧肉。窨子里已没有人，男犯人也都集中到东边我们这个院子，开了个自娱自乐的联欢会。节目水平自然不会高，只有那段《珍珠翡翠白玉汤》耐人寻味。

节日才过去，我就被调到专区看守所去了。

第五章　为囚第一年

❶…………专区看守所

市看守所的号令总是即发即行的，这天上午，所长喊了我们四个人的名字，我们当即放下糊着的纸袋，笔直地站到办公室门口听发落，去专区看守所。大组长已经把我们存在仓库里的东西拿了出来，我们回监舍将铺盖打成包袱，不到10分钟就出发了。

四个老少妇女，背着大包袱提着脸盆，排了一行，后面跟着两个扛枪的军人。幸好不是星期日，这支奇怪队伍没有招来好奇的路人。走的竟是我来的路，路过专区兽医站时不免有些紧张，低下头，余光扫见院子里一个人也没有，万幸。拐了两次弯到了清真寺街，邱瑞华以前就住这里，我不陌生。正观察着，我们就进了一条有门的胡同。和市看守所相同，左右都是一院一院的政法单位，专区看守所是其中的一院。外院很小，只一个办公室，押解我们的两人原来就是这里的班长。办公室出来了一位中年男人，两位班长就完成任务走了。中年男人点了我们的名，自我介绍他姓程，是这里的所长，调我们几个妇女来，一是为了调剂伙食，若全是男犯人，粮食定量就不够，二是妇女们可以做些针线活儿。之后也说了些守监规争取早日回家的话，还说有什么问题可以找他谈。我感到这位所长挺和蔼，有人情味。两个月来，在市看守所我听到办公室传出的都是大声呵斥，还以为公安干部都是这样，原来并非如此。

院子里面就是看守所的监房，岗哨在房上，我们喊过“报告”门就开了，原来里面是个四合院。我们四人被领到东屋，里面只有一个女犯，她赶快将她的铺盖移到大通铺的边上，为我们空出地方，而且为有了同伴很高兴。

院子四面都是房子，进来的门在东南角，南面一溜儿是大小四个栅栏门监舍，大的一间住着男犯们，我去时小间也住着人，不多日子调走了一些，小间就空锁着。东房是两间，一间住女犯，一间是女犯的车间，有几台类似纺车的打轴机。西房是织布车间，有四台人力的大织布机。北房的西面是大轮间，卷经轴的地方。中间是伙房，东面一间有个木匠犯人在里面做木工，房顶全是冀中的那种平顶，整个联成一圈，班长们就在上面来回走动，可以看到每个房间里面。院子中间的空地是晒纱线的十几排竹架子。我最关心的厕所在东南角，门的旁边，厕所门口挂着两个牌子，一面写着“男”，一面写着“女”，男犯们进去就把牌子翻到“男”，我们进去就翻到“女”字。有时他们出来忘记把牌子翻回“女”字的那一面，我们就喊房上的班长，班长就到厕所的房顶一阵乱跺，没有反应他就过来说里面没人，去吧。虽然我们去厕所还必须二人同行，但不限时间，又近，可算去掉了一块心病。自来水龙头就在厨房门口，还有个水泥池子，洗涮很方便。男犯人后来只剩下十几个人，俗话说人少好吃饭，粗粮细做，胡萝卜缨子都能剁剁蒸成团子。我觉得除了不能上街，生活条件比抗战时的国立十四中，甚至比北农大的卢沟桥都好，挺知足的。

看守的武警都称班长，他们的头儿也是个年轻人，他不上房顶巡视，而是经常来这四合院，也常和我们聊聊。可能我们这里不像织布房噪音大，说话能听得见，再者东屋两间都有不钉栏杆的普通玻璃窗，他站在窗外就可以和我们交谈，我从他那里知道好些事。

专区看守所本应关押的是县里和专署里的干部犯和不服县法院判决的上诉犯，人数不会多的，但现在是大跃进时代，人少搞不了生产，所以现在调来这么多已决犯。

入冬后常“放卫星”，晚上要劳动到12点以后才能休息。班长说我们几个可享福了，我们没表示同意，他就说他们每晚都得去南兵营（专区劳改队）押女犯人拉炼铁的矿石：“来回几十里路，回来上岗还不能耽误，都累死困死了。你们几个风不吹雨不淋，就是少睡几小时觉，还不是享了大福了吗？若不是在这里，你们也得去大炼钢铁！”我说：“我倒愿意去大炼钢铁，钢铁元帅升帐，赶美超英嘛！”他哼了一声说：“别身在福中不知福了，得了便宜还卖乖。”吓得我没敢再吭声儿。后来知道南兵营炼钢铁出了几条人命，一个中年女犯拉矿石时被绳子绊倒，矿石车从她腹部轧过去，回来第二天就死了，我确实在专区所躲过了一劫。

在专区所，我知道了从纱线到布匹的全过程，还常帮忙去穿综、闯杼、接机。我们还给班长们做过布袜子，打线绳纳鞋底，我的针线活儿太差，只能做点儿辅助帮忙的事。而织毛衣似乎是只有我会，其实我也没织过，只能脱了身上穿的，一排排地数，才知道哪里该收针哪里该放针，居然也织成了。我们有时还要给政法部门洗些公用的布制品，才知道打上肥皂后要搓到泡沫消失才能把污垢洗掉。我从小自己洗衣，但都洗不干净，原来是搓得不到位。有一次给班长们的球队洗绒衣，那绒布下水后又厚又硬，搓得我手腕疼了一晚上都没睡着。活了二十多岁，许多生活上的事都要从头学，需要锻炼。

2…………不可思议的几件事

我到专区看守所的第二天，就发现我北农大的同级同学梁兆斌也在这里。他是植保系的，我们一块儿来的石家庄，他在专署农业局工作，我只知他比我要大二十来岁，在旧社会办过报纸，因什么问题被捕就无从知道了。木匠在院子里竖了一段圆木，要梁兆斌和他二人对手扯大锯，也不知是梁兆斌力气不够还是眼神不济，总是拉走了线。男犯人们就群起而攻之，把个笤帚都打散了，房上的班长不但不制止，还蹲在房顶上边笑边喊："犯人打犯人，打死不偿命。"物伤其类，我还得装作没看见，心里很难过，幸而没过几天他就调到北郊劳改队去了。

第一次参加犯人大会，听见程所长批评一个叫刘波的犯人："你不要因为你一案的人都放了，你就闹思想情绪，不好好劳动。你的问题搞清楚了，该怎么处理也会怎样处理，有什么不满的？"我一下子想起这个刘波，是否是那个"医生反革命集团"里的刘波？五年多之前，苏联枪毙了贝利亚，之后又揭出一个"医生反革命集团"。中国跟着也揭出一个"医生反革命集团"，就在石家庄专署医院，报上登的这集团害死多少老干部、共产党员、公社书记，都有名有姓，骇人听闻，给我留下挺深的印象。我找了个机会，试探着问了问班长。班长并不避讳，说就是那个医生刘波，还说他也快释放了，自己沉不住气，找着挨批评。我惊诧不已，想起敬芳受诬陷被关了半年多，我为此给周场长提意见还成了我的一条罪状，这集团的人竟被关了五年多，而且还是在专区的看守所，真不可思议。刘波真的不久就释放走了。

我到专区看守所还没一个月，就出了一件大事，一个姓严的犯人自杀死了。那天整个四合院里人们的惊乱就不用细说了。姓严的原是一个县的粮食局长，因为和他局里的一位女干部有婚外男女关系，特别这女干部是军属，为此他们都受了处分。但二人关系没断，属于屡教不改，从严惩处，男方被判两年徒刑，女方判了一年。他二人都在专区看守所服刑，就在女方服刑的最后两天，男方自尽，死在女方眼前，究竟是什么心理，不便揣测。但他自尽的方法很难料到。看守所不用床板，而是在床框上钉了些竹条，他钻到床下，把绳套拴在竹条的空当里，仅仅头颈悬着，身子胳膊腿都在地上，竟然死了！正因为在床底下，难以被发现，耽误了抢救的时间，他怎么知道这样的“上吊”法，真不可思议。

看守所的织布机有一米半宽，织者坐在一根有些弹性的扁担上，两腿轮着踏综板，一只手拉梭，一只手搬杼，全身有节奏地舞蹈。河北人形容说像只跳马猴，劳动强度是很大的，一个戴着脚镣的年轻男犯，每天在最北边的机子上，“七嘭夸答，稀里哗啦”，要蹬上十来个小时，而且他的产量总是最高的。他引起我的好奇，但班长毫不同情他，说他不敢不拼命干，否则他就要被枪毙了。原来他是南兵营闹狱事件的主犯，宣判大会上五花大绑插了招子被扔上大卡车。可是汽车没开赴刑场，而是开到了专区看守所，他从车上滚下来，跪在地上叩头痛哭，连声喊着政府饶我一命，叫我干什么都行。班长说最少也得考验他一年，后来程所长当着众犯人的面，给他判了二十年徒刑，镣子也卸了。死刑犯能求饶，究竟怎么回事儿？

夏天，我们四个人搬到南屋的一个小间，腾出了那间有窗户的东屋，住进了一个中年男人。他不劳动，不参加会，还不吃我们的饭，到时候他向房上一招手，也不用像我们行动都喊“报告”，门就为他开了，吃过饭他就回来坐进他那房间，真特殊极了。过了两年我在南兵营又看到了他，才知道他原来是一个县的公安局长，为错断了案子而受处分。

3…………所长叫我当组长

在一个学校读书互称同学，在一个单位工作互称同事，而在一个监狱服刑就要互称同犯。我不以为然，他犯偷盗我犯反革命，怎能算同犯？不过那里面就是这样称呼的，我也只能“入乡随俗”了。

先我们在此的那位女同犯姓段，就是那位自尽的严同犯的同案人。虽然也只二十八九岁，到底是干部出身，很会做群众工作，我们四个人初来，她把这个组管得挺好，是个很称职的组长。相处近一个月，知道她是个独生女，和军人已离婚，有个七岁的女儿，由她的父母照看着。姓严的自尽那晚上，程所长把她叫到办公室去谈到后半夜，班长还特地关照我们得轮流睡觉，以免她再出事。那两天她不住地流泪，说自己不如反革命，反革命总不丢人，她这种事加上严某人又死了，实在无颜回乡，要求去劳改队就业，否则就赖着不走。程所长只好把她父亲请来，她父亲说：“你娘和你小闺女都离不了你，孩子呀，咱们就死也死到一块儿吧！”父女抱头痛哭一场，她心软下来，跟父亲回家去了。

段同犯一走就剩下我们同来的四个人了。一个是王秀云，就是我被捕之初给我上杀威棒推我下凳子的那人，四十多岁，反革命罪判了20年。她惯会打击别人，以表示靠拢政府，更爱添枝加叶地告密，我不爱和她交谈。但毕竟只有这几个人，还整天守在一起，慢慢地我也知道一些她的情况。她是河北南部磁县人，小时家贫，在作坊里做头发制品，后来给一个财主做妾，没生小孩儿，买了一个小男孩儿。解放后她只身来到石家庄，嫁给一个做小生意的北京老头儿。她被捕后，那老头儿回顺义老家去了，也没和她离婚。我估计她一定是帮着磁县那老财主残害过地下党、八路军，否则不致判如此重刑。

另一个叫白三，也四十好几了，就是农科所西北的大郭村人，还曾是石家庄的农业劳模。丈夫是铁路工人，儿子是国棉厂的保全工，媳妇、孙子和她一起在大郭村务农，她因参加反动道会门被判了10年。原来不知怎样，现在脑子似乎有些不正常，成天爱说村干部诬陷她，说她农活儿干得最好，一点儿也没“破坏生产”。说这种话在监狱里是犯大忌的，叫作“不认罪”。她还说她也不信道会门，只是陪外甥女去求神治病。她挺能干，大概政府也认为她不可理喻，她爱说什么就说，没人理睬，能干活儿就行。

还有一个才20岁，叫梅，丈夫是铁路工人，由于没有父母，就让年轻的妻子跟兄嫂一起生活。妯娌常为孩子吵嘴，这一天轮到梅做饭，她正切菜，孩子们又打起来。梅先抓住侄子砍了一刀，再给自己孩子一刀，自己往颈子上也来了一刀。她常自嘲地说：“砍了三刀，把谁也没砍出什么事，只给自己砍来七年徒刑。”她丈夫每回跑车休息都来看她，每次见面前她都要对着镜子扎好头巾，遮盖那颈上的刀疤。她不机灵，手也笨，属于倔而犟的一类。

段同犯回家后，程所长叫我当组长。我以为会叫爱找别人毛病、爱汇报的王秀云当组长，程所长却说我文化程度高，可以胜任，只要大家都遵守监规纪律，及时向他反映组员的思想情绪和劳动生活问题就行了。

组长上任没几天，白三晚上不肯按时睡觉。监舍是不关灯的，她想要缝点儿什么，我制止她，她不但不听还骂起我来，骂我父母。我还从来没听人骂过我父母，而且还用这么肮脏的粗话，不由怒火中烧，捉住她的领襟扇了她一个大耳光。白三瘦小，不是我的对手，便更大声地骂起来，我又左右开弓地扇了她好几下，打得她哭哭啼啼地上床睡了。第二天程所长叫我去办公室：“你打白三了？”我承认，心想又给了王秀云一次表功的机会。程所长说：“我知道市看守所常有犯人打犯人的事，王秀云也打过你是吧？”我心想，你怎么知道的，嘴上说：“我也不赞成打人，昨天是白三骂我父母，我才打她的。”程所长说：“你管她是对的，但得讲究方式。譬如抻一根线，得看着线的情况使劲儿，不能让线抻断了，抻断了不就被动了吗？得多动脑子，不能简单化，明白吗？”我还真的明白了些道理，心存感谢地说：“我还从来没管过别人，一定记住所长的话，改变粗暴方式，保证不再打人了。”我虽然没给白三道歉，但在小组会上做了检讨，好在白三也没记仇。后来我们在南兵营又同住了几年，看见她好几回令人啼笑皆非的事，相信她脑子确有毛病，十分后悔打过她。

白三在粮食紧缺那年就保释回家了，因为她儿子调去邯郸的国棉厂，按石家庄的风俗，儿媳不能和公爹单独相处，回娘家又没有吃的，村里就把白三保回家了。梅也没住满刑期，她没酿成严重后果，小孩儿没人管，保释回家了，幸甚。

第六章　婚姻的始末

1…………离婚的拉锯

我在宣判后，第二天就给吴富融发了个明信片，没得到回音，现在到了专区看守所，得知可以写信，便寄了一封信到他单位，内容和明信片的一样，就是告诉他判决的年限，让他考虑我二人的关系。所长检查过，叫我到办公室说："你这信写的，我怎么看有要离婚的意思？"我说："不是我要离婚，我判了这么多年，人家会要考虑的。"所长又问我们感情如何。我告诉他我们是大学同学，自由恋爱，结婚三年，感情还是好的。所长说："既然感情好，人家也不一定要离。再说人家也没提，你就提出，这样不好。"把信还我，让我另写。另写的信寄出不久，吴富融就来了，我俩面对面地站在办公室的小院子里，班长站在旁边监视。我见他眼睛红红要哭的样子，便赶快摆出笑脸，告诉他这里一切都好，劳动也不重。他受我情绪感染，也高兴起来，告诉我邱瑞华得了个儿子，母子都好。他还是常常下乡。趁班长不注意，他小声问我吃得饱吗？我说："能吃饱，就是常吃红薯。"他说他们伙房也是这样。很平和地互通了情况，时间就到了。他给我拿来一条新内裤和半块儿洗衣皂。那个年代布票少，肥皂每月只能买半块儿。所长说吴富融对我还是很不错的。

10月中旬这一见后，吴富融就音信全无了。去年他去平山县被马咬了一口，肩上留了一圈儿牙印，我开始往坏处想，是不是被牲口踢了？还是上山下坡摔伤了？若是出了什么意外事故，会不会对我这失了自由的妻子隐瞒情况？思念和不安像虫子啃咬着我，无能为力的焦虑化成悲苦与惆怅，像手上的毛线活儿，一针一针没完没了地编织进时间的分分秒秒。隔墙工会俱乐部整天放着一支幽怨的舞曲，更搅得我像被煎熬一般。

日日夜夜到了年底，12月25日下午，我们全体集中到男监舍开学习会，所长在门外示意我出来。喊过“报告”等待开门之时，所长向我透露：“你爱人要和你离婚。”我还没理顺思路就进了办公室。两个陌生男人在等我，问过姓名就递给我一张纸，又说了些什么公文话我全没在意，只专心看这纸文书。上面是民事起诉书，下面第一行是“原告吴富融”，第二行是“被告许燕吉”，下面是“诉告目的离婚”，再下面就是一大段说明的文字了：怎样相识，何时结婚，“婚后感情一般”，说我参加过什么反动组织，还括号说他婚前并不知道，末了的用词和法院的判决就很相似，还写着作为国家干部，坚决和这一贯反党反社会主义反人民的反革命罪犯离婚。看过后，我心也定了，脑子也清楚了，我告诉这两位民事法庭的来人，我们婚后感情不是一般而是很好，我们从1950年同学，经过了多次审干，我的问题对组织都从未隐瞒，怎么会隐瞒自己的爱人？他现在提出离婚，可能是感到压力，并非感情破裂。这时程所长来了，说这人离婚并非本意，可以调解。于是民事法庭的人说进行调解就走了，程所长叫我给吴富融写一封信，打消他的顾虑。

第二天我没有干活儿，流着泪给吴富融写了封长长的信，一方面表示悔改和重新做人的决心，一方面求他念惜我俩从未红过脸的感情，倘若他能等我出狱，我会以一生来报答。我就像个无助的溺水者，揪住烂泥塘边的一棵小草，想暖回还有温度的爱情，想留住和社会的联系，想借力回到过去的生活。

元旦之后，吴富融来了，所长避了出去，让我俩在办公室谈话。班长坐在火炉边，有两三米的距离，我俩隔着一张桌子坐好。我先开口问他收到信没有，他点了点头，说："我太懦弱，你应该找个比我坚强的人。"这话太离谱儿，我都没法子接嘴，只能皱起眉头诧异地看着他。他也感到自己的言辞不当，改口说："我觉得全站的人都对我另眼相看，领导也不信任我了。"我安慰他说："不会的，我是我的事，与你不相干，你可以去跟领导谈谈嘛！"他摇摇头，说领导已经和他谈过了，叫他划清界限。我追问道："是领导要你离婚的吗？"他又摇摇头，说："领导没明说，可我体会得到。"双方沉默一会儿，他说："我并不想离婚，我到哪里还能找到像你这样的？"说完捂着脸哭了。我的泪也顺颊而下，但没出声儿，等他情绪稳定下来，我们继续交心。他诉苦，我表态，他希望我谅解，我希望他不要对我失去信心。看见班长在那边看钟，我知道谈话该结束了，这已经超过时间很久了，感谢所长的宽容。过了十几天，所长告诉我吴富融的离婚撤诉了，我的感激多于快慰。班长可长了见识，他说大学生就是怪，要离就别哭，要哭就别离，又要离又要哭，知识分子就是和常人不一样。我只能陪他苦笑一下。

到了2月初，又可以探监了，吴富融来，说把我给他写的那封信让领导看了，领导说看样子许燕吉改造的决心还挺大，你等不等她是你自己的事，你自己拿主意，领导不干预。他得了这个表态就撤诉了。他还告诉我，过几天他就去长沙过春节，他母亲从老家广东丰顺去到了长沙，住在他堂兄家帮他堂嫂带小孩儿。他还给我带来一包点心，我假说这里不许接受食品，让他带了回去。我的想法是在困境中不接受别人的施舍。

1959年的春节我过得挺好。所长答应男犯人的要求，用煮纱线的大锅烧了三大锅水给大家洗澡，特别让我们四个妇女先洗的。伙食也改善了好几天，初一包饺子，白三和梅一边包一边唱小曲儿。我们和男犯人们在院子里隔着晒线杆子开了联欢会。我还唱了一支才从报纸上学来的、赞颂苏联发射人造卫星的新歌。

❷…………锯开两半了

三月份吴富融没来，四月份还是没来，我不再像以前那样揪心地盼望，而是有了些预感。4月末程所长亲自来传我，路上对我说吴富融来了，还是要离婚。我不感意外，点头表示明白。进到办公室，除了吴富融还有两个陌生人，所长介绍说都是法院的，加上班长共六个人，把个办公室坐满了。我挺不满，心想离婚是俩人的事，找这些人来干什么？也不容我说什么，只能默默地坐在他们给我指定的位子上，和吴富融并排。开场还是例行的一套，只是加了一问："你现在有没有怀孕？"之后交给我一份起诉书，还是吴富融写的，和上次那份基本一样，只是婚后感情由一般变成了尚好，把那个说他婚前不知道我的事的括号去除了，后尾多加了几个坚决词。我看完，法院的人又说："今天来处理你们离婚一案，你若是同意签字，我们就可以当面办妥了结。"我说："我不接受他提的离婚理由，他的离婚理由只能是我判了六年徒刑，不能和他一起生活。"吴富融这时也不沉默了，接嘴说："我就是为了站稳立场，要和你划清界限。"我问道："上次你撤诉，不是说领导肯定我的改造决心，婚姻的事让你自己决定，不影响对你的信任吗？现在又提立场界限干什么？"他说："我考虑必须和你离婚，才能彻底地和你划清界限，才能更坚定地站在人民立场。"我说："我已经抛弃了反动立场，这你是知道的，我还怎么会影响你的人民立场？说真实的，六年是不短，但我有决心，身体又好，有条件争取提前出来。"他赶快说：

“我知道你可能争取提前出来，但是也有可能到时候出不来。”我一下子就火了，瞬间又觉得他可能是着急，把“到时候才能出来”口误成“到时候出不来”，马上又原谅了说：“对！我有可能得六年才能出来，你若是提出你等不了这六年，我马上签字同意离婚。”他说：“不是！我就是要划清界限。”我说：“我思想没转变时你怎么不提划清界限，现在判了六年你就提划清界限了？”他说：“那时你还没生产，我不能提，提出也没用。你生产后还在南京没回来，我就跟领导谈了，我早就想和你离婚了。不信的话，你到站上去问，大家都知道。”我顿时感到受了欺骗，受了侮辱，真的火了，直着眼睛问他：“你明知我出不去，叫我到你们站上去问，是什么意思？你不愿意等待六年时间，又怕人家说你不信不义，所以硬不承认是不是？你等不了六年，着急另找人结婚，为什么不敢明说？”可怜他被我一连串的追问问得完全招架不住，磕磕巴巴地红着脸重复着“我不是的，我不是这样”。这时程所长大声喊道：“许燕吉，回去！”我应声而起，两步迈到门边，忽然又转过身来对程所长说：“我以后也见不到他了，今天就得把话说完！”也不等程所长批准，转过脸直瞪着吴富融说：“日子还长，以后谁怎么样，还不一定！”最后四个字声大力足，转身出去把门重重一摔，急步回监舍，拿起活计飞快地织起来，心还怦怦地跳着。

不一会儿，眼的余光觉得窗口有遮挡，抬头一看是班长站在那里。我冲口而出：“你站在那里干吗？我不自尽，你该干什么还干什么去，快走吧！”班长倒没生气，说：“嗬嗬，你还管起我来了，我能听你的吗？”说着推门进来，坐在我一旁。我也感到自己过分了，平和地说：“我知道你是对我负责，你放心，我绝对绝对不会为一个男人去死。他对我都这样了，我再留恋他，岂不是太贱骨头了！”班长说句“想得开就好”，坐了一会儿看我情绪正常才走了。

第二天，所长叫我上办公室，一进门他就说："今天我要批评你！"我不知为何，直着眼等着。"你看你昨天是什么态度，不论如何，人家是国家干部！（你是犯人，他虽没说出口，我明白了）你当着这么些人把人家挤对得下不了台，真不像话！"我检讨说："我只把他看作是来和我离婚的人，没拿他当国家干部。假若他作为国家干部来训斥我，不管训得对与不对我都不会顶嘴的。"后来想想，一个被专政的囚犯还如此咄咄猖狂，对管她的所长必不是件光荣体面的事。

又过了一个星期，就是5月初了，所长在办公室将离婚判决给了我。前面写的还是公文的程序言辞，后面有"女方不同意，表示愿意努力改造，男方坚持离婚，按《婚姻法》第××条一方坚持，故判决离婚"。我看完将判决递回给所长时，两颗泪珠忽然滴在了桌上，我赶快用袖子擦去。所长问是否同意，我摇摇头说："不同意！"他说："不同意可以上诉。"我说："不上诉。"他说："不同意又不上诉，是怎么回事儿？"我说："我不上诉是因为上诉了也还是这个结果，我不想给政府增加麻烦。我不同意只是我的表态，到任何时候，这纸离婚判决也是男方强加于我的，仅此而已。"所长点点头说："离了就说离了的好吧。"我说："任何事情都有两方面嘛！"这时所长让我坐下，慢慢地告诉我，吴富融第一次来探监时就跟他说要离婚，他不让吴富融提，理由是犯人方才被捕判刑，思想还不稳定，生活也没适应，再加上离婚，等于雪上加霜，又一个打击，对她的身心和改造都很不利。若实在要离，也得缓一段时间，等她适应了服刑生活，再给她一些思想准备，让她能够承受感情的挫折，好好改造思想，平安地度过刑期。我这时真叫百感交集，一位共产党的劳改干部对我这个敌人尚且关心体谅，拿我当个人，而恋爱结婚恩爱相处六年之久的丈夫，时过境迁就视我为害，还要借离婚给自己捞政治资本，不惜落井下石，于心何忍？

所长还问我今后与谁联系，刑满回到社会得有个接纳之人和落脚之处。我说只有母亲，但她若知道我成了囚犯，一定和我断绝关系，只有等我改造好了才能联系。她今年59岁，马上就60岁，不会离开南京了，能够找得着。我哥哥一直坚信天主教，我母亲早就不让我们兄妹联系，对双方都不利。所长就再没说什么。

结束谈话时，所长说："你为离婚表面上没有思想波动，但内心不会平静的，自己慢慢克服化解吧。"

经过离婚这事，拉近了我对劳改干部，也就是对党的感情距离，对我的改造更注入了动力。我自信是个拿得起放得下的人，改造才是最重要的。

3…………婚恋课堂

还在懵懂的童年，身边的事就给我上了一堂恋爱婚姻的课。我父亲的同学、好朋友熊佛西和他夫人朱君允是我父母婚姻的介绍人，朱君允是我五姨父的姐姐，也是我妈妈的好朋友，我们称她为大陀娘。他家三个小孩儿也是哥哥和我的玩伴，我们相处得很快乐。

熊佛西和大陀娘是在美国留学时相识的，熊佛西被大陀娘的气质才华吸引，狂热地追求。而大陀娘认为自己比熊大五岁之多，一直没有接受。熊佛西就找到当时也在美国留学的我五姨父，三番五次地又哭又闹，赌咒发誓，寻死觅活，精神都要崩溃了。我五姨父看他可怜，答应劝说自己姐姐。俗话说烈女怕缠郎，最终熊佛西如愿以偿，就在美国办了婚礼，学成回国后在北京建了温馨的家，生了三个孩子。抗日战争爆发，熊佛西只身先到了大后方，大陀娘和三个孩子留在北京过了艰苦的三年。为了拒绝给伪政权工作，大陀娘毅然带了三个孩子逃出北京，由上海到香港，就住在我家。就在我家，大陀娘收到熊佛西给她的绝情信，原来他已经和著名的话剧演员叶子同居了，信中写道："你是有能力的女人，能够抚育三个孩子成人。"拂袖抽身，连儿女都不顾，这对于年近半百，旅途走了一半的大陀娘真是天大的打击。幸而大陀娘是坚强的，在我父母的鼓励和支持下，她还是到了后方，在成都找到工作，独自供养了三个儿女，都学有所成。她最后是武汉大学的教授，全国人大代表。她没和熊佛西办离婚手续，熊佛西在叶子之后又有过两次婚姻，都是非法的。我特别佩服大陀娘，也知道爱情是不可靠的。

第二课是从书本上学的。初二时看过一本书叫《爱情与仇恨》，讲了好几对欧洲贵族的故事，爱的时候狂热无比，不爱时又恨之入骨，印证了我亲眼见到的第一课。步入青春期的我，早就像被注射过了疫苗，有了抵抗力，这是我能从容地接受初恋婚姻破裂的原因。

4…………我的恋爱

还在大学二年级时，有一天，我和同班的一个外号叫皮蛋的女同学坐在操场边上看打球。虽然她年龄比我大了五岁多，又是团员，可我俩最谈得来，几乎是无话不谈。她常常开导我，我也乐于听她的话。这时她发现我坐姿不佳，便碰碰我说："坐好，坐好，瞧你坐得和野小子一样，哪个男生能看得上你？"我赶快坐好，但说："我用不着谁看上。"皮蛋说她以前的同学现在工作了的，都劝她在学校里找对象，到了社会上人很复杂，就是结识一个，一周见一次面，短短几个小时怎可能把缺点暴露出来？在学校结交人就简单得多，相处好几年，知根知底，比在社会上要可靠稳妥。经她指点，紧迫感也给我传递过来。

女孩子的爱情往往和蜘蛛放丝一样，那蛛丝随气流飘游，不定何时粘到了何物之上，那蜘蛛就沿着这丝爬过去爬过来，结成了自己的网。人毕竟是有脑子的，粘着的人若不合意，她就把这丝掐断放弃。

大二期末，我的情丝无意中粘到吴富融身上，我没把这丝掐断。因为这两年我俩已有一年同在一个小组，比较熟悉了解，他活泼直爽，待人热忱。但我也没有积极地去结网，因为他和本班的勤有过一段恋情。一年级时他俩都是班干部，接触多，恋爱了，同学们也都不知道。直到二年级下学期，学校搞“忠诚老实运动”，每人交代历史，吴富融才知道勤比他大了五岁之多，就不和勤来往了，害得勤失恋失眠，天天头疼。我不知就里，还特地到书店买了一本《头疼》的小册子给她看。皮蛋也是团干部，知道内情，告诉了我，还加以评论：广东人就是奇怪，感情这种事哪能和开门关门一样，嘭一声关上就像什么事也没发生过？不过也怨勤自己瞒了岁数，哪个男人愿意娶个比他大五岁的？也难怪吴富融。我不知道他们以后还会不会和好，不想搅进去充个第三人，所以一直冷处理着。

大三下学期要外出实习，勤和皮蛋都去了东北队，我们小组的人多数选择察北队。到了察北牧场再分成四人一个小组，进一个厩舍劳动实习，我和吴富融碰巧又在一组。有一天他感冒发烧就在宿舍躺着，我们下山回来，别人都去看他，我就没去。可是一个多月只四个人常在一起，接触就不可避免了。终于在马场实习结束前的一个中午，吴富融提前来叫我去马厩，我向女生的组长刘淑娴打了招呼就随他上山。一路说说笑笑，走到半坡，他忽然正经起来说：“别瞎扯了，我跟你说个事儿。”我一下怔住，直觉感到他要说什么，屏气敛息。他说：“你有没有觉得我近来对你有什么不一样？”我摇摇头，真的没觉得近来有什么不一样，我们熟悉无拘已经很久了。他更严肃地说：“我把咱俩的关系已经跟景旭（团支书）谈了，他挺赞成。”那个年代，个人的私事也得事先听组织的意见。我更不知说什么好，太没准备了。二人无言，默默地走进马房，我贴着东墙低头站着，他在马的西边上马鞍，勒肚带，上笼头，干完后站到马前面，摸着马鼻子看着马额头，低声地问："我和勤的事你知道不？"我点了点头，他也点了点头。这时听见同学们都上山来了，他放开马走到我面前，轻轻拥抱了一下，就赶快回到了马的西边。一下午无话。晚饭后我对刘淑娴说了中午的事，刘和勤是同乡，来校前就认得，二人关系最密。刘说："恋爱自由，你若愿意就和他好吧。"稍停又说："你不用有什么顾虑，勤和吴富融已经一点儿关系也没有了。"就这样，我们就有了爱人关系了。离开马场前，吴富融约我谈过一次话，我们坐在干草堆上。他告诉我他生在曼谷，家里开着金银首饰店，七岁回广东丰顺老家上学，再没去过泰国。他父亲原配已故，三个妾，他母亲是大的，小的解放后走了，这两个母亲带着十几个孩子和他婶娘的十几个孩子，一共二十多个兄弟姐妹，在老家守着房子、土地。他父亲解放后就逃回泰国，再没回来过，但生活费到时候必寄。一般侨商都是海外挣钱，海内买地买房，我不奇怪。解放初期，都重视个人表现，并不强调家庭出身，他的情况我大概也知道，经他一说更具体了。我的家庭情况他都知道，也不用问不用说了。我想这就是恋爱的程序吧。时间不长，程序完毕，他又拥抱了我一下，那天我没穿棉大衣，他胸前的钢笔把我的肋骨硌得疼了几天。

实习队转到锡察盟公营牧场时，场里派来两辆牛车，一辆拉行李，一辆让大家轮流乘坐，还来了一位老红军干部接我们。老红军干部负过伤，身体不好，他骑着马一路和我们说话。走在大草原上，风和日丽，眼界辽阔，蓝天白云，大老鹰在上面盘旋，绿草杂花，小百灵在翻飞叽喳，我们这群年轻人唱着歌迈着步，豪情满怀。走到中午，老红军骑马到我身边，问我为什么不去坐一下牛车。我回答："当年你们饿着肚子还能长征，我身强力壮，还走不了这点儿路吗？"其实我也是有意识地锻炼一下自己，准备着到牧区工作。晚上队干部们开会研究工作时，老红军对我大加赞赏，说从我身上看到新中国大学生们的朝气，改变了他对大学生的看法。第二天吴富融对我说，他听见我受赞扬心花怒放，为自己选择的对象大感自豪，这大概就是他对我的爱情最热烈的时期了。

以后我们又男女分别下到基层配种站，吴富融托往返各站的带队教师给我带来一封信，虽然写的都是他们那站的情况，但这一捎信，我们二人的关系就全队皆知了。

实习回来，我住进了五四医院，检查也不能确定病因，医生怀疑是急性肺结核。吴富融来看我说："不管你是不是患肺结核，我对你还是一样。"我听这话感到挺别扭。人常说恋爱中的女人智商最低，有其道理。其实他说这话原因并不复杂，以他的价值观念，对方有病就应该关系叫停，"对你还是一样"是示爱加上自表功。若换成是我，就根本不会考虑到这点，这就是价值观和道德观的差异，而我没想清楚，只是有别扭的感觉而已。后来他告诉我，多数男同学认为他在毕业前找了我这么一个能吃苦耐劳，不娇气，不乱花钱，身体又好，学习又棒的爱人是明智之举、幸运之举，特别还是划得来之举。他为此沾沾自喜，我住院期间，同学们来看我的不少，吴富融则是每个探视日都来，我们的爱情保持着原来的温度。

最后的一个学年，班上的女同学们大多数都有了恋爱对象，为明年走向社会做着个人的准备。吴富融的社会工作从班上调到了学生会，那里有间小办公室，除了社会活动时间，一般没有人，我常在那里辅导吴富融学习，现买现卖，教学相长，他的考分上升了，我也省去了复习的时间。周末我们还可以在那里谈话，也可以有些亲密的举动。我发现班上有几个团干部经常找吴富融谈话，心想党组织已经向他们几个华侨交代过，因为本人历史和家庭及社会关系都无法调查，他们只能当个"党外布尔什维克"，现在还老谈个什么劲儿？一个周末，吴富融愁容满面地对我说，团里一些人对他现在的恋爱非常不满，三番五次地批评他舍弃了已是共产党员的勤，而去和思想落后还反动的我相好，恋爱观反映了政治思想，他感到很大的压力，很苦恼。原来勤家是地主，我们上大二时她家乡土改，勤把她母亲偷藏在衣服里寄给她的不少钱，寄回到她家乡的农会。她母亲因此大为生气，来信和她断绝关系，而学校党委以她作为划清阶级立场的典型，很快便发展她入了党。当时学生党员很少，是很受人仰视的，而吴富融就是不肯和她继续，自然要被人提升到阶级立场上去批判了。幸而我背叛宗教不是为了向这些人靠拢，否则听了这话，会和祥林嫂一样，把上供的鱼跌到地上。但是我也感到自尊心受了伤害，便冷静地说："既是这样，咱们就分手算了，我不是非要和你好不行的。"他一下子伏在桌上大哭了起来，我也不知说什么能安慰他，只隔着桌子伸长胳膊摸了摸他的头发。他哭过了，泪眼婆娑地说："好在咱俩感情好，只要咱俩相爱，我就不理会他们。"

恋爱在继续，压力也在继续，不会有人为此找我谈话，但是勤对我很严厉。有一次为了一句玩笑，她上纲上线地着实把我训斥了一顿。连对和我最好的皮蛋她也不客气，一次我们两人开了个玩笑，勤也上纲上线把皮蛋批评一顿，气得皮蛋几乎和她吵起架来。吴富融不知从何处知道了这事，特地找我问清楚，要和勤去理论。我说："笑话本是我说得不好，挨批也没什么，你千万不要介入，与你不相干。"平时在同学们面前我们得保持距离，单独会面时我似乎有了愧疚感。爱情本应是甜蜜的，而我感到的是苦涩。皮蛋从东北实习回来时，我正住在医院，她听说我和吴富融成了一对儿，笑得躺在床上打滚儿。她知道我和吴富融不是一路人，竟能恋爱，实在滑稽，实在可乐。因此我的苦恼不好向她倾诉，只好自己闷着，没人看见时掉些眼泪。

最后一学期，我逐渐感觉到吴富融对我降温，直觉告诉我，会走向分手。毕业分配志愿表发下来，爱人关系一栏我就空着，认为不分配到一起，日子长了就自然了结了。不料两天后他气哼哼地拿了我的表来找我，说："我把你填上了，你为什么没填我，是什么意思？"我没解释，默默地接过表格填上了他的名字，他才悻悻地走了。就这样，我们一起到了石家庄。压力不存在了，二人又不在一个单位，聚少离多，身边也再没有亲近的人，两人的感情又恢复起来，比在校时还要好些。

在农科所，我的同屋敬芳是团组委，她鼓励我入团，那时领导和群众对我的表现都比较认可，我也向往进步，就写了申请，打算被批准后再结婚，以求政治平等。不料1955年夏天，吴富融一次下乡回来就匆匆来到我们所，见面就说："咱们赶快结婚吧！"我摸不着头脑，没答应。他说这次是和站长一块儿下乡，站长叫他赶快结婚，说谈恋爱是大学生的事，在单位同事们看不惯，有反映。接着他就定了个最近的节日，7月1日党的生日，我也就同意了。婚礼放在7月3号星期日，在他们站上，农大的同学们都不习惯当地人结婚时说的那些荤笑话，做的那些不雅的动作，攒着劲儿要借我们的婚礼来个文明示范。那天同学们来了十几个，加上双方单位的同事，共约30人，请客人们吃糖吃冷饮，买些酒菜请伙房给炒制，邱瑞华当的主持人，同学们自娱自乐演点儿小节目，的确很文明也很尽兴，达到了示范的目的。

婚礼中有一项是宣读贺信贺词，念到一封信是给吴富融的，开头一句是"知道你将结婚，我才恍然大悟"，署名人姓梁，我认得的，是农学系比我们低一级的女生，也是广东人，和吴富融都在学生会工作。我觉得这词有点儿怪，用眼向吴富融询问，吴富融摇摇头，还做了个小手势，表示事后对我说。第二天，我又问他，他说是小梁误会了他的友情，我说你若是没有暗示，女孩子何来误会？他默认了，证明我的分手直觉是对的。接着问他："那你和小梁发展下去就是了，何必又来叫我填表？"这下他理直气壮起来，说："我怎能在学校里老是换人恋爱？那我成什么人了？"当时大家确实都认为那是举止轻浮、作风不正、人品低下的，我想，若是没有大家这种看法的压力，他一定就对我关门另开窗户了。现在生米已做成熟饭，我追究也失了意义，只说了句："你这人很坏！"他闭了眼睛点了点头。

和他恋爱、结婚的四五年间，枝枝节节加上我早先就获得的"免疫力"，心底总有那么一点儿阴影，以致对他的甜言蜜语很难回应。有一次他说总觉得我不信任他，还流了泪，惹得我也流了泪，但还是无法回应。

这就是我的初恋，纯真又迷惘，而他对我的爱情是算盘珠子拨出来的。相处数年，他没敢越过雷池，总算老实本分，我还是爱他的，若不是生活的变故，我们也能凑合过一辈子。若不是他那样笨拙，我那样执拗，离婚也可以平和友善，少些伤害，少些怨责，回想起来，只有个"憾"字可言了。

第七章　五年南兵营

1…………织布、烂脚

1959年9月中旬，程所长这天上午亲自来把我叫出工房，说南兵营劳改队养的猪常生病，要调我去，接我的人已经来了，马上就走。我当即捆好了铺盖，所长说东西不用我拿，南兵营有大车给捎去。离婚后，我的全部家当都在专区所里，确实自己也拿不走，空身而行正求之不得。就这样，我离开了待了一年的地方。

押解我的武警没有背枪，我也没戴手铐，所以不引人注目。走了不到一小时，到了桥东区。当年桥东只有几家纺织厂，一点儿也不繁华，我以前几乎没有来过。所谓的桥不是跨水而是跨铁路的一座大石头桥，那时就已经不用了。过了道口往东也就一里多，我看见四周无房，只有带电网的高墙大院，知道南兵营到了。

武警把我交给了一位女管教，女管教姓张，说了监规纪律，又问了问我的大概情况。这时来了一位中年男干部，姓邸，让我称他邸上级。他说现在养的猪不多，叫我先去织布，后来知道邸上级是专管生产的。张管教还叫来了女犯人组长。这时我的行李也到了，不用的还存仓库，女组长给我安排好铺位，领了饭碗、筷子，马上我就成了女织布组的一员了。

南兵营的劳动是四班制，每班六个小时，每人每天上两个班。织布车间是男女打对班，我们下了后夜班，洗漱、早饭之后就回车间，替出男班吃早饭。他们吃过回来，两班人一起卸布，我们把这一天织出的布卸下来挂好，叠整齐，再拿到验布整修车间。交接班时，我们用彩色的线头织进布边做记号，谁织的多少，质量如何，都能分清。在不“放卫星”的日子，交过布就可以处理个人的事情：洗衣服、买东西或看病之类，自然也可以休息睡觉。但是不一会儿就该吃午饭了，吃过就上下白班，六个小时后出车间吃过晚饭就要开会学习，学习后才能上床睡觉，四个小时后又要起床接班了。“放卫星”的日子就没了卸布后的休息和开会学习的时间，统统回车间劳动。两个星期休息一天，倒一次班，倒班后学习放在下午，只省下了交布的工夫。

南兵营的织布机是半自动的，就是人工换梭和断线不会自动停机。开始我和一个三十多岁的姓章的妇女二人合看一台宽布机器，她教我看布面，接线头，装纬线换梭，一切从头学。车间里噪音极大，说话听不见，都打手势。我盯着那梭，眼光来往也一左一右，觉得它一秒一秒地缩短着我的刑期。随着机器的节奏，我哼着喜欢的歌曲，背诵着脑中的诗词，念得最多的是李后主的词，似乎得到了共鸣和宽慰。

第一次参加的生产会上，邸上级批评了章和我，因为我二人产量最低。我正沮丧，他又表扬说我目不旁视，眼睛老在布上，让大家向我学习。我跟姓章的干了不到一个月她被解回老家，据说是受害人家属不饶，定要枪毙她。我知道后还是感到难过，我不了解她的案情，但明白了杀人犯也不一定没人性。

章走后，我就换到了一个人操作的窄机子上，这回不能再目不旁视了。我用心地看那几个产量高的，找出我落后的原因。

她们换梭快，机器没停稳梭已换好，就势又开动了，而我是把机器停稳才换梭，再开机还得等梭锤第二击时才能放手，否则转速不快梭锤击力不够，梭就会卡在中间，把经线挤断。这糟糕事我干过一次，是在和男犯交班时卡了梭，那挤断的经线像烫发卷曲着，有一梭子那么宽。那男犯头上的汗一下就冒了出来，我不知所措，尴尬地愣着。那男犯冲我摆摆手，示意我赶快跟上女犯们下班。我出车间时回头一望，他正在一根线一根线地接着，心里觉得很抱歉。自那时起，我的动作就稳重起来，慢起来，稳中求快，慢慢地我也练得手熟，产量也不落后了。

织布技术过了关，新的困扰又有了，那就是瞌睡。初到南兵营，为庆祝国庆，给犯人们放过一场电影，环顾全场，只有我一个人在看，其他人都睡着了，我当时还觉得奇怪。每天的学习会，多数人坐在那里睡得很实，我还以为她们对政治学习不感兴趣，殊不知是长期缺觉熬得。有一回晚班，邻机的同犯过来捅捅我，指给我看我们的组长，她正一手拿一个线头，弯着腰睡得香香的，干着活儿还能睡成这样，我俩相视笑了起来。没料到很快我也成这样了，特别是下夜班，睡得正熟时被叫醒，懵懵懂懂，随着人群走过院门时，那岗楼上的大探照灯就射准这下班上班的人流。昏困的脑袋被那强光一刺激，全身上下都形容不出地难受，简直就是一种体罚，直到进了车间，被噪声一震，人才清醒了。困劲儿袭来时，手拿着线就是接不上，一惊醒来，咬咬嘴唇晃晃脑袋两个线头一对上就又睡着了，反复数次，非得过了这几分钟的困劲儿，才能继续干活儿。

最终困扰我、致使我离开织布组的原因是我的两只脚都烂了。我们织的是包皮布，纱线质量次，为了减少断线就得往地上大量洒水。我从小就患脚癣，长时间站在湿地上，脚癣就犯了。那时还没有塑料底的鞋，只有布底鞋，而我又只有一双，不能换晒。小卖部那里没有鞋卖，卖货人说鞋可以领，可我又不想找组长麻烦管教。脚癣愈来愈重，还感染发炎了，破口处流出好些淋巴液，更把鞋弄得里外皆湿，脚肿得挺圆，一瘸一拐，步步钻心。下班回来，打盆水洗洗，趾缝间的裂口红鲜鲜的，看不到底。同犯们挺同情，有的劝我哭一哭，说哭出来疼得就轻一点儿，我却给她们个笑脸，心里铁定，决不为烂脚流泪。入狱之初我就立志学颜回：箪食瓢饮，不改其乐。还有牛虻的话也鼓励着我："无论活着还是死去，我都是一只快乐的大苍蝇。"烂脚只能怪自己，没什么委屈，一定不哭。有个同犯撕开自己的枕头，取出些蒲绒，让我夹在趾缝间，我虽不敢尝试这不卫生的疗法，但还是感受到了人情的温暖。管教看我寸步难行，就改派我去接机，就是把织完的经轴接上新安上的经轴。这工作不用站立，坐在织布机上把两边的线头接上。不站着自然舒服多了，不久，管教干脆把我调到缝纫组去，坐在裁缝铺织毛衣了。医务室见我久治不愈，给我改用磺胺软膏。我不用站立，不受潮湿，又领了新鞋，烂脚竟很快痊愈了，不得不感谢管教们。

2…………南兵营的地理、人文

缝纫组是个对外营业的裁缝铺，上常白班。养猪的老头儿犯人常来找我去给猪看病，后来建了个猪场，我调了过去，接触到更多的人，跑遍了高墙内的角角落落，了解了一些南兵营的人文地理。

南兵营原归专区，专区撤销后正式的名称是石家庄市桥东劳改队。公安部原有明文：关押长刑期犯人的称监狱，关押短刑期的称劳改队，后来犯人多了，也就不分了。

石家庄是联结山东、山西、河北、河南的交通咽喉，战略要地，驻军很多，偏南的这营房就称为南兵营了。日军占领后，这个位于火车站东南不到500米、占地200多亩的南兵营就成了个大监狱，对外称"石家庄劳工教习所"，又称劳工训练所、俘虏收容所，实际上就是屠杀中国人的集中营。1938年到1945年间，先后关押抓捕来的群众和抗日军干达五万余人，死在这围墙里的不下两万，由这里被拉到日本或东北去当劳工的有三万，幸存的寥寥。偌大的地面，不论在何处刨下去不到一米，就能翻出白骨。

当年的房舍还留着一处：平顶土墙的一大长条四合院，中间还用房子隔出一大一小两边，其间有个大门相通。这200米长20来米宽的大院只有一个朝北的大门，体现了封闭的特点。其他就都是解放后新建的了，四米来高的红砖围墙上面还有电网，转角处有显眼的岗楼，大门朝北，就在休门镇的大路上。门内两边各建了几排红砖平房，是办公室和干部、警员的宿舍，往南是站有岗哨的二门，门内是监狱区了，也是朝南的排排大厂房。东边是大礼堂，西边是大仓库，仓库前是晒纱线的晒场，晒场南边是漂染车间。再向南是两排织提花线毯的大厂房，大礼堂南面一排是裁缝车间及就业人员宿舍和铁木组的工房。南边还是晒线场，东边还盖了三排猪圈，算是猪场。南面和两排织毯车间相对的是辅助车间（打经线、纬线和摇纱）和一排织布车间。再南边就是那封闭的四合院了，其间的空地上还有几间小平房，是管教的办公室，还有一间犯人的阅览室。四合院的西边院，北是男犯人监舍，南是织布车间，西头是大伙房，东头是打包车间和修整检验车间。东边院北有大门、医务室和小卖部。在东院的东面、南边是卷经轴的车间。四合院外的东边，与大墙之间还有一个院子，是养马、骡的牲口槽，放大车的大车棚，还有个粉坊和养牲口的犯人、赶大车的就业人员宿舍。大墙外面东边是个果园，南边是片菜地，加起来有200亩，大墙内有七八十亩。随着石家庄的发展和桥东的建设，南兵营劳改队后来迁到了获鹿县，现在那里已是高楼林立，旧迹无存，只在附近的公园里立了一块碑，纪念这块悲惨之地。

3 …………监规纪律和囚犯生活

南兵营劳改队的一把手，我们称他为贾书记，是位长工出身的老干部，当时有50开外了。大队长姓李，三十多岁，他们都经常到犯人们的生产、生活场所来。管教股长姓程，是个女干部，三十多岁。具体管犯人的是各车间的管教，我们称他们为队长或管教。南兵营的犯人不多，总共才四五百人，分四个车间：织毯车间、织布车间、辅助车间和妇女车间。我们妇女车间有两位女管教，先是张管教和邢管教，后换了另一位张管教和刘管教，年纪都和我相仿，具体的事，交代给犯人组长管，管教主要听犯人汇报，做思想工作。

监规纪律头一条是不许单独行动。我刚去时还是二人一路行，自打男犯人发生了一次逃跑事故，就改成三人一路行了。第二条是不许私人拉拢，不许互相馈赠。第三条是不许谈论自己和别人的案情。第四条是看见或听见不利于改造的事，要及时向管教汇报，不许包庇，这叫“靠拢政府”。管教们特别重视这一点，认为是思想改造的主要表现。由于没有反坐的限制，往往就成了诬蔑打击别人的手段，犯人中常说的“拿别人立功”，就源于此。我想，一个人专注于找别人的缺点，怎能纯洁自己的灵魂？不过那时我听到的改造目标，仅是成为自食其力的奉公守法的劳动者，不提道德情操。有个一贯道的老太婆曾悄悄对我说，“坏人在这里改不成好人，只能变得更坏”，不无道理。

犯人的伙食还不错。当然，粮食局和蔬菜站不可能供给最好的品种，但经过伙房犯人的加工，也能让大伙吃饱吃好。半月一次的休息日，总会改善一次，吃到细粮和荤菜。过节一定包饺子，把面粉和馅子发到各组自己包。我到南兵营后不几天就过中秋节，吃冬瓜猪肉片，连汤带菜不限数量。她们打了一桶又一桶，为了多吃几片肉而吃了大量冬瓜，结果停了机器去找水喝。

按理，犯人得穿统一的服装，而南兵营的经费少，基本上还是穿自己的，只是在胸前写上“罪犯某某某”几个大红字，颜料是漂染车间配制的，不会掉色。冬天就比较统一，不论男女都是灰布棉袄棉裤，自然也写上红字。专区下属的劳改队只有南兵营有女犯，因此每年我们还得缝制大量的男犯棉衣裤供给专区的男犯人。我们自己的则是利用休息时间来做，爱美的可以修修剪剪，做得合身好看些。

小卖部由一个刑满就业的人管，不用钱，也不用代金券，而是每人发一个小本子，家里给的钱和买什么东西多少钱，都记在本子上，倒也一目了然。劳改队每月还给每个犯人一点儿零用钱，我初去时给两角，后来认为我表现好，就给三角、五角。小卖部除了卖些脸盆、毛巾、香皂之类的日用品，还卖吃的。我在专区看守所后来搬住的南房漏雨，睡了一夜湿被子，第二天就发了一种过敏症，一遇凉水胳膊就起大片丘疹，手指肿得和小胡萝卜似的，还痒得难耐。虽然半个小时就能退去，但总是个麻烦。我在小卖部买了两角钱的辣椒面儿一顿吃下，居然再也不犯病了。南兵营还将织的毯子头卖给犯人，我买过一块正方的当包袱皮儿。

每月有个接见日，大概是农历初十，因为没有人来看过我，记不清了。每两周一次的休息日可以寄信，贴上邮票不封口，组长收齐后交给管教，来信也经管教看过才给，认为不宜的字句用黑墨涂严。女犯们文盲多，每个休息日我的床前都坐满了求我代笔的人，一面说还一面流泪，把鼻涕抹在我的床腿上，我的休息时间几乎全被占了，最后还得打水来擦床腿。我同情这些不幸的人，从不厌烦。

休息日是两餐，中间的时间全体犯人集中到礼堂开大会，听李大队长训话，也有时是鼓动生产、各车间挑战、表决心的会，也有讲自己改造心得的犯人发言，或者批判某个不接受改造的顽固分子的会。每季度还有奖惩宣布会，我也代表妇女车间上台发过言，但多数是由我写稿让刑事犯去讲，这都由管教事先安排好。集会结束时一定全体起立齐唱一歌，我初去时唱的是电影《探亲记》的插曲："东风吹，战鼓擂……"后来改唱电影《为了61个阶级弟兄》的主题歌："我们生活在社会主义的大家庭……"除了半个月唱这一次歌，就没有娱乐活动了，一年也演不了几场电影。直到1962年管教股让我们搞了个评剧班，每个休息日晚上演一场戏。

劳改队就是个特殊的工厂，不同出身、不同文化程度、不同类型的人们，日复一日年复一年地相伴相守，组成一个特异的群体，演绎着各自另类的人生。

4…………寒夜谈闹狱

1960年之前，老四合封闭的监舍外，工厂区的大厂房还没安装机器，先作为犯人监舍。隔了一道单砖墙，房梁上面还是通着的，东边住着男犯，西边是女犯，我去的时候就住在那里。床和专区看守所的一样，竹条钉的床面，木头做的床架，排成四条通铺。一条靠南，一条靠北，中间是两条合并，向着西头的大门，形成两个通道。每晚管教都来，她站在大门内，我们站在自己的床前形成四个长队，点过名后她就用门上的大铁链子将两扇大门穿上，锁上大铁锁走了。开灯睡觉是监狱的常规，大家睡觉得留下两个值班的这也是常规。南兵营没有专职的值班犯人，而是大家轮流，一个小时一换岗，值班的管教巡夜时会在窗外喊的。这两人把挨着的另两人摇醒，自己再睡。半夜还有交接去工房上下班的，出出进进，若不是都疲乏之至，是难以睡熟的。冬天的晚上更不好过，石家庄风大，那西北风直扑这西大门，我睡得离门近，靠铁链子拉住的两扇大门一会儿向里一会向外，那风灌进来，我的床上床底都是冷风。那时我已由织布组调到了缝纫组，左右睡的织布组的人上夜班去，我两旁无人，没一点儿遮拦，冻得我穿上棉衣棉裤，把褥子双折起，拥着被子缩成一团坐在上面，比伸长躺着暖和一点儿。这工房是要做织毯车间的，织毯机上还要装提花机楼，所以房子有五六米高。房顶是一层石棉瓦，透过瓦片缝隙可以看见天上星星。虽然两条通道各有一个火炉，室内温度也保持不住，尤其是刮风的晚上。值班的看我坐着就过来问原因，问我为什么不跟家里要厚些的被褥。我告诉她我已离了婚，这被褥原是前夫下乡时带着用的，所以轻薄，现在也不能再跟他换。她叹口气就坐在我的身边，我看她能同情我，不像那些“爱拿别人立功”的，就问了她前年闹狱是怎么回事儿。她心有余悸地向我讲述了那夜的全过程：

先是东边男犯人喊，惊得这边女犯们都坐了起来，跟着也喊，几个组长在通道里跑来跑去，嘴里也喊，还有人去摇大门，摇得门上的铁链哗啦啦地响，管教在窗外大声地喝止也不起作用。她说她害怕极了，也不知道发生了什么事，就不由自主地跟着大家喊，过了二十来分钟才平静下来。几天后在里面院子开了大会，四面房上都架了机关枪，宣布说有人要闹狱逃跑，就把那男犯扔上大汽车拉走枪毙去了，吓得她都尿了裤子，还说那天吓得尿裤子的很不少。她说这南兵营里死的人太多，阴气太重，还低声告诉我她是为一贯道来的，不敢再说神鬼。看得出这段回忆又让她紧张起来。喊过换岗她睡觉去了。原来专区看守所的那个因闹狱判死刑又求饶被赦的男犯人，犯的是这么一件事。

在马场实习时，牧工们跟我们讲过马惊群的事。察北牧场养的都是纯血马，敏感又神经质，初到时常惊群。群马无目的地狂奔，跑到浑身流汗没力再跑才停止。马没吃草，反消耗了大量体力，牧工们就得挨批评做检讨。次数多了也总结出经验和办法。开始是一只马踩到鼠洞，或者蹿出一只小动物使它受惊，别的马也跟着一惊，全群马朝着一个方向昂起颈子，竖立起耳朵，接着就狂奔起来。到这时牧工也只能跟着马群跑，什么号令都不管用了。可是在它们都昂起颈子之时，牧工们拉长声音一喊，分散了它们的注意力，就惊不起来了。所以牧工得随时注意马群的动态，及时化解惊群。

南兵营劳改队几百个犯人住一个监舍，又都知道这里曾是杀人魔窟，有心理压力和恐怖的阴影，莫名地乱喊和马惊群差不多。我想，当时我若在场，登高一呼让大家齐声唱歌，没准儿就能让大家平静下来，我还立一大功呢！接着一想，若是平息不了这“人惊”，也许抓去枪毙的“祸首”就不是那个男犯而是我了，幸而闹狱时我不在场。

1961年夏，劳改队把里面老四合院的东院改成了女监舍。医务室、小卖部、经轴车间都搬了出去，东院通外面的大门也挪到了西院，原来的门洞封死，成了女监舍。我们这150个女犯分住了两个房子，居住条件改善了不少，冬天生了火，也不挨冻了。

5…………特赦与加刑

1959年我到南兵营不久，就听说国庆10周年可能有特赦，开始并不在意，可是同犯们，特别是已服刑多年的都很兴奋。她们说1956年就释放过不少人，管教来一念名单，就走好几个，甚至十几个。还说自那以后伙食改善了，常吃大肉包子，直到第二年伙食才又差了。“政府又要宽大了！”是犯人们普遍的想法，引得我也乐观起来，心想是不是1957年以来打击面太大，现在要做些缓和，特赦一下？甚至揣摩若是释放我，农科所还能否回去？复婚有没有可能？……终于等到了10月1日，开了特赦宣判大会。

那天的会很隆重，两位管教亲自来监督我们整队，还叫一个10月4日满刑的年轻人将行李收拾好，说她父亲已经来了，散了会就跟她父亲走。我也没多想，默默地跟大家走进那庄严的会场。开始是大队长讲话，随后法院的人登台宣布特赦名单。妇女车间只有两人，除了那10月4日满刑的，还有一个差不到3个月满刑。

全大队被特赦的反革命犯只有一个，那人被判10年，已服刑八年半还多。散会后大家还是整队回去，都低着头，比来时更沉默。自此再没人提特赦的事了。

一个多月后又开了个严肃的加刑大会。被加刑的我认得，是缝纫组干整烫活儿的一个男犯，因他的温文尔雅给我留下很好的印象。加刑两年，罪过只一条，因为他说："特赦只是做给外人看的。"日子长了，有一次我得机会问了他加刑的事，他没多说，只忠告我一句："反革命犯可不敢随便说话！"两年之后，在一次奖励大会上，又宣布给他减了两年刑，理由是"工作一贯踏实，积极主动"。我明白这是对他加刑的纠正。我记得他的忠告，什么也没有说。

其实反革命犯不能随便说话我也知道，特赦之前就给一个叫程薇玲的老女犯加了二年刑。她是国民党的区委书记，官不大，可够上了镇反的杠杠，判了10年，快满期了。那时伙房煮的大白菜，汤上漂着一层蚜虫——那蚜虫又小又黏，很难洗下来，蔬菜站卖不出去，当然就给了劳改队。那一季我们天天都吃这菜，这位程国民党每逢吃饭就嚷嚷："吃蛆白粥（就是糊糊）去啰！"所以她的罪名是"煽动犯人对政府不满"。还有条罪状是"鼓动，并为许多犯人写申诉书"。这位加了刑也管不住嘴，公开说："1956年政府准许申诉，人家不会写字求到我，我能拒绝吗？我问问谁还要写，就算我鼓励人家了？"我从她那里明白反革命犯不但不能多嘴，还不能多事。

还有个小年轻的反革命在禁闭室里自尽了。他本是正定县一所中专的学生，名叫吴廷执，还是学生会会长。1957年闹待遇，他领了一些学生要乘火车去北京请愿，致使火车停开三个小时。事闹大了，报纸也登了，他被判了个无期徒刑。他织毯子产量最高，嘴也能讲，常在大会上发言，也常受奖励。不知为什么他要搜集歇后语，遍问那些男犯，还发纸给会写字的，让人把知道的都写给他，自己还弄了个大本子记上。可能是触犯了犯人严禁拉帮结社的律条，他被戴上手铐和脚镣，关进了禁闭室。大队长在全体会上说了他搜集歇后语的事，还念了几条给大家听。我记得一条是“一根筷子吃藕——专门挑眼儿”，念完后说：“这都是什么意思？”惹得哄堂一笑。我琢磨是否有影射政府之嫌？还有什么内情我们无从得知。这样年轻聪明能干的小伙儿就这么死了，我感到惋惜，也知道了反革命犯的底线所在。

常有同犯向我诉说她的烦恼、顾虑，我尽我所能给她们宽解，也会如实地反映给管教，好让她了解犯人们的思想。有一次汇报完毕，张管教问我：“她们的思想问题为什么要对你说，不来向政府说？”我脑中闪出几个回答，觉得都不适宜，便没敢出声。以后我不等同犯倾诉，便赶快劝她们找管教去谈。我想，反革命做思想工作是犯忌的。又一回，我已经去养猪，成了犯人中的“自由差”，路过小院子，赶上打轴组的年轻同犯们正七嘴八舌地向管教股那位女程队长告她们组长的状，说组长领了纱线把好打的给自己，把乱的浆结了不好打的给大家，要求让我去给她们分纱线。程队长见我走过，皮笑肉不笑地冲我说：“燕吉，大家说要你给分纱，你的威信还蛮高嘛！”我听出不满意，赶快走过去。反革命犯必须低调。

6…………工厂里的养猪场

在缝纫组过了冬，1960年春节过后我就被调去养猪了。管养猪的生产科干部叫李成群，是个年轻人。他说毛主席封猪为六畜之首，掀起了全民养猪的热潮，不但农村家家养猪，城市的每个工厂也要养猪。有条件的养，没条件的创造条件也得养。我们南兵营有条件，不但养，还得办起像样儿的猪场，以积极态度响应党的号召。我心想，这犯人伙房清淡的泔水加上粉坊的粗渣儿，养现有的几只猪还可以，办成猪场就得买饲料，无利还得赔本，这大城市里大养猪真是新鲜事物。我这右派脑子实在跟不上，跟不上也得接受，不敢多话。

东边晒线场腾出一大半，盖了三排猪圈和一个饲料棚，棚下盘了个煮猪食的大锅灶，搬过来几个泡纱线的大缸用来发酵猪饲料。南面牲口棚院里的猪圈还得留着，又盖了一排五个圈。猪的来源全是买的，南兵营大门外就是石家庄顶大的休门集，10天三个集，届时李成群就出去买，我和养猪组的老头儿们在二门处接。这位李上级不懂也不问，常买回些病猪，隔离、消毒也挡不住猪瘟的传染，我也不敢说。所幸还活下来不少，最终把猪圈占满了，有四只大母猪，又从别的劳改农场买了头大公猪，猪场就初具规模了。

养猪的全是老年男犯，令我当组长。成员情况如下：

王小盆，70岁，本是个无家无业的长工，因奸情害了人命，判的无期徒刑。他是南兵营劳改队搬来石家庄前的深泽县劳改队的犯人，可谓犯人中的元老了。他告诉我，他初来石家庄时，这里的围墙还没建，用铁丝网拦着，有一天钻进来一只母猪，被他圈住。老百姓不能入这禁地找猪，这猪就成了劳改队的了。母猪下了小猪，繁衍至今。他以猪场的创始人自诩，讲得津津有味，听得我瞠目结舌。他还养他南院的几头猪，不到北边晒线场来，因为他和北边的这几个老头儿谈不来。

李老见，74岁，本是农村的针灸医生。据说是针灸时还装神弄鬼，算是反动道会门，属于反革命一类。他医术很高，队上的干部常找他看病，有时公安处还开吉普车接他去。猪场北面是个大厂房，东头是铁木组，西头是缝纫组，有一回缝纫组一个男犯腹部绞痛，倒在地上打滚，别人就跑出来把李老见拉去。他一针下去，那人就好了，翻身就给李老见磕头，称他是救命恩人。

老杜，59岁，在国民党军队当过连长，虽然家也在农村，但从不说脏话，人也随和。

老高，65岁，是农民，当过伪军，也是反革命犯。

李老庆，68岁，富农，他家养着好几头骡马，对饲养、调教都有经验，他说他就喜爱这大牲口。抗日时期，他是村长，给敌伪军办事，也给八路军办事，这在冀中游击队是很普遍的。因为夜里要给牲口喂草料，他就睡在南院，不入监房。原来他也不参加开会，也不学习，有了养猪组，就把他归我们组了。他当然也是反革命。

我们这六个人的养猪组归辅助车间管，管教名叫王吉吉，是太行山里人，当长工后参军的，他说在地主家吃的是糠饼子，根本拿不住，得双手捧着吃。受过大苦的人显老，看上去他有五十多岁了。他文化不高，心地和善，对我们这全是“自由差”的组很宽松，不像其他犯人那样，每天得开会学习，只是我一个去参加辅助车间例行的组长会。有一次会上为领囚衣而统计人数，王管教发现人数不对，各组又报了一遍，还是不对。在监狱里，犯人的数目是很重要的。各组长再核算着本组人数，又帮王管教计算总数，一时气氛紧张起来，忽然一个组长指着我说：“就是多了个她！”一下子大家哄笑起来。王管教也不紧张了，对我说：“你还得算妇女车间的人，我这里不能领女囚衣。”停了一下又说：“还是我去跟女管教交代吧，你别成三不管了。”其实我是三家管。生产科李成群管，辅助车间王吉吉管，妇女车间还管，而李成群管得多些，因为他每天都要到猪场来。

我还真的经历过一回三不管。那是除夕之夜，我给猪打针后回女监，门上一把大锁，那夜车间都停工，又黑又静，还特别冷，我更不敢在院子里乱走，免得岗楼上看见，以为我要逃跑。正为难间，看见隔离室的窗子亮着灯，便推门入内。那是缝纫组的陈香云，患气喘病已经不治，便叫一个“人民内部犯”范小妮陪着她，住进这一间小屋。房里生着火，地上铺了很厚的麦秸，那范小妮正巴不得有个人陪她说话，叫我就在这里过夜，香云也将手上下摆了摆示意我留下。我看着她那枯瘦的脸，听着她那吼吼的喘声，真难过极了。听见管教喊换岗，我赶快出来请管教把我关进监房，结束这场意外。

7…………养猪犯的苦乐

畜牧场的事和家务相似，细起来没有止境，如同无底洞，粗一点儿也能过得去。万事开头难，开始时搞卫生消毒，治猪病，弄饲料，喂猪，劳动强度不大，但总没有休息的时间。有一回，铁木组一位年纪四十来岁的机修工叫杨小物件的又来找李老见扎针，见没人在旁就对我说："你看这些老头儿都六七十岁了，若是在家，什么也不用干的，现在犯了法不能不劳动，你不要把他们安排得这么紧，过得去就行了。"我想这小物件也言之有理。自此，喂猪、扫圈、倒粪之外，我就不再叫老头儿们干什么了，消毒、打针之类，我一个人也能干。我才二十七八，精力旺盛，拉饲料、挑泔水的也不用他们了。

我们休息的地方就是那砌着大锅灶的棚子。除了铁木组的，缝纫组的男犯们也会借去厕所的机会来棚下卷支烟吸。每逢接见的日子，老杜和老高家一定来人，老见的老伴老了，儿子们不是每回都来，老庆也有人看，就王小盆和我从未有人看过。老杜家送来的食品总会让大家分享一点儿，虽是监规不允许的，可这大棚下天高皇帝远，太守纪律似乎有点儿不近人情了。老高的儿子每回给他几块钱，他要把儿媳妇骂上好几天，他说给几块钱又没处买吃的，等于糟蹋他，他家树上有枣，为什么不拿点儿来，也算尽点儿孝心？我就开导他说家里有枣，媳妇要留给她孩子。孩子比公爹肯定要亲得多，能来看看就不错了。他羡慕老杜有女儿，老杜则说有儿子更好，不当绝户。他们常说家里的事，李老见也说他行医的经验和经历。听他们谈话让我懂得不少人情世故，对我这在学校里住大的人是很有裨益的。有时候他们把往事谈得高兴，还会起身把年轻时练过的武术操演一番，日子过得轻松愉快。

老见的颈后长了一个脓包，好几天也不去治，我摸摸他的额头，竟然很烫，坚持要陪他去医务室，他指着头说只要脑袋不掉就不去！我才知道他和张犯医成见很深。张犯医人品差我早有耳闻，便去找新来的一位犯医，他原是解放军的医官，因为把宝贵的进口药全给自己老婆用了，被判了徒刑。他给老见的脓包做了十字切开，挤净脓血敷了药，还给了消炎药片，只换了两次药就全好了。老见很感谢我，说他患的叫“砍头疮”，已经做好了送命的准备，没想到又活了下来。我当然不会贪功，但他一定要教我两手，一是止急腹疼，一是堕胎。他说堕胎的针法是不能随便传人的，那叫害命，损德，但也可用于催产，他相信我，所以敢教给我。可是我却不敢学，我没有医生资质，连兽医都不是本专业，涉足医道等于踩红线。专区看守所刘波那些人的遭遇就是前鉴。我不肯学，又怕他以为我不相信他，便请他为我扎针，治我入狱后得的怪毛病——左半侧脸不能出汗。针灸了些日子，居然慢慢地好了。

猪场最大的苦恼就源于那头大公猪，它半夜一蹿就红杏出墙了。岗哨看见有黑影游走，必然紧张，下来察看原来为此物。岗哨找到值班管教，开了监舍，叫出老杜前去赶猪。那猪在晒线杆下来往自如，而一个人东拦西截毫无用处，又气又累。那武警不但不帮忙，还高声地骂人，老杜说他一边奔跑一边大哭号啕。第二天我们抬个小推车压在猪圈上也没起作用。后来我们在小推车上再压上水泥板和砖头，又把猪鼻子上穿了个铁丝圈儿，能管几天，可是只要有发情的母猪，这色胆包天的大公猪彻夜努力，还是冲破障碍一往直前了。可能是武警也不胜其烦，找到李成群，他叫铁木组焊了个大铁笼子，每晚上让大公猪蹲禁闭，总算解了我们心头之恨。

我们全组有时也在老庆的房里进行学习，其实就是瞎聊，老庆会从床下的麻袋里抓出几把机器压出来的豆饼片，这是喂大牲口的饲料，我们也嚼得很香。老庆说："天天说形势大好，怎么粮食倒愈来愈少了？"我赶快把话题岔开，但也不敢隐瞒，幸而王吉吉对李老庆发表什么不感兴趣，我才释怀。

李成群不时地会拿来些"敢想敢干"的养猪资料给我，我都一一加以实践，什么切除甲状腺，什么针刺穴位的快速增重法等等，没一样有效的。倒是经常阉小猪，操作得较前熟练了。自己场繁殖小猪，不再去集市采购，猪病也少了，猪场的工作入了顺境，可惜这顺境才开始就即将结束。

8…………小猪被窃，大猪饿死，猪场收摊

1960年秋天，粮食局就不再供应我们猪场的饲料，自己粉坊的粉渣儿也都给了犯人伙房，我们只好到墙边找点儿小草，到树上捋点儿树叶搭着喂猪。就在这种情况下，有一头母猪居然还生下了八只小崽儿，大家视为珍宝。这天早上我们刚来上班，老杜就发现少了一只小崽儿，我想也许是母猪营养不够把小崽儿吃了。可是仔细检查了猪圈，并没有半点儿血迹，便报告了李成群。他认为也许是我们数错了。第二天又少了两只，这回他重视了，亲自跳到猪圈里察看了一番，晚上我们下班时他又来和我们一起点了小猪数目，五只，没错。第三天早上只剩下三只了，我赶快去报告，他说了声："不可能！"随即过来看，过后愣了一会儿，走了。

我试着也当一回侦察员，在后排的空猪圈里发现有脚印，又到漂染车间去看，那里有一个煮纱线的大锅灶，灶口下的灰渣儿里有些猪毛，但是黑白毛相杂而且较长，不可能是我们小仔猪的。煮线的男犯说那是前几天就业职工在这里烫死猪煺下的猪

毛。当我把侦察的结果报告李成群，说到圈里的脚印时他说了句：“那不是的。”我当时莫名其妙，后来才知道是他那晚派了个就业职工在圈里蹲守了一夜，并没有发现有人偷猪，怨不得他说“不可能”了。他说调查偷猪是政府的事，不用我管，叫我们把剩下的这三只看好就行。自此真的不再丢失小猪了。过了几天，李成群叫我把丢小猪前后的事写一份材料，原来已经破案，就是那煮线的男犯。我们下班一走，他就到猪圈旁的煤堆来取煤，把小猪掐死放在煤下面担走。晚上把小猪放在铁桶里埋在纱线中间一块儿煮，就在灶下把小猪吃掉，皮毛骨头顺便填到灶里烧掉，夜里也没人闻得见气味儿，真胆大。给他加了两年徒刑，宣布时没有细说原因。

时隔不久，我正在阅览室看杂志，李成群气哼哼地找来，当众训斥说：“猪都有病了，你还坐在这里不管，也不向我汇报。”我平静地说：“猪都没病，不信我带你去看。”到了圈边，我舀了一瓢水倒进猪槽，猪听见哗啦一响，以为喂它，摇摇晃晃地挣扎站起来，踉踉跄跄走到槽边一头扎下去，连支撑脑袋的力气都没有了。李成群问我：“怎么办？”我回答：“给它打一支葡萄糖，马上就好了。”他扭头就走，只听他说了句：“人都没得用！”还真麻利，第二天他带来几个就业职工，把猪统统装车拉走了，向我宣布：“猪不养了！你们各回各车间，由你们管教安排！”

1961年春节前，释放了一批老弱犯人，养猪组只有我和王小盆还在，那四个老头儿都回家了。王小盆没有亲人，没人收留，住进了男犯人的病号室。病号室有十来平方米大，地上铺着厚厚的麦秸，人一个挨一个地躺在上面，躺了十几个人。我去看他，他说他脚冷，要我替他领一双布袜子。我去王吉吉管教那里，王管教没说什么就给了一双，我随即送到王小盆手中。管病号室的男犯人说我：“你管他的事干什么？你现在又不是他的组长了。

他那人心眼儿不好，我们都不爱搭理他。”我说：“我是可怜他，王管教能给，我还不能送过来吗？”那人摇摇头说：“你就是心太好了。”没过几天，王小盆就死了。

9…………灾害

1960年至1962年，当时叫“自然灾害”，后来有人说是政策失误，不管怎样说，食物的严重短缺是客观表现。先是猪场收摊儿，跟着囚粮也难以为继。粉坊还存在时，我们吃的饼子掺了大量的粗粉渣儿，那只是红薯的皮和纤维，淀粉和能溶解的营养物质都已被洗出去了。粮食的比例太低，饼子拿不起来，伙房只得把笼屉抬到院子里，发饼子的人手拿细竿一指，就表示从这里到那里是给你的。犯人们蹲下身子去捧，捧到碗里已是“一盘散沙”了。王吉吉管教说他当长工时捧着糠饼子吃，这粗渣饼子捧都捧不起来。到1961年年底，红薯也断供，粉坊收摊儿，连粗渣儿也吃不上了，改成吃两餐，每餐每人给一勺（约一斤）麻酱汤，就是榨芝麻油的油渣儿，平常年代作肥料用，现在煮成汤，作为犯人们的生命源泉。还有一块拳头大小的红薯，两餐完全同样。麻酱汤虽是水，但还看不见碗底，有点儿营养价值，若是碰上一个坏红薯就惨了。我就碰上过一次，对着那黑了一多半的红薯，我沉吟了四五分钟：吃吧，它苦不说，还有毒，不吃吧，就什么也没有了。狠了狠心，我把那黑疤病的红薯硬吞了下去，相信我有足够的消化液能分解那些毒素。果然没出问题，但当时的斟酌抉择令我终生难忘。

困难时期开始时，政府就给犯人们开了大会，还找了几个经历过灾荒的犯人上台发言，讲旧社会灾民之苦。大会后还开小会，每个人谈对困难时期的认识。“饿”字是监狱中的圣讳，谁也不敢讲，反革命更得有自知之明了。有一天，一个年轻的同犯趁无人注意，悄悄地跟我告别说：“我快死了，回不了家了。”

泪水随着话音淌下。我大为诧异。她说她得了“干血痨”，没法子治的。其实我也已闭经两月。动物的本能，一是求生，二是繁衍，生存是首要的，保生存停繁衍是自然界的法则。我明白，但不敢向她解释，只能安慰她说大家都这样，不是什么痨。浮肿的人越来越多，脸胖得和大头娃娃似的。另一种是干瘦，瞪着两眼，和骷髅一般。我仗着年轻，原来肥胖，浮肿只限于两腿，体重少了三十多斤。

风雪上冻的日子更难熬，正所谓饥寒交迫。那天我走过阅览室，见文宣组姓刘的那个男犯拿了个大缸子正仰面而饮，我便进去问他：“你还渴吗？”他说是家里送来点儿酱油，兑着喝点儿。我告诉他酱油没什么营养，喝这些水还得排出去，要消耗更多的能量，是负能。他也是个知识分子，能够了解，苦笑着说：“没办法，不喝受不了。喝了能缓解一会儿。”仅过了两天，我再看见他，他已躺在小车里，睁着眼张着嘴，还在呼吸，但已没有了意识。管教让就业职工拉他去医院，医院说不能治，又拉了回来。那一天，五六百人的南兵营就死了14个。后来知道，两千多人的省第二监狱，高峰时一天死了37个。

长期在生死临界线上耐受的感觉，非同于一般的饥饿。正常的代谢会分解积蓄的脂肪，而减缓了饥饿感，即所说的饿过劲儿了，而长期的饥饿是悠悠地，随时随地钳着人，脑子总在想食物，谈话也总想说食物，看书也会在食物的字眼儿上重复几遍。困难时期开始之初，有一次大组长误了饭，伙房给她打了一份拿回宿舍来吃，全体女犯都聚焦在她的嘴上，我也在其中。当我发觉后把眼光移开，可不自觉地眼睛又盯回了原处，眼睛不听脑子指挥了。

再有一回是1962年春节，情况有了改善。每人给二两米饭和一小调羹红烧肉。我本打算把这多年来未用的美食在嘴里多嚼一会儿，不料进口就咽了下去，舌头也不听大脑支配了，烦恼也白搭。多年前看过一个印度电影《两亩地》，有个情节是儿媳乞讨来一碗牛奶递给老奶奶，让她喂给奄奄一息的小孙子，老奶奶忽地竟倒入了自己口中。我当时认为不真实，再饿也不至于夺自己孙子的救命奶。这时我明白了，求生的本能可以超越人性道德的制约。“易子而食”是饿到了一种什么样的程度！有位伟大的文学家讽刺地说过：“有的人只为一顿丰盛的午餐而快乐。”我也成为这样的人了，很自责而且愧疚，但到时候仍挡不住见到食物的快乐。

10…………政府的人道主义

1960年夏天，一个叫李小忙的中年女犯在她刑满的前两天突然昏迷不醒，犯医治不了，劳改队把她送去了医院。她是天主教在家修行的贞女，和她妹妹都是因朝圣一案被捕，在南兵营服刑。医院收她住了院，劳改队还派了她妹妹守在医院照看，过了一个月她才痊愈回了家。虽然她住院的大部分时间已经不再是犯人，劳改队还是全额支付了医疗费，来接她回去的父亲感激得要给李大队长磕头。李大队长开会时向全体犯人讲了这件事，说这就是政府对罪犯实行的人道主义政策。我并未心动，因为我知道1958年大炼钢铁时，去拉矿石的那个中年女犯因为跑不快被纤绳绊倒，胶皮车轱辘从她身上轧过去，她在女监舍躺了两天才死。估计她是脾脏破裂，若是送到医院还是可以活的。李小忙的运气好而已。

让我体验到“人道主义”还是在饥荒时期。我们这群失去自由的人，除了政府给的，自己是绝对没有办法去找可吃的东西。若不是劳改干部贯彻了人道主义政策，能熬过这困难时期的肯定要大大地减少。那年秋天，劳改队就买了许多大白菜秧，大会宣布每人要种三棵，冬天好吃。圈子里边角闲地不少，任务半天就完成了，大白菜还没有包心，一场过早而至的大雪把菜都冻死了，真正的天灾。劳改队还弄来过大骨头。那时猪场还没结束，我路过粉坊，看见铁木组的杨小物件在劈柴，坐在大灶口烧火的竟是李大队长！他在煮骨头汤。我好奇地问："你们伙房的人怎么不来？"李大队长说："我们伙房的事我才不管呢！这是给你们煮的！"我说："那也不能让你来干呀！"他说："我若不亲自来，你们吃到的恐怕要稀多了，不就是想给你们弄点儿营养吗？"我受到了感动。

挨到喝麻酱汤的时候，贾书记找来了粮食局长，带着他进犯人院子来，那局长一看这么多的大头人和干瘪人，扭头就往回走。贾书记拉住他，要他去看病号室躺着的，那局长坚决不肯去，二人在门道里拽着手拔河。局长年轻些，贾书记没办法，只好随他走了。但自此，浮肿严重的和干瘪的每天可得到六粒黄豆，这是贾书记给争来的救命豆。

1961年夏天，地里有了蔬菜，南兵营一个就业职工的弟弟是近郊农业社的书记，劳改干部通过这层关系弄到些"黑市菜"。我们这十几个年轻刑短的女犯隔几天晚上就出去拉一回，用的是胶轮大车。出发前整队点名，这时年老的女犯们就把她们为我们省下的小块儿饼子或半块儿红薯放进一个小笸箩里送到队前，让我们各取一点儿垫衬一下，管教也不加制止。食物仅仅这一口，但确能起作用，同犯间的友爱也让我感动。车拉到田里，照例是不见人的，给我们的菜堆在地头。我们七手八脚地装好车就回程，一路噤声。特别是经过蔬菜公司时，轻步疾跑，过了这一段才松气缓神。李大队长每次去都跟着，再三嘱咐不许说话，若有人问，由他来应付，实在躲不过，就说是工人。邢管教身体不好，逢她押我们，我们就把她扶到车上拉着她跑。管教干部们为了我们这些犯人，担着风险受着劳累，体现着人道主义。有时偷买的菜量大，我们还给市看守所送去过。李大队长还带我们去过几次食品公司的肉食加工部。这不用趁黑天，而是堂堂正正地担着桶，把煮肉锅里的肉汤刮得干干净净，还发现存熟肉的大桶边上凝着厚厚的猪油，也捋起袖子下手捞了个一点儿不剩。回到南兵营，伙房的男犯们早在二门口排着队等着接我们的担子，就像迎接凯旋的英雄们，那么兴奋和快乐。

困难时期来临后，住在厂房的犯人都搬进了那封闭的院子，原来通外面的北门盖成了女监房。原来作为医务室、小卖部的东院东墙一溜房子把隔间打通，盘了一长条土炕，也作为女监房。通外面的大门改到了西院。这东院的监房矮而且严实，不像那厂房，成天刮着西北风。虽然睡觉的宽度窄了些，也有好处，就是不冷了。

11…………我的人道主义

养猪的劳动强度不大，特别是听了杨小物件的话，不再给老头儿们加工作，他们干过日常必需的事后就坐下休息了。这时我若没有别的工作，就回女监舍干些别人没工夫干的事，诸如打扫厕所、整理晒衣场之类。并不求什么功利，只是年轻力壮闲不住而已。一天，我见一个年纪稍大的同犯在厕所外哭得很伤心，原来她来不及走到厕所就尿湿了棉裤，又没有可替换的，身体上的难耐引爆了心灵上的伤痛。我很同情，但也无奈，想了一天，第二天我鼓起勇气去找女管教，要求在工房后面搞个简易女厕所。开始她不认为有必要，我就告诉她人们在劳动时是很紧张的，生怕产量落在人后，非到迫不得已不会去厕所，又不许单独行动，也没人愿意耽误十几分钟去陪别人“一路行”，好不容易问到一个同行的，就内急甚紧了。厕所那么远，若是雨天泥泞，连我这么年轻都有憋不住的经历。若工房外就可解决问题，免了女犯之苦，还可以缩短停车时间，提高产量。说得女管教答应请示，过了几天居然实现了，大家都高兴。

有了这次的成功，我胆子也大了，又去找管教。我说我们一百几十号人，夜间只有一个大尿桶，晚饭照例是稀糊糊，到早上就有多半桶尿。到了休息日没有上夜班的，那尿桶就将溢出来，轮到了小脚老婆儿们去抬去倒，颤颤巍巍地摔倒可不得了，幸而几个年轻人总会去帮忙。管教听到这里，问我肯帮忙的是谁，我顺口说了几个名字。管教沉吟起来，我一下反应过来，那些抬不动尿桶的都是道教会门的老婆儿，而热心帮忙的也是同类。后悔！改口都来不及了，乘她还在琢磨，我赶快说："其实这不安全的大尿桶是可以不用的，我们监舍的墙角离厕所不到六米，埋上两截管子就能通到，废管子猪圈旁就有，闲砖头大仓库后面也有，工程不大，我们自己就能干。"管教听了我这一连串，也不琢磨了，叫我带她去实地考察一下。没过几天来了几个男犯，在墙外埋了管子，在墙内角落处抹了水泥便坑，自此大家只要轮流端水去冲洗一下就行了。小脚们最高兴，睡在大尿桶旁边的人更高兴。

初到南兵营时，妇女车间各组的组长都是已服刑多年的长刑期犯，组内大小事都通过她们，领来的纱线浆得好的留给自己，打来的饭食自己先取多取，组员们较接近的，就说人家是私人拉拢，而她们几个组长间分享家里送来的食品是经常的事。到了困难时期，大家饿肚子时，组长们分红薯自己拿大的，和组员的矛盾就尖锐了。先是各组都用筷子拴上粗线，坠上个螺母做成小秤，解决了分配的不公，但质量问题还是常引起吵嘴，告到管教那里。管教宣布打饭分饭每人轮流，等于取消了组长的特权，还开了一次全车间的会，让大家畅所欲言。会后管教撤换了几个最不得人心的组长。我在养猪组时几乎与妇女车间没关系，回来后，管教将两个最爱生事儿吵嘴的刑事犯给我，另成一个摇纱组。就我们三个，对妇女车间讲，还是个矛盾的局外人。也许是"外来的和尚会念经"的心理，加上我做过对大家有益的事，虽是个组人最少的小组长，实际上似乎是车间的大组长。因为自那位文宣组的男犯死后，我还负担着编写本车间黑板报的任务，与各个小组都有联系。

眼见那饮酱油减饥的文宣组男犯死去，发现妇女犯人也有大量喝水的，我向管教讲了“负能”的理论。管教马上下令禁止滥饮，伙房也相应地低盐。这时，生产基本上停止了，每天我们去工房打扫一下，我给乱线接接头，一个来小时便回来坐在各自的床上。过去每天劳动十二小时还多，人跟着机器运转，得思想集中手疾眼快，顾不上想家想不愉快的事。现在空闲了，往事、亲情都浮上心头，加上饥苦难挨，许多人低头垂泪，或凝神发呆。监舍的气氛压抑得令人窒息。我请示了管教，把她们都赶到院子里，编了几节活动量不大的体操，再教大家念几段报上登的或自己编的顺口溜，诸如“萝卜长，茄子圆，拿快刀切成片，晒干收好留过年”之类，内容都与食物有关，大家都感兴趣，学得也快。每天再搞个“联欢会”，做点儿游戏，会唱会说的再来上一段儿，消磨时间，驱散沉闷。我不能把“一箪食一瓢饮，回也不改其乐”的思想灌输给她们，但可以通过这些活动，把大家的思想朝希望和乐观上引。有好几个乐观的年轻人支持我的工作，共度困难的日子。

监狱中除了无家可归者或意外事故，一般是不死人的，因为病入膏肓的都让家人接回去了。那一年狱中死的不少，而妇女车间却一个也没死。几个月后，形势好转一些，死亡不再蔓延了。一天，一个劳改局的干部传我去管教室，问我为什么妇女车间没减员。我说一是妇女的基础代谢比男人低，耐力大些；二是我们搞了些娱乐活动，转移了人们的思想，还活通了血脉。人若是悲观绝望，精神萎靡，身体的机能就不能正常运转，即便营养良好也不能健康。我虽不是医生，但学的是畜牧，动物的生理和机能与人是相似的。他问得很仔细，还一一记在本子上，最后还问我为何不独善其身，还要带动和鼓励大家。我回答：“政府还尽力地对我们施行人道主义，我作为一个犯人就更当尽心协助了。”我没敢说出我的另一半真实思想，我是怀着一种悲悯之心在同情这些不幸的人。这劳改局的年轻干部大概对我印象不错，后来还来过几次，把我叫到文宣组去谈话，其实是聊天。他虽态度和蔼，可我不敢忘记囚犯身份，谨慎应对。从他那里我知道些奇特案件，如曾有管教干部偷犯人的东西等，也算长了不少见识。

1961年的奖惩大会上，宣布给我记了一次大功，真是个意想不到的收获。记三个大功就可以减刑，我受到鼓励，信心十足。

1962年的奖励是交给犯人民主评选的，我得到了第二个记大功的奖励。1963年女犯们还是评我记大功，管教股的程队长把我叫去，很客气地说：“你再得这次立功奖就可以减刑了，但你剩下的刑期已仅一年，申报上去再批下来你就差不多刑满，意义不大了。你能不能把这次立功奖励让给张佩华？她得的票数也不少，可她判的是10年，还有四五年哩！”我爽快地答应。一方面是张为人很好，也很能干，还当过石家庄的劳动模范，听说还是个天主教徒，也为朝圣一案被捕的。另一方面，就像俄罗斯的《囚徒之歌》里写的：“我已习惯于铁窗，我已习惯于囚粮。”哈姆雷特说过：“整个社会就是座大监狱。”电影《流浪者之歌》里唱的：“我没有约会，也没人等我前往。”自由对我的吸引力比初入狱时淡漠得多了。

12…………挑起了个戏班子

人生的经历还真难预测，我从小就不爱看戏，唱的听不懂，说的也听不明白。妈妈说我净看翻译小说，对中国的文化不知道就愧为中国人。有一次妈妈特地破费，带了哥哥和我去看京戏，我只看丑角，台上没有丑角时，我就偷着看我带来的小说。旧时戏院里是亮着灯的，哥哥发现我在作弊就向妈妈告密，妈妈瞪了我一眼，回去说她尽到教育的责任了，再不白浪费钱。果然我后来没再受看戏之苦。

工作后的第一个春节，农科所照例要排出京戏，下乡与农民联欢，演员不够就拉我去演一个角色，说是只有一句唱和一句道白，管保我能学会。出于对工作的支持，我就勉强答应了，就是演《鸿鸾禧》中从水里救了金玉奴的那个巡抚夫人。巡抚唱“船行江中大风浪”后我接唱“江水连天渺茫茫”七个字，说的是“你打也打了，骂也骂了，你就饶了他吧！”一句。我还真用心学会了。不想在所里演出时，惹得哄堂大笑，有人笑得躺在椅子上直哼哼，下乡演出时他们只好临时换人。回想初中毕业时演的那场话剧，笑得同台的演员都蹲到地上，我也不明白我这么认真在演，有什么可笑之处，大概就是没有一点儿艺术细胞，行话叫“大棒槌”，不通气，不可救药。不可思议地，我在劳改队不但成了演员，还当了戏班头头儿，照猫画虎地还写过戏本，既管服装道具还管灯光效果，演出时是前台主任兼后台老板，人生的玩笑开大了。

那是1962年春节，劳改队租不起电影，只好由犯人们自出节目，自娱自乐。我们女犯中有个叫赵凤琴的会唱评剧，我请管教给找来一个叫《顶锅》的小剧本，还有一个宣传农业“八字宪法”的小话剧，自己编写唱词的五种地方戏“大杂烩”联唱，共三个节目。男犯中的人才多，节目更多更好。春节过后，劳改队决定由妇女车间组成个评剧班子，脱产排戏，每休息日给全体犯人演出娱乐。文武场（即乐队）由辅助车间出人，还派了几个就业职工来当男演员。

排的第一个戏是《雷雨》，导演是当时在劳教所改造的右派分子荆铁男。他本是石家庄评剧团的副团长，评剧《雷雨》就是他改编的，而且还得到原著作者曹禺的认可，已在社会上公演过。他给我们说戏、教唱、教表演，我给记谱，当二老师，按他的要求去仓库选麻袋，领布头、线毯子零头，拿到漂染车间去染成各种颜色，再让缝纫组给做成西装、旗袍、长衫短褂等等，还按他设计的样子，让铁木组做成长短沙发、桌子柜子和布景片。

李大队长几乎每天都来看排戏，有他的关心和支持，这些繁杂的准备工作都进行得顺利，不到一个月就正式演出了。荆导演亲自在后台做效果，我帮他摇三夹板，震马口铁皮，晃细铁丝，还真和打雷下雨一样。演出大获成功，总结会上荆导说了实话："我来时没抱什么希望，没想到演出了这样的水平。"我明白，若不是当了右派，他绝对不会来和我们打交道的。殊不知劳改队里有才的人多得是，演鲁妈的赵凤琴有表演天分，唱得也好；演繁漪的陈帆以前是专业的话剧演员；赶大车的就业职工演周朴园，气质虽差一点儿，但嗓子特好；演鲁贵的就业人员特别喜欢演戏，所以他学得认真，演得也不错；演四凤的才18岁，上妆后被舞台灯光一打，还真光彩照人。就周萍不大理想，荆导演本来选中搞美工的那个男犯，就算他外形内涵合适，劳改队也不可能让男女犯人来演这种对手戏，只能找了个嗓子好的女犯人。想必劳改局的一些干部也来看了这演出，评价不错，所以李大队长和管教们都高兴，把我们夸奖了一番。《雷雨》落了幕，荆导演也不再来了。

《雷雨》虽然演得不错，但不能每个休息日都演这一出，李大队长去买来几个剧本，记得有本《海瑞罢官》，我看了，但都演不成，因为我们没有服装，演不了古装戏。没有剧本只好自己动手来写。我编了一个小偷女犯在劳改队里受到政府教育和同犯的帮助，思想转变改恶从善的故事。管教股称这为"小偷戏"。小偷戏贴近生活，好演，效果也易得。但两个戏还是不够，李大队长叫我编个《杨三姐告状》，我没看过这戏，甚至不知道这故事，李大队长说不要紧，找个看过这戏的讲讲就行了。我只好答应试试看。

正为“赶鸭子上架”发愁之际，劳改队把藁城评剧团的团长给调来了。他姓单，评剧世家出身，犯了法，被判处八年徒刑，正好解决了我们的困难。他不但会演会教，还有许多剧本。适宜我们演的戏有很多限制：不能演古装戏，因为没服装行头；不能演现代戏，因为犯人不能扮演共产党员或国家干部。剩下的只有民国初年的和一些传统小戏了。单导演先调教了文武场，亲自坐镇指挥，教他们锣鼓经和各种板式，教演员评剧的表演程序。这回大家都有了点儿专业模式了。先排了个抓国民党登陆特务的《中秋之夜》，再排《杨三姐告状》，后来又排《秋海棠》和《啼笑因缘》，还有传统小戏《劝爱宝》《小姑不贤》。管教还叫他编了一出《一贯害人道》。有了这七个戏轮换着演，就解决了南兵营犯人的娱乐问题。管教还有意叫排《杨乃武与小白菜》，单导演说太多的公堂审案和喊冤，不宜犯人们看，便作罢了。单导演被安排到文宣组，其他人不久都跟班劳动不再脱产。一年多，我们都是在学习时间和休息时间里排戏，排出这么多戏，可见大家的积极性了。1964年春节，我们和北郊劳改队的梆子剧团交换演出，那里全是男犯。我们全体女犯晚上都睡在大礼堂的台上，演了两晚才回来。北郊劳改队的梆子剧团在南兵营唱的是《别窑》，台上台下哭成一片，看来我们这边还比较明智，避开了犯人的敏感的痛点。

在剧组里，我除了管理一切杂事儿，还要演一些角色，如《雷雨》里的周朴园、男仆，《劝爱宝》里的老父亲，《小姑不贤》里的姑妈，《啼笑因缘》中沈凤喜的母亲等配角。单导演说赵凤琴和陈帆都够上专业演员水平，说我只有半个戏，我挺知足。就是主演们总为争服装争饰品吵嘴，还冲我发火，让我生气。拉低音胡琴的男犯告诉我，民间有一句俗话，说“要想生气，弄一台戏”，原来戏班子里就是矛盾多，人人都要凸显自己，自然气多了。旧社会还有句话“妓无情，戏无义”，大概就是这个道理。排戏时有人唱错了说错了，都会引起大家哄笑，笑得太厉害，往往会被管教训斥而乐极生悲，就这样有乐有恼地度过了我两年的牢狱生涯。

13…………大冰雹、大水灾

1962年7月的一个晚上，大雨滂沱。凡是这样的天气或大雾弥漫，岗楼视野不清时就得停工，因为犯人们必须锁入监舍以防逃走，犯人们也乐得睡个好觉。可是这晚我们都没有睡成，因为不但雨大还刮着大风，不但风大还夹着大冰雹，从我们监舍的北窗呼啸而入。我们这监房北面是一排栅栏窗，没有窗扇，冬天用纸糊上，夏天就敞着，所以顷刻就风雨满屋了。大家七手八脚地把南边的铺板掀起来立在北窗之下。风大立不住，于是大家肩并肩地站到北边铺上，用背使劲儿地抵住，湿身子被风吹着，冷得直颤。这时一个年轻的组长高喊一声："谁都不许走开！"果然有效，我们这一排人坚持到风雨停止，挤坐在仅存没湿的房角直到天亮。出来一看，院子里的那棵大树只剩下枝丫，满地树叶中有许多被雹子砸死的麻雀，拾了足足一脸盆送给了伙房。放在院子里的饭碗全成了碎片，我们在院子里种的那么多茄子，只剩下手指般的小橛橛，这才是令我们最沮丧的事。管教听到我们昨夜团结奋战的事很赞许，特别夸奖了那位年轻组长。

1963年又是7月，大太阳天天晒着，又到了休息日，照例头一晚上演戏，晚饭后我们把服装道具箱子抬到了礼堂后台，之后各准备各的事。大队人马整队入场，开锣拉幕后，我坐到后台外的院子里歇口气。忽然几个雨点儿掉下，打在身上怪有力，看地上的雨点儿足有三四厘米那么大。我才跑回后台，雨就像瓢泼似的倒了下来。散了戏，我们空着手冒雨跑回监舍，好在是夏天，衣服湿了很快能干。大雨下了一夜，第二天也没有减弱的趋势，上午我还回后台看看，还好，礼堂没漏，我们的东西没湿。下午的大会也没因下雨而不开。大队长正讲着话，张管教把我叫出来，给我一把铁锨，我跟着她到妇女这东院。院里已积水，我随着她铲院子的出水口，正在奋力，张管教直起身子说："算了，水排不出去，你还回礼堂去吧！"我坐回我的小板凳，身上的水就像小溪似的，一直流到了台下，同犯们不时地回头悄声问我出什么事了。等散会回去，院子的积水已没过脚踝，快天黑时还涌出了个小喷泉，有一尺来高。看来墙外的水比墙内的水还深。大家伴着哗哗的大雨声惶恐地睡了一夜。

第二天停工，我又去了一趟后台看戏班的东西，看见大门口垒上了麻袋，男犯人们排着队朝外戽水。回来路过修毯子工房，她们还在干活儿，房里四处都放着接漏的脸盆。我没事儿就走进去看看，没一会儿，验收毯子的那男犯大喊一声："快出去，房要塌了！"说时迟那时快，"哗啦"一声墙角就塌了个大洞，幸而早已把毯子搬开了，也没砸着人。惊魂稍定，那男犯说他发现那个墙角水漏如注，就知道要塌，到底他经验多。管教也来了，叫把东西都搬到打包房，人都回监舍，不能干活儿了。管教说昨晚外面的水有齐胸深，他们都去救市民了。幸而我们有坚固的围墙，还有那么多男犯戽水，院子里的水位一直保持平稳。

男犯们倒着班戽水，女犯们都到大礼堂，铺开摊子缝过冬的棉囚服。我的针线活儿不好，就让我专门分称棉花。拿取棉花一弯腰，再把棉花包到衣服裁片里又一弯腰，不停地运动，饿得我说不出的难受，眼里闪着金星。伙房实行一种办法：接见的日子，有些人有家里送来的食物不领伙房的，伙房就给一张"饼子票"，需要时凭票再取。伙房又不存粮，那几天的饼子就大出许多。现在发水，运不来菜，有票的人纷纷兑支，饼子就小了许多，以致没票的只能挨饿了。有人看出我难受，要把饼子给我，但我没有办法还人家，就硬挺着不敢接受。想着明年此时我就刑满了，一定饱饱地吃一顿。精神安慰也起一点儿作用。

发水的日子，伙房的粮食全是就业职工从粮站一袋袋地扛来的。没有菜，把伙房养的几只猪都杀了，剁成小丁儿，每人给一小勺。若没养这几头猪，便只能发几粒盐了。

这雨日夜不停地整下了七天，我们也七天没有穿过鞋，因为监舍门内门外都是水，晚上坐在床板上把两脚甩干就睡。正好碰到经期，疼得我两眼发黑，同犯去医务室要来两个止疼片才缓解了。

这次大水灾，河北省淹死很多人，我们在大城市，又在高墙之内，得以幸免，我体验了水火无情难以抗拒的自然力量。

14…………刑满

1964年7月下旬，刑期剩下不到10天了，我没有任何憧憬和希望，听从政府安排吧！这一天，李大队长把我叫到管教办公室，在场还有我们的两位管教，挺正式的，谈的就是我刑满后的出路。李大队长说："现在形势和以往不同，社会上搞'四清运动'，国家机关把历史上有问题的人员都要清洗出去，更不能接收你了。你要体谅劳改队的困难，也要认识本身的问题。"我明白，我还有五年的附加刑，不是人民，便点点头。他接着说："我们认为你应该回你妈妈家，到时找不到工作，可以先给你妈妈捅捅炉子做做饭，慢慢等待机会。"我一听便急了，赶快说："我绝不能去我妈那里！我父亲去世早，我妈养活我，还供我念书，很不容易，现在我31岁了，没给我妈任何报答，反倒给她增加了负担，特别还会给她带来不好的政治影响。这事我绝对不能干！我可以去就业。"大队长说："你知道就业的政策吗？那是为那些没改造好不宜放回社会而又刑满的人设的。你这些年的改造表现不错，可以回到社会上，不在就业的政策范围之内。"我说："我身体好，能劳动，可以去农村。"他又说："你根本不是农村的人，哪个农村能要你？是不是你工作时联系过哪个农村，他们能接收你？我们可以给你几天假，你自己去找一找，或者还有什么关系能接纳你的都可以。”我想到我努力地改造了六年，还是个社会不容的反革命，一个走投无路的可悲者，不禁失声哭了出来。

等平静些，我说：“我也不去找什么关系，即便有，人家也不会认我，我就靠政府给安置，二监狱就有女就业的，就当我是个没改造好不宜放回社会的好了。”大队长和两个管教交换了一下眼神，两个管教也劝我说就业的环境并不好，对我的将来也不利等等。我知道，不就是和犯人差不多吗，总比到我妈那里去好。大队长看出了我的死心塌地，说：“我们出于对你的考虑，还是不去就业的好。既然你坚决要去，我们就为你去联系，不过二监狱是省公安厅管的，能不能成功我们尽力就是。”我也说不出感谢的话，只使劲儿地点点头站了起来。大队长又说：“燕吉，你是不哭的人嘛！你还年轻，得相信政府，依靠政府，不要悲观失望。”我再次使劲儿地点点头，没敢出声，怕泪水再涌出来。

一夜没合眼，这是被捕后的第一次。第二天，我该想的都想过了，恢复了常态。那时我奉命正给戏班子写一个“改造戏”，已基本完工，只差把结尾再加工一下，刑满前交卷。终于到了30日刑满这天，上午没有动静，我还庆幸，下午张管教来叫我搬到仓库去睡。妇女车间的仓库一直由我在管，我拿着钥匙，不用麻烦别人。张管教说二监狱的事还没联系好，而政策是严格的，不是犯人就绝对不能住在监舍里，所以我必须搬出来，也不能吃大伙房的饭了，得到就业人员的伙房去打。白天我到打轴车间去劳动，下班回来一个人坐在仓库里。管教向大家宣布，犯人和非犯人间得有鸿沟，不许和我说话，以致她们借去厕所路过仓库时，挤在门口冲我摇手或做鬼脸。我倒像一个被关在笼子里的动物，即尴尬又可笑。

“非犯人”挨了十来天，这天管教叫我把行李捆好，拿到办公室外面，再打开检查过，赶大车的那就业职工把我的行李、一直存在大仓库的那辆自行车，还有我本人一起装到大车上，拉到二监狱去了。临行时，李大队长亲自将装有我的出狱鉴定、户口关系的大信封交给我，说为我的事到省公安厅和二监狱跑了好些趟，费了不少口舌才办成的，嘱咐我要继续表现好，还要注意保密，劳改队的事和自己的案情都不要对外人讲。我表示了感激，怀着既惆怅又兴奋、既失落又充实的复杂心情，告别了这住了五年的南兵营，结束了六年的囚犯生涯。

15…………南兵营的朋友

信佛的人说："百年修得同船渡，千年修得共枕眠。"狱里那些老太婆说咱们的缘分比夫妇还深，夫妇也不可能像咱们这样24小时地摽在一起，而且不是一两年、三五年，甚至十年八年。监规是禁止私人交往的，但人毕竟不是个工具，有监规约束不了的脑子，于是犯人之间也会产生真挚的友情。我在南兵营最早的朋友是孙瑶真，一位天主教修女，她克己为人的慈善胸怀真感动了我。分别四十多年后，我打听到她的所在地，当即就去探望，她已89岁，脑子还很清楚。我在她那修道院住了10天。她91岁临终前还让人拨通了我的电话，只听到她断续地喘气，已经说不成话了。我明白她是关心我的灵魂，要我回归天主教，我不能说谎，只能违心地让她失望了。我一直怀念着这位纯粹的人，我忘年之交的难友。

还有两位好友，一位是陈帆，一位是万斯达。我们三人，只有我们三个人在一块儿织毛衣作为劳动，有两年还多。手上忙着不妨碍嘴上说话，除了自己的案情，几乎无话不谈了。陈帆长我五岁，解放前在话剧团当演员，解放后教过书，后来在铁路大厂里当干部。她小时在老家张家口，邻居是日本人，向她学中国话，她向日本人学日语，大概为此被定为反革命，1960年被判了五年。她丈夫是傅作义部下，算起义人员，在阳泉工作，有一儿一女，每月都来探视。她总把送来的食品悄悄地让我俩分享，拿我俩如两妹妹。她晚我一年刑满出狱，给我写过信，我没敢回复，因为我还没有通信的自由。当时的形势下，反革命之间的联系必会招祸。她丈夫对她好，我倒不担心她的处境。1993年从《家庭》杂志社第一次登载了我的报道，招致许多读者给我写信，第一封信就是陈帆的。当儿子告知我有信时，我脱口说："是陈帆的吧？"儿子奇怪我怎么会未卜先知，我也说不清，是直觉还是灵感？她来南京看过我，我也隔一二年就去看看她，连她儿女、媳妇、女婿都对我挺好。

万斯达的父亲万子霖原是重庆教育局局长，解放前夕去了台湾。她母亲是西藏贵族，家庭出身就决定她负有"原罪"。1957年定她为国民党的中尉特务，她坚决不承认。重庆解放时她才14岁，国民党再滥，也不至于让这么年轻的女孩儿当上中尉吧？我就不相信。但法官相信，说刘胡兰牺牲时也才14岁，年轻也能做大事。不认罪的结果是成了"抗拒从严"的典型，重判15年。万斯达在二监狱服刑时自杀未遂，调到南兵营已是1962年了。我们三个人融洽的气氛给了她受创的心灵一个舒缓的机会。三人闲聊，有一次碰到了她的爱情悲剧，她当即哭了起来，吓得陈帆使出演员的本领才把她又逗笑了。倘若管教知道，挨批评之外可能还要把我们分开。犯人最严重的问题就是不认罪，劳动再好，监规纪律再遵守，逢运动还是得挨批挨整。我和陈帆都担心她没有过得了"文化大革命"的一关。

直到2000年，我才知道她还活着，而且就在石家庄附近，几经周折，我们三个人又重逢了。她1972年刑满，还有10年的附加刑，迫不得已嫁给一个没文化的农民，生过一个儿子，也夭折了。改革开放后，她为那个村办工厂付出了全部智力和体力，赢得了村人的拥戴，选她当了人民代表，还做过石家庄市政协委员。但她平反很迟，因为当时重判她的法院院长贾然还在领导位子上。贾然退休后，她才平反复职退休。现在她丈夫已八十多岁，身体也不好，万斯达也没有抛弃他，和他一起住在农村。我们三人她最小，长得最漂亮，现在却是她最憔悴最显老了。我和她的经历太相似，真叫同病相怜。我们常联系，隔些时间我就会去看看她们。

16…………不寻常的入狱经历

我以沉重的心情记述几位南兵营的同犯。她们的经历打开了我认识社会、认识人生的一扇窗户。

（1）愚昧的郄艮庭

劳改队每年都要搞一两次思想教育运动，要每个犯人重新批判自己，另一方面打击不认罪的、思想反动的、不遵守监规纪律的犯人，还动员犯人们交代余罪，检举揭发狱内狱外的非法事情，1963年称冬训运动。一天，管教传我到办公室，在座的还有李大队长，纬线组的女犯郄艮庭站在桌前。我不知就里，便站在郄艮庭旁边等候指示。李大队长开口说：“郄艮庭有些思想交代给政府，你听着给记下来，她自己写不了。”郄艮庭有五十来岁，总是低着头跟着组里上班下班，也不讲话，绝对引不起别人注意，这么多年来，我甚至没和她说过话，这次替她写材料才知道她入狱的原委。

她是平山县一个山村妇女，闭塞的地方加上丈夫早死，她和外界的接触更少了，思想近乎愚昧。解放后大修水利，河北省兴建岗南水库，她那山沟是库底，得全村迁移。当时几个村才有一所小学，一般都建在各沟交通方便的山梁上。在那雷厉风行的年代，几个村的人口就都集中到小学校里打地铺睡。不是一村，不是一家，也不分男女，就这样挤在一起，不免要出问题。果然，第二天她女儿说旁边睡的外村老头儿把她摸醒了，她和她的女伴们睡去了。那坏老头儿摸不到大姑娘就来摸她。她作为寡妇，怕人讲闲话，没敢声张，吓得一夜失眠，白天还得担土方参加劳动，没两天她就病了，一个人躺在地铺上，那坏老头儿竟来强奸了她，她更不敢讲了。

几天之后，那坏老头儿突然死了，听说是被毒死的。她正庆幸，不料公安局把她捕到了看守所，是死者的老婆告的状。而被审问时，她只会说："我没有报复，我不敢杀人。"审案的审了几天不耐烦了，对她说："你不承认就老把你关在这里，让你们娘儿仨永远'三支锅'。你若承认了，我就放你回去。坦白从宽嘛！"她只有一儿一女，儿子在正定上中专，女儿还小，在家里劳动，挣工分。对寡妇来讲，儿女就是她的全部生活意义，特别是都还未成年，永远"三支锅"，就是永远分离，这话把她击垮了。她说："你若放我回去我就承认。"可怜这无知的妇女，连人命关天都不懂得，判了个无期徒刑，送来南兵营劳改。这次冬训，一个年轻女犯交代了她不但毒死了丈夫，还在这之前毒死了丈夫的老母亲。这第一条人命是她交代余罪自己坦白的，不但没被追究加刑，还受到鼓励。这事触动了她，她向管教说了多年压在心里的话："我觉得把我亏得太重了。"

李大队长调阅了她的判决书，杀人的证据只有一条，就是在看守所从她衣袋中搜出了毒药。问她："你到看守所后，他们搜你身了吗？"答："上下摸了摸。"问："有没有翻口袋？"答："没有，他们没摸到什么就没翻。"问："那怎么判决书上写的翻出毒药呢？"答："我不知道他们写些什么，我不认得字。"问："宣判时给你念判决书了吗？"答："我也不知道他念的什么我听不懂。他原说只要我承认就放回家的，后来翻脸不认账了。早知道还是'三支锅'，我不会给他按手印的。我没有下过毒，我太亏了。"说着抹起眼泪。

李大队长趁此时和管教们交换了一下意见，都认为投毒犯把毒药还放在身上，更带到了看守所，不合情理。判决上也没说毒药是怎么来的，似也不应该。于是又问："那答应放你回去不'三支锅'的人叫什么？"答："不知道叫什么，只知道姓张。"因大队长的询问，郄把那人的年龄、外貌形容了一下，我脑中的反映就是那抗过日打过蒋的复员军人，文化低但政治口语还能说一套的干部，我在县里村里都见到过。那个年代，掌握基层政权的好多都是这样的人。大队长转而又问死者的情况，郄说那老头儿不是她村的，集中住宿前不认识，究竟怎么死的她也不知道，别人都去看热闹她也没去。大队长再问那老头儿会不会是自杀，或者可能是别的什么人害的？郄的回答都是不知道，甚至死者的老婆为什么要诬告她，她也不知道。大队长叫我给郄良庭写个申诉材料，我们就回监舍了。

过了十来天，我和郄良庭又被叫到办公室，原来大队长已派人到平山县去过了。姓张的法官已调走多年，其他知道此案的人也问不到。李大队长对郄良庭说："政府不是不帮你，翻案不是谁说冤屈就能翻得了的。到底谁杀了人，你连个嫌疑人，哪怕只是怀疑的都提不出来。为什么不是你，你也提不出个证据，这案就翻不过来。你就在这里好好劳动，政府也不虐待你们，只要条件许可，政府一定对你宽大。"还问了问她子女的情况（都还好），劝她不要悲观，最后还嘱咐她，什么时候能提出证人或证据，随时可以报告政府，政府还会帮她的。

李大队长确实言而有信，第三年给她减成15年徒刑。这是无期能减的最高限度，以后就有假释、保外就医的可能了。

（2）善良的尹书金

尹书金经历了被捕、审讯判刑，1961年末转到南兵营时才17岁，红扑扑的脸，鼓鼓的腮帮子，还是儿童的相貌。她很勤快，总找活儿干，别人干什么她也爱给搭手帮忙。有一次我拉小车去大仓库领纱线，她摘下我的袢绳，拽我出车辕，硬要替我去拉。

她说："我吃过饭了，你还没吃！"那时还吃不饱，可是有了蔬菜，体力得到些恢复，但吃饭前和吃饭后的力气还是相差不少的。我觉得这新来的姑娘会关心人，对她很有好感。初时我以为她是个闺女，和她一起解来的同犯告诉我，她不但结了婚，还是因为给丈夫投毒而被捕的，我很惊诧。后来有了一个机会，她对我讲了她的故事。

她家在冀中农村，和别的农村女孩儿一样，没有上过学。哥哥结婚后，她就给侄子、侄女当小保姆。困难时期，父亲饿倒在炕上，全家商量着把小侄女卖掉，她抱着小侄女大声哭着反对，她舍不得。父亲沙哑地哭着说："别管我了，别为了我卖孩子。"嫂子哭成泪人，哥哥不敢放声，还在断断续续地劝父亲。母亲哭着说她："你不让给别人，你能养活她呀！"她毅然地说："我养活她！要饿死，我和她一块儿饿死！"就这样她参加了修水利的重体力劳动，因为修水利的每天下午可以领到两个玉米面饼子。一起修水利的小姐妹们拿到饼子，就坐在一起一点儿一点儿地唠着嗑吃。她不敢和她们一块儿，怕自己忍不住馋，而是把饼子揣到怀里，躲在没人的远处，咽着口水流着眼泪。散工回去，小侄女总是在门槛上"担着"——农村门槛高，小孩子把肚子压在门槛上，头向下栽着，这样"担着"可以减轻饥饿的痛苦。她已没有力量到路口去等那两个救命的饼子，只能这样"担"在门槛上，听到姑姑的脚步，她就抬起头伸出两只手。尹书金说她所以能克制自己强烈的食欲，就是想到小侄女的这个姿势，假若姑姑什么也不能递到这伸出的小手上，将是怎样一个情景！

就靠在水利工地上挣这两个饼子，日子还是过不下去，全家要活，只有把她卖了。母亲把她嫁给了一个富农的儿子，比她大了十几岁，已经30出头了。母亲对她说："你到丈夫家能吃饱饭，咱家得了他家的彩礼粮，你爸爸还能活。"她答应了，但她不知道对一个尚未发育成熟的女孩儿，这婚姻会给她的身心造成多大的伤害。她逃回娘家，母亲抚慰一番还是叫她走。母亲哭着说："闺女呀，忍着些，慢慢就会好的。你回来，家里没有你吃的呀！"卖她得来的那些粮食最终也没有救得活她父亲。母亲嫌她老回来，狠心地说："你再也不要回来了，除非你男人死了。"她连口水也没喝，跑到父亲的坟上哭得心肺都要翻出来，哭到天快黑了才回家，一路上脑子里就响着那句"除非你男人死了"。男人没死，她进了监狱，判了七年。

她告诉我，男人不要她，离了婚，母亲也没来看过她，她不知道将来刑满能到何处去。说完低着头直抹眼泪。

我一直在想，这孩子应该承担多少罪责？

（3）人性是什么

作为囚犯没有人身自由是众所周知的，多数人不知道囚犯还没有流泪的自由——监狱中是不许哭的。

那是一个接见日，修女孙瑶真的侄女来看她。南兵营没有接见室，犯人和家属只能在大门内的大路上一对对地站着说话，管教或武警在旁边监视着。男犯张步云的妻子带着个五岁的男孩儿也在接见。张步云很有些才艺，每逢过节都有他的节目，所以全劳改队的犯人都认得他，而且知道他是个右派反革命。接见是有时间限制的，当张步云往回走时，他那孩子"哇"一声地哭喊着"爸爸"便追扑过来。张步云听见，赶紧回头蹲下，说着："爸爸再抱抱，爸爸再抱抱。"把孩子送回妻子身旁，可是他转身一走，那孩子又哭号着张着小胳膊扑上来。最后还是管教示意，让孩子妈妈硬把这哭号的孩子拽走了。走出了大门，那"爸爸呀！爸爸呀！"的哭喊声还传进了大铁门内。孙瑶真目睹了这一场景，止不住泪水直淌。回到车间，武警紧跟着也来了："孙瑶真，你哭什么！""他若是心疼孩子，为什么反党反社会主义呀？”“你们这些反革命同情反革命吧！关键时候就露出本质了！”狠狠地一通训斥，还真把孙瑶真的眼泪给训干了。可是孙瑶真对我说这件事时，眼泪又簌簌地淌下来。

1962年，来了一个可以随意号啕的女犯，姓张，只有20岁出头，但看起来像近40岁的，她往往干着干着活儿就忽地坐在地上大哭一场。当然，不乏汇报的人，管教说：“别理她，让她哭去吧！”在组长会上，管教告诉我们她杀死了自己的孩子，精神不太正常了，让大家注意着不要让她寻了自尽。日子长了，她哭的次数也少了，我觉得她没有什么精神不正常，她还对我倾诉了她的伤心。

她父母亡故，跟着哥嫂生活，穷得没有东西陪嫁，给人做了填房。前房有两个小男孩儿，她婚后又生了一个男孩儿，1960年没有吃的，丈夫独自走了，不知去向。一个年轻男人走南闯北地混自己一张嘴还是可行的。她一个人带着三个不到10岁的男孩子，把家里、野外能入口的东西都吃尽了，能烧的也烧光了。前房孩子的外婆能开门让来讨吃的外孙进去，那小的，不是她外孙的就挡在门外。两个大孩子回来就说吃了什么什么，还边咂着嘴说多好吃多香，馋那可怜的弟弟，那小的就哭着向妈妈要。妈妈只有眼泪，自己都快饿死了。后来外婆家把那两个外孙接走了，剩下这娘儿俩更无人过问。这时政府有几个以工代赈的工程，她去报名，求一条活路。人家说工地远，得住工棚，不能带着孩子去。她向人家保证，她孩子不影响大家睡觉，不妨碍工地工作，不吃分外的食物，好说歹说，人家就是不许她带孩子上工，她只好懊丧地回来坐在院子里发呆。这时儿子又哭着闹着要吃的，她说：“你过来，妈给你吃的。”一把把孩子拉入怀中，两手紧紧掐着孩子的细颈子。第二天她上了工地，吃到了食物，晚上恢复了神智，大哭号啕，人家问她，她只说：“我的孩子，我的孩子呀！”大家以为她想念孩子了，都说：“你不是说安顿好了吗？”她告诉大家：“在门后面！”公安局在她家门后找到了那夭折的小男孩儿。

她被判的刑期不长，好像只有三年。她在南兵营的时间也不长，是调回本县还是放回家去，我不得而知了。

17…………修女孙瑶真

孙瑶真原名宝荣，1915年生于河北省宁晋县边村一个天主教家庭，父亲以前经营棉花生意，因失火破产，家道已经衰落。

宝荣的长兄11岁时，母亲送他去了修道院，培养他当神父。修道院的主教问她有几个孩子，回答说有四个，都是儿子。主教说：“我替你祈祷，求天主赐你个女儿。”母亲高兴地说：“若天主赐我个女儿，我也把她奉献给天主的圣教会。”第二年，她果然生了个有明亮大眼睛的漂亮小女孩儿，起名宝荣。

宝荣幼时就患上了淋巴结核，医生说得忌口，不能吃肉、蛋和一切零食，特别还不能吃油。家里每周给她买一小罐炼乳，就是唯一的营养品，长到八岁才比八仙桌高出一点点。那年春节，桌子上摆了些花生、糖果，宝荣馋极了又不敢伸手拿，眼睛就在母亲和花生间打转，坐在桌旁的叔祖父注意到就责备母亲。母亲解释说不是不让孩子吃，是怕她瘰疬病复发。叔祖父说：“你看这孩子都耗成什么样了，八岁才这么一点儿个子，又瘦又干。你们光怕她发病，可没考虑她还能不能成人。真发病死了也比耗死了强。”母亲不敢违抗长辈，就不再让她忌口了。那个春节她不但吃了花生，还吃了鸡蛋和猪肉，营养充足，身体也好起来，瘰疬病居然痊愈了。

健康了的宝荣就要求上学。那个年代农村里的女孩儿上学的不多，母亲又生了一个弟弟和一个妹妹，家计更困难，就不想让她上。宝荣力争，说不识字怎么能当修女？母亲记起早先的承诺，便应允了。宝荣12岁时，大哥升了神父，二哥也想当神父，拒绝一切说媒。可是家里再也供不起。升神父要经历修士阶段，除了学习《圣经》教义、神学、哲学，还得学习拉丁文，时间很长，学费不少。女孩儿入修会虽然课程少许多，而且入会之初就能工作，但也得交一笔费用，以表明是志愿有决心的。当时是12个银元，家里也凑不出来。宝荣15岁时，得知郑州的本·若瑟修女会不收入会费，兴高采烈地去找到正回乡探亲的郑州教区张主教，张主教看她决心大，就批准了。她顺利地到了郑州入了修会，不再用宝荣这名字，改用上学时老师给取的瑶真。而她二哥终身未娶，也没能当上神父。

初入修会当预备修女，开始了规矩严格的修会生活：起早贪黑，念经祷告，听道学习，还有日常的劳动，就是照管修院收养的16个孤儿，教他们识字、唱歌和讲道，还要给这些孩子缝衣做鞋，忙得没一点儿闲暇，可是她心情特别愉快。只是睡眠不足，老是困倦，慢慢地也就习惯了。五年之后，她20岁，发了终身愿，成了正式的修女。

20世纪30年代，河北省邢台天主教堂来了一位波兰神父，他还是一名医术高明的眼科专家。他发现很多的穷苦农民只因普通的眼病没得到治疗而失明，便办了一个眼科医院。为扩大医疗的范围，还培养了大批的眼科医生。解放后，外籍传教人员都被遣送出境，但邢台的眼科医院还继续开办，而且一直享有盛名。

孙瑶真当了修女，正赶上波兰神父办眼医班，每个教区选派两名修女去。瑶真心灵手巧，性格温和，被选派了。波兰神父亲自授课，从医学的基础教起，直到手术和处方，要求很严。有些人因文化程度太低，或手指太笨拙，不能做精细的眼科手术而被退回。瑶真学习用功，细心苦练，四年之后，她已成为能独当一面的眼科医生了，先后被派到江西、湖南教区服务。解放后她所在的本·若瑟修女会也有所改变，瑶真回到了故乡。20世纪50年代，冀中已开始农业合作化，个体行医的也组成了联合体。邻近的赵县有位修女办了个诊所，邀请瑶真去主持眼科，一干就好几年。虽然人不在修会内，她仍遵守着修会的规矩，信仰不变，身份没改。

有个当地的党支书用了诊所的两支青霉素，一直没有付钱，因为是瑶真开的处方，诊所就责成瑶真去催讨。话虽说得客气婉转，但要了几次这书记都托词拒付，最后账是结清了，但书记很生气。瑶真就这样得罪了当权的人。1957年石家庄地区刮起了一阵迷信风，先是一个死水塘因腐败的植物发出类似中药的味道，众人就蜂拥去喝那脏塘水，说是王母娘娘降的仙药。继而有个叫黄尔营的地方，教堂的王神父说堂里的圣母像流了眼泪，显圣了，招致大批的教徒去朝圣。瑶真也去了，但没有看见什么奇迹，失望而归。有个女教徒来问，瑶真如实说了，女教徒将信将疑，瑶真便说："若不然你自己去看看。"那女教徒一拍手说："你的嘴，我的腿，就跑上一趟！"不久，王神父造谣惑众被捕，南兵营的天主教女犯差不多全是黄尔营一案的。孙瑶真作为修女自然更难幸免，罪名是"煽动群众朝圣，破坏农业生产"，判八年徒刑。

自幼熏陶她的教义，多年修会的约束，造就出瑶真仁爱宽厚、谨慎谦和、舍己为人的品格，在众多各种类型的犯人中就凸显出来。她很讲卫生，全身上下总是干净整齐，可是一点儿也不嫌弃有病的同犯，吐的拉的她都尽心地给擦拭。有个年轻女犯恶习不改，在狱中依然小偷小摸，而且特懒，浑身脏臭，大家都不理她。春节前全体都拆洗被子，就她不动，说她不会，从未干过这事。瑶真就耐心地教她，发现她身上虱子成堆，又打来开水给她烫，烫得大铁盆下面淀了几厘米厚的死虱子。大家都转过脸去，省得恶心，而瑶真还赔着笑脸。女犯中老得行动不便的、病得卧床不起的、弱智的、精神不正常的，管教把她们都放在瑶真组里，病危的也让瑶真去给送终。不论男犯女犯，凡是患眼疾的都由瑶真给医治，甚至干部也找她看眼病。医务室的男犯医是个反革命，但也是个大流氓，和一个常找他看病的女犯有不轨行为，为此受到加刑处分。审问他时，他说："瑶真常来医务室，可她像个圣女似的，一点儿也引不起我的邪念。"真是正能压邪。在狱中四五年她没犯过一点儿监规纪律，她的人品受到全体女犯的敬重，南兵营给她报到法院，减刑两年，法院因她属反革命性质，只批了减一年。1965年她被释放了，原本没判她有附加刑的，但她表示不背叛宗教，给她加了个反革命分子的身份。

她回到故乡边村，在家族人身旁，再者她已年过50，不在劳力之内，反革命的身份没有给她造成什么伤害。她和弟弟一家一起生活，参加点儿力所能及的劳动。农忙时，她把本家族的小孩子都集中照管，中午还做一大锅饭，让弟媳妇们省去了做饭的时间。家族人都感激她，爱戴她。

好景不长，两年后的1967年，"文化大革命"闹到了高潮，河北省的造反派宣布取缔天主教，凡是坚持信仰的都受到残酷迫害。有的被拴上大拇指吊上房梁，有的被捆上两腿，让骡子在铺上煤渣儿的路上拖拉，有的被熔化了的沥青浇背，有的被大棒子狠砸"花岗石脑袋"，仅一个边村就酷刑致死了一位神父和四位教徒。造反派还将一位守贞的女教徒脱去衣服扔进水塘里，说谁要娶她可以捞她回去。所幸瑶真因为有反革命身份，运动初期就被捕入了劳教所。

劳教所里虽不像社会上那样胡作非为，但也不是世外桃源，也搞逼婚。他们以为修女结婚就等于毁誓、背教了。瑶真被逼不过，就选了一个叫二傻的劳教人员。二傻是弱智，还不爱劳动，小偷小摸常被人捉住，屡教不改，村里只好把他送来劳教。瑶真答应嫁这弱智人，目的就是可以不受这人的摆布。劳教所认为目的达到，二傻有人管顾，也不会再偷，就放他二人回栾城县宋村——二傻的老家。二傻原不肯回去，因为家里已没有房子住，而且劳教所有现成饭吃。瑶真为了有更多的自由，劝说他同意了。到了宋村，瑶真花两元钱租了村人两间闲房，又从边村拿来些日用品，还拿来些布给二傻做了新衣服，督促他每天上工劳动。二傻不缺吃穿，也不偷了，村人很满意，二傻也有了些自信。瑶真对二傻说："我管你吃饱穿暖，你也活得像个人，也没有人欺你骂你了，你可得听我的话，我是守贞的，你不要有夫妇生活的要求。"二傻居然答应了。可能是长期独身，生理机能减退，再者他也年近50，总之二人相安无事。过了一段时间，瑶真回了边村生活，听说二傻又没人照顾，常坐在路边发呆，瑶真于心不安，又回到宋村，要求村里给二傻盖个房子。村里答应了，新房子里盘了个较大的土炕，中间是添燃料的炕口，告诉来串门儿的村人，她二人都怕热，得离炕口远点儿，所以一人睡一边，没有引起外人怀疑。时间到了1974年，村里来了个卖土豆的，瑶真在买土豆时知道那人原本也是天主教徒，出于对宗教的忠诚，瑶真就劝他回归。为此她又被捕，叫作"屡犯从严"，判了10年，关进省第二监狱服刑。

1979年，社会有了很大进步，瑶真被释放，她认为在狱中更便于她修道，说才服刑五年，要服满才走。狱方说来也罢走也罢，都是法院决定的，你没有选择，只能服判。于是她又回到了宋村。她被捕时给二傻留下的冬夏衣服有满满的一箱子，这时成了空箱子，都被村人拿走了。现在见瑶真又回来，纷纷又还回来。瑶真为解他们尴尬，说是二傻眼睛不好，看不清衣服少了没有。二傻大觉委屈，说："我眼睛再不好，也不至于看不见箱子空了。"傻得可笑。

1980年，国家给"文化大革命"时受害致死的教徒平反，每人赔给250元，多数家属拒领，说是只等教皇祝圣，不要政府的赔款。瑶真见政策大改变，便去石家庄法院申诉，得到平反和250

元，把这钱给了二傻一个本家，让他收留二傻，管他吃住，穿的和铺盖还由瑶真供给。她不再在宋村居住，但也不算离婚。瑶真回了边村，还和弟弟一家共同生活，不时和弟弟一起来宋村看看二傻。三年后，二傻死于脑出血，这段婚姻彻底结束。

在边村，她应弟弟要求，开了个眼科诊所，同时向弟弟和侄儿教授眼科的知识和技术。所得的收入，大部分资助给刚刚恢复的教会，余下和弟弟平分。到1989年她得知郑州的修女会也恢复了，这时她弟弟和侄儿已经熟练掌握了眼科的技术，可以支撑那个诊所，她决定回到修女会。

郑州的张主教年迈体衰，但还清醒，瑶真见到他还有当时的几位幸存的神父，谈及数十年的风雨曲折，大家感慨落泪。张主教赦免了瑶真结婚的大罪，接受了她的回归。修会又派她去内蒙古和河南的多个地方传教治病。直到20世纪末，她年事已高，眼力不济，不能再行医传教了，在河南豫西一个农村由几位年轻修女照顾着。瑶真历尽坎坷，还是实现了当初的誓愿，心存感激，虔诚信仰，安静平和地于2005年逝去，享年91岁。

她是我永远崇敬的人，是我永远怀念的人。

第八章 就业省第二监狱

1…………适应新的环境

河北省第二监狱是省直属的，虽然也是个关押犯人的地方，气派比南兵营大多了。它坐落在石家庄桥西的仓安路南侧，从东到西差不多有二里之长。超高的围墙，密密麻麻的电线网，突兀的岗楼，荷枪的门卫，都在显示着森严。正门很宽，向内凹入，挡住视线的是幢灰砖大楼。这建筑也具有威慑的力量，能打消过路人向里张望的好奇心，那是狱部的办公楼。正门的两边还开着东西两个大门，距离都不近。东门也能走大卡车，西门更宽，能走两辆卡车。关犯人的两道电网大院在南部，和临马路的围墙之间还隔着三排平房。这些平房是干部宿舍、武警营房、接待室、接见室等等。仓安路北侧还有一个全是二层楼房的家属大院，由干警之多就可见二监狱的规模了。

二道大院的最北一排是女监，女监南边是两排犯人医院，分内科、外科、放射科、中医科等等，可以动手术，还有住院部。常有社会上的人来这医院找犯人医生治病，名气还不小。医院往南就是男犯的监房了，一排一排的很整齐。再往南就是个大操场，有好几对篮球架子。操场西头是个大舞台，二监狱的京剧团经常还到社会上演出，在石家庄还算水平高的。最南边是一排伙房，东头还有个几个池子的大澡堂。犯人圈子的西北隔出五六排长、四五排宽的一院，是男就业人员的宿舍。这就业圈子里有伙房也有篮球场。女监的门开在东面，就业院子的门开在西边，犯人的门开在操场的东西两面。原来这二监狱有好些工厂，西边是机械厂，还有汽车修配厂，都很有规模，还带个木工厂。东边有三个厂，北边是缝纫厂、制鞋厂，还带个裁缝店。这店是对外营业的，1961年发生火灾后才停办了。缝纫厂南边是织毯厂，织提花线毯和大床单，还有漂染、整烫等等一系列车间，比整个南兵营的规模都大。顶南面是印刷厂——大监狱都有印刷厂，以便印诸如考试卷子等保密的东西。这三个厂合称东三厂。男犯人还有个建筑队，很专业的，能揽石家庄市的工程。自然还得有种菜、养猪、淘厕所的副业队了。几千的人数，各色的行业，形形色色的人，怨不得需要如此众多的管理人员了。

二监狱原本没有女就业人员，60年代初，北京发生了一起反革命子弟杨国庆刺伤使馆秘书夫人的案件，公安部门便将在押犯的家属、管制分子和一切人民不放心的人都集中到大红门农场、茶淀农场等地强制劳动，以便监管。刑满释放的就更不能接纳入市了，只得让这些人“就业”。河北省二监狱就承担了这任务。初时，天津、北京来的妇女就业人员不多，让她们住进干部的家属院，不料，其中两人和一位干部家属有同样的妓院出身经历，竟交起了朋友，被狱长发现，又正赶上“四清”运动，女就业人员必须清出，只好把女监舍的西头隔出六间，腾出北面干部区的一间平房作为出路，砌了隔墙，装上电网，才有了女就业人员的宿舍。我知道来由后，才解开了初来时的迷惑：为什么有这么大的厕所？为什么要绕走房子后面？

我每天三次，捧了大饭碗，出后面的门进入干部区，向西通过干警的大操场，由有武警把守的小二门进入机械厂的地盘，再向南拐入就业大院，排队买饭，再从原路返回，最快也得十几分钟。匆匆吃过，再出后面的门向东，走到东门内，通过东三厂北面有武警把守的二道门到缝纫车间。我虽不是犯人了，但也不能乱跑，只在买饭、上工这条路上来回。那些大厂房我只能远观，不像我在南兵营，角角落落都跑到了。

女就业人员当时有二十来个，多数和男就业人员结了婚，在附近的村里租房子住。集体宿舍只有不到10人，除了老太婆就是丈夫不在二监狱或不在石家庄的。两个组长都不是反革命，她俩不去车间劳动，专门在宿舍值班。每个星期有两次学习会，时间在下午下班之后。有小孩子的更辛苦，她们上班前得把孩子送到托儿所，就在路北的家属大院，和干警的孩子在一块儿。中午得去喂饭，逢到学习日，天黑才能回家，抱着一个拉着一个，若是下雨就更遭罪了。但学习会是铁打的，谁都不许请假不到。我们和犯人们一起干活儿，也劳动10个小时。两星期休息一天，我也可以到市里买东西、看电影，和组长说一声就行，就是没有通信的自由。因为我还有五年的附加刑，还得被管制，每个月得写个思想汇报，经小组通过，交到狱内的派出所，据说是和社会上的管制分子一样。

缝纫厂占着南北两排大厂房，每个厂房有50米长，30米宽。南边厂房安着三条流水线，每条线上有30台电动缝纫机，是用地轴带动的。最南边和流水线平行的是裁剪长案，那上面可以展开整匹布。裁剪组用电剪裁出，打捆打号后就交到流水线上缝制成衣服。女犯和女就业都在北边流水线上，其余都是男犯人。北边厂房全是女犯，她们在那里干辅助工作，例如钉扣子、熨烫、整叠之类，和这两个厂房平列，中间隔着条大路。北面是制鞋车间，一些老年男犯用夹板纳鞋底，技术高的还能做皮鞋。南边是管这些男犯人的管教办公室，前面还有个小花坛，种着五颜六色的许多花。

缝纫车间的流水线一分钟就开动一次，下线两套服装，机手的技术都很熟练，动作都很快。而我则是一窍不通，车间干部只好派我记账，外带当个往北边厂房送东西的搬运工。很快我就和女犯人们熟悉了。至于男犯人们，只能说认识了，因为谈话还是受限制的。我从未接触过工业生产，很感兴趣，有闲时我也上机学习练手练眼。

就业人员的工资分了许多等级，但女就业人员的工资只有三等，一等是37.5元，二等是32.5元，最低是28.5元。车间一位男队长告诉我，为了我的工资，他们整整地争论了两个小时，最后的结论是：尽管什么缝纫技术也没有，但总是个大学生，拿最低的工资不应该。我听了挺不是滋味，不是不满意这待遇，而是觉得给大学生抹了黑。我每月买10元饭票，存银行15元，余下7元零用，雷打不动地过了五年，并没感到拮据。只是伙房的人总笑我虽然除了节假日外不买荤菜，但还是很胖，就业人员都叫我“胖子”，小孩们管我叫“胖姨”。

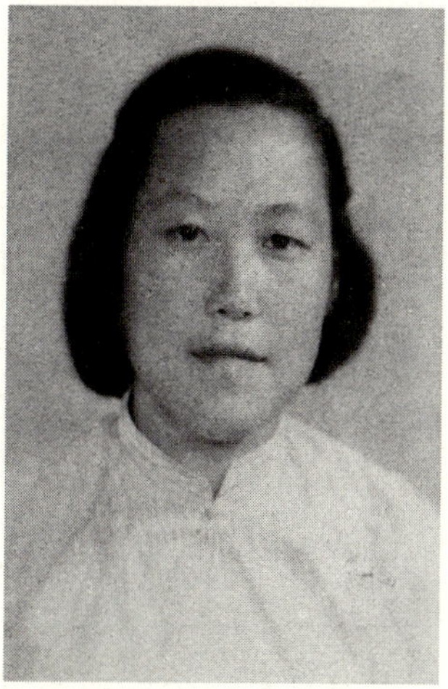

1964年8月，刑满就业。坐牢的六年，没留下什么照片

我们在生产劳动之外的事情都归就业科的干部管，东三厂的不分男女都由马队长管。他叫马国斌，14岁就参军了，经历过无数次战斗，还负过伤，那时不过四十来岁。女就业人员人虽不算多，但麻烦事不少，特别是那些因流氓犯罪的还会旧病重犯，令他厌烦之至。南兵营的李大队长向他保证说我绝对正派，不会给他添乱，而且身体很好，从未生过病，他才勉强答应接收我。当他看到我确实胖壮，就相信了李

大队长的保证，期望我在女就业人员中起好作用。就业科的其他干部不时地也来听我们的学习会，也会给我们训训话。记得一位男干部就说过：“你们虽然刑满了，但永远不要忘记自己姓犯！”话很扎耳，可是表明了政府对就业人员的态度，也让我们警惕不敢再出错。还来过一位女干部，调查处理几个天津来的女就业搞同性恋的事。这种案情我闻听未闻，真令人皱眉，怨不得马队长让女干部来了。学习开会，当记录的事自然落到我的头上。那个小偷出身的没文化，她发言说：“我们现在有了原子弹，要打美帝就不成问题了。”诸如此类让人啼笑皆非的发言，我都不知如何下笔去记录。我可不敢忘了自己姓“犯”，除了担当这为难的记录，我还得给诸位犯错误的写检查，得听她们说那些我极不愿听的内容，还得替她们编圆，弄得像个检查书的样子，真是个苦差。别人还揶揄我说：“不论谁犯错误，胖子都要写检查。”多上了几年学何其倒霉哉！

2…………特殊的工作——看守王学宇

1964年在适应新的生活中很快就过去了。第二年春节后不久，就业科的刘科长到车间来把我叫回宿舍，对我和在宿舍值班的组长孙秀兰两人宣布，从今天起隔离审查王学宇，我和孙秀兰倒班看着她，不许她接触别人，及时向刘科长反映她的情况。她的案情我们不许问，她的情况也不许向外人说，等于我也被隔离了。孙秀兰说这叫政治任务，领导信任才让干的，得严肃从事，不敢懈怠。

这王学宇比我长14岁，浓眉大眼，高挑身材，除了皮肤稍黑，还真是漂亮人物，也不显老。她本是二监狱京剧团唱青衣的，“四清”运动后京剧团解散，刑满的都归到就业人员一块儿，也一块儿劳动。听说她是台湾派遣回来的特务，我想也不会是多大的特务，因为她刑期并不长，满刑后和本监狱机械厂姓肖的男就业人员结婚，女儿都三岁了。她住在附近村子里，我只在学习会上和她说过话，并不熟悉。现在把她隔离在我们院子出口旁的一间房内，二人对坐又不许聊天，只好带一本书来看。被隔离、坐禁闭我是过来人，现在换了位，我也能将心比心，只要她不逃跑不自尽，我决不会无事生非，找岔子去训斥人家，不像那孙秀兰，整天摆出个革命面孔，给人以精神压力。有一天我值夜班，王学宇对我说："胖子，你困了就睡一会儿，我不会犯规矩的。别说我不寻死，就是要死也不死在你的班上。"我笑笑表示谢意。我相信她不会自尽，因为她已怀孕足月，就快临盆了。

五一节有两天假，伙房照例只开两餐饭，而且可以一起买走。孙秀兰把我和王学宇两天的饭都送了来，自己到市里玩儿去了。头一天平安无事，第二天上午王学宇就开始了宫缩。我没法子去找人，只好把椅子搬到房外的路上，看着来人，听着房内动静。好容易等到下午，陈大夫回来了。这陈大夫是被劳教的右派，解教后调来二监狱医院，以方便女犯人就诊，和就业人员一样待遇，与我们一起住在集体宿舍，假日回家。我虽不敢自作主张让她进隔离室，但放下了心。晚上孙秀兰回来了，她去请示过后，陈大夫来给王学宇接产，我在一旁协助，总算平安顺利，陈大夫及时回宿舍走了。我把小婴儿放到个椅子上，喂了点儿糖水，她竟睡着了。这时孙秀兰才来"视察"一番，说明天向刘科长报告，外带让刘科长通知王学宇的丈夫老肖送奶粉，因为王学宇一向没奶。

有了婴儿，刘科长他们不再来审问，小孩儿的事情也多，禁闭室的气氛缓和下来。奶粉没送来，小孩儿喝了两天糖水，不住地哭闹。我催孙秀兰去要，遭她抢白了一顿，说用不着我操心，对被隔离审查的人不应感情用事！可能这话让屋内的王学宇听见了，我进屋后，王学宇说："胖子，不用着急，孩子可以喂面糊。"我很同意，马上炒了点儿面粉，冲成糊糊，加一点儿糖，给小孩儿喂过，她居然安静地睡着了。王学宇说老肖要的是儿子，听说又生了女儿，不送奶粉是意料中的。我气得大骂那姓肖的，还冲王学宇发火说：“你怎么就嫁了这么个东西！”王学宇倒平静地说：“我只能嫁这么个东西！”娓娓地讲了她的过去。

王学宇的父亲是天津的大资本家，家道殷实，她从小上的教会学校，穿裙子骑着自行车，在那个年代是很时髦的。王学宇人长得漂亮，追求的多，结婚也早，解放前夕随丈夫去了台湾。夫妻感情虽好，但她总惦记留在天津她母亲和妹妹身边的儿子，便回来想接过去，不料被捕（为什么被捕，她没说，我也不能问），由天津转到石家庄，刑满就业，必须得嫁人，而且得嫁个非反革命的，以示和台湾断绝关系。她儿子已十几岁，愿意和姨母一起生活，不介入她的新家庭。她为儿子的懂事和谅解很感激，说时眼泪流下来。姓肖的比她小几岁，工资比她多不少，婚后她带他回了趟天津，她母亲一直还保留着她在家时的房间。老肖是偏僻农村人，没入过这种大宅门，看什么都稀罕。第二天她母亲就发现客厅里的小摆设少了几样，她还没在意。又一天，王学宇发现自己梳妆台上首饰盒的宝石戒指和手镯也不见了，问老肖说是不知道。晚上老肖睡着后，她翻看老肖的东西，果然都在，强忍耐住，走之前告诉她母亲小摆设和她的首饰她都带走了。回到石家庄她和老肖开诚布公地谈了一次：“我既嫁给了你，我的东西也可算是你的东西了，为什么不说一声地藏起来？问你还说不知道！这叫什么行为？”那老肖恼羞成怒，蛮横地说：“这些东西都是资本家剥削来的，早就该还给劳动人民了，难道还得资本家太太、小姐批准吗？”二人大吵一架，王学宇认清了老肖的本质，但只能忍气吞声，因为老肖说若敢和他离婚，就是还想当资本家小姐，看不起劳动人民出身的人，就是还想去找台湾的丈夫。这两条罪名可不小，特别是后面一条，能压死人的。王学宇生了大女儿后，这婚姻更解脱不了。她的大女儿交给一个精神病患者代养，因为除了这精神病患者，别人都不肯和她这反革命打交道。好在这个精神病患者虽然发病时受到顽童们攻击戏弄，但把孩子保护得很安全。她本不肯再生的，但姓肖的一定要儿子，天天和她闹，还以死威胁，于是又生了这个小可怜。王学宇叫她“小豹”，说她的脑袋圆得像海豹。我则称她“小八怪”，因为她满脸皱褶，哭起来就看见一张大嘴，实在是个小丑八怪。“小八怪”生命力还真强，糊糊吃得还天天有长进。孙秀兰发现我在给孩子喂糊糊，冲我发火说：“胖子，你不要瞎胡闹！喂出了问题你负不了责任！”我回她一句：“饿出问题谁负责任呢？”她说：“有她爹妈负责任！你我只有看王学宇的责任！”俗话说，“妓无情，戏无义”，这孙秀兰自己不能生育，就连点儿恻隐之心也没有了？

过了十几天，大概审问又要开始了，刘科长和管这事的几个干部来听孙秀兰和我汇报。孙秀兰听出我的汇报中没拿王学宇当敌人，当即批评我“立场有问题”。干部们没有表态，第二天派了个才满刑期就业的来替换我，说是车间忙，要我回去干活儿。我才乐不得这样呢，一是不用再和孙秀兰打交道，二是脱离了气氛压抑的禁闭室。一个月后，刘科长又到车间来叫我，要我顶替孙秀兰值一天班，因为她即将迁回天津，办手续去了。王学宇还那个样子，“小八怪”却瘦成个骨头架子了。我真吃了一惊，脱口说：“怎么成这样了？”王学宇说老肖一直没送奶粉来，“小八怪”闹了一回肚子，陈大夫来给打了针开了药，才好了几天。还安慰我说：“有骨头就不愁长肉，只要有命就能成人。”我也不知道说什么好，枯坐了几个小时。再见到“小八怪”时是王学宇的事已审问完毕，让她带着孩子住进我们宿舍，和值班的刘玉范两人一间，白天和大家一起去车间劳动，小孩儿由刘玉范看着。刘玉范称她为小闹钟，因为她到时候就哭，比闹钟还准。那时“小八怪”已经四五个月了，不会坐更不会爬，还很瘦，但已脱离了那濒死的状态。

3…………女就业院子里的风波

女就业的院子不大，但热闹事不少，不但吵嘴，还有离了婚的丈夫找来打架、没离婚的夫人来找丈夫的情人理论等。一墙之隔的女犯们听得很真，总悄悄地问我，我只好做个怪样儿搪塞。1965年秋，北京、天津的回去了好几个，这是马队长坚持不懈地向当地公安部门交涉的结果。走的都是有刑事问题的，也是那些吵闹的中心人物。她们走后，院子安静多了，孙秀兰和另外那个在宿舍值班的组长都走了，由刘玉范值班。刘玉范50多岁，有严重的心脏病，行动很慢，已不适合去车间干活儿。她虽也是反革命，但就业多年也没犯过错，马队长认为她还是可靠的。

女就业院子清静了不多天就又热闹了，不是吵嘴打架，而是有了小孩儿。韩淑英和她丈夫原本都在二监狱的京剧团，她丈夫和王学宇是一案，也被隔离审查了，她一个人带着孩子在外面住着很不合适，马队长就令她搬进来了。这时有了个专管女就业人员的女队长，也姓马，我们背后称她为女马队长，以和男马队长区分。女马队长比我还胖，性格也开朗，有四十多岁，是工农干部，文化不高，但心地很善。她能体谅韩淑英的困境，叫我每天替韩淑英接送她那3岁的大儿子小元去幼儿园。韩淑英小儿子小方是来集体宿舍后不久就出生的，她更忙不过来了。刘玉范经常帮她，我则是替她跑外买东西。有一次替她买煤，小板车装了一千斤，路过铁路，我使尽气力才上了那道坡，至今我看见拉车上坡的，总情不自禁地在后面推上一把。有一次我骑着车送小元，他把脚伸到车轮里，幸而穿着棉鞋，没有夹伤，自此我就推着他走着去，不敢图快了。又一回接他回来时，把他的一条裤子丢掉了，我及时买了一条赔上，韩淑英要还我钱，我没要。别人说我白出力气还赔钱，太傻，我是看她只拿28.5元还养两个孩子，确实困难。好在孙秀兰走了，否则又要扣我“立场不对”的帽子了。

我不但给韩淑英服务，也帮那几个老太太和不许外出的人买东西。我到二监狱就业的第一个休息日，出去就是收拾那陪我蹲了六年监狱的自行车，它圈儿也锈了，轮胎也裂了，给它更换一新，不想它成了我助人为乐的工具。但我并不精于购物，有一次买回来一只只有两个脚的铁锅，放在地上它就倒了，赶快又跑去换，落了个笑柄。

1965年刑满就业一个叫荣艳秋的，没多久她就和原在二监狱京剧团唱黑头的就业人员张某结了婚。那人本是个中学教师，因为猥亵女学生犯罪。还没等找房子搬出去住，这绰号张大头的丈夫就被隔离审查了，和韩淑英的丈夫还有王学宇三人是一个案子。荣艳秋自然心情不好，在车间和男犯修理工吵嘴，说男犯修理工拉她了，气得那男犯人直哆嗦。管女犯的队长很了解她，说她是妓女的流氓性不改。荣艳秋回宿舍也蛮横霸道，大家都敬而远之。要说起来她也是个可怜人，原籍江苏高邮农村，幼年父母双亡，村里保长将她卖去当童养媳，才筹得了母亲的丧葬费。童养媳很劳苦，还挨打，人贩子把她诱骗出来，卖到济南一个妓院。她在妓院长大，学会恶吃恶打、撒泼放赖，认为只有这样才能少受欺凌。一个国民党军官为她赎了身，一年多后，军官打仗去，再没了消息。她从被包养中解放出来，随人跑天津贩东西做生意，平津战役前铁路中断，她困在了天津，只好重操旧业。天津解放后，将她收入工厂当了织布工人，还结了婚。为了让婆家亲戚们不轻视她，她就借工作之便偷布出来送人，结果被判了七年徒刑，丈夫也离了婚。才刑满就业，荣艳秋又碰上了婚姻的烦恼，却把怨气指向了政府，认为对她不公平，比的对象就冲着我。她说许燕吉对缝纫一窍不通，拿32.5元，而她是熟练工，只拿28.5元；许燕吉有附加刑还被管制，经常出大门，而她有公民权，反而禁止出去；政府明知张大头有严重问题，还批准她和他结婚，等于陷害她。我当时不明就里，只奇怪她为何老找我的毛病。

1966年3月邢台大地震，波及石家庄，二监狱被震裂了墙壁。夏天，石家庄大地震，二监狱的大烟囱都震塌了。我们也搭了帐篷在干部区的大操场上，和干部们的帐篷一块儿挤着。车间里是门窗大开，休息时，大家演习出逃。过了二十多天的紧张生活之后，一切又恢复常态了。可是荣艳秋脑中的地震爆发了，忘记自己姓“犯”，和女马队长顶撞起来。于是按常规，开对她的批评会，男马队长和就业科的干部也都来了。女马队长说：“让许燕吉出去是让她给大家办事的，她每次只花两分钱存自行车，不像有些人瞎花，花到月底连吃饭都困难。不让你出去还因为你是有问题的人的家属，不单你一个，韩淑英不是也不许出去吗？”就业科的干部说她：“再三叫你慎重考虑，你却再三要求登记结婚，我们总不能为你泄密吧！”干部队长的解释加上大伙的批评、劝说，到时间也就散会了。当晚，睡到后半夜，刘玉范拉开了我们房间的灯，把我推醒，我坐起来问什么事，刘玉范说荣艳秋从房间出来了。我一听是荣艳秋的事，又倒身睡下，刘玉范又拽我，说咱们去让她回屋。我说：“她正恨我呢，我去她更不听了。”这时房里的人都醒了，可能看出刘玉范的表情异常，七嘴八舌地都叫我去。我一百个不情愿，但也起了身，心想，刘玉范值班不得不管，又怕荣艳秋撒泼打人，所以叫上我。走到房门一看，外面漆黑，又回来戴上眼镜。刘玉范就在我背后一个劲儿地推，走出几步就看见一个人贴在院子里的大树下，随着脚步前移，看见这人的头歪在一边。来不及想，我一个箭步上去，右胳膊搂住她的腰往上提，左手就去解她颈上的绳子，脑中想的是人工呼吸。还好，她在颈绳松开之时就倒抽了一口气，顺着我的胳膊溜到了地上，靠着我和树坐着。全院子的人都醒了，有的出来看，有的坐在床上发抖，有人去报告男马队长。——男马队长住得近，女马队长住在马路对面的大院子里。不一会儿男马队长就来了，把现场一看，说了句“大家都该受表扬”，就叫我们把她抬回床上去，这时我才发现她已经尿湿了裤子，幸亏刘玉范发现得早。这下我的任务又来了，马队长叫我和贾玉珊两人守着荣艳秋，直干了半个多月。荣艳秋昏睡了一天，清醒后由两个马队长教育她，我们只管守夜。

贾玉珊比我小几岁，天津人，从小学艺卖唱，流氓罪入狱。她身材窈窕，扮相好，嗓子亮，原来也在二监狱京剧团唱旦角。贾玉珊因为和管剧团的王队长通奸，有处分在身，也是不让出去的一个。头年春节她丈夫来看她，马队长派我和她一起去火车站接人。除夕之夜，候车室里只有我俩，等候的时间里，她给我讲了电影《冰山上的来客》的故事，她口才也很好的，现在一起值夜，她就给我讲自己的故事，王队长怎样爱上她、勾引她，又怎样在队长办公室和女监房里和她发生关系，后来又给她申报减了刑，就业后二人更加胆大非为，最后被捉住。她说那王队长受重处分全怪王学宇，王学宇在马路上遇见了受审查期的王队长，成为王队长和贾玉珊私自通信的传递人。还是王学宇将王队长给她的信交给了领导，才揭发出这件事，王队长由单纯的男女问题上升为和反革命勾结的立场问题，受到从重的开除、劳教处分。宣布那天，王队长的妻子甚至冲到女就业院子来要打贾玉珊，幸被孙秀兰拦住，男马队长得报，及时赶来把王妻搀走了事。贾玉珊说：“她要敢打我，我就敢还手，还不一定是谁打谁呢！”听得我瞠目结舌，怨不得马队长不愿意接收女就业人员呢。贾玉珊还告诉我，王学宇、张大头还有韩淑英的丈夫三个人在剧团时就关系密切，每个周日休息都在一起聚会，现在三个人都受到审查，不知在一起时都搞了什么鬼。我早明白，反革命不宜与人交往，陈帆回家后曾给我往二监狱寄过信，我就没回，是对的。

有时候我整晚上看一只蝉，看它从土里钻出来，爬上树根，一点点地脱去壳子，那蝉翼怎样一点点地展开……太阳出来后它飞上了树梢。除了值这夜班，一生也不可能有这种机会的。

我们又开了批判荣艳秋的会，部分东三厂的男就业人员也参加了。两位马队长的教育有了成效，她承认了以死来对抗政府的错误，还和张大头离了婚。男马队长说她应该感谢我救她一命，她没有感谢之词，但不像寻死前那样总找我的毛病了。这场风波终于平静下来，但真正殃及每个人的大风波才刚刚开始。

4…………“文化大革命”开始，我们姓“犯”

解放后搞运动都有打击的对象，土改打地主，“三反”打资本家，右派只划知识分子，“文化大革命”反的是走资派。犯人是没有资格去反对走什么道路的当权派的，本应不关己事，但是管犯人的人是必须参加运动的，所以犯人和姓“犯”的就业人员都被卷了进去。

开始，我们学习会上也反对“三家村”的吴晗、邓拓、廖沫沙。天津那小流氓说：“吴晗、邓拓连我仨。”惹得全组人哈哈大笑。她还辩解说：“我哪能跟人家连仨，我攀人家脚后跟都攀不上。”接着还说了许多赞扬“三家村”的话，害得我又不知如何记录。我们都没感到批这三人与我们有什么关系。

不久后一天早上我去买饭，路过操场看见搭了一圈架子，贴了许多大字报，还聚着许多人在看，我低头快步走过。中午下班回宿舍，男马队长早在等着，见到我们就急急地说：“你们马上收拾东西，立即搬到就业院子去！”我们没思想准备，都错愕地睁大眼睛。他又补充说：“大字报给就业科提意见了，你们不能再在干部区里，马上搬到圈里去。”真是刻不容缓，好在大家的东西都不多，找来个小板车，两趟就搬完了。里面院里的房子也才动手收拾，好在监狱有现成的建筑队，拆墙的，运砖的，砌墙的，粉刷的，各行各事，有条不紊，一下午在就业大院的西南角上围出了个对面两排房子的小院落，还安上了个大铁门，院里的厕所是伙房养猪的猪圈，改造起来也容易。这些男犯人干起活儿来配合默契，高效顺畅，也没人说话，也不用指挥，好像表演一样，难怪是石家庄有名的建筑队了。结了婚在外面租房住的也都搬了回来，他们住在就业大院东边一个跨院里，一家一间。在里面住也有好处，就是买饭近多了，但上班要穿过男犯大院，需要整队而行，不能自由。在监外缓刑的张惠珍也带着孩子搬了进来，她说社会上运动的声势很大，有群众向她示威，吓得她要求入监，说得我们都感谢这圈高墙。

被逐出干部区的第二天，男马队长到车间来找我，说托儿所不再接收就业人员的孩子，叫我拉上小车到托儿所去要两张小床，得自己另办一个托儿所。我遵命执行，还把车间不用的痰盂洗净拿回去，把会议室打扫干净，长椅子收到一边。弄好后，男马队长来看过，就叫我明天起管这些孩子。我实在没想到，还以为像往常一样，出力的工作都让我干而已。我赶快推辞，说我没带过小孩儿，还是让孩子的妈们来干好。马队长说孩子妈不免有偏向，别的妈妈们就有意见，说我性格活泼，适合管小孩儿，还说孩子妈们都愿意让我管。既然这样，我就勉为其难吧！

这些孩子有九个之多，六个会走，其中四个懂话，那五个什么都不明白。我把小的放到小床上，大的排排坐好，刚开始讲故事，小的们就哭开了，哄着小的，大的打成一团，拉开大的，小的滚到了地上，搞得我焦头烂额。男就业人员还敲着窗子说他们上夜班，不能吵得他们睡不着。恼虽恼，但时间总在过，熬到下班，妈妈们来领孩子，还都完好无损，卢学兰还惊呼说她儿子会走路了。我根本不知道她儿子会不会走路，更没工夫教她儿子走路。总算糊弄过了这一天。第二天的乱象稍微好了点儿，第三天，因为上夜班的提意见，托儿所搬进了我们小院，刘玉范能给我帮点儿忙。我也摸索出点儿规律，小的好哄，就那几个大的能闹，闹起来我就叫他们排着队去搬门外的砖，放到通厕所的路上，称之为“劳动”。这一招奏效，消耗掉他们的体力就老实多了，也肯坐下来听我编故事了。男孩儿小民最娇惯，总是他最先罢工：“胖姨，我劳不动了！”还会赖地，一不如意就朝地上一躺，我又不能打他。正在为难间，看见他露着肚脐眼儿，就喊大家都来看。孩子们边看还用手去按，他发现没人哄他，反而玩儿起他的肚皮，自己就起来了，自那以后再不赖地。

上下午吃点心时，我把他们排成一溜儿，把他们妈妈给的食品统统和在一起，弄成糨糊一样，一把调羹从这头喂到那头，再回过来喂，他们早都张大嘴等着了。一个一个地分开喂实在是忙不过来，好在妈妈们不知道我在实行共产主义。就是“小八怪”难管，她异嗜，总从那破垫子里掏黑棉花吃。我发现后总要拧她腮帮一下，想给她个刺激，造成个条件反射。不料“小八怪”吃黑棉花的毛病没去掉，反造成了另一种条件反射，只要我一看她，她就张大嘴，表示她嘴里没东西，却把黑棉花藏在颊齿之间，竟打算骗我，可见她是聪明的。干了一个多月，还好没出什么事。每天下班前，我都把孩子们的脸和手洗干净，孩子妈妈们还说我比托儿所管得好。终于有一天，车间要求我回去，换了个性格很慢的刘士兰替我，我这才苦海有涯了。

车间的确很忙，在做工作服。裁片需要包缝，成衣要开锁扣眼机和钉扣机，这三个机器零件多，构造比较复杂，难修理，总是安排有文化的人来用。刘士兰本是小学教师，但动作太慢，又不改进操作方法，我能比她快上不止一倍，换我回来干活儿确是从生产出发。

劳动紧张有序，和运动前没什么区别，但也能感到些政治气氛。先是魏狱长每天去菜地劳动，我们上下班时总能碰上他，看他变得又黑又瘦，揣摩着他是不是有错误了？再就是管教办公室前面的花坛被毁了，管教们自己动手干的，脸上还特别严肃。就业院子出口旁是木工厂烤木板的一个大场地，种着几棵葡萄，那根处的茎足有一尺多粗，用破木头搭了个大葡萄架。几个老年男犯喜欢在下面乘凉遮阴，摘下的葡萄也给我们托儿所送过几次，小孩们称他们为“犯人大大”。他们看起来也喜欢孩子。一天我们下班回来，忽然发现葡萄根被砍断了，葡萄架也拆了，老犯人们木木地坐在那废墟上。听男就业的说，是木工厂的队长拿大斧头砍的，只砍了一下就走了，老犯人大哭着完成了队长的意愿。我听了很难过，何必呢，那么粗大的葡萄，一定是老犯们十几年心血养成的，是他们监狱生涯的一点儿安慰和寄托。后来我才知道，监狱中有美丽的花坛，有壮观的葡萄架，都是狱长执行错误路线的罪过。

供粮政策也改了，就业人员中没有公民权的和犯人一样，不供给细粮，只许吃粗粮饼子和粗粮菜团。买饭时的队伍也就分开两列了。

不久，机械厂的就业人员的衣裤上都像犯人一样，刷上了显眼的标识，犯人刷的是“罪犯”二字，就业人员刷的是“就业”二字。我知道我们姓“犯”，已做好了思想准备。但不知为何，东三厂没有实行。

5…………“反共救国军”

在我们搬进就业人员大院的同时，住在狱外的就业人员也都被收了回来，自此我们每天晚上都得集中开会，有时候还是全体东三厂的就业人员在一起开会。若是全体就业人员的大会，便在就业大院那小篮球场上。第一次的全体大会就是逮捕王学宇、张大头和韩淑英的丈夫小王，罪状是三人组织了“反共救国军”。“哗啦”一声手铐响，三个人就被拽上了汽车开走了。我关心着“小八怪”，一声宣布，我就马上转脸看着王学宇，只见她浑身颤抖，一个眼神也没留就消失了。我不再给“小八怪”制造条件反射，对这身边没爹没妈的小可怜我难以下手，只把那黑棉花团从她口中掏出来就算了，好在她也没吃坏肚子。刘玉范一直照看着她，直到一年多后，老肖被下放回老家才把她领走。

“反共救国军”并没因抓走三个人而结案，而且更扩大了。审人的地方就在我们小院子的北面那间会议室，呵斥声、脚镣声听得很真。打饭的时候，在院子里也看见伤了胳膊的、吊着手臂的、伤了腰背的、趴在凳子上挪步的。机械厂的一个男就业人员还上吊死了，是上夜班时死在车间外的小树下，竟没人敢把他解下来！这些男子汉还不如我！严刑逼供造成涉案的人越来越多，竟然我们女就业人员中又出来了两个。两人都是刑事犯罪，而且都比我小好几岁。她俩单独关在宿舍，也不让上班去，由新来的几个女就业人员看守，不许我们打听。我是反革命类的，自危还恐不及，只是心里觉得奇怪。

一年多后，男马队长和我们几个人说起当年造反派入驻二监狱，首先要打倒狱长，以狱中有“反共救国军”为证，表明狱长的路线错误。造反派不但在就业人员中“发展”这“救国军”，还在犯人中搞了一些，不但在犯人中搞，还想拉一些干部下水。“文化大革命”时期，东三厂新就业一个叫霍国法的，是叛徒犯罪，他们把原来的一个组长吊到房梁上进行逼供。马队长看到后制止了这种酷刑，于是霍国法就向造反派反映说马队长也是其中一员，还把马队长也暗中监视起来。上级领导知道后气得拍了桌子说：“一个14岁参军，革命一生的干部，怎么可能当什么‘救国军’！搞什么运动都不能陷害干部！”才把那伙人的气焰打下去。马队长说当时那伙造反派首先就在反革命就业人员中物色人选，当然会注意我。马队长说我这人虽是反革命，但与国民党不相干，也跟剧团的人没来往，才把我免了。怪不得那一段时间我感到了气氛不对，原来他们已派了荣艳秋在监视我了。

“反共救国军”的风波最后烟消云散，白白地致残了几个人，致死了一个人。那段时间犯人中出过两起杀人案，不知与这

“救国军”有没有关系。王学宇、张大头、小王三人在看守所关了几年放了出来。韩淑英在他们被捕后就离了婚，知道就业伙房的独眼老耿有300元的存款，就改嫁了他，后来带着小元、小方随老耿回老耿的农村老家了，和老耿生了一个女儿，后来又和老耿离了婚，和小王复婚了。荣艳秋和张大头离婚得早，到1969年下放人时，嫁给元氏县一个富农成分没有结过婚的农民，不知有没有和张大头复婚。王学宇则没有消息。

6…………修女的信仰和命运

“反共救国军”闹得人心惶惶之际，有一天早饭，伙房给了王志劳和何春梅白面馒头，说是队长吩咐给的。大家都莫名其妙，因为我们这些不是公民的人是不许吃细粮的。饭后，女马队长来叫她俩穿戴整齐，随她到社会上参加大会。

王志劳是天津人，在天津入了修女会，也师从波兰神父学了眼科。她被捕不是黄尔营的朝圣一案，而是她向政府要求收回被充作他用的天主教堂，判了七年，关在南兵营劳改队。我到二监狱后不久她也刑满来就业了。我们相识多年，她向我诉过冤屈，说要教堂是政协干部多次动员她出面要的。也是条出洞的傻蛇。

那位何春梅是坝上崇礼县人，本来叫何崇美，女马队长令她改名，就叫何春梅了。她是天主教家庭出身，入修会后学医，在张北县天主教办的医院当内科医生，因为不赞成脱离梵蒂冈教会被捕，刑满时调来就业的。她人很瘦弱，个子也小，总是笑眯眯的，没有一点儿脾气。她们两人都50开外了，那天开会回来，情绪低落，大家也没有在意。

过了一两天，难得的犯人大院里演电影，就业人员也整队去看，女马队长来把何春梅留下谈话，等我们回来女马队长才走。何春梅不住地在哭，我们问她，她只是摇头。第二天晚上的会就是批判天主教，男马队长也来了，我们才知道，那天她们俩还有一位主教犯人，是被大汽车拉到了栾城县，参加群众批斗天主教的大会。会场上人山人海，红卫兵们掌握着群众，知道大汽车下站着的二女一男是天主教的修女和主教，一声大喊，群众潮水般地涌过来，吓得王志劳大喊："我不信了！"群众便转而殴打何春梅和那主教。男马队长看形势严峻，便从车上探下身子抓住何春梅的衣领，一下子把她提到车上，救了她一命。那主教就被打死了。

那主教我看见过，是陪人"一路行"回宿舍给孩子喂奶穿过男犯大院时见到的，车间的男犯告诉我才知道那是个主教，长期关在禁闭室里，人们都上班走后才让他出来晒晒太阳，怪不得那白发老头儿皮肤那样惨白，体态那么孱弱。他绝对吃不住乱拳暴打的，也明白了为什么让王志劳和何春梅吃了白面馒头，因为这一去有可能就回不来了。大家去看电影那晚，女马队长来和何春梅谈话说："那天那阵势你也见了。现在革命不允许天主教存在，你若还坚持要信，你就要被消灭，我也救不了你。我若是不向你说明，觉得对你不住。"说得何春梅放声大哭。今天这会就是要她俩当众表态。

王志劳先表态，她说家里并不信教，是母亲去世留下六个弟妹，她实在管不过来，便将两个小妹妹送到了天主教的育婴室，因此入了教。后来她又在天主教办的刺绣厂干活儿，挣点儿钱给妹妹们交饭费。修女们看她很能吃苦耐劳，就劝她入了修会，当了修女。现在她知道天主教是帝国主义的工具，就不再信教了。

何春梅却说她祖辈都奉教，信天主教都五十多年了，不可能再活50年，所以不愿意放弃信仰。她说女马队长苦口婆心地劝她是为了她好，若是再坚持，被群众打死也对不住马队长。说完又大哭了一场。

这次会后又开了几晚上的批判天主教的会，我也发言，把我不信教的原因说了一遍。王志劳说了在修会受的苦，她入的是苦修会，自然是内容很多的。光说这些还不行，女马队长还叫她说被神父强奸的事，开始她说没有，后来经不住大家的“斗争”和队长的加压：说“没有”就不算和教会断绝！王志劳就编了一套，过了关口。何春梅不会编，女马队长就诱导她，问有没有过和神父单独在一起。她说有过，但没有强奸她。大伙正要向她“斗争”，女马队长却说：“这就行了。不一定要强奸嘛！”意思是顺奸也算交代了，还叫记录快点儿记上。我只有瞠目结舌，别人也恍然大悟，女马队长真是高明。何春梅也没再辩解，顺坡下驴，算过了一关。我根本不相信，修会的规矩是很严的，神父不可能在修会里和修女通奸。

接下来就是逼她俩结婚，男方都是队长介绍的，都是刑事问题的就业人员。王志劳选了个身体较好的北京人，何春梅选了个长得较好的人民内部犯罪者。

7…………批呀！斗呀！

开完修女们的会，接下来挨批斗的是毛丽舫。她50开外，原是天津一贯道的道长，判了20年，因为表现好，减了刑转就业，还有公民权。这人很有城府，从不乱讲话，她会有什么问题呢？原来，由承德刑满新调来的姓丁的一个就业人，向队长举报说毛丽舫穿的罩衫是左大襟，表示她还是道长身份。我们不是一贯道，不知道左大襟的奥秘，只能跟着姓丁的瞎喊。派出所的王所长其实也是管就业人员的干部，似乎对这事很有兴趣，每天晚上都来听我们纠缠“左大襟”。毛丽舫承认后，女马队长还是那一条，要她承认和男道长有男女关系。都通过后不久，在一次全体就业人员大会上宣布给毛丽舫戴上反革命帽子，剥夺了公民权，罪名是“一贯不暴露思想”。我奇怪，这叫什么罪？倒是没提左大襟，可能是除了姓丁的这位一贯道，别的道首们都没有这个水准。我悟出了，这没给大道长戴帽，还减了刑，是狱长路线不对的又一证明。还悟出了这位王所长是反对狱长的造反派。

斗过毛丽舫，接着斗刘士兰。她也是一贯道，刑满时也没“戴帽”，姓丁的也没给她找出什么奥秘，男女关系她也直言不讳，不过我们还得围着她喊喊叫叫，推推搡搡，因为女马队长没说可以了。这一回正“斗争”间，贾玉珊忽地坐到旁边床上大笑起来。她这一笑不要紧，惹得几个人也跟着笑。我是反革命，可不能在斗反革命时失态，还得制止她们。不料我越制止她们笑得越厉害，越想忍越忍不住，幸而人多，挡住了队长和所长，没被发现。

大家真心投入批斗的是对卢学兰，因为她偷了几乎每个人的饭票。她比我小几岁，一解放就参军到了四川，因为不肯嫁给军队的干部，和领导对抗，被开除回家。先是报复性的偷窃，后来就成了习惯，被判了刑。她嗓子好，是二监狱的京剧团的成员，一贯不安分，属于表现不好的一类。“反共救国军”一案把她也整治了一番，这回是为了她偷大家的饭票，斗了她几天。她写出了个退赔名单，要还我三十多元。我睡在大房间门口，饭票就放在床头柜子面儿上，为的拿着方便，可是给她偷着也方便。她每次就偷几张，但日子不长我也觉察到，就放严实了。我对女马队长说：“我每月只买10元饭票，她偷不了我三十多元。”女马队长还说我：“你一天大大咧咧的，有什么数！难道小贼还能多说吗？”真的还了我三十多元。事后卢学兰对别人说，谁对她不好，她就少说些，胖子人好，我就给她多说些。真让人啼笑皆非。

挨打最重的是徐秉贤。她四十多岁了，因为帮助奸夫杀死了丈夫，旧社会就关进了监狱，解放后给她重新判决，减轻了许多，就业已经许多年了。她虽不识字，但很能说，敢对女马队长发脾气顶嘴，忘记自己姓“犯”。她和卢学兰两人都不愿和二监狱的就业人员结婚，都嫁给获鹿劳改队的就业人员，所以她们都住在我们集体宿舍里。徐秉贤挨斗，说起来还与我有关。我订着一份《人民日报》，报上登着毛主席接见红卫兵的相片。徐秉贤看见，问我主席身边的女人是谁，我告诉她是主席的秘书小张。徐就说："主席不是有江青吗，还要这秘书干什么？"我觉得这问题可笑，就回答说："你以为主席夫人和你们农村的老婆一样，系个围裙，管给丈夫做饭哪？江青有江青自己的工作，主席有秘书给他办事。"徐听了笑笑说："谁知道这小张管的什么事。"我也没在意她的弦外之音，就把这件事抛之脑后了。没料想这事被荣艳秋揭发出来，我赶快就原委、原话讲了一遍，第二天晚上就开了东三厂全体就业人员的会。荣艳秋又揭发说徐秉贤当犯人时，就拿过主席像当月经纸用，还说了句刻薄话，激起男就业人员也上手，把徐秉贤狠狠地打了一顿，打得她第二天上班都不能坐，只能站着干活儿。过了十几天，市检察院来了个人，向我和荣艳秋核实这两件事，还让我们按了手印。不久，开了个全体就业人员大会，给徐秉贤戴上手铐，宣布为反革命，逮捕走了。我虽然是如实反映了情况，问心无愧，但作为她案子的证人，很不情愿，但也不能讲。荣艳秋可成了运动中的积极分子，受到王所长的赏识，扬眉吐气。

最尴尬的批斗会，要算批斗那几个搞流氓、搞同性恋的人了。女马队长说一定得把那最难以启齿的事儿都当众说出来，认为只有这样才能改得彻底。殊不知那最后一层遮羞布被揭去，这人就再没有羞耻，就更无所顾忌了。可能男马队长不知道女马队长的教育理论，那天他也来参加会，全场就他一个男人，幸好他坐在场边，只能扭着颈子面向墙壁。我和另外一人同时看了男马队长一眼，不约而同地又对视了一下，爆笑就冲上喉咙，又不得不咬着嘴唇硬压下去，憋得眼泪都流出来了。

最后被批斗的是叛徒犯罪的霍国法和发明左大襟秘密的丁一贯道夫妇二人——他俩臭味相投，在王所长的赞许下早就结婚了。被斗时丁已是怀孕后期，被男就业人扇耳光，扇得口鼻流血，却引不起我一点儿恻隐之心。这对男女，陷害别人抬高自己，狂妄到把宝押到陷害队长干部上，想捞到什么？能捞到什么？结果二人都被戴上反革命帽子，送回河北省那穷农村老家去了。我相信，不是老老实实而总在窥测时机趁风扬沙子的人，迟早是要栽跟头的。

批呀！斗呀！就业人员的孩子们就在这环境中成长着，也学会了不时就把其中之一围在中间，被围的也老实地低着头，任别人推推打打。我不知道社会上的孩子是否也是这样，很为孩子们难过，为他们担忧。

8…………外面和里面

“文化大革命”中，社会上刮什么风我们不知道，因为我们既不许出去也不让看报，但队长们会把社会上的风气带进来。早请示，晚汇报，举着小红语录本，胳膊一伸一缩地喊：“毛主席万岁万万岁！林副主席健康！永远健康！”后来，每人胸前戴个语录牌，未曾说话先得念一句《毛主席语录》，譬如去买饭，先得说“必须把粮食抓紧”，然后再说买什么饭菜。伙房人递给时还得说一句“抓革命促生产”之类的。若是熟悉的，就说句“好好学习，天天向上”调侃一下，和姜昆的相声《如此照相》分毫不差。

过了些日子，队长又说这是社会上人民的风尚，不适合就业人员和犯人，就停了。又提倡房间里挂毛主席像，木工厂出售下脚料制成的镜框，还配好了玻璃，大家摊钱买了许多，贴上各种样子的毛主席画像，挂得满墙皆是。在房间的整面山墙上，用油漆画上葵花向太阳的大毛主席像。好在就业人员中人才不少，先把墙皮铲掉，再糊上报纸，最后漆上图画，把我先前留的报纸、杂志都用光了。自搬到就业大院，就恢复了晚上开灯睡觉的监狱规矩，照着满墙的大画小画，真可谓蓬荜生辉。等我们适应了这满眼色彩，队长又说宿舍里挂主席像是不严肃、不恭敬，于是又拽掉，恢复白墙原状。上班下班整队而行，边走还得高呼："伟大的领袖，伟大的统帅，伟大的舵手，伟大的导师，万岁，万万岁！"喊完还得高唱革命歌曲。教唱歌自然是我的任务，喊口号多是荣艳秋，她五音不全，没法子领唱歌。

只有社会上的外调风我们不能学，但与我们关系密切。外调风最高潮时，公交公司特在二监狱门口增设一站，8点一到，外调的人们就涌进了大门。我们每天到了车间，刚刚按闸开机，车间队长就拿着一沓纸条来，一页页地翻着喊着人名，被喊到的就出去接受外调了。监狱的接见室早已不够用，路边、树下及任何可以蹲下说话的地方都是一小堆一小堆的人。被调查的人自然多是反革命了。我也被喊出去过，是南京大学的，问我的一个同学是不是我那青年会的成员。我告诉他们，我那同学不信天主教，不可能入那青年会。简单明了，他们也没说什么就走了。可有的人被调查就惹了祸。

一天晚上，开全体东三厂就业人员大会，马队长说，今天下午，某某对来外调的革命干部不礼貌，不尊重，大喊大叫，还喊"毛主席"，闹得旁边的搞外调的人们都工作不了，把狱长都惊动了。他们给狱长提意见说："你们监狱里的反革命还这么气焰嚣张，你怎么能执行无产阶级专政?!"狱长很恼火，把马队长叫去批评，说他对我们"管得不严，打得不狠"，今天开会就是要打掉某某的反革命嚣张气焰。说完，男就业组长就把那某某抓出来，站到会场前面。原来这某某是个驼背白发的糟老头儿，不由分说先打了他一通，再让他交代。他说外调人来问他在伪满办报纸的一些旧事。"我照实说了，他们就老打断我，说我说得不对，我就不满意，顶撞他们几句。他们又拿出一张照片，指着问我谁是谁，硬说他们指的是某人。我就火了，问他们：‘这照片上有我，是我和这些人一块儿照的相，这照片上没你们，你们不在场，怎么硬说这人就是某人？’那两个人没等我说完就跳起来按下我的脖颈，我不服，就喊了毛主席老人家。”我一听就相信这糟老头儿说的话，可是男就业们七嘴八舌地说毛主席不是他这反革命喊的，革命干部也不是他能批评的，七手八脚，连女就业的积极分子也帮忙，把糟老头儿又打了一个够。一连打了他几个晚上。我明白了一个道理：身为反革命，理直也不能气壮。

车间一个管杂事的老男犯，每天上午都被喊去外调，我得了个机会调侃他：“你从前当了组织部长啦，天天有人找你！”他神秘兮兮地说：“是我让他们天天来的。”我不明白，他说：“我说实话，他们总往一边引，想叫我瞎说，帮他们害人，门儿都没有。他们还一个唱白脸，一个唱红脸，唱白脸的还拍桌子想吓唬我，我正盼着他拍桌子呢！我马上装出被吓坏的样子，磕磕巴巴地说我年纪大，几十年前的事得慢慢想，你一拍桌子我就紧张，这会儿什么都想不起来了。我是犯人，你们再跟队长告我，没准还给我加刑，我害怕极了。那唱红脸的再说好话，我也说现在什么都想不起来了，等晚上不紧张了再好好想想。他们没问出什么，回去交不了差，明天还得来，我乐得天天吸他们的好烟，还休息一上午，我是磨子他们是驴，看谁转得过谁。”说得我直想笑，伸出拇指赞他是政治家。我也开了窍，我们这种身份的人，要保护自己就得动脑子，软扛。

9…………逼婚和结果

我母亲每年暑假都要到北京看我五娘（1956年，周总理点名要我五姑爹到北京城市建设部工作，五娘也跟着到了北京）和陈娘，也是避暑。1965年暑假，她由北京到石家庄来看我，女马队长批准我陪她在旅馆里住了两夜，她又回北京去了。我和母亲七年未见，少不了向她讲服刑的情况。她见我身体好，精神状态也不错，是满意的。我见妈妈身体如前，也很高兴，第二天就带母亲去见了女马队长。妈妈要听我主管领导对我的意见，她们谈话时我就回避了。回到旅馆，母亲说女马队长对我没什么不满意，主要谈的是我的婚姻问题。女马队长说："许燕吉不愿意和就业人员结婚，我们就托人给她介绍社会上的，她也不见，我就不明白你们这些知识分子是怎么想的。"因为我们头一天没谈及这个问题，所以妈妈也不清楚。既然领导拿这当个主要的事，我们母女就专题说这问题。我告诉母亲，这里面就业人员很多，也有年龄相当、品貌不错的，但都是反革命，我再嫁个反革命就不好吧？母亲点点头。我接着说，再就是刑事犯罪的了，偷东西、耍流氓的不能嫁吧，贪污的、诈骗的也不行吧？母亲再点头。我接着说，社会上的人若好，怎么会找不到老婆，要到监狱里找个前科犯？必定是有问题的，这种人更不能嫁了。母亲完全赞同："你说得很对，与其嫁个不合适的，还不如一个人。一个人也能好好地过一辈子。"我再补充说，在这里就同在工厂一样，有工资，有劳保，也有些老就业人员，政府都养起来的。母亲便放心了，我告诉她："等我五年附加刑满了，到哪里就不用去派出所备案，走的时候也不用派出所写表现，就不致造成不好的影响，就可以去南京看您了。"

第三天，我送妈妈上火车。妈妈说现在的形势比七年前要强多了，勉励我继续努力，以后将会更好。自始至终，我们母女谁都没有掉眼泪。

女马队长知道妈妈没劝我结婚，也无可奈何。只是有一次我要给妈妈生日寄300元。她说："你妈妈工资高，并不需要，你寄这么多干什么，以后自己成家有孩子，开销就大了，不要搞得自己挺困难。"我回答她："我妈已年奔70，我有能力就寄一点儿，省得想孝敬时没有人接受而后悔，再说我也没打算成家生孩子。”

“文化大革命”开始，人人交代，个个挨批，也开了我好几天的会，说我不结婚是和天主教还没断绝，令我哭笑不得，再三讲我不是修女，而且已经结过婚，丈夫也不是天主教。转而又批判我说过“反革命到此为止”“老到不能动就吃点儿老鼠药”。女马队长亲自上阵说：“政府改造你们是要你们好好生活，不是让你们吃老鼠药，你把改造政策看成什么了？”于是群起而攻之，又批判我的人生观、改造观，批了几天我也没表示要结婚。

时隔不久，两个修女要去登记结婚了，这回女马队长来了个硬性命令，说明天我必须和她俩一起去，对象一个叫王志宏，一个我还不认得，都是机械厂的。王志宏是我初来时一起给国庆15周年展览会当讲解员而认得的。女马队长还肯定地说：“他们两人的改造表现都不错，不过那一个总是个右派反革命，你还是嫁给王志宏吧，他就是贪污过公款，没有政治问题，对你合适些！”我不敢顶撞，但愤懑填膺，一夜没睡着，在想如何反抗，甚至想到拼死一搏。第二天早上还没上班，男马队长就来了，把我叫到办公室，问我：“一会儿两个修女去登记结婚，你去不去？”我回答：“若是强迫，我只能去，若不强迫，我就不去！”最末几个字说得声音很大。男马队长皱皱眉头说：“你不是修女，和她俩不一样，《婚姻法》有规定，婚姻自主。”我没等他说完就大声地说：“我不去！”转身迈步，一跃就蹦到院子里，直想大笑几声。

日子似乎又恢复了常态，逼婚这事给我挺大的震动，男马队长救了我，女马队长会善罢甘休吗？她还会使什么办法来逼迫我？在这两个意见不一致的队长中间，在这些随时可能翻脸来揭发人的就业人员之间，我感到有压力，不踏实。也许我真应该嫁一个人，找一个“参谋”，建一个避风港。锁死的心眼儿松动后，我考虑到一个男犯，是车间的总管、大组长，叫吴一江。

初到车间时，一位队长就给我介绍过吴一江，说他原是个军人，对缝纫一窍不通，入狱后一边干一边自学的，从设计、剪裁、编制工艺流程到修理机器，样样都行，为此受到过减刑的奖励，叫我像他一样，也由外行锻炼成内行。由此我知道这是个很聪明的人。我的办公桌和吴一江的面对面，他从不主动和我说话，我问他什么，他也眼看着玻璃回答。我想这人不是不懂礼貌就是警惕性太高。因为我们的桌子在车间的最前面，可谓众目睽睽。有一次我问他服装上什么是左刀右刀，过了几秒钟他才说了句："你慢慢就知道了。"让我怪生气。后来知道原来左刀右刀是男裤中间开口处的左右贴边，他也真是礼貌过度了。工间休息时，拿零件到修配室修理的女犯在等待时常到我桌旁和我聊天，她们指着吴一江玻璃板下的小伙照片，告诉我那是吴一江的儿子。我看这吴一江也就三十多岁，怎么就有了个成年的儿子，挺奇怪的。

犯人们写信是有规定日子的，这一天大家把信都放在吴一江桌上，以便集中交给队长。我问吴一江有没有写信，他摇摇头说："我拿起笔，眼泪就会掉下来。"这引起我对他的同情和怜悯。但也仅此而已。我几次离开车间，最后又回来，他安排我开锁边机、锁扣眼机、钉扣机，说车间一百多人，谁能干什么，谁干不了什么，他心中都有数。这三个机器让我来用，故障一定少。他也确有组织生产的能力。中流水线的线长嗓门儿特大，他线上若有滞流，就嚷得全车间都听见，吴一江总是不声不响地帮他把滞留的活儿解决掉，流水线就又通畅了。有一次做一批呢子工作服，车间队长们每人给自己做了一身呢子衣服。厂部得到反映要来查问，队长告诉吴一江让他有准备，他特来关照我，教我如何回答，还嘱咐我说："咱们千万不能搅到干部们的纠纷里去。"他大概是看出我头脑简单，怕我说出漏洞，我还是感谢他的。他十几年来在犯人之间、干部之间周旋应付，像鱼儿在礁石缝间游弋，也像鱼儿一样的滑溜。我就太不会滑头，想学都学不了。而这正是在这种环境中所必需的。有个男犯人曾叫我小心吴一江，说别看他不声不响不得罪人，可他会向队长们写小条子，就是反映情况。这我明白，不反映情况怎么能算靠拢政府？不瞎编乱造拿别人立功就不算坏人。

有个休息日，我们得储备冬天宿舍生火和煤泥用的黄土，从内围墙外的土坑里往上拉。我是主要劳力，从上午拉到下午，那天正值经期，第二天就大出血，大夫给我打了一针才挡住。吴一江走过我的机位时，小声说了一句："你过力了吧？"让我倒吸一口气，他怎么会知道的？也许这个男人在观察我！是不是细心地在关心我？我的感情上起了微妙的变化。

10…………上当和被出卖

1968年初，一天晚上散了会，女马队长把我一人叫到办公室，对面坐下，她说："你不是修女，也才三十多岁，总不结婚是不合情理的。总有个什么想法吧？狱长若是问起，我都答不上来。我管你也三四年了，今天我不作为管你的干部，就作为一个多年的朋友，你能不能把你的真实想法对我说一说，也许我能帮你参考一下，对你有些帮助。"态度很诚恳。我被她说的"作为朋友"感动，就把真心话讲了。我说我结过婚，受过伤害，原本确不想再结婚了。就业几年来，感到在这环境中自己的脑子不够用，希望有个能帮助我的。"有合适的人吗？"她赶紧追问。"我想等吴一江。"她沉默了一会儿说："这个人我知道，改造得不错，但目前还是个犯人，你知道他还有多少年吗？""不确切，听说快满期了。"她又沉默了几秒钟，抬起眼光对着我说："你们这是长期在一起工作产生了感情，和流氓犯们不一样！"明确了性质后又问我："吴一江他知道吗？""我不知道，也许他能体会到。”“你们互相写过字条吗？”“没有！”我肯定地回答。她像松了口气说：“我很高兴你今天跟我说了真心话，你愿意等他就等好了。”

第二天上午，我在车间透过窗户看见女马队长昂首挺胸，噔噔地走向管男犯队长的办公室——管就业人员的干部从不过问生产，也没见他们来过。我的心就沉了一下。时间不长，她又噔噔地走了。随即管男犯的李主任进车间喊了声“吴一江”就回办公室去了。这情况几乎天天都有的，但这时我就感到不妙。果然，十来分钟后，吴一江涨了个大红脸低着头回来。我的预感没错，女马队长就是告发我来了，没办法，只能硬着头皮装没事儿。不知何时，吴一江在我身后的机位上修理机器，说了声：“你昨天晚上对马队长说什么了？”我没敢回头，更不敢答声。他修好机器起来，走过我身旁说了句：“没事儿，李主任赞成！”我真无地自容了。

窗户纸既然捅破了，相互的感情迅速升温。我和别的男犯有时还能聊聊，可从未和吴一江聊过，现在就更不敢聊了，只是多了一点儿瞬间的对视。车间的修理工有三个，但我开的这三种机器只有吴一江一人能修，他给我修机器时是我们仅有的说话机会，但我的机器又很少出毛病。我只知道他是傅作义手下的一个骑兵连长，家在内蒙古，判了死缓，后来减成17年。有一个妹妹在崇礼县，抚养了他儿子，女儿随离婚的妻子走了。就这些，还多半是听别人说的。他年龄多大我没问过，最后也不知道。只是有一次他找了个机会对我说，自“文化大革命”后，刑期都从改判之日算起，不像以前有一天算一天，这样他得到1971年才能期满，还有三年之久，叫我不用等他了。这消息的确让我难以接受，但也无可奈何。我说我已就业四年了，想嫁早嫁了，再等三年也没什么，既然这样也只好这样了。

1968年的国庆节前夕，女马队长又找我单独谈话了。她说：

“现在形势有变，就业人员要尽量遣散到社会上，你不能再等吴一江了。这本来就是件犯法的事，狱长知道会给吴一江加刑的。”五雷轰顶，我顿时觉出自己上了当。还说加刑，我岂不成了害人者，不禁失声大哭。等我哭够了，她说：“好好考虑一下吧，往后的日子会更好的。”我想了一夜，加刑的话是唬人的，我们没做任何违反监规的事，始作俑者还是女马队长。但前途的确出现了变故，和吴一江这段情感有被掐断的危险。我本对他心存怜悯，现在却要给他添苦痛，念及于此，眼泪就会盈眶而溢。国庆节改善伙食，我也食不知味，虽然没人说破，我感觉到我的隐私已被大家知道了。我又懊恼又悔恨，当初不该把想法告诉女马队长的。

国庆节后，车间的劳动还是按部就班一如往常，而就业人员的遣散已经逐步在进行了。

11…………挥泪出高墙

最先送走的是原籍有亲人又肯接收的，女就业人员多数是跟着丈夫回乡了。何春梅、王志劳都随丈夫走了，老肖也把“小八怪”带走了。这孩子已经三岁多，会说话，有心眼儿，是聪明的。自出生后老肖一次也没来看过她，现在被“陌生人”领走，祸福难料，孩子哭，刘玉范也流泪，大家都挺难过。韩淑英带着小元、小方也去了独眼老耿的农村。老耿的存款早已被用光，她在农村能待多久？我们都抱怀疑态度，不过她又已怀孕，可能对婚姻有稳定作用。收拾行装时，翻出一顶小王的帽子，小元六岁，懂了点儿事，一把将帽子抢在怀里不肯放手，说这是他爸爸的。韩淑英跟我们说这事时就哭了，我们也挺心酸。

从1965年开始，已经走了好些人，凡是单人走，都是我拉着小车送到火车站。毛丽舫的丈夫从天津下放到承德一个山村，她就也有了去处。我送毛丽舫是个晚上，街上已没什么人，我们可以边走边谈，而且不再有什么顾虑。毛丽舫说为“一贯不暴露思想”而给她戴上了帽子，她始终搞不通。她没有儿女，丈夫身体也好，在天津就业，她就以厂为家，没有任何思想顾虑，暴露什么？我告诉她，那是为了打倒狱长而给你戴帽的。她释然地苦笑了，转而关心我，我说想等吴一江。她好久没出声儿，没评论，然后说：“还不如嫁个老实农民。我丈夫来信说他落户的那个地方。农民对他很好，他过得很愉快，等我去了，看有合适的，你也过来，咱们也有个照应。”没想到几年来与我未有交往的毛丽舫能视我为一可信赖的人。后来她果真给我寄了一封信，我自然也是一概不回。

李贺氏年近60了，是清朝的皇族。1950年初，一个被派来要炸天安门的国民党特务是她丈夫的朋友，在她家住了两天。她丈夫被判重刑，死在监狱里，她被判10年，连她上高中的女儿也被判了三年。她女儿在天津监狱就业，已结婚生子，和公婆住在一起。李贺氏长得白净，衣着整洁，气质不俗。若不是我初来时车间的队长给我打了预防针，叫我不要和李贺氏接近，我也许会尊她为长辈的。她没地方可去，听说无处接收的都下放农村，思想压力很大。机械厂一个比她小十来岁的就业人员即将回原籍农村，他说到地里干活儿，回来还得烧火做饭，就太苦了，老一点儿也不在乎，总还有个帮手，他愿意娶李贺氏。李贺氏在决定前那一整晚都坐在床上未曾合眼。她看出我对她的同情，对我诉苦：“女儿若是考虑到我，就不该嫁父母都在的丈夫，我已经害了女儿的一生，不能再拖累她，只能走自己嫁人这一条路。我前前后后想了一夜，只有这一条路可走了。”说着，老泪纵横。但愿带她走的那人是个好心善良者。

遣送就业人员也有干部亲自送去的。男马队长送一个七十多岁的汪伪官员去苏州，他儿子肯接收。回来后男马队长把我叫到办公室，说他由苏州就到了南京，落实我的出路，已经把我的户口迁到我妈妈处，但我妈妈不接收，说还是由政府监督改造更好些。马队长复述了他们的对话：“你若是不肯接收，我们只好把她放到农村去了。”“放到农村也很好，我女儿就是学农的，到农村可以有更多为农民服务的机会。”“下放到农村生活就艰难了，恐怕经济上都维持不了。”“经济上我可以负担，政府不必顾虑，许燕吉的改造还是由政府安排，我没有任何意见。”马队长复述完后说：“你母亲实在不肯接收你，而且自己去派出所把你的户口销掉，还给了我。我们实在也再没什么办法了。”我说：“我明白马队长是为我好，可我也实在不愿意去我妈那里，不但会给我妈造成不好的影响，我自己也不会愉快。我愿意去农村，我身体好，能养活自己。”马队长点了点头，没说什么。

“文化大革命”开始后，调来就业的有一个中专生，她为了200元判了两年，算内部问题。她来了就当组长，名叫刘淑青，比我小四五岁，但身体不好，每回都是让我陪她去看病。我们也谈得来，她没父母，只一个哥哥在哈尔滨。马队长给她报销路费，让她去找她哥哥，她哥哥也不肯接收她。马队长说，真若下农村，就把她和我放在一起，我好照顾她。我满口答应。

人少了，也不天天开会批呀斗呀的了。女马队长也另有公干，换了个卢队长管我们，她身体很不好，也不天天来。

一天，马队长叫了刘淑青和我，说何春梅的丈夫来了，在男就业宿舍，让我们俩去看看并且周济一下。何春梅丈夫说她白天在地里劳动，晚上还得和四类分子一起背运砖头，劳累不堪，粮食也不够，带回去的钱都买了高价粮。何春梅从未干过苦力活儿，五十多岁了还得受这罪，他也没办法，只能晚上给她捶捶揉揉。第二天我送去50元，他眼圈红了，哽咽了一会儿说：“咱们不沾亲也不带故，我伸手接你这钱，实在是再也没有办法了。”我除了难过，更有些惶惑，农村是这样的吗？

没过多久，送回去的钱韵璇也回来了。钱韵璇也是调来就业的人，五十多岁了，来了几个月就送回原籍农村去了。马队长又叫了刘淑青和我去传达室见她，说出去了的人是绝对不能再回来的，让我们劝她回去，再给她点儿路费。钱韵璇说她从未在老家住过，村干部也不认得她。村干部说是二监狱来了个年轻人，天天在村办公室的长凳上躺着，不接收钱韵璇他就不走，还说接收后，生活费用全由二监狱承担，村干部才答应了，结果只给了300元就再没有了。村干部对她说："这点儿钱是够给你盖房还是够给你吃粮的？总不能因为你犯过法回来，就得让全村的贫下中农养活你吧！"钱韵璇说她回去后没地方住，也没处吃饭，拼尽了力气也干不过农村妇女，小孩子们还见她就问："你为什么犯法？"她几次走到井边想跳下去。硬挨了一个月，村干部说："我们给买车票，你哪里来的还回哪里去吧！"就这样她背着铺盖又回来了，没想到连大门都不让进。我俩看着她流泪，也无能为力，只有把带去的钱悉数给了她，也才二十多元。天已黑下来，我俩往回走着，又回头望望，只见她那花白的头还在传达室的灯光下，动也没动。

到了11月，不仅是我们这些就业人员心神不定，全社会的人也惶惶不安起来，石家庄大量地疏散人口，还搞"深挖洞"，好像战争就迫在眉睫了。马路上堆积如小山般的过冬蔬菜也卖不掉，大白菜、大萝卜都冻坏流水了，市面一派萧条。就这个肃杀的初冬，等了多日的遣送方案终于向我们公布了。最先走的是去元氏县的一批，安置在元氏县机械厂和元氏县化肥厂，都是有机床技能的。刘淑青是北京工业学校毕业的，分到化肥厂，这结果很理想，免去了马队长的担心。卢队长说会上她提出把我也安排去，好和刘淑青是个伴儿。王所长说一个有问题的人在就业圈里和反革命关系这么好，就是我们工作的缺点。拆还来不及，哪能再弄到一起去！就给否掉了。那个王志宏也去了元氏县。第二批走的是去邢台。事先已把贾玉珊的丈夫从茶淀农场调到了邢台，贾玉珊去后夫妻团圆，也是很好的结果。调来给女犯人看病的右派陈大夫和刘玉范去了离石家庄最近的正定县，卢队长说刘玉范心脏病严重，陈大夫可以照顾些。最后一批也是人最多的，去新乐县的农村落户。刘淑敏夫妇带着两个孩子，特别让县里把这一家放到铁路西，铁路东土地贫瘠，很穷。其他人就一村一个地都放到铁路东了。上大卡车时，大家都默默地，没什么表情，只有陈大夫哭得上气不接下气。

就业人员所剩无几了，女的只有我和祝笑仙二人。祝是江西人，大军阀的小妾，解放前逃到了香港。大军阀死后，她来往于北京、上海和香港，做走私买卖。为了送儿子去美国，她入了国民党的特务组织。特务派她去北京策反张东荪，她到了张家门口没敢进去，编了个谎话，被特务识破。再次派她回来，一下车就被捕了。在北京监狱关了10年，转到二监狱就业的。听说留下的男就业人员中，好几个都是派遣特务，这种人是不能放到社会上去的。我以为就是因为祝笑仙才把我留下陪着她。这一天，马队长叫她留在宿舍，我一个人去了车间，回来时在小院门外就听见祝笑仙在哇哇大哭。我赶快进屋，她就一边号啕一边对我说："就业科来了个不认得的年轻干部，叫我准备下放农村。我已经六十多岁了，干不了活了……到农村只有饿死一条路了……我求他把我送回江西老家，我外甥女能养活我的……我求他去问问我外甥女，路费我出，他没答应……哇哇……"我听明白了，问她："那干部说一定不行了吗？""也没说。""那就有希望，他不是还得回去请示领导，人家不是还得研究研究吗？哪能一下子就答应你！"她觉得我说得在理，不号啕了。我问："你有把握你外甥女能收留你？"她肯定地说能，说她过去有钱有势时，外甥女一家很得过她的好处，外甥女不是没良心的人，会报答她、收留她的。果然，半个来月后，她回江西了。我帮她捆好行李，送到火车站，办了托运手续，那年轻干部送的，没让她一个人走。

这下只剩下我一人了，我向来胆大，独居一院还觉得挺不错。但好景不长，12月底的一天早上，马队长提前来到，叫我去他办公室，对我说："送人去新乐县的王所长回来了，说是已和新乐县联系妥当，把你也放到新乐县农村去，明天就走。你到车间把工作交代一下，再把借托儿所的两张小床还回去。"我并不太诧异，但说走就走还是有点儿意外。马队长看我愣着，接着说："本来我已经跟狱长说好了，留下你一个女就业的，以后没准儿还会来人。可这王所长就是新乐人，不知道他对他县里的人怎么讲的，就把你放下去了。"我定下心来说："马队长您尽管放心，我学农的，对农村熟悉，特别是您又给我摘了帽子，我在农村生活就更没问题了。"这年的7月30日，我五年的附加刑满期了。就在最后这四批人下放前，马队长向石家庄中级人民法院申报后，判决恢复十来个人的公民权，公开宣布的，其中有我。

送小床回来，在干部宿舍院子里我遇见了女马队长，告诉她我明天就去农村了。她也没说鼓励我的话，反倒是问起了我母亲，她说："你妈供你兄妹俩上学多不容易，你俩都成了反革命，你妈有多伤心！"我说："我这不是又向前迈了一步，以后我会好好报答她的。"她又问："吴一江的事呢？"我回答道："随着形势走吧！"其实我还是决心要等他，只是不想再对她说实话了。

回到车间，吴一江已知道我即将离开。在最后遣送人之前，我就有预感，曾经给他写过唯一的一个字条："只要有一线的可能，你就是我丈夫。形势实在不允许，你就是我哥哥。毛主席和柳亚子的诗，就是我要对你说的话。"那首诗我是熟记的："饮茶粤海未能忘，索句渝州叶正黄。三十一年还旧国，落花时节读华章。牢骚太盛防肠断，风物长宜放眼量。莫道昆明池水浅，观鱼胜过富春江。"也不知他是否意会。现在分离在即，我们仍是咫尺天涯。我也留恋着这朝夕相处的缝纫厂，哪怕再多停留几分钟。

我就去和熟悉的女犯们打了招呼，磨蹭到中午下班。下午，我把马队长给我的粮票到伙房去买了80斤玉米面，装在一个长口袋里，再把铺盖捆好，塞进我的木头躺柜。其他一应杂物都压进从香港一直跟随我的大皮箱里。收拾完毕，再去车间拉小板车，小板车就在车间外面的院子里。可我特意再进车间，看见吴一江正给向他学修缝纫机的那个女犯讲什么，我走过他们身旁，喊了那女犯一声，说句："我走啦！"就出来拉上小车，走到车间大门南面。猛回头，看见吴一江正半个身子探在棉门帘外，直看着我，我们相隔五六米，对视了三四秒之久，我的泪水冲出了眼眶，决堤似的满脸泻下。他放下门帘进了车间我才举步，走到织毯车间后面没人之处，放下车辕，摘下眼镜把脸擦干，心里在说："我明天就开始新的生活，情况会变好。"鼓励着、宽慰着自己。我把三大件行李送到火车站，起件托运后，再走原路送还了小板车。幸而人们都已下班，没人，避免了感情的再次冲动。

一夜和衣而卧，盖着摘下来的棉门帘，思绪万千。天微明，我挎上随身的一小包，走到门岗，那小军人看了我的出门证，特和气地说："你回社会上啦！有空时再回来看看吧！"这语调和"再回来"三个字，催得我哽咽难言，冲他点了点头，快步迈到马路上，抬眼看看这高高的围墙，眼泪还是顺颊而下了。

第五部

广阔天地

第一章　新乐县的坚固村

❶…………再改造生活的开始

知识青年下乡落户，称作接受贫下中农的再教育；我们这些就业人员下乡，就称作接受贫下中农的再改造。当我在数九凛冽的寒气中，空着肚子守着我的行李，站在坚固村的电磨坊的大院子中央，四周围了一圈儿小孩子，被一双双好奇的眼睛盯住时，就像一个异类在等待着命运的宣判。小孩子们知道我不是来放映电影的，就冻得逐渐散去，又换了一圈儿刚放学的大孩子。直到天色变暗了，村干部才来搭理我，叫我把行李搬到院子里的一间房内。房子是两间，中间没有隔墙，显得还宽绰，房南一个大炕，炕对面还有一个烧煤泥的炉子，生着火。原来这是前来磨面的人们等候之处。村干部把这些人赶下了炕，对我说："你先歇在这里吧！好在你带来了粮食，不像王文，什么都没有，让我们好作难了。"又看了看屋内看热闹的人们，向其中一个说："你家近，把你家的小锅拿来给她使使，安排好就还你。"

之后这村干部就走了。我坐上了炕，歇了僵直的腿，也感到了暖意。方才村干部说的王文我认识，是机械厂的，五十多岁，天津人，遣散我们之前，他三个挺漂亮的女儿来看他，就在我们宿舍住了几晚，所以我认识了他。原来这个村已经接收了一个再改造的，我是第二个了。正思量着，来了一个年轻妇女，给我一口小铁锅，还有一小棵大白菜。我感到没被歧视，心踏实了些。我没做饭，因为解开那玉米面大口袋很麻烦。炉子上有烧水的汆子，还有大碗，我吃了些带来的饼喝点儿开水就凑合了。晚上，那个村干部又带来了另一个男的，盘腿坐在炕上，我赶快下来坐在炕边。他们先问了我大概的情况，然后就说本村有一户人，只父子两个，父亲不到60岁，还能上工，儿子三十多岁，除了上工还会做木匠，经济情况好，还是贫农成分，我若和那儿子成亲就最理想不过了。我笑笑说我来是接受再改造，并不需要嫁人。他们两人并不理会，接着说，你若嫌这家有老公公，还有一家只一个单身汉，年龄相当，就是成分高一点儿，是富农，但房子好，带厦架的（就是房前盖有廊沿）。看样子，他两人要将全村的光棍汉都给介绍一番，我只好说明，我在石家庄有个对象，不会在这里嫁人。我身体好，能劳动，至于住处，我也不要求什么条件，由村上安排就行。这两人无可奈何地走了。

1969年，摘帽下乡前

电磨坊通宵开工，轰隆隆地很响，来磨面的人们也出出进进地来这房里烤火避寒。我靠在行李上和衣坐到天亮。想起昨天清晨，踏着冻裂的土地来到新乐县的招待所，向等在那里的王所长和卢队长报到。王所长说是他向新乐县的领导推荐的我，说我大学毕业，有畜牧兽医技术，可以在新乐县发挥作用，新乐县才答应再多接收我一个。还说了些勉励我好好接受再改造，为人民服务等等的套话。卢队长还叫我买两条好烟送给王所长，表示感谢。却原来我被接收，为的是消灭一个光棍的！卢队长还是个心善的女人，王所长不在场时，她小声对我说吴一江挺可怜的，新来管他们的焦队长训斥他时，他低着头，眼泪顺着鼻尖滴到地上，就是为了和我的事，叫我一定等着他。我说，我已等他这么多年了，剩这一年半，不可能另嫁人的。她说，不变心就好，她会把我落户的村子找机会告诉吴一江。——后来她还真没食言。

我也在招待所住了一夜。第二天早餐时，卢队长叫我多买些烙饼带上，到了新地方一切尚不就绪，不至于饿肚子。还真得感谢她，我在电磨坊住了两夜，若不是好奇的民兵小伙们来看我，偷偷把我的烙饼吃掉一多半，我还真的不用挨饿的。孤寂之中，时时在想念着吴一江，若不是“文化大革命”改了政策，他早就释放了。即便也被下放农村，我也不至于一个人饿着肚子，前途未卜地坐在这电磨坊里。这是60年代最后的一夜。我站在院子里抬头看天，一弯新月像钩着我的心，满天的星星冷漠地看着我，也许是前天把泪水流尽了，我没有再流泪，只是心里很苦，很苦。

2…………张家的房客，一队的社员

70年代的第一个元旦，我的心情也顺着朝阳的升起由暗转明了。因为大清早那村干部就来给我落实了插队的地方，他说这个坚固村是新乐县的第二大村，有15个生产队，第一队虽然穷一些，但只有张王两家族，矛盾少，而且人们也正派。我们觉得你一个单身妇女，还是在一队最好。接着就带我去了一队的张家，唤出女主人，交代完了就转身而去。张家女主人跟着追了出去，我听见她在讲条件和不愿意的话。我很理解，谁愿意家里住一个生人，而且还是从监狱里出来的？但我有信心能把关系处好。首先，我还像二十几岁下乡时一样，称呼她为大娘，自己小了一辈；再者，我能在经济上帮助他们一点儿，不让她吃亏。

大娘知道我母亲七十多岁，主动让我改叫她婶了，按当地的习俗都带上名字，就称她喜芝婶子。这家主人叫张玉亭，我称为他玉亭叔，二人都五十多岁了。大女儿已嫁，二女儿叫香改，已和本村后街订了婚事，即将过门儿。儿子最小，19岁，还在上高中，腿有残疾，还没定亲，名叫振景。这家是中农，过去想必是较殷实的，因为他家房子多。上房三间是有厦架的，东屋二间给队上当仓库，老鼠把地基钻透，倒塌了。现在种上一排小树，西屋二间，就是村上派给我住的。房内没隔墙，队上随后就来了人给盘了个连着炕的灶，拿来大铁锅和风箱，还有铺在炕上的大席子。第二天还买来两个盛粮食的瓦罐和一个粗布门帘。一切就绪，这小屋还真像个家了，就是不暖和。人家给我的那棵白菜冻得起了好些鼓包，硬得像块大石头，我只好每天煮点儿玉米面糊糊填肚子。

家安好后，我就上工了。冬天的劳动就是运土，10个人拉一辆木轮子大车，把地里的土拉到饲养室——饲养室养着队里的几头骡子和牛，也是生产队唯一的公共场所——再把牲畜垫过的土，或者社员们养猪积下的粪肥运到地里，准备开春后施撒。干了几天，人也熟了，情况也明了了。

这个村离县城（也是火车站）15华里，南面就是滹沱河，河对面是正定县。这村原名坚固营，一定是个军事要地，所以聚焦了这么多不同姓氏的人口。滹沱河过去浩浩荡荡，解放后，上游修了水库，现在只剩下沙子河床，也正是由于滹沱河的泛滥，这村都是贫瘠的沙质土壤。坚固村行政上属大流公社，大流村并不大，只是它在公路旁，交通便利。坚固村有东西向的三条大街，一队的人都住南街东头，是这个大村的东南角，我住的叫张家胡同，住户都不出五服。有两家划成地主，现在都一样贫困了。一队的地又远又差，小麦每亩只收七十来斤，每个劳动日只合两角多钱。吃的欠缺，烧的也欠缺。国家倒是卖给定量的煤炭，而引着煤炭还得用点儿秸秆。所以田间路边，一点儿枯草落叶都被拾得干干净净。每逢大风之后，墙角旮旯总会留下一点儿末末屑屑能烧的东西，人们都一大早争先去捡回来，叫"拾风末"。只有水不欠缺，家家有井，水位也高，不用辘轳，几把就能把水桶提上来。井水冬天是温的，大人小孩儿都直接饮用。

初来几天，我自己做饭，到饲养室去背柴火，引起一些社员不满。我就跟喜芝婶子商量，到她锅里入伙，我的煤买来给她，分的粮和带来的玉米面也都给她，这样她的煤就够烧了，粮也不吃亏。她自然乐意。自此我下工回来就马上去拉风箱，替了香改，她好做她的嫁妆。她也高兴，我留心着看他家缺少什么，补贴一点儿，特别每天在一起吃饭，就和一家人一样了。喜芝婶子娘家就在本村南街，一队里姓王的都是她娘家人。我也沾了点儿"缘"。

北方农村每天要干三晌活儿，天亮就集合，干到9点多，回去早餐，10点再干到下午1点，午餐后，由两点干到天黑。妇女们冬天拉车运土送粪，夏天的工种多些，一是推水车，几个人分两班轮流推，歇着的可以做做针线，说说笑笑；二是给棉花整枝打杈，下过雨就翻山芋蔓，避免山芋蔓扎根，减低产量。太阳当头就得锄地，一为锄草，二为保墒。沙土地不硬，锄起来不太费力，但人得弯成n字形，一手拿短锄，一手拄着个二十来厘米长带拐把子的"锄地拐子"，一条腿向后抬得高高的保持平衡，也便于向前迈步，姿势看起来挺优美，而我体会了什么叫"汗如雨下”。背上粪筐朝地里撒粪，要来些体力，但这是直着腰杆的活儿，我就怕弯腰。我的腰从怀孕五个月开始就怕弯，用了好些办法也没治好，所以拔麦子的活儿我也干不了。坚固村的麦子不用镰刀割，而是连根拔起，拿脚一磕，沙土就都掉净了。我使尽力气，拔了几把，不但腰疼，手也疼起来，攥都攥不住了。队长只好派我到麦场上去，我如同得了赦免令般高兴。

农业社的劳动，除了春节几天，是没有休息日的。所谓“下雨刮风，社员休工”，冀中下雨不多，可风不少，刮风的季节，每天中晌一阵，飞沙走石，刮得天昏地暗，什么都看不清，什么也干不了，一直要刮到晚上10点才停，很有规律。第二天早上照样上工，风一来，大家就往回跑。虽是只干半天活儿，人也得不到休息，因为黄风呼啸中，人坐家中也觉得气闷不适。我有自知之明，是来再改造的，从不敢歇工，从年初干到年底，虽说劳动强度不很大，但感到体力在逐渐下降，我明白这是营养不良所致。社员们每家的饭食都一样。冬天早上，煮山芋、蔓菁、胡萝卜，煮熟后，喜芝婶子朝大锅里撒一把玉米面儿，我们五个大人就这一把玉米面儿，吃上两碗能把胃填满。中午是蒸山芋面饼子，锅下面是煮干萝卜条，有盐，没有油。夏天早上是煮山芋干片儿，还是一把玉米面儿。中午依然山芋面饼子。锅下面煮的新鲜瓜菜汤，有盐没油。晚上多数人家都不生火，喝点儿井水睡觉。我又找到了1960年、1961年的感觉。社员们往地里去时都走得挺慢，到了地头先坐下休息一番，干的中间再休息一次。尤其是冬天天短，歇上两回又该往家走了，实际干活儿才一个来小时。就这种效率怎能不穷？就这么穷哪有劲儿去干？成了恶性循环。房东的儿子振景说：“什么地方能让我每天吃上两顿白面，我干四晌活儿都情愿。”他春节后就毕业了，每天也在队里干活儿，腿不好也没得到什么照顾。

到了第二年，我的情况好了一些，人们知道我会织毛衣，找我的人不少。我只要求换工，若是本队的，把她的工记到我名下，若是外队的，她就到我们队来替我上工。喜芝婶子说："你从早织到晚，点着灯还织，一天得算一天半的工才合适。"我说："我坐在炕上织，不跑路不费力，时间长点儿也算公平。"

3…………阶级斗争

河北省中部在抗日和解放战争期间，都是两个敌对政权打拉锯战的地方，村里就存在拥护不同政权的人，相互的斗争复杂尖锐，而且很残酷。坚固村人多，姓杂，斗争更不一般，死过好多人，害人的和被害的，仇恨不会化解。"文化大革命"又掀起新一轮的你死我活的斗争，也闹出了人命。还真得感谢村干部们，把我放在这人际矛盾较少的一队，否则我夹在仇人们之间，必定成为他们斗争的牺牲品。但是，我也超脱不了社会的大环境，毛主席不断强调千万不要忘记阶级斗争，而且还要"年年讲，月月讲，天天讲"。

我来之初，干活儿时，队长的老婆问我摘掉眼镜看不看得见走路。我说当然看得见。她就说外队有人说来改造的人戴着眼镜到地里干什么？让我不要戴了。她一定听到了很恶意的批评，我领会得到，自此把眼镜收起来了。

时隔不久，一天半夜，我的房门被重重地敲击。惊醒后，听见喊我名字，我赶快起来开门，涌进五六个大小伙儿，说是大队的民兵要搜查。我想起我已经有公民权，便缓和地问有没有搜查证？带头的在口袋里摸了一会儿，摸出半张香烟包，递给我看，上面写着几个名字，有我一个。我清楚这不是讲理的对象，只得任由他们乱翻一阵。我说："我是由监狱来的，莫非还能带出什么违禁品吗？"他说："我们不管，上级叫搜我们就搜！"折腾完毕，鱼贯而出。走在最后那人，拉了拉前面人的衣服，使了个眼色再看向我的自行车，二人推车就走。我赶快拉住，他们回过头来说句："上面叫推的。"一窝蜂拥着那车走了。一番折腾，惊动得喜芝婶子跑来我房里，说吓得直哆嗦。我安慰她说没有事，就是把车推走了。她这才发现车真的没了，愤愤地说："就是来抢车的！"还骂了几句。我笑笑说我也不上哪里去，推走就推走吧！

大概两个月后，玉亭叔的本家侄子，也是个大队的民兵来串门儿，说我那车成了民兵们的公车了，随便谁都可以骑，不会骑的还拿它学车。我考虑了几天，趁午饭时去找村里的书记。头一次他不在家，第二次去，他盘腿坐在炕上，见我进门，纹丝没动，更不要说让我坐下了。我就站在炕下，面对着他说："我的自行车在监狱的仓库里放了六年，国家不没收我的东西。我来这里接受贫下中农再改造，既不赶集也不逛会，自行车在我那里也是放着，现在民兵大队要用，我很愿意奉献。听说除了公用，民兵们走亲戚、办私事都用它，还拿它学车。我现在也不挣钱了，弄坏就修不起了。您看是怎么办好，是大队管给修车呀，还是给民兵们定个用车的制度？"这位书记低着头哼了好一会儿才说："你的车嘛……你的车。""你的车嘛……你回去吧！我知道了。"我回时一路好笑，堂堂一个大村的大领导，连句"你的车还是你的"都说不出来。又过了些日子，那位民兵侄子又来了，说大流公社的武装部来人批评他们了，还说"快把人家的东西还回去"。可我等了一个多月也没人来还。我趁干活儿的时候，问我们队上的民兵叫小马的，他说车还在队部放着，骑的时候有人，还的时候就都不出头了。我顺势托他，最终还是小马给推回来的。

我换工打毛衣，外队又有人提意见：坐在屋里，不风吹日晒就能算改造了？我们队长说："我们看见账上她天天都有工，就认为她天天都劳动了。政策上也没规定她不许换工，若是不许她换工，岂不是又把要打毛衣的人都得罪了？"我不知道队长跟我说这话是不是暗示我不要织毛衣了，但我知道了有一些人是不能看别人过好日子的，存着不善的心理。

我在坚固村时，已过了“文化大革命”的高潮，但村里还常开斗争会，我也不敢不去。有一次是斗争涉及民兵惨案的人员。那是解放战争时期，还乡团摸黑进村，杀死了十几个民兵，玉亭叔隔墙的那家就死了一个，被枪杀在自家井里。二十多年前的事了，我每看到那口井还是觉得瘆瘆的。主犯当然早被正法了，沾边儿涉案的就是被斗争的对象。会上，当着众人，一个被害民兵的亲属抡起了长板凳砸向被斗者，若不是那人躲了一下砸到了背上，准会砸到头上，脑浆迸溅。我不是同情被斗的人，而是感到了群众斗争的无法无天。本村外队一个姓曾的老头儿，来玉亭叔家时，给我讲了“文化大革命”高潮时他们的九死一生，让我看他双腕上可怕的伤疤。他说抗日战争时期，也有杀错人的冤案。原来，这华北大平原上普普通通的一个农村，表面平静，内里藏着非常复杂、各种各样的仇恨，“文化大革命”挑动起这些仇恨，激化那些已经淡化、缓解的各种矛盾，怪不得与他人无关的戴眼镜、换工织毛衣，都触动了那些好斗者的神经了。

4…………枪毙了精神病人

中间大街东段，住着一户姓冯的，老头儿五六十岁了，年轻时疯过，有三个儿子，大儿子名公良，村人叫他疯公良。夏天里，疯公良常一丝不挂地在田间游走。我们上工时碰见过几次，姑娘们都转身掩面，冯老头儿还得到处找他脱下的衣裤。二儿子中专毕业，在县里工作，还结了婚。他也疯了，用磨刀的石头砸死了怀孕的妻子，后来丈母娘求情，没抵命，判了个无期。“文化大革命”开始，大喇叭里天天喊打倒这个，打倒那个，他在监狱里听见也喊，可他喊的是打倒那位最伟大的领袖。死刑的宣判在本乡举行。开会是算上工的，我也随着队伍到了大流公社。公路边搭了个大台子，全公社的劳动力都聚在台下，冯老头儿在找有权的干部，要求最后见儿子一面。儿子穿着满是砖灰的工作服，五花大绑地被背枪的人押着跪在台子中央，被绳子勒着，不能出声儿。也不知在何处枪决的，只听说冯老头儿还交了五角钱子弹费。

三儿子本来已经不大正常，但还能上工，知道他二哥被处决，也彻底疯了，在机井房的墙上写了好几条反动标语。大队当即集合全村开会，当他被押解到会场时，唱着革命歌曲，喊着革命口号，惹得全场哄笑。我一点儿也笑不出来，脑子里满是问号！他被枪毙后，又向冯老头儿要了五角钱焚尸的汽油费。冯家的精神病是村人皆知的，就有舆论说政府不应该和疯子较量。阶级斗争的弦绷得紧的各级领导说这叫阶级斗争的新动向。村里的黑板报也批判，还开了个大会，县上公社都来了人。县干部说："县城里有个人，整天站在主席像前不停地鞠躬，不住地喊毛主席万岁，这是真的精神病，冯家兄弟怎么不喊主席万岁？喊的反动口号，就是假装的精神病，是正常人。"这话我越是琢磨越觉得有意思，幸而不是我说的，否则没准儿也得把我枪毙了。

那一年，县里还枪毙了一个年轻人，是富农的儿子，罪名是贴了反动标语，但他始终没有承认。大会在县城开的，我也跟着全村人跑了来回30里路，宣判就地执行。大卡车开过时，我抬头看了车上一眼，那小伙被捆绑着，背上还插了个尖头的招子，他低着头，像有点儿麻木。我相信他是无辜的，因为整个宣判会也没有举出什么确凿的证据。我们队上一个小青年跟着卡车跑去看，被人潮拥得好像踩到死者的血摊上，吓得回来迷糊地睡了几天。

5…………落户半年，明白了处境

房东玉亭叔的婶子是地主成分，大儿子早去世，媳妇改嫁走了，留下一个孙子。二儿子因为成分不好也娶不上媳妇，一家三口，三代人。那二儿子也四十来岁了，晚上常到玉亭家来说说话。他对我说："你一个人在这里不是长久之计，你维持不了自己的生活。"我相信他的人品，但不太相信这话。干活儿时，我有心地问了队长，队长哈哈一笑说："你身体这么好，天天都能上工，还能养活不了自己一个人？那我们拉家带口的，好几个孩子，还能活下去吗？"我一听觉得有理，人家大概是以为我对生活要求高才说我维持不了的，岂不知我什么样的生活都能适应，于是心里又踏实起来。

队里有个六十多岁的老雇农，干了一辈子长工也没娶上老婆，孤身一人，也天天和我们一块儿上工，名叫五辈。有一回在地里休息时，我想接受一下再教育，访贫问苦一番，就问他当年当长工是怎样的。他挺认真地告诉我："要说干活儿，和现在也差不多，东家叫干什么我就干什么，就像现在队长派工一样。可那时吃得饱，我吃他熟的还拿他生的，一年下来，我扛活儿挣的粮食比现在分的要多好些。"他正打算对我细说，一个富农成分的小青年气哼哼地打断说："老五辈，你别一点儿觉悟也没有！胡说些什么！"老五辈冲我缩缩脖子，又笑了笑，小声说："我当长工时，东家赶集粜粮食，从来不带我去，就嫌我不会说瞎话！"我真啼笑皆非了。老五辈看我很用心地听他说话，就问我什么时候离开这里，我告诉他我是来落户的，不走了。他又说："你要找主儿（嫁人）的吧？"我说不找主儿。他不理解，说："你不走，又不找主儿，那你怎么过？"我说大家怎么过我就怎么过。他说："那不行的，要不你也像我一样，养小鸡。""养小鸡？""我每年春天买百十只小绒毛鸡崽，放到炕上养，大一点儿就放到地里让它们自己找食儿吃，长到拳头大小就卖掉，能卖好几十块钱，一年也就凑合下来了。"和五辈这番谈话冲击了我原来的价值观，也动摇了我能养活自己的信心。

麦收后的7月，生产队做了前半年的分红，我得到十四元两角五分。原来一个工日才两角几分，这是妇女的七分劳值扣除分给我的104斤麦子钱后余下的数目。我已经上了满工，劳值不可能再增加，而后半年分的东西要比前半年多，扣除的也会更多，估计我全年的分红不会超过25元。按政策，粮食发放，单人户应多分三成。这年麦子丰收，每亩打了100斤，社员们都说我运气好，1.3人加上工分粮，是104斤，秋粮估计也就200多斤，不会超过300斤。就算我不吃饱，将就着这点儿粮食，我总得买配给的煤、吃的盐、点灯的煤油和日用的手纸吧！虽然这半年下来，我每次月经只用一张纸就过去了，但还是得用的。生产队分给的菜不用交现钱，可分的棉籽、花生拿到油坊换油还是得交现钱的。我再怎么节省，这一年25元也是不够的。马队长向我妈说的话是实的，玉亭叔的堂弟对我说的也是中肯的。那队长给我说的话，谜团也解开了。原来村里家家都养着猪，猪无论刮风下雨都有工分，而且还不低，起码比我这七分劳多，猪的工分还分粮。另外，小孩子不论大小也是一个人，也分一个人的粮。孩子多的人家，生活更富裕些。这一年我实分得的粮，麦子104斤，玉米带芯子是140斤，豌豆26斤，荞麦10斤，谷子8斤，花生10斤，鲜山芋400斤。这些都是未经晒干的原粮，去壳去水分，只有300斤。我的估计还是对的，这不是我能自食其力的地方。我还有几百元的积蓄，贴完后怎么办？我妈妈已是古稀风烛之年，就算是倚靠她，也不是长远之计，人活世上，得站在自己的脚后跟上，这是我从小就明白的道理。

听说王文得了病，我找到他们队的饲养室——他们队没给他安排人家，就让他住在集体公共的饲养室。他说他患的是食道癌，还不到一点儿东西都吃不下去的阶段，所以还能干一点儿轻活儿。他精神还好，见到我也挺高兴。他说这病是“紧七慢八浪荡九”，就是快则七个月，慢则九个月，就完了。他还说他不怕死，年纪也不小了，死了能给家人减轻思想负担和经济负担，只希望能回天津，死在家里。我不如王文，我若得了病还没家可回。我不能死在这个地方，我得谋个生路。

6…………痛下决心

要谋生路，最容易也是最好的自然是回二监狱，还当就业人员。我早就知道此路不通。听王文说，和他一起来新乐的，原剧团唱小生的小赵回二监狱去过，扬言若不接收他回去，他就再犯法，宁可再当犯人也比在穷村落户强。结果不但受到严厉训斥，农业社还限制他的外出了。我们已是农村户口，“农转非”的待遇村干部都求之不得，我们这种人更是痴心妄想。换一个富一点儿的农村倒是可以的，但哪个村愿意多一个分粮的人？若不是行政命令，再多给几倍的安家费，人家也不肯要我们。幸而我是个女的，可以通过嫁人取得自食其力的条件，但这人不能是吴一江。

我初来时还天真地想过，等吴一江刑满，我们可以在坚固村盖个小房子，开个小裁缝铺，给农民们做衣服少收些钱，农民们会善待我们。希望破灭后，我想是否可以和吴一江的妹妹联系，到她那里去？我知道他唯一的妹妹不认识我，也未必能相信我和她哥哥的关系，即便相信，也未必敢收留我这么个前科犯。我妈妈都不敢接收我，何况这拐了几道弯的陌生人了。就算她敢，当地的公安部门也不可能允许。这也是妄想。若是把吴一江放到他那已无亲人的原籍，内蒙古宝昌县，我倒是很愿意随他去，可若是遭遇和钱韵璇一样怎么办？那个地方的人情若和坚固村一样怎么办？还是难以生存。最糟的是把他也放到这坚固村来，那我们二人都死定了，他还得怪我连害了他。最大的可能是让他留厂就业，他对缝纫厂有很大用处的。若是这样，他挣那么三四十元的工资，我的生活费就是他很大的经济负担，而且分居两地，谁也照顾不了谁。爱情是得有付出的，有害无益的婚姻必不长久，我已经经历过了。有话说“女人一生只爱一次”，我感受得到，若是初恋，我可能会不到黄河不死心，现在时过境迁，我不能再让男人踹我一脚，我不能那么下贱！

那些日子，我整个脑子都在想着对吴一江的弃或留，心被拧着、绞着，又无人可说。晚上独自流泪，想到我只有靠嫁人才能生活下去，和妓女有什么本质的差别？不过我这算批发，妓女是零售而已。屈辱、愤懑、无奈、无助压得我几乎要爆炸。我必须解脱出来。我相信吴一江会就业，而且很快就有人嫁给他，我苦等了他四年，也不算对他不住。只是我不能当面对他讲，他若流泪，我理智的堤坝就可能溃决，前功尽弃了。到他刑满只剩多半年了，我必须赶在这之前离开，快刀斩乱麻！

伏契克在《绞刑架下的报告》一书里写道："生命和痛是紧连的。"我记得这话，要想生存，就得忍痛，痛下决心！

7…………千里寻兄找安身之处

1970年春节，我刚刚摘了帽子，离开了二监狱，12年后第一次回南京看望老母亲。我们也五年没见了。那一年是小年，腊月二十八我才向队上请了假，大年初一到家。妈妈还住原地，她也还健康。春节假才过，社会上就开展了"一打三反"运动，妈妈有顾虑，催我快回坚固村。也是那年春节迟，在立春之后，我回来也就开工了。1971年春节，我不再在乎工分，早20天就请了假，去往陕西找我哥哥。

哥哥在眉县的柳林滩种马场，火车上的当地人告诉我不要坐到眉县，在武功站下车，向南过了渭河就不远了。我在武功站的小小候车室里坐了一夜，天微明就上路，边走边问，颤颤颠颠地过了那玉米秆儿桥面的长桥。到了渭河之南，还是周至县地面，沿着河堤向西，直走到中午才到。河堤上只遇见一个行人，正巧还是马场的，他告诉我，周苓仲已经解放了，没有"麻达"（方言，意思是麻烦）了，给疲惫的我增加不少精神。场里人说我哥去了20里外的土岭分场，晚上才能回来，带我去了我哥哥的宿舍。我一眼就看出哪张是他的床，那床上床下又脏又乱，比在大学时有过之而无不及。同屋的给我买来了午饭，是一大搪瓷碗稠稠的白面条。我稀里呼噜地吃了个干干净净，为我哥哥不用挨饿而欣慰。吃饱后，精神又来了，一下午给他拆呀洗呀，扫呀抹呀，叠呀晒呀，直忙到太阳将落，正在磕打着晒好的皮箱，听见哥哥在背后叫我。他说："嘿，你来啦！"我回头，他又加了一句："你老了！"我看看他，也说了句："你也老了！"二人开心地笑起来。这是我们兄妹17年后的相逢。

晚上我住在马场的招待所，两张小床的小房间，只有我一个人，由于跑了不少路，早早睡了。第二晚，我们谈到了半夜，我仔细地讲了在坚固村的处境。哥哥说："那地方不行，转到这里来好了。关中自古都是富庶的，他们分的粮都吃不完。工分最少也有五角，还有八九毛一块的呢！""比冀中是富裕多了，可怎么能转来呢？哪个村肯要一个外人落户呢？""这倒是的……那怎么办呢？""除非嫁个人，给人家当了老婆，人家就要了。"二人沉默了好一会儿，哥哥说："咱这里没有熟识的人，嫁给谁呢？"我说："嫁谁都行呀！只要不是四类分子就可以了。"哥哥又沉默了好一会儿才说："这里的贫下中农可都不识字的。""不识字就不识字吧！咱们也不跟他谈古论今，不就是找个地方能自食其力吗？"哥哥还愣愣地。我接着说："妈妈已经七十古稀了，往后只有咱兄妹俩能互相照顾着点儿。离得远，车费也负担不起，就在这附近，找一个家庭人口简单一些的就行！"第二天一早，哥哥就来了，开口就说："昨晚我一夜没睡着，你说的'嫁谁都行'对我的震动太大了。"我说："人到屋檐下了嘛！形势逼到这里了。"

哥哥是1953年毕业的，分配到西北局，在青海工作了一段时间，因为还没结婚，不宜留在少数民族地区。西北局撤销后，他就回到西安，在陕西省畜牧局工作。1956年，因为参与天主教内抵制脱离梵蒂冈的活动，又不肯背叛教会，坚持信仰，被判管制两年，开除公职，发配马场劳动，当一个工人，月工资30元。“文化大革命”高潮时，马场闹得厉害，死了三个人，我哥哥差一点儿也被打死。现在形势好转，他才谈了个对象，准备回南京结婚，他都40岁了。

我在马场住了一星期，给哥哥把卫生搞好了。有时也应家属的邀请，到他家去坐坐，谈谈话。我回南京后，我哥哥的人气就直线上升，给我说媒的人，从早到晚，应接不暇。我们不要彩礼，这点最有市场。再者，我给他们留下了身体好、勤劳、随和的印象，又没有小孩儿拖累，这只赚不赔的买卖，当然抢手。至于政治条件，就像入选者魏二叔说的：“我们是农民，不问政治的事。”哥哥的房间成了面试室，来面试的有没洗脸，还长着眵目糊的，有一声不敢出，低头蹲着的，有油嘴滑舌，胡吹乱扯的，有胡子拉碴的，有面相凶恶的……都被排除，剩下两个作为候选对象。一个姓石，一个姓魏。

哥哥带着嫂子年根儿才回到南京，妈妈请了两桌客人，就算给儿子完婚了。接着开了个家庭会议，专门讨论女婿的人选。姓石的是马场电工的哥哥，丧偶不久，有一个五岁的儿子和一个两岁的女儿。他比我大一岁，小学毕业，父母双全，但和电工一块儿生活，贫农成分，他父亲还当过村里的书记。兄弟两家是紧邻，只隔一道墙，村子属周至县，离马场十几里。姓魏的是马场工人魏三生的同族，虽然只长一岁，魏三生也得称他为二叔。家境不好，只有一个不满10岁的儿子，别无他人，贫农成分，但住着三间大房，院子也不小。他比我大10岁，一字不识，但头脑清楚，很会说话，住在武功县的杨陵公社，在西北农学院的北门外10里，黄土高原之上，离马场有30多里。

哥哥把二人条件摆完，说各有利弊，哪一家都可以。我嫂子认为石家好，年龄合适，经济情况也富些，他父亲当过党的书记，村人必不至歧视我。我考虑魏家人少，比较好相处。石家虽然人也不多，但他父亲就在隔壁，我妈若去，生活水平不一样，就不合适。再者，我去到就得带小孩儿，也不知道自己还能否生育。若是生了，和前房小孩儿的年龄就相差不太多，就会是家庭矛盾的根源。魏家的庄基大，还有盖房的余地，盖上几间，再闹什么运动就可以把妈妈接去。农村毕竟比城市安定些。妈妈对农村一点儿也不了解，她只说后妈不好当，最好是没孩子的。哥哥说魏家的孩子已经是半个大人了，过不了几年就能挣工分，还是个好条件。我说男孩子的后妈好当，特别是他从小失母，对生母没印象，也就无从比较，不至于嫌我不好。讨论的结果自然以我的意见为主，初步定在魏家，责成我哥哥深入地去调查了解一番，再最后决定。这时，哥哥提出吴一江的事，我说只能放弃。妈妈很同意，说她愿意要个农民女婿。我明白，家里有我这么一个前科犯就已是没办法的事，可千万不想再来一个了。这个家庭会很像是做生意在权衡投资方向，后来，我嫂子把我和姓魏的结婚证称作“发票”。

8…………相亲谈判

春节后，我回了坚固村，照常上工，也换工织毛衣。不久，哥哥来信，说他到魏家的官村去过了。那个村都姓魏，只有几家外姓，还都是魏家的外甥，没有家族的仇恨，“文化大革命”也没有互斗，村大人多。官村“文化大革命”前是农业部的试点村，现在是一级核算，在农业部属于先进的形式。劳动日在六角钱左右。虽然地处黄土高坡的旱塬之上，但有机井，三级抽水上塬，不用像早先那样惜水如油。种的就是小麦和玉米，不种山芋。哥哥认为条件不错，等我决定后，他就通知那个姓魏的办准迁证。

香改觉得好笑，找婆家还管人家生产队干什么？振景认为只要不吃山芋，就比坚固村强。喜芝婶子也认为好，还说我嫁了人，就成了某某人的老婆，原来的身份就不存在了，像半夜敲门推走自行车之类的事，就不可能发生了。但她不赞成我马上回信办准迁证，她说：“人和人还有个对眼不对眼的，这也是终身大事，你又不是没有路费，还是亲自去见一见，免得将来后悔。”一言把我提醒，才从嫁地方悟到是嫁人，于是向队里请了假，第二次去了陕西。

哥哥请了一天假，把我送到那个官村。魏三生的妻子叫刘润华，比我小四五岁，是四川逃荒来的，人很热情。我上次去马场时，她正在马场住着，我去过她家几次。就是她，抱着孩子跑了几十里路回官村，把她二叔叫到马场参加我哥哥“面试”的。这时她在家，我们就坐到她家，哥哥吃饭后就回马场去了。刘润华很健谈，不觉聊到半下午，孩子们都放了学，刘润华看见她家门外堆着的木料上坐着的那个望天的男孩儿，就问：“科科，你爸呢？”那孩子回答：“上工去了。”刘润华告诉我，那就是她二叔的儿子。我看了一眼，是个高鼻子大眼的俊少年。可能是发现有生人看他，男孩儿随即走了。天擦黑时，我站在刘润华家门外，看见那个小孩儿迎着一个个子不高的男人跑去，拉着那男人的手回家。我想那人准是他爸爸。光线已暗，面目没看清。刘润华出去了一下，回来说她二叔晚饭后过来。

她二叔来时，天已全黑。我和刘润华坐在炕上，她二叔还带来了一个白胡子老头儿，是他八叔，大概是他们的规矩，重要场合得有个长辈。二人进门就蹲在地上，一个小煤油灯，什么也看不清，寒暄几句后，谈判就开始了。他八叔先开口，说：“三生大概把双方的情况都介绍了，今天你亲自来就很好，有话说在当面儿嘛！我侄儿一个人带着个娃，比较困难，是个穷人，你若是要钱，就是没有。”我听着特不入耳，心想这农村人说话可能就这样，便说：“我不是来要钱的，我身体好，能上工，日子慢慢能好过些。不过我的政治条件不好，会影响他儿子，将来当兵、招工都不行了。”

他八叔说：“我侄儿就一个娃，他不要他娃去当兵，也不要他娃出外当工人，不让去倒是个好条件。”我又说：“我只会上工，做饭啦，缝衣裳啦，我都不在行。”他八叔说：“不会做饭不要紧，我侄儿会，不会缝衣裳也不要紧，大队有缝纫组。不过，譬如娃把裤子扯破了，过去四邻就帮忙给缝了，你若来了，娃就算有他妈了，旁人就不能再给缝了。”我听出，这位八叔大概看我是个大寄生虫，一是要钱，二是什么都不干，连个破口子都不会缝，不由得挺生气，不再说话。刘润华赶快接嘴：“人家念了这么些书，脑子聪明得很，啥子不会哟！人家这是谦虚。”那一位也看出他八叔不是谈判的人才，便亲自上阵说：“其实，我连工都不用你上，我一个人能养活三个人。我要再办个人（再娶个老婆）只是为了我娃，人家娃放了学都在家拿个馍吃，我家门锁着，娃只得在照壁下蹲着。我下工回来，远远看见我娃一个人蹲在那里，我眼泪都顺腔子里淌下去了。你来了，门时常开着，我娃放学能吃上个馍，就不可怜了。”说得让人同情，不过也说得太邪乎！我的任务就只用拿一下馍，未免太轻松了，可笑！气氛缓和下来，说好明天去见大队长，谈准迁证的事。晚上，我睡在这人的姨妹家，他姨妹也是他的堂嫂。

第二天上午，他姨妹的儿子带我去找大队长。他是村里农机站的会计，不用和社员们一样，打钟就一起上工。这官村由于历来是政府的试验点，拖拉机有十几台之多，颇具规模。大队长在村北的后坡种苜蓿。我们走过麦地，麦子已经拔节，有膝盖高了，绿油油地随风起浪，和坚固村沙土地上稀稀拉拉的小麦苗不能相比。油菜花正是大片金黄，蜜蜂嗡嗡，我的心情也随着景致好起来。大队长就在地边上，问了我的情况，说他们研究后晚上给我答复。天黑后，我在大队的办公室等了好久，另一个队领导才来，说队里不知道我是否有“帽子”，若不是被管制的，就能接收。我给他看我来时坚固村给开的介绍信，上面写的是“社员”二字，就表明了身份。他说不明确，因为这村只有地主和富农，没有戴帽子的，所以要一个明确的证明。我本想说，即便有帽子，被管制的人也有婚姻的权利。转而想到，他们无权干涉婚姻，可是有权不给开准迁证，要进这个村，就得按他们说的办，所谓“县官不如现管”也。

第三天一早，我就回河北的新乐了。走前那人给我拿来了十几斤全国粮票，可能是一定得给我点儿什么东西才算够意思，我没推辞得掉。不过这下我看清楚了他的眉目，不丑也不俊，鼻子很大，嘴唇很薄，胡子拉碴，和古画上的胡人极相似。和我一起走到火车站的是魏三生的堂弟，路上他说了他二叔一大堆好话，连那人的姨妹说的都是赞誉之词。希望如他们说的那样吧。

9…………使心眼儿

回到坚固村，队上说开个证明容易，县里让不让你迁走，我们可不知道。于是我就去了县公检法办公室。他们说，你们是二监狱送来的，将来二监狱朝我们要人可怎么办？于是我又回了二监狱，找到王所长。王所长的态度和我送他香烟时大不一样了，冷冰冰地说：“你们这些人和二监狱一点儿关系也没有了，管你们的权力完全给了县里。他们让不让你走，我们管不着。”我就提出请他写个说明的信件，我好交给县里。他想了想，说他来和县里说，不用我传达。从他嘴里听出，找回来的人不少，还知道刘玉范到县里不久就死了。过了十来天，我再去县公检法，居然批准我迁走了，还给我开了个没有戴帽子的证明，我随即寄到陕西的官村，完成了我需要办的事。

我要迁走的消息也瞒不住。这一天，队长叫我去他家，说是说个事，我一看，四个队长和指导员都在场，还有一个会计，总共六个人。看这阵势，要说什么？我一点儿思想准备都没有。坐定后，和我较熟悉的队长先讲话，说我到一队一年多，队上对我很好。我认同后，他说我来时烧了队上的玉米芯，这是本队人都享受不到的待遇。这我也承认。我说来时二监狱给了队上300元安家费，谁也不可能带上烧柴去落户，烧的队上的玉米芯应该算在安家费内。队长们就说安家费买了锅、席、门帘、瓦罐等物品，还出工给砌了灶，修了房……有的没有的，这人说一句，那人说一句，我这才明白，原来是要我交钱。我说："我是来接受再改造的，绝对不应该侵害贫下中农的利益。既然烧的玉米芯不在安家费之内，我付钱就是。"他们顿时喜形于色。我问："该怎么算，需要付多少？"一个队长说，你来后两个月才买到煤，按这两个月烧煤的数量算，应该是多少多少斤，每斤在黑市上是多少多少钱，总共是多少多少。账报得挺快，可能早核计好了。我说："我来队上天天上工，从来也没有去赶过集，更不知道什么东西什么黑市价。既然算好了，我就按这数付，队上给我写个收据，一手交钱一手给收据，现清！"再看这几位，有的看窗外，有的看房梁，有的看自己的鞋尖，有的研究炕上的席子，那会计干脆闭上眼睛躺下睡觉了。沉默了好几分钟，那位队长说："好吧，今天就说到这里。"会就散了。我头脑简单，一向想到就说，从不使心眼儿，方才说要收据也是灵机一动，心想拿上收据就去公检法，告队上和我做黑市买卖，走资本主义道路。过了几天，喜芝婶子告诉我，队上人说："别看燕吉傻乎乎的，毕竟人家是个大学生。"到我离开，再也没人跟我提玉米芯子的事。

之前北街十一队一个叫小簸箕的中年男人，给我拿来一件穿脏穿破的机织毛衣，叫我给他重织。他是他们队的管水员，说家里没人能来一队替我上工，说好把他的工拨到我的账上。我替他拆了，用碱水洗净，推水车时放在流水里冲得干干净净，晒干缠好，再织成一件完美的毛衣给了他，也没多要他的工分。我走前到我队会计那里结我的工分账，发现没有小簸箕的拨工。会计说：“这是你们二人的事，与我无关。”这会计比较年轻，很左。解放前他母亲抱着他逃难来到坚固村，他被南街人收养，他母亲嫁给了村西一户地主，他连他生母都不认，阶级觉悟高到这个程度。我到一队一年多，他就没拿正眼看过我。我猜测，跟我要玉米芯子钱就是他出的馊主意。我很生气，分明是这两人串通好了欺负我！本来人吃点儿亏不算什么，可是存心欺负我的亏，我就不吃！一夜也没睡着，想了好几个办法，一是写张大字报，把小簸箕不讲信用昧人工分的事公之于众。此法不妥，我的身份不宜贴大字报。二是到十一队，趁他队上人集合派工时，当众宣扬这事。也不妥，再改造的人说贫下中农的坏话，不成“左”统。想到天亮，想出一条顶好的办法。

第二天中午，我算好这时小簸箕在机井上放水，我去北街问到他家，他老婆正烧火做饭。我说：“我给小簸箕织的毛衣，他说袖口太紧，叫我修理一下。”他老婆挺客气说：“不用了，袖口紧点儿好，穿穿就松了。”我说：“修修不费事，让他满意嘛！”他老婆就开开柜子把毛衣给了我，还连声致谢。我拿了毛衣出来，计划成功，正在高兴，不料走到半路迎面遇了上小簸箕，他看见我夹着他的毛衣，挺不自然地问：“你怎么要拿走呀？”我说：“你不是嫌袖口紧吗？我修理一下，让你满意嘛！”他伸手过来拿着衣袖说：“就这里紧点儿，不修也行。”我把毛衣夹得很紧，他若使劲儿拽，我就使劲儿抢过来跑掉，好在他也没拽就松手了。我拿回来动手就拆，喜芝婶子以为我要整个儿拆掉，双手按住说：“你费好几天工夫才织好的，千万不能拆，我找人去说他。”我哈哈大笑，告诉她我只拆袖口，还给他织上。袖口不一会儿就织好了，我拿去给了大队的总会计，他是玉亭叔的近门弟弟，也在一队，我称他成群叔。我说：“成群叔，我来了一年多，你们对我很好，我也没什么东西好表心意。这是小簸箕的毛衣，他不肯给我拨工，我也不要他的工了，你跟他要多少都行，算我给你小孩子们买糖吃了。”在场的人都眉开眼笑，成群把毛衣收到他柜子里说：“好！那我就谢了，不会轻饶他的。”我走出来，听见那些人们在计划怎样敲小簸箕的竹杠。我告诉喜芝婶子，她也开心地笑了一场。我走的前两天，小簸箕闻风来要毛衣了，还说了好些大话，说他不会白让人干活儿，他见过钱，在公社管水利工程时，掌管过两三千块等等。我也着实刻薄地把他损了一顿，最后告诉他，毛衣在成群那里，他没趣地走了。活该！

我不爱使心眼儿，更没对别人使过心眼儿，通过这两件事，我知道我也能使心眼儿。当然还是不使的好。

10…………往前走一步

北方人把寡妇再醮称作往前走一步，我不是寡妇，但再嫁也算作往前走一步吧！我离开坚固村去陕西，在我人生的道路上，确是往前走了一步。

准迁证由公检法转来时已经5月中旬，一张薄薄的证明上盖了八个大红章印，我是赶在麦收前到官村报上户口，好参加夏粮的分配。在关中地区，麦子是一年的主粮，一个人能分到四五百斤之多，是坚固村人难以想象的。冀中的麦收比西北要早，即将开始，到那时，队上也就没人没车把我的行李送去火车站了。

走前的那个下午，队上那位会计带了几个人来搬属于队上的东西。把锅拔了，风箱拿了，门帘摘了。问我那两个瓦罐，我告诉他喜芝婶子正用着，他就气哼哼地去揭我炕上的席子。我求他等我走后再揭，我今晚还要在这炕上睡的，他也不理，动手卷起我的铺盖，把席子撤走了。我望着这空灶、空炕破败的景象，想起一年半来身心受的苦楚，被饿死的爱情，临走还和这抢劫了一样，忍不住哭出声儿来。喜芝婶子也陪着我掉泪，我没再给喜芝婶子什么，只是告诉她，我借给她的二十六块钱不用还了。

她一家对我不错，庇护着我度过了这段非常岁月，就算是一种报答吧！

在火车站托运行李时，行李房的人递给我一沓子拴在行李上的纸标签，抬头看了我几眼，又把手收了回去，叹口气道："唉，看你也写不了，还得我替你写。"这一年多的再改造，已看不出我是个知识分子了！

火车站的大厕所里没什么人，一个老太婆瞪大眼睛盯着我问："你是燕吉吧？"我大为诧异："是呀！你怎么认得我？"她小声说："我也在南兵营待过，我走得早，你不记得了。"看我笑笑表示抱歉，她又说："你对我们太好了，我不会忘的。"我赶快说："这哪里的话，我也只是个犯人。"她摇摇头，然后认真地说："你是个好心肠的人，好人会有好报的。"我相信她准是道教会门一类的犯罪，还在讲因果。不过被人肯定，对我还是个鼓励，也是个安慰。

怀着五味翻搅的心情，我上了火车。不堪回首的17年，不堪回首的河北省，都将在我身后，我往前走了一步。

第二章　一户农家的往事

❶…………官村

秦岭之北的渭河两岸，由潼关到宝鸡东西八百里之地，称关中、秦川，自古就是富饶之地，政治、文化、历史的大舞台，关中的中部就更是所谓的“白菜心”了。西安、宝鸡的正中间，有个武功县，武功县的最西边，黄土高原上有个大土堆，是隋文帝的坟墓——杨陵。杨陵周边三十几个村都归杨陵公社管。这地方虽不是县城，但全国知名，非同小可。这里有1934年建立的西北农学院和下属的西北农林专科学校，解放后又在此建立了西北农林科学院、西北水利科学研究所、西北水利专科学校、西北土壤研究所，后又迁来了西北植物研究所，原本要成为一个农业科研和教学的中心，“文化大革命”时被停止了，改革开放后又得以恢复，现在称为“杨陵农业高新技术示范特区”，正着手扩建为一个不小的“杨陵市”。杨陵镇是因西北农学院的建立才有的，它在陇海铁路上，站名为武功，而真正的武功老城离此还有三十多里，那是爱国名将杨虎城的故乡。解放后的县政府又在二十多里外的普集镇，不知情的人往往下错了车站，抱怨不已。

杨陵成了特区后，火车站改称杨陵站，普集镇改称武功站，也算“拨乱反正”了。

杨陵区的西北塬上有个上千人的大村，就是官村，旧时属于扶风县，60年代才改归武功县。村前是一片黄土平原，村后陡峭的黄土崖下有一条小河，叫小苇河，又称后河，河北面就归扶风县了。

这村的人绝大多数姓魏，传说来源于山西省洪洞县大槐树，六个魏姓的兄弟被强迫移民来这里的，所以这村就分了六个族系：上二家、下二家、左二家、右二家、中二家和心二家。每个族系里又分了好些家系，譬如心二家里又有刀客家、染坊家、先生家等按其家庭从事的职业而起的名字。这些“家”内的人就是一“门”人。埋葬用的人多，就是全族系出动。结婚就只用门内的人，条条框框分得很清楚。旧时村里有个大祠堂，每年在别处安家的魏姓族人都有代表回来祭祀，“文化大革命”时把祠堂拆了，老规矩去掉不少，但宗族观念还是根深蒂固。

当地有个调侃官村的民谣：“上了官村坡，举人比驴多。”原来这村出过两个武举人。虽没有文举人，但村里有学堂，有教书的先生，还有在衙门供职的官员，文化水平比一般的小村要高。还有在全县都开着连锁店的大商人。解放后，出了好几个大学生。“文化大革命”后重新开考，还是官村被录取的学生最多。

2…………兆庆家事

兆庆的父亲名魏思周，官村心二家人，生于19世纪的70年代，自幼在本村学堂读书，字写得好，账也算得清，他父亲就送他到本村大商人、人称三掌柜的铺子里学“相公”，就是从站柜台做起，学习经商。他弟弟魏思汉不如哥哥精明，就学了个木匠。兄弟二人20岁时，思周买了本村人的一块闲置庄基，盖了三间两面流水的高大瓦房，把他父母的一家迁了进去，还给自己和弟弟都娶了妻室。魏思周从站柜台的小相公也长成了账房先生。随着三掌柜的生意兴隆，他又升为一个银号的总管，店里除了银钱往来，还熔倒银锭、打造首饰，每天往返于五里外的大寨镇，地里的活计交给门子内的九弟干去。

魏思周经济上富裕，但家庭屡遭不幸，娶过两次妻室都生病早逝，也没有小孩儿，第三位妻子叫黄柳叶，岳父是武功县仅有的两名秀才之一。黄夫人虽不识字，但见过世面，聪明能干，生了两个女儿，哪知村里闹流行病，两个孩子几天之内都夭亡了。悲痛的母亲几乎疯癫。魏思汉过后河看望姑母，回来时爬上高高的黄土坡，坐在坡顶歇息，受了风寒，竟一病不起。妻子守不住寡，和魏思汉的堂兄私奔了，留下乖乖和乖祥姊妹俩在家。魏思周把小侄女看得很重，每天给她们带点心回来。1919年，黄夫人生了个儿子，取名兆吉，1922年末又生了小儿子取名兆庆。兆庆满月，大侄女乖乖就出嫁了，乖祥在家帮着带弟弟，家里又恢复了生气。这时有人看魏思周的生意做得好，拉他合伙去大镇绛帐开店，把买卖做大。魏思周觉得自己命运不济，且年过40，无心进取，推辞了。及后干脆辞去了三掌柜家的生意，回家务农，孝敬老母，最后给老母办了个隆重的葬礼。

平静的日子过到1929年，不幸又降临了。不只是思周一家，而是整个关中西部，有名的民国十八年大旱灾，连续三年颗粒无收。头一年闹灾，地价下跌，有经济头脑的魏思周倾其所有，以每亩34元的价格，买进了10亩地，不料旱灾连续，地价跌到1元一亩，魏思周破产了。村里已大量饿死人，女孩子多数让人贩卖到山西省，男孩子有被亲人活活掐死、溺死的，大人从崖头跳下自尽的，各样的惨剧在这往昔富裕的地方不断上演。乖祥也让人贩子骗走了。兆吉每天提了瓦罐，翻深沟到后河北的杏林镇去要饭，那里有上海的慈善机构开的赈灾粥厂。但这也难以为继，最后，魏思周决心逃荒活命。1931年秋，一家人上路了。

学相公首先是学做饭，凭这个技能，魏思周带着全家去陕南的洋县，投奔在军队供职的朋友，谋得一个伙夫的工作。黄柳叶是缠足的，兆吉和兆庆也就是十来岁的儿童，为了求生，也只能背着行李包袱，艰难地一步一步翻越那险峻的秦岭大山。兆吉边走边哭，兆庆还知道忍耐。魏思周走得快，总是他打前站，在过夜的地方等着这妇孺三人。有一回这三人落后得太远了，天黑时还在路上。灾荒年月，死人遍野，狼群迅速扩大，黄柳叶不敢摸黑走夜路，叫两个儿子捡来些树枝，生了一堆火，一为吓狼，二为取暖，三人依偎着熬过恐怖的一夜。这600里山路，走了半个多月，总算到达了秦岭南面的洋县。魏思周给军队做饭，住在营房里，微薄的工资养活不了四个人。黄柳叶租住一间小房，烙面饼，兆吉提了篮子沿街叫卖，又托人给兆庆找了个人家去当小长工。刚满九周岁的兆庆跟着那陌生人走了三十多里路，到达龙亭镇北的高家庄。当被交给雇主时，从未离开过父母的兆庆还是没能忍住泪水，但他记住了母亲的嘱咐："在人家只能卖力干活儿，听人家话，不能耍性子，不能哭，别让人家把你辞回来。"便用袖子使劲儿地把眼泪擦干了。

雇主叫蛮娃，夫妇俩都三十多岁，有三个女儿，和兆庆年龄差不太多，养着三头黄牛，兆庆的任务就是放牛、割草。陕南的气候属于南方，比较温暖，蛮娃给兆庆在牛圈一旁另搭了个小草棚。蛮娃的妻子是个善心人，睡到半夜总会到草棚来看看小长工是否踢掉被子。放牛的地方在村东，要过一条小河，冬天水浅，可以蹚过去，夏天水大，兆庆不会游泳，便抓住牛尾巴，牛游过去就把他拽过去了。一边看着牛一边割草，回来时兆庆把草捆放在牛背上就驮回来了。蛮娃的妻子也不限制兆庆吃饭，不过米饭里总要夹煮些南瓜，兆庆捧了碗在外面吃。他蹲在土坎边儿上，蛮娃家的狗一定在坎下面等着他把南瓜扔下去。兆庆在高家庄没挨饿，也没受虐待，妈妈虽然没亲自来过，但也常托人顺便来看看。寒来暑往，小长工不觉干了两年多，忽然一天，妈妈带了哥哥来接他。

原来关中的灾荒已经过去了，省长赵寿山颁布了政策，敦促逃荒的人们回去种地，每人还发给八块银元作为路费。只可悲魏思周在一年多前得了个出汗病，客死他乡了。黄柳叶领到了回乡费，捡拾了丈夫的遗骨，回乡的路上绕到高家庄来领兆庆。蛮娃夫妇很舍不得兆庆走，向黄柳叶提出收兆庆当上门女婿，一则自己也有了儿子，二则可以减轻寡母的负担。兆庆不肯，大喊："我姓魏，不姓高！我是官村人，我要回自己家！"于是，大家只能洒泪而别。

来时四人，回程是仨，兆吉背着一口锅，兆庆背着装父亲骨骸的木匣，母亲背了包袱，拄着棍子，在人烟稀少的山径小路上踽踽蹒跚，凄苦悲凉。行程过半的一天，带的粮食都吃完了，只能烧一锅开水喝，哪知喝了水反更走不动了。正坐在路边没办法，从山下走来一个年轻汉子，看见这三个不一般的行路者便前来搭讪，知道原因后，拿下搭在肩上的单褂子，从袖子里倒出了许多大白馒头，说是他下山打工，主人家给他回家路上吃的。他快到了，都给了这娘儿仨。难中得助，遇上了好人，母子三人心情也振奋起来，出了山口，过了渭河，上了土塬，终于回到了久别的官村老家了。

按旧俗，在外面死亡的人是不能进村的，黄柳叶就把魏思周的骨骸放在村口的小庙里。回家一看，房子已经破败，家具也没有了。原来魏思汉的妻子和堂兄早已回来，将偏厦拆掉，和大房内棚楼的木料一并卖了。家里的农具、桌柜等都搬到了堂兄家，更重要的是把魏思周的土地都据为己有。交涉不成，黄柳叶就请人写了状纸，告上了扶风县法院。由官村到扶风县城有三四十里，还得翻过后河的大深沟。秦岭都过来了，何惧这点儿距离！秀才的女儿的确不比一般农妇，在堂上据理力争，一是她有地契，二是魏思汉妻子的自主婚姻不被家族承认，三是魏思汉的两个女儿都是魏思周供养成人及后聘嫁的，魏思汉的遗孀在魏思周家已经无权力和地位。状纸写得煽情，意思是亡夫骨骸尚在庙中未葬，奸夫淫妇就霸占财产。那时，西北偏远的地方还保留着旧衙门的章法，可以用刑打人，法官就扬言要打，吓得那二人跪地求饶，认罪不迭。最后二人又远走他乡，销声匿迹，至死也没有再回来。黄柳叶自此声名大振，公认的女强人，后来还帮别人打过好几回官司。聪明的兆庆耳濡目染，虽然闹灾逃荒，失去了念书的机会，但也学会了诉讼和调解的一套办法，解放后担任过本村的调解委员，族门内的婚丧大事、矛盾分家，都请他去主持、说话。

魏思周的土地不少，有40亩之多，但娘儿仨的生活一直贫困，因为三人都染上了抽大烟的恶癖。官村的土地气候适合种植罂粟，过去自种自吸，后来被禁止了，价格就昂贵起来。1943年，24岁的兆吉被抽了壮丁，赎买不起，当了国军，走的时候被捆上双手，蒙上眼睛，到了甘肃的平凉才得解开，换上军装，送到新疆服役去了。他的营长是关中人，爱吃家乡饭，兆吉小时看他父亲做饭，母亲烙饼，也能下厨，便被派给营长当伙夫，不时还给家里寄点儿钱。日本投降后，战事又起，1947年12月，已当“太平兵”的兆吉随部队开拔到了河南省，第一次上前线就当了俘虏，随即被编入了解放军，只把帽子上的青天白日徽摘去，马上参加打国民党的战斗。

按规定，兆吉去当了国军，兆庆就不用再服兵役了。1948年夏，国民党的败兵不管这些，把兆庆也抓去了，押到西安东面的渭南地区。晚上大家休息，令新抓来的兆庆套碾子磨面。磨到后半夜，看守兆庆的老兵坐在那里打盹儿，竟睡着了，兆庆把驴打了一下，让它不停地走着，自己轻手轻脚地溜了出来。到了路上，兆庆撒腿就跑，跑到天亮，他就钻进玉米地里藏起来。可能是败兵们自己逃跑还来不及，顾不上搜捕逃兵。兆庆平安地回了家，母子相见，惊喜自不在话下。

兆吉的部队是二野属下的，他参加了残酷的淮海战役。饿着肚子昼夜急行军，就是“解放军的腿比国民党的汽车还快”。他看见太多的死亡，但还留着生的希望。他终于活到了胜利之日，1952年从石家庄复员回乡。一将功成万骨枯，他是幸存者，带回来的却是严重的心脏病，除了一本复员军人证，还有一张200斤的小米票，一个黄布挎包，里面有一个搪瓷缸子、一条毛巾和一块肥皂。

兆吉回来给兆庆打开了一扇看世界的窗口。他告诉弟弟，淮海战役时，大雨滂沱，国民党的机械化部队，大炮、汽车都陷在泥里开不动。国民党空投的粮食、装备，都让风给吹到共产党这边，这就是天助共产党。共产党得天下是天意，人不可违抗，所以共产党叫你干什么你就干什么。于是兆庆马上就戒了鸦片瘾，也不再给他妈买大烟了。政府推广什么农业技术，他也接受，后来也加入了农业合作社。土改时，兆庆家的成分划为贫农，还保留着自己那么多土地，自然也不会再分给他土地。

兄弟二人守着六十多岁的老娘，娶妻生子、传宗接代的问题就摆在眼前了。以前兆吉寄回来的钱兆庆都没用，存着，现在全部凑好交给兆吉，让他和去河南找老婆的人们一起去。抗战时，国民党为阻挡日军进占，扒开了河南花园口的黄河堤防，以致水淹千里，大量的难民涌入关中，官村的河南媳妇也很多，有不少的河南关系。另一方面，关中大旱灾时，年轻的姑娘、小女孩儿卖到山西的很不少，留下一大批光棍儿。解放后，社会比较安定了，人们就托关系到外地去找配偶。同去的人都带回了老婆，只有兆吉，人没找到，钱也花完了，愁得兆庆生了一场大病。其实，解放前有一户逃难来的河南人愿意把女儿嫁给兆庆，条件是要兆庆给他20亩土地，让他在官村落户。兆庆没答应，他考虑到还有兄长，兆吉回来还得靠土地生活的。现在钱用完了，土地也不能买卖了，娶妻的事再没有指望，只能任命，打光棍儿吧！直到1959年秋天，从甘肃来了一位不幸的女人。

3…………不幸的女人

她姓赵，名昂昂，1937年生于甘肃省甘谷县的赵坡村，七岁时就许配给了隔着两个山头的汪川村一个也是七岁的男孩儿汪跃金。汪跃金念完小学就参军了，还参加过抗美援朝，复员后，在乡里当了脱产干部。1955年，18岁的他俩结了婚，昂昂嫁到汪川。汪跃金上有母亲，下有两个弟弟还在上学，家里、地里的活计全都落到昂昂身上。婚后第二年，她生了个儿子——党余。日夜的操劳并没得到丈夫的怜惜。昂昂是个性格内向的人，而汪跃金在部队里时间长，养成火暴的脾气，常为一点儿小事就对妻子拳脚相加。党余两岁时，昂昂又生了个儿子叫碎党，就是小党的意思。这年是1958年，全国“大跃进”，“放卫星”，谎报粮食产量，夺了农民的口粮，到了1959年已是饥民遍野。甘谷是灾害最严重的县，到了饿死无人收尸的境地，跃金作为国家干部都逃到宁夏去，自顾自身了。昂昂掂着家里仅有的一点儿粮食，知道饿死的命运也就在眼前。她去到自己姐姐家，姊妹商量好带着孩子一块儿投奔在定西火车站当工人的胞兄——赵世吉。昂昂把不满周岁的碎党抱回娘家，求自己母亲给喂养，拉上已会走路的党余，汇合了姐姐一起上路。姐夫不是农民，不常在家，只有一个五岁的儿子一块儿走。定西离甘谷不远，坐火车一两小时就到了。赵世吉留两个妹妹过了一夜，便催她们赶快离开，因为公安部门已经组织了个专抓盲流的民兵队，若是在他家查到盲流，连他也得受处分。姊妹二人看到哥哥家这么多孩子，也在吃不饱的状态，不可能接济她们，回家是死路一条，只能铤而走险，下关中去。听说那里政策好，农民还有吃的，能讨要到。

姊妹俩做贼般爬上一辆向东去的敞货车，平平地躺着，生怕被人发现了。车到宝鸡，看到站上人多，怕有抓盲流的，没敢下去。再一停车，看下面没人，赶快爬下来，走到村里，挨门讨要。村里人对她们说，铁路沿线来要饭的甘肃人太多了，让她们向北走，过了后河，那北塬上土地多，好要一点儿。姊妹俩听了这话，便再向北走，走到了官村地面。看见地里有些人在干活儿，地边上有带水的瓦罐，两个孩子喊渴，姊妹俩就上前讨水。干活儿的人们看见这两个带着孩子的年轻妇女，便停了活儿围过来，七嘴八舌地探问。听她们说要去后河北，又问："去什么村呀？投奔什么亲戚呀？"她们回答："没有亲戚，就是要饭。"干活儿的人七嘴八舌，更热心了："拉着这么碎的娃，又走不动，能要几家呀！""黑夜睡啥地方呀？碰上坏人咋办呀？还不如找个好人家，有吃有住的，这里甘肃女的多着哩。""嫁个人就不受罪了，行不行？"姊妹二人面面相觑，这本不是她俩计划之内的，脑子转了几个来回，想想也是个办法，也只好走这一步了，便答应下来。于是有几个人就向村里跑去。其中有一个比兆庆大两岁，和兆庆从小玩儿到大，关系特别好的，直奔村东的南壕。那里是队上一个饲养室，养着大牲畜，还有猪，兆庆当饲养员，整天都在南壕。他一面跑一面喊："二叔，兆庆！"兆庆还以为出了什么事，慌忙跑出来看，听他气喘吁吁地把事情说明，兆庆也拔腿就跑。二人跑回地里，姊妹二人还在，兆庆就把昂昂和党余领回家了。昂昂的姐姐被一个叫魏后后的领走了。

兆庆三口之家，一下子添了两口，粮食就不富裕了。兆庆总是尽昂昂吃过，自己才去舀饭，对党余更是照顾备至。那孩子已饿成了皮包骨头，怕他一下子吃饱，肠胃受不了，就给他多吃几次，每次量少些，慢慢地让他恢复。昂昂被这一家人的善待感动，特别是兆庆对她关怀体贴，是从汪跃金处没有得到过的，渐渐地二人间有了爱情。可是家里的存粮也渐渐地吃完了，黄柳叶打点出一包袱新旧衣服，叫兆庆背到南山（秦岭）里去换粮。山里人少地多，国家的政策在山里执行得不像在外面那么严厉，老百姓还能有余粮。兆庆走后的第三天，家里完全断炊了，一家人都没有了气力，只好躺在炕上，减缓饥饿的煎熬。只有小党余跪在炕上扒着窗户向外看，看天，看鸟，忽然看见兆庆背着个口袋进了院子门，高兴地喊着“爸”（关中人称亲叔为“爸”，称父亲为“大”）跳起来。舀出些玉米粒，夫妇二人拿到碾子上好歹地推推，赶快下锅煮熟，才算过了一关。兆庆背去的衣服换了100斤玉米，把它放到渭河边的亲戚家了，自己先少背点儿，好快步回去，他估计到家里已经无米下锅了。

昂昂的姐姐命运就悲惨了，她在村外路边看见一个干驴蹄子，饿怕了的人就舍不得不要，捡了回去煮熟吃了，随即生病死去，估计是食物中毒。但当时没人明白，死了一个要饭的也没引起什么重视。魏后后留下了那个男孩儿，按他下二家的排行，取名魏金龙。魏后后的老婆已病故多年，留下的女儿也早已出嫁，现在甘肃女人给他带来个儿子，他如获至宝，这个家也有了希望，他女儿对这外来的弟弟也不错，衣服鞋袜都是她给缝制。不过这金龙不喜欢他爸，因为他认为他妈妈就是这男人给害死的。兆庆和后后没有交情，他不喜欢下二家人，还嫌后后在村中没有威信，不和后后认连襟，也不来往。

赵昂昂在生产队干活儿很卖力，和大家相处也仁厚，在家伺候老婆母也尽心，不但自己勤劳，还不让小党余吃闲饭，天不亮就把党余唤起来，叫他提了篮子到村外拾粪。大牲畜下工回饲养室，边走边拉，路上就会有摊摊的牛粪和团团的马驴骡粪，用粪杈拾到篮子里提回来，可以换工分。有一次，党余拾了满满一篮，提不动了，站在路上哭，别人来喊兆庆去接。兆庆说别让孩子受罪了，可是昂昂坚持。自此，兆庆每早去提粪回来。兆庆家虽有两个男人，但兆吉有严重的心脏病，基本上丧失了劳动能力，所以工分不多，现在有了昂昂挣工分，党余拾的粪也不少，兆庆心存感激。到了1960年夏，虽然没有正规的手续，官村也承认了昂昂母子的身份，给她们分了口粮，饭也能吃饱了，昂昂更是满心欢喜，干活儿更有力气。有一次在后河滩分山芋，大背篓装了百来斤，赵昂昂一口气给背上了坡，大家都叹为观止。党余身上也有了肉，和小伙伴们打闹，背上砸得嗵嗵地响。一切都令人愉快，只有兆庆在暗自担心，当初在地里，他一眼看中的是昂昂带着很小的孩子，可不要像近门子四嫂，来的时候也是带着一个三四岁的小孩儿，和四哥就再没生育。也许是四嫂年纪大，来时就40多岁了，昂昂才20出头，不至于再不生了吧！终于耐不住，兆庆问昂昂："你怎么不怀娃了？"昂昂笑了，告诉他不用着急，到时候就会有的。她在甘谷已经饿得停了经，现在身体才逐渐恢复，女人能知道自己的生理状况。

果然，1961年春节之后，昂昂怀孕了，妊娠反应很重，但家里、队里的活儿都没有耽误，一家人都为将有后代而喜悦，而期盼。年底的12月，小孩儿顺利地在家里降生了，特别还是个男孩儿，取名科科。75岁的黄柳叶直如绝处逢生，喜不自禁，缠足的小脚，出来进去踏得地面噔噔地响。兆吉长年的萎蔫病态也挥之而去。只有兆庆，望着这炕头上一尺多长、皮皱皱的小人儿，心里掠过一丝惆怅：自己已年届40，这小东西什么时候才能长大？默默地祷告上苍，让自己能活到儿子成人自立。昂昂知道，有了这个男孩儿，自己在这个家庭的地位巩固了，而且还提高了。她不敢稍懈地喂养着这婴儿，一个月满，这孩子长得白白胖胖，小脚丫厚得和小斧头一般。昂昂疼爱这第三个孩子，也想念着娘家的碎党，也惦记着年老的父母。兆庆能体谅她，找来个"识文字"的替她写了封信寄到赵坡，万没想到，她刚得到不久的幸福就此走向终结。

1962年冬，农田里没有什么事了，昂昂的弟弟赵行行由甘谷老家来到官村看姐姐和三个外甥。兆庆尽力地招待他，赵行行暗示兆庆得给他一些钱作为娶他姐的彩礼。兆庆家中可以变卖的东西都已经换成粮食供养昂昂母子了，再也没能力给赵行行钱，只好装作不明白。赵行行走的时候就不高兴，昂昂对他说："回去告诉爹妈，我把他们忘了，以后有了办法再报答养育之恩。"可是这伤心无奈的话一点儿也没打动弟弟的心，他回去就把昂昂母子的下落告诉给了已经回乡的汪跃金。1963年春节过后，汪跃金就下关中来寻妻索子了。

汪跃金是国家干部，懂得政策，他先去的扶风县民政局。民政局再通知官村，传唤兆庆和昂昂。兆庆得知民政局插手，便邀上自己门子的一个党员堂弟，这堂弟也是个复员军人。去到之后，堂弟先和民政局的干部沟通摸底。民政局肯定汪赵是合法夫妻，而且汪是复员军人，国家应予保护。魏兆庆若不肯交人，要强制实行，甚至已叫来几个民兵小伙儿，准备先把兆庆打一顿，来个下马威。堂弟说不用费事，他兄虽是文盲，但很明道理，完全可以通过谈话解决问题，民政局的干部只需旁听和做结论就可以了。这建议自然被采纳，马上召集双方人员，开始对话。

汪跃金理直气壮地先发制人："这是我的工作证，这是我党员的证明信。赵昂昂是我有媒有证结婚八年的婆娘，这七岁的男孩儿汪党余是我的儿子。我来就是要带他们回甘谷我家。"可怜的党余从记事起就目睹他父亲打他母亲，现在看见汪跃金瞪着眼睛指着他，吓得紧拽着兆庆的手，贴到兆庆的身后，差点儿要哭出来。兆庆不慌不忙地说："你不用拿这么些证件，我也承认这是你的婆娘、你的儿子。我只问你一句，是你婆娘是你儿子，你为啥不养?!"汪跃金没料到这老农民提出这么个问题，一下子噎住了。兆庆接着说："我没有跑到你家门口去勾引你的婆娘，抢你的娃吧？她娘儿俩咋就千里百里，千辛万苦地走到我门上来了？若不是我姓魏的，她娘儿俩早饿死了，你也不用鼓这么大的劲儿跑到这里说这是你婆娘、你的娃了。”汪跃金涨红着脸，恨这老农民让他如此尴尬，正要发作，赵昂昂说话了：“我的婚姻是父母包办的，那时我才七岁，啥都不懂。嫁到汪家，一天好日子也没过过。”说着把领口解开，露出肩上颈后的道道疤痕，声泪俱下地接着说：“这都是汪跃金打的。姓魏的对我好，对我娃也爱，你们看，我娃现在长得多好。在老家只剩下皮包骨头，都死得着了。我在这里，哪怕一天只吃一顿饭我都高兴。我愿意跟着魏兆庆过。我跟他还有个碎儿，在他家里。我要求和汪跃金离婚！”

汪跃金真火了，他还没让老婆当着民政局的干部这般控诉过，攥紧了拳头，就要打来。民政局干部早看在眼里，上前挡住，可能对赵昂昂有了同情，对她说：“你说的情况我明白，可你要离婚，在这里办不到，你们的户口都在甘谷，你们只能回甘谷去办。办好了，拿上离婚证再来，我们就给你办和姓魏的结婚证。”又对兆庆说：“你承认女人和娃是人家的就好，在你们没办结婚手续之前，还得让她回甘谷去。姓汪的娃还给姓汪的，姓魏的娃还是姓魏的。”官司断完，又转向汪跃金说：“你这人的脾气恐怕也得改一改了，你看，你是个青年，他是个老汉；你有文化，他是个文盲；你是个党员，国家干部，他是个一般农民；你婆娘却愿意跟他不跟你，连你的儿都怕你，揪住这个老汉，说明你就是有缺点，回去以后对婆娘和娃要好些，婆娘和娃自然就爱你了。”民政局轻松地完成了任务。回去的一路，昂昂都在流泪，兆庆也心情沉重。

第二天上午，汪跃金就来到了兆庆家，两个男人还先坐下来谈判了一番。汪跃金说，只要兆庆给他300元，他就把赵昂昂让给兆庆。兆庆说，只要汪跃金给他离婚证，他就给300元。汪跃金说，他有这300元就可以另娶个婆娘，自然就可以放弃赵昂昂了，否则离了婚又没钱再娶，岂不是一头塌了，一头又抹了？兆庆说，不管到何处去借，去凑，保证拿出300元，一手交钱一手交离婚证，决不食言。若先交了钱，最后拿不到证，岂不是人财两空？互不信任，而且双方都知道在对方的地盘上，打官司不可能赢。汪跃金若不是国家干部、党员复员军人，民政局就不一定管他的事，他的妻儿就要不回来。谈判不可能成功。赵昂昂已将党余穿戴好，站在院子里准备上路，这时一岁零两个月的科科蹒跚着走过来，一把抱住他妈妈的腿。兆吉上前把孩子拉开，抱起来时，自己泪如泉涌。昂昂更是哭得和泪人儿一样，魏家老小就在号哭声中离散了。

当晚，科科没奶吃，不住地哭闹，兆吉一直抱着哄他。他还不会说话，只是伸出手指，指这间房，抱过去一看，没有妈妈，哇地又哭，哭一阵后，又指另一间房，还是没有。孩子哭了一夜，兆吉也哭了一夜，第二天他的心脏病就更严重了，几乎不能起床。妇女们看科科哭得可怜，不时地过来喂他吃点儿奶。兆庆到村上开了证明，买了点儿白糖，黄柳叶给烙些小饼干，精心地喂养这宝贝的小孙子。小孙子又患了一场挺严重的百日咳，全家经历了一次精神折磨。

昂昂回到汪家，碎党看她是个生人，他已经五岁了，脑中从未有过个妈妈。原来他是奶奶给养大的，不是外婆。外婆还是疼爱外孙的，可是舅舅赵行行不爱，常冲他妈发火说："咱们家还缺吃的呢，怎么还养起汪家的孩子了?!"有一天，趁他妈妈不在，赵行行就把碎党抱出去扔到坟岗子里去了。偏巧，路过了几个汪川的人，听见孩子哭声，就议论说："孩子还活着，怎么就扔了？也许是死了，没死透又活过来了？"几个人就循声去看，一看吓一跳，这不是跃金家那孩子吗？幸好还没被狗吃了！便抱回去给了跃金的妈妈，奶奶居然一口一口地把碎党养活了，养大了。碎党知道这事后，很恨他舅，成人之后也不理赵行行。昂昂也怨弟弟，不但只为碎党，若不是弟弟告密，汪跃金也找不到她，她还能在官村快乐地生活。她只说了弟弟一句："弟弟，你把姐姐给害了！”

回汪川不到半年，汪跃金去县城参加三级干部会，昂昂趁这机会就带上党余出逃了。没敢在甘谷火车站扒车，白天蹲在玉米地里，晚上赶路。走出去好几个站才在一个小站爬上货车，回到了官村。魏家人喜出望外，就是科科已不认得她，看她的目光也和碎党一样，令这做母亲的非常伤心。不幸的事不止于此，人们发现她已有了五个月的身孕。兆庆还心存侥幸，希望是自己的。可黄柳叶很明确，对昂昂就不如从前了。有时候兆庆看不过去，劝昂昂说：“我妈老指责你，你也可辩解一下，不要窝在心里，委屈出病来。”昂昂说：“老人都七十多岁了，还能活几年？往后这个家都是我娃的，我何必要去和老人顶嘴，让她更不喜欢我。”昂昂从汪川带来些家纺的毛线，织成毛袜子送给她走后给科科喂奶的妇女们，她们说兆庆已经回报过了，昂昂说这是她自己的一点儿心意。1964年2月，昂昂的女儿出生了，这孩子的面貌太像汪跃金，但兆庆并未嫌弃，给她取名魏凤女，还到村上给报了户口。满月当天，产妇可以出门了，昂昂跑到兆庆表妹（也是堂嫂）家，看见面案上晾着玉米搅团，就是玉米面打的糊糊，一口气吃了两碗，说一个月子就没吃饱过，把她饿坏了，和生科科时，天上地下之别。

日子表面上还平静，家人商量好，若是汪跃金再来，昂昂就躲藏到亲戚家去，可昂昂内心还是有压力。人们逗党余，他在外面玩儿得正高兴，只要喊一声：“汪跃金来了！”他就吓得立即窜入就近人家，躲到人家的后院，和惊弓的鸟儿一样。一次村里来了个算命的瞎子，说昂昂将来享不到科科一个钱的利，她觉得是个不祥的预言，兆庆再三给她宽慰也没能释怀。

汪跃金的确没有再来。不是兆庆想象的汪跃金放弃了，而是他知道将要施行的遣返政策。1964年5月，这政策就贯彻到杨陵的各村了，凡是甘肃逃荒来的，没有和原地丈夫离婚的妇女，一律遣返，躲藏逃避的也要追查。兆吉知道党的政策不容抗拒，劝说弟弟服从。5月6日就是限期，兆庆背了包袱，昂昂抱着三个月大的凤女，走向二十多里外的绛帐火车站——扶风县的遣送集中处。一路上昂昂闭口无言，嘴唇青紫。直到了遣送站，二人分别，再也没有开口，也没有流泪。兆庆预感到她活不长了。

8月，甘谷的麦收完毕，汪跃金来了，来要儿子。党余哭喊着蹲在地上不走，汪跃金硬把他拖出了村，不只兆庆，在场看到的人都流了泪。汪跃金把党余直拖到了邻村的村口大树下，拳打脚踢，火暴的本性宣泄无遗，把八岁的党余打得哭无声喊无力，软蔫蔫地随他走了。兆庆后来赶集路过那处时，那村的目击者把当时的情况告诉了兆庆，兆庆当即跌坐在那大树下，一个小时也没能起得来。

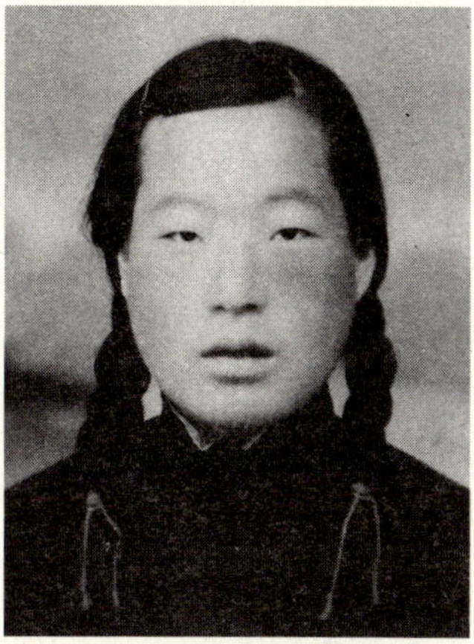

1965年，赵昂昂29岁病重留影

赵昂昂回到汪川就病了，没有食欲，可家里的事还不能少做，身体更弱下来，胃疼得起不了炕，只有党余放学回来爬到炕上，给他妈妈捶胸顿背。昂昂总会问党余："你想科科现在干什么呢？""没有你带他，他跟谁一块儿玩儿呢？""唉，不想科科了，科科有他爸、他伯，还有他婆，科科有人疼爱，我要是死了，谁还能疼你，你可怎么过呀？"每说到她会死，母子二人都紧抱痛哭。赵昂昂是1966年7月，农历五月十四辰时咽气的，可怜才29岁，花样的年华，应了算命人说的，没享科科一个钱的利。

她至死也不知道，科科的伯父在她离开后不到10天就死了，科科的奶奶和她同一天，同一时辰断的气。官村那扇曾出入过七个人的院门内，只剩下父子二人了。

4…………父与子

昂昂被遣送后，科科又没有妈妈了。两岁半的科科不单只会哭，还会问，会要。兆吉本已衰弱的心脏彻底崩溃了。兆庆看出兆吉病情严重，第二天就用小车把他拉到杨陵医院，医生一看一听，就直截了当地说已经不能治了，只能再拖个把星期。兆吉也有自知之明，早就对兆庆说过："哥的病不得好的，你就让哥早点儿殁了吧！否则给科科留下两个老人，娃也负担不了。"听了医生的判决，兆吉就催着回家，兆庆也没别的主意，回去的路上就给兆吉剃净了头发，这是关中人的风俗。关中的风俗还有一样，就是人到50岁，儿子就得将棺木、寿衣置办齐全。黄柳叶的早已准备妥当，而兆吉什么也没有。兆庆又请他那位复员军党弟，拿着兆吉的复员证去民政局申请。民政局的人埋怨有病为何不早求医，复员军人可以免费去陆军医院治病的。现在既已不治了，批了60元，作为补助。村里小孩子都叫兆吉"老八路"，他从不答应，民政局每年来探访复员军人，他得讯便躲到村北后坡，从不相见。现在接受民政局的补助，也是不让他知道的，兆庆是实在没办法才找民政局的，60元做棺材都不够，也来不及，只好把老母亲的用了。寿衣由家门的妇女赶制。医生说得很准，兆吉真的只活了七天，临终前大呼胸痛，叫兆庆拿刀给切开胸腔看看。死的那天是1964年5月14日，下葬是5月21日，田里麦已渐黄，开始收割了，送葬的人们都带镰，应了"人老麦黄"的谚语。

兆吉去世恰在麦收时节，没赶上分麦子，而埋丧用人，待客又费去许多粮食，还得赶快把已经77岁的黄柳叶的棺材造好。兆庆是值多难之秋，欠了农业社的粮和钱，所幸老母亲身体还好，能带孩子和做饭，保证兆庆能正常上工。时间是解忧的良药，渐渐冲淡了失去亲人的痛苦，科科天天成长，给长辈们一些安慰。可是，这样的日子也没能维持下来，仅仅两年之后，老奶奶就一病不起了。病的起始还是为了科科，科科和堂弟打架，这本是小孩们常有的事，可视孙子为宝中宝的老奶奶护着孙子，两老妯娌吵了一架，自此不能进食，只喝凉水，耗了40天，油干灯灭，终年79岁。兆庆日夜服侍，落了个孝子的美名。停灵七日，在出殡的前一天，兆庆看见家里帮忙办丧事的人们总在交头接耳，觉出有什么事情在瞒着他，他也没问，就直接判断：昂昂死了。在场的人们都大为诧异，以为是亡灵托梦了。报丧的信是赵行行寄的，他姐去世的时间竟和兆庆的母亲是同一天，同一时辰，真是蹊跷。四岁半的科科什么也不懂，起灵出殡时还闹着要往他爸爸脸上抹黄土。人们都辛酸落泪，兆庆的号啕引得妇女们也都大声哭起来。

黄柳叶病时对兆庆说：科科太淘气，你管不了，有合适的人家可以送掉。兆庆哪能舍得，坚决要自己带。黄柳叶再三嘱咐，对孩子要有耐心，实在不听话时，可以打两下屁股，千万不能把孩子关到后院，孩子受惊就会生病，甚至吓病而死的。现在光剩下父子二人了，兆庆只得成天带着这孩子。恰好西安拖拉机厂有个新产品，选中官村地面大，来这里做拉力测验，机手五六个人吃住都在官村，村里看到兆庆的实际困难，就派兆庆给机手们做三餐饭，不用到地里上工也挣了工分，做饭、带孩子都不耽误。科科也有了点儿用处，他能跑到机手们的住处喊他们来吃饭。拉力测验做了一个多月结束了，这期间，兆庆也摸到些管孩子的规律。他也像有些妇女一样，带着孩子去地里上工。有一回，科科走到地头就困了，兆庆把外面的上衣脱下，铺在地上，放科科在上面睡觉，自己和大家一块儿锄地。锄到半里地外的另一边地头，又和大家一块儿坐下休息，吸烟，聊天，兆庆忽然想起科科还在那头睡觉，赶快跑过去，还好，孩子还在，还没醒。他把孩子抱起来，回到这边，向领工的说他送孩子回家，不再来上工，也不用给他记工分。“为了工分，把娃让狼给叨走了，我还活什么劲儿？”自此，一切以孩子为主，孩子瞌睡，不上工；孩子不肯随他走，不上工；天气不好，不上工；孩子不舒服，更不上工。别人家碾玉米磨麦面都是晚上干，兆庆晚上得在家陪着科科，所以只能白天干。上工的时间比别人少很多，工分少，外加逐年扣除欠村里的粮和钱，生活一直困难。到底还是关中富庶之地，困难些也不至于吃不饱。每天中午兆庆要问科科，科科说要吃什么，兆庆就做什么。他还和别的单身汉一块儿研究，面怎样擀，火怎么烧，味怎样调，向妇女们学习酿醋，尽可能地让科科吃好。科科在爸爸的精心照料下慢慢长大，自己会和同伴们一起玩儿，不用老缠着大人，兆庆的工分也就多些了。

北方农村每天上工三次，间隔也就一个多小时，若是还自己现做饭吃，时间就很紧了。兆庆自尊心强，从不迟到。这一回，把饭做好，科科还没回来，出去喊了一圈儿也不见踪影，不由急而生气。陕西人吃面条很有讲究，面下到锅里，马上就捞出来，若是老煮着或者晾着，面条就软烂不好吃了，所以兆庆要等科科回来才能下面。科科终于回来了，看他那优哉游哉的样子，兆庆更加来火，拿起小笤帚把孩子打了一顿。孩子哇哇大哭，兆庆也号啕了一顿，最后还是父亲做检讨说：“科科吔，爸以后再也不打你了。别人家娃挨打还有个人来拉来劝，爸打你，连个拉的人都没有，你多可怜！”其实孩子并不懂得他爸爸伤心的缘故，不过确实再也没挨过打。

娇宠的孩子一般都淘气，科科打了别人家的孩子，大人若去兆庆处告状，兆庆就呛人家一句：“你看我一家还活着，是吧？”所以人家宁让自己孩子吃点儿亏，也不去告状惹不痛快。有一次，住隔壁的小堂妹蹲在门外吃饭，科科掏出小鸡尿了小堂妹一背，小堂妹哭着回去告诉她妈，她妈气不过，就要老公爹出面把侄子兆庆说一顿。老公爹说：“说了兆庆也不会打他娃的。以后别让娃在外面吃饭算了。”又一回，村里蓄饮用水的大水泥箱是得要定期冲洗的，几个人费半天劲儿才冲刷干净，科科就爬上去朝里尿了一泡，几人只好认倒霉，又冲刷一遍，也没敢去告状。科科的顽劣是全村有名的。1968年，村里的小学招一年级新学生，和科科同年的都报上了名，只有科科没报上，学校说他生日小，得明年才能上，也可能是嫌他不好管而不要他。这倒激起科科对上学的向往，第二年上学后，科科不但没捣乱，学习还挺用心，老师告诉兆庆，科科在学校很乖，脑子还很灵，是念书的材料。兆庆听了，无比欣慰。

到了1971年春天，兆庆和儿子做了一次正式的谈话："科儿吔，爸给咱们收拾个老婆儿吧？"

"咱不要老婆儿！"

"没有老婆儿，谁给咱俩缝衣服呢？"

"我四嫂不是年年都给咱缝衣裳吗？"

"你放了学，门不得开，你吃不到馍嘛！"

"我放学不吃馍！"

"唉！还是有个老婆儿好！"

"老婆儿没地方睡嘛！"科科看他爸爸坚持着，便改了口气，"真格要收拾老婆儿，就叫老婆儿睡到烧炕上好了。"

兆庆听见儿子松了口，马上同意。这也是儿子顺从父亲意愿的第一次。以前也有人给兆庆说过媒，兆庆总嫌人家有孩子，怕科科受气，受欺负，都没答应，这回说的老婆儿没有孩子，合乎他的要求，这老婆儿就是我！

第三章　不一般的婚姻

1 ………… “收拾”老婆儿的波折

汉语中，“收拾”一词是整顿、修理的意思，但在关中，却有另一种含义：“收”者，收留也；“拾”者，把地上没人要的东西捡起来也。具体到人，就是娶寡妇或“活人妻”（离婚的妇女），总之，就是娶一个身价不高的女人。河南的水灾，四川的镇反，甘肃的饥荒，流落到关中大量的妇女，正好填补上关中大旱时流落到山西去的妇女缺失。“收拾”这词，大概就是这样被创造出来的。

“兆庆要收拾老婆儿了！”在我去官村相亲之后，村人就都知道了。收拾外省女人，解放前到60年代都是司空见惯的事，多数人在官村生儿育女，繁衍了后代，也有少数短暂停留又离开了，没人太去关注。但兆庆要收拾的可不一般，是个反革命前科犯，还是个知识分子大学生，这就引起有阶级觉悟、政治头脑的干部们的警惕了。首先来做兆庆思想工作的是县里派来官村挂职的粮食局长路德宏同志。他说：“兆庆，你想收拾个人儿，这事本来没啥，可你为啥要收拾个知识分子呢？知识分子可怕得很，他们把头皮一搔，就是一个坏点子，你没文化，大字不识，你可斗不过她，你还是收拾个甘肃婆娘好些，才能过个好日子。再说，你好好儿一个老贫农，往家里招个反革命，你娃还碎，将来他当不了兵，招不上工，还得和你生气。听说，那人还信啥啥教？来了再和她那一教的联系上，连你也得倒霉，要是把你也连害进去了，你娃还没人管了。”讲了个把小时，苦口婆心，面面俱到，利害分明。兆庆只是听着，没有表态，心里的主意笃定：第一，这人没有娃，还不要我出钱，机会难得；第二，俗话说，凤凰落架不如鸡，是她自愿走进我家的，她把头皮再搔，还能在我的家里、我的村里欺负我？我也不是个傻人，她当她的知识分子，我当我的文盲，我不怕她；第三，官村附近没有她那个教，也问过，她早就不信那个教了，反革命也摘了帽子了。我只一个娃，既不当兵，也不出去当工人，我不顾虑。不过，村干部的办法就是不给开介绍信，没有村的介绍信，就办不到准迁证，这人你就收拾不了。

兆庆到村办公室去了好几次，不是人不在，就是图章不在。快到麦收时节了，若再开不到准迁证，这一年的口粮就成了问题，这一次又推托说会计带着图章到杨陵公社开会去了。兆庆不敢再拖，回去把科科的午饭托付好，急忙跑了15里路，到公社一问，根本没有开什么会，官村的会计也没有来。兆庆恍然大悟，村干部是在故意刁难他，耍弄他。他走到火车站前的小广场，蹲下来仔细地思考：六七年前，村里搞“四清”运动，他揭露了他们小队里队长一伙人偷走集体的棉花和粮食，小队长因此下台，大队长和小队长是否有利害关系，现在借这件事报复？他应该如何办？越想越复杂，也不知低着头蹲了多久，忽然听见有人喊他，抬头一看，是他姨妈的干儿子，叫马生方。

马生方就住在他姨妈家隔壁，对干妈特别好，经常过来，虽然比兆庆小了10岁，但二人很熟悉，关系不错。马生方知道兆庆有小孩绊扯是很少出门的，这老姨兄蹲在那里，一定有事。一问果然，马生方爽快地说：“别的事我不一定能帮上，这件事或许能行，县里公检法的头头儿也姓马，我们很熟悉。”马生方在县里运输公司开大卡车，今天他要去宝鸡出差，所以昨晚就回到杨陵家中，这时正准备西行，来到火车站。他马上去退了买好的票，又买了两张去普集的，拉上兆庆上火车去了县公检法，嘱咐兆庆先在门外等他。兆庆揣着忐忑的心蹲在门口墙下，门里出来一个人，很严肃地说：“你这老乡，这里是公检法，要紧的地方，你赶快走开！”兆庆只好挪得远些。过了一会，马生方出来，找到了兆庆，带他进了办公室。公检法的马书记叫人给兆庆倒茶，方才撵兆庆的那个严肃的人满脸赔笑地送来了茶水，还连声向兆庆道歉，兆庆也起身还礼。马生方已经把事情和马书记说妥了，马书记见了兆庆只简单地问了下情况，特别强调不可和教会的人来往，还说了以后儿子不能当兵的影响。马生方急着代言说：“只要我老哥有个人能过几天舒缓日子，不用管碎屁娃的事。”兆庆也赶紧表示赞同。马书记说：“那就好了，我马上给开准迁证。”兆庆说：“正好县里有邮局，我马上就拿去寄。”马书记说：“不用你寄，我们直接寄到新乐县的公检法。你也不用再来了，在家候着，那边的户口就寄来了。”兆庆喜出望外，千恩万谢地告辞出来，路过传达室，也和那个吓唬农民的人打了招呼，为没请马生方吃饭，挺过意不去。

只过了十来天，大队通知兆庆，户口已经寄来了。兆庆特别得意，因为大队那些刁难他的人，至死也不会明白这是怎么搞得。

2 …………登记——第二轮谈判

我离开新乐县，行李都托运到杨陵去了，随身只带个小挎包，可谓身轻，但心情沉重。过郑州，在刘娘处住了一星期，给她搞卫生，晒箱子，打扫厕所，帮了她儿媳的忙，没让她讨厌。下火车还是先到我哥哥处，正值麦收大忙，所谓“龙口夺粮”，不好请假。三生已调到杨陵分场，哥哥就托来往的交通员带信给他，说好了日期，让他通知兆庆到分场汇合，去公社登记领证。

走的前一晚，都9点多了，哥哥他们还在麦场上干活儿，我一个人在房里坐得心烦，便到麦场去看看。路过一片小树林，看见两只狗在交配，想到明天晚上我也就得像那只母狗一样，让公狗爬跨，从心底升起一种厌恶，还掺杂些愤懑和憎恨。扭过头急忙跑到了麦场，也无心看人们碾麦、扬场，绕了一圈儿，避过那片小树林回去了。整晚都被懊恼的情绪缠搅着。第二天清早，哥哥送我过河到杨陵分场，见到三生，他就赶紧回去了。兆庆也来得及时，没有耽搁三生上班。

我跟着兆庆到了公社办公室，是个小伙子管登记，简单地询问后，要去了我的离婚判决书，仔细看过后，又把我从头到脚地看了几个来回，特别核实我是大学毕业，自愿和这文盲农民结婚的。得到肯定后，就把我的离婚判决书刷上糨糊，贴到结婚登记证的存根上了。我真后悔没有事先抄录一份，给自己留个纪念。领了结婚证出来，我还跟在兆庆身后，只见他把脑袋刮得锃亮，也没戴上次见他时当地农民老汉都戴的那种瓜皮小黑帽子，裤子后面还吊着一块儿花布，走路还有点儿颠脚。我想这种滑稽打扮可能是娶“活人妻”不吉利，需要辟邪之故。走到火车站前，那里有卖菜的，他说买几个西红柿，娃爱吃，说着就把身后的花布忽地扯下来，原来是个花布小提兜。买了菜，我就跟他往塬上走，走到半坡，他说停下歇歇，于是二人坐在地上，进行了第二轮谈判。兆庆先说：“咱们辈分大，这里的风俗，孙子辈的可以对爷奶辈的开玩笑。他们说什么，你不要生气。”

“河北省农村也一样，我不生气。不过你娶老婆和你娃说了吗，他愿意不？”

“娃还碎，不懂个啥，他若是不叫你，你也不要生气。”

“忽然家里就多了个后妈，娃自然不习惯，时间长了就好了。以后咱们在一起生活，还会有好多的不习惯，我希望各人还保留各人的生活方式，不用要求和自己一样。譬如你蹲着吃饭，我就得坐着吃饭，我用不着你坐着吃，你也别叫我跟你一样蹲着吃。”

“那是当然，你是知识分子，我是农民大老粗，就不能一样嘛！可是古人说：入乡随俗，种庄稼还讲个因地制宜，咱们也就不能弄得太特殊，总得让大家都看得惯，对吧？”

“对的，在群众中自然要和大家一样，我是说在家里，为些生活小事，不要强求对方听从自己。”

“行！只要条件许可，你看怎样好就怎样办，我没意见。”

就这样，我们订了个“互不侵犯主权，互不干涉内政”的和平共处条约。

回到官村，麦子虽已割完，麦场的劳动还很紧张，人们都疲乏，没有人来“闹房”、开玩笑。后来大家熟悉了，他们说当时对知识分子有些顾虑，若是知道我这么爱说爱笑，早就来闹个大开心了。

头一夜，因为天热，兆庆把炕席揭来铺在院子中央，虽然有院墙，但被雨水冲了个大豁口，不用走门也能进来，所以我们三人躺在院中，还是穿着整齐。后半夜，兆庆把我摇醒，被我拒绝，他问是否嫌脏，我马上想到毛主席说的，知识分子才最脏，赶快否认，只说等过些日子，互相熟悉了再应承他。他也没强求，我松了一口气，没有当那母狗。第二天我就上工了，在晒场上边劳动边和大家交谈，还挺高兴的。回到家里，惆怅和忧伤就袭上心头，我不是不习惯农村生活，而是极不习惯给一个生人当老婆。满心还想着吴一江，还不敢流泪，只有在灶下烧火时，借着烟熏，让泪水流个畅快。一个星期后，哥哥来看我，虽然没说什么，我心里得到很大的安慰，可感激他来的这一趟了。

❸…………农妇的生活和老头子

我和兆庆一起过日子，自然要互相说话，他要对我说话，就先“哇”一声，再说句“我跟你说话呢！”这么个程序。我若对他说话，不能呼他兆庆，因为“兆庆”只有长辈或比他年长的人才能称呼，又不好称他为老魏，因为这村人都是“老魏”，于是想了个称呼，叫他“老头子”。

我初去时，都是老头子做饭，不久这就成为我的任务了。关中农家，早上都吃玉米渣煮的稀饭，称糁糁饭，还有馒头称馍。中午是面条，塬上缺水，不好种菜，就是白水煮白面。用个长柄铁勺伸到锅下面，热一点点油，撒几个葱花，叫作“下锅菜”。调味用醋或者“浆水”，就是头一天经过发酵的酸面汤。晚饭称作“喝汤”，一般就把中午剩的面条热一下，若没有剩面，就煮点儿白面糨糊，称作“糊涂”。馍是经常必备的。我在二监狱时就学会了擀面。煮糁糁饭的要点就是水开后才能下锅，还得放点儿碱面儿或苏打粉。蒸馍用的是自制的酵母，不用放碱，面发起来得摊开晾凉之后才能揉做成团，都用不着多高的技术。只是老头子嫌我烧的火不好，他要求面条下锅里，几秒钟就得起来，说煮时间长了，就没咬劲儿，不好吃了。所以我等他把面扔到锅里就急忙让位，老头子自己来烧。来了客人，要吃“汤汤面”或者“凉皮子”，平时也有人家吃玉米面的“搅团”，和用漏盆漏出来的“鱼鱼”，这都费事，我都不学，不会。

我还管洗衣服。村边有个池塘，当地称“涝池”，是下雨积成的，倒也不脏。饲养室饮牲畜，小孩们游泳，妇女们洗衣服都在这里。我也去过，走到池边就滑了个坐墩儿，沾一屁股泥。回去换了又滑一坐墩儿，再不敢去了，怕没裤子换了。听老头子的指点，攒多些衣服，用背篓背到村北大坡下的后河去洗，下去时轻松，心想回来时，背上一篓湿衣服，爬这一里来的大坡，可不是件好事。没料到，洗一件，晾在河边的小灌木上，再洗一件，先洗的就快干了，都洗完毕，坐在河滩上，看看蓝天，听听鸟叫，休息好了，衣服也干了。下河洗衣成了挺惬意的事。

做饭洗衣之外，我还得尽为人妻的义务。院中露宿的日子结束后，我就睡到小烧炕上。老头子的炕很窄，我也不愿挨着他睡。他那房子是三间，东边是他们的炕，中间是擀面的大案和水缸，西边是锅灶和小烧炕。锅灶的烟气是通过小烧炕排到院子里的，所以小炕总是热温温，用来发面，不是睡人的。我自嘲一日三热，地里劳动一晒，回来烧锅一烤，晚上睡觉一烘。所幸黄土高原上昼夜温差大，我们人少，烧锅的时间短，睡烧炕不算太热。老头子打光棍儿已10年，年岁也临半百，对性的欲求淡漠，很少到烧炕上来骚扰。我们真是做到互不侵犯，和平共处。

农业社清早天不亮就响起了大喇叭，唱秦腔戏，催人们上工。早饭在9点多，午饭在1点多，中间休息时间都是一个来小时，晚饭时天都黑定了。饭后还得去记工分，多数时间，接着得开会，名曰学习，其实是集体打盹儿。只有下雨天，社员们才能好好休息，可惜西北地区雨水不多。老头子是外向性格，虽然交谈时间少，慢慢地，我也知道了他的家庭他的经历，提起赵昂昂，他还泪眼汪汪的。分离已经10年，还能动情地怀念亡妻，我相信他是个具有善心的人。我们由生疏渐渐熟悉，但绝对没有爱情。我依然想念着吴一江，甚至冒出找个什么理由离开老头子的想法。

9月的一天，是吴一江刑满的日子，我曾望眼欲穿地期盼着的日子，现在日期是到了，却已“今非昨，人成各”。我心里难过，借口缝棉衣没去上工。科科早上用筛子扣住一只小麻雀，用细绳子拴住腿，绑在窗棂上，要我替他看着，不要跑掉，我答应了。一个人在家里，被感情折磨着，手拿着针线，低头发呆。不觉光线渐暗，抬头看见窗台上的麻雀，一只变成了两只，自由的那只依偎在被拴的伴侣身旁，就像一记重锤，捶在我心上，呼吸都停止了。若不是答应过小孩，不能失信，我马上就要去剪开小麻雀的桎梏。这又令我想起吴富融的无情无义，大仲马说过："心灵的创伤是不会愈合的，只能被掩盖。一旦揭开，它仍是鲜血淋漓地在心头。"我的心在淌血，无人可诉，还得掩泪装欢。两个月后，我去马场看我哥哥，无意间看到吴一江的来信，原来我哥哥收到他询问的信后，告诉他我已另嫁，他回信中写道："世界上只有像我这样的笨蛋，才会被人愚弄，上当受骗，她还不知道骗过多少人了。"就如同一盆冷水，噗的一下，把我爱情的火焰浇成一片死灰，豁然明了。这吴一江也和别的男人没什么两样，没如已愿，就能恶言相向，我若成了他生活上的包袱，他肯定也会和吴富融一样，踢我一脚，我当初的决定还是对的。我从爱情的苦痛中解脱出来，不再思念他了，就同这个有善心的老头子和平共处算了。

农村中，人与人之间发生矛盾，要找个人来"说话"，就是调解、评理。说媒、娶亲也得有人在中间谈条件，死了人发丧，得有人分派劳力，计划磨多少麦子，买多少菜，等等。老头子年轻时当过村里的调解委员，后来不设这个职位了，就由当事人自己聘请。老头子经常被人请去"说话"。农民时间观念不强，一说就是大半夜，矛盾的双方还会单独来向说话人陈述自己的观点，所以家里常有人往来。好在我独睡烧炕，不用听他们的熬眼夜谈，偏安一隅。老头子每给人家说一次话，都要回来吹嘘一番，说他如何公正，多有说服力，别人都佩服他，等等。他在村里的绰号叫"本事"，我相信他懂得农村里的人情世故，但这般毫不含蓄地自吹自擂，还是少见。有一次我说他只不过是嘴上的本事，他大不服气，说植物研究所每次向大队要工，都指名要他，只有他才能犁出合乎要求的地来，还说不信的话，可以去问。我有一次想让他谦虚点儿，说：“你一个大字不识，算不得多有本事。”他反说幸亏不认得字，否则当了保长之类的官，解放时就被枪毙了。我说：“那起码也得认识男女两个字，否则上错了厕所，人家还以为你是老流氓了。”他把鼻子一哼说：“我还不上那公共厕所，我嫌那里又脏又臭！”我说：“街道上不比你那农村，随地便溺要挨罚的。”他说：“你还以为我真不认识啊！那女字就是这样！”说着把两只胳膊一交叉。

除了自我感觉特好之外，他的男尊女卑封建意识也很严重。有一次下雨，他白日觉睡够了，觉得背上痒，要我替他抓挠。抓完后，我要他也给我抓抓，他说：“哪有男人给婆娘搔痒的?!”出去了一会儿，拿回一个玉米芯子，递给我说：“拿这个蹭蹭吧！”自此，我在他的炕上经常放一个玉米芯，自己蹭去，以示我不屈从封建的一套。有时我也和他吵嘴。有一次嚷嚷完，我就出了大门，看见好几个妇女在聊天说笑，我也参加进去。隔壁的弟媳见状，疑惑地问我：“我刚才听见你和二哥吵嘴了，是吗？”我说：“是呀！”她说：“你真行，要是我，就得气上半天。”我说：“我根本就不生气，我就是吓唬吓唬他，打击打击他那封建思想。”把大伙都逗笑了。

老头子和关中的老农一样，吸旱烟，喝浓茶，买回来熏好的整片烟叶子，揉搓成末，按进烟袋锅里，吸一锅，磕一次，磕得地上满是烟灰。吸完烟还得咳嗽，吐痰。我给他用一个搪瓷茶缸当痰盂，改善点儿卫生环境。茶不是泡的，而是放小铁罐里煮的，煮得酽苦不堪，说是除提神外，还能治泻肚，治感冒。我勉强喝过一点儿，感冒还真治好了。那时没有小电炉，熬茶都用麦草，熏得房子漆黑，因为事先有“互不干涉”的条约，我只好听之任之。

4…………基本建设

老头子家的庄基不算宽，但很长，只有一幢上房，没有偏厦，就是没厢房。赵昂昂在时，兆庆兄弟俩计划盖上一间，只打了墙，没钱买木料和瓦，便搁置下来。及后，只剩下了父子二人，偏厦也不用盖了。农业社用土积肥，挖去了一堵，剩下一堵，兀突突地立在院子里。我来后，睡小烧炕上，我哥哥来时，就睡到别人家。毛主席说，牛鬼蛇神三五年就会跳出来一次，意味着三五年就得搞一次运动。若是再来个“文化大革命”这样的，在城市就不如在农村安静了。届时我妈妈若来住，或者来看看我们，就必须再盖两间偏厦。

我来之前不久，老头子向村里贷了10元钱，买了一头十来斤重的小猪，他知道没有猪的工分就吃亏不少，所以贷款也得买来。可是他家没有猪圈，下雨天，那小猪在高高的房檐下淋得无处可卧，贴着墙根站着，一阵阵地打哆嗦，别说指望它长大卖钱，连保命都成问题。我看它可怜，把它抓到灶下，让它钻进柴草堆里才不抖了。在后院盖个猪窝，打个猪圈也是急需的。

入冬后，大队伐了村里自种的许多白杨树，可以作椽子用。妈妈一下子就寄来了1000元，买了200元的树，又到集上买了能做房梁和门窗的大木料，请人在取土地里打了够用的土坯，晒干了还得运回来，请木匠盖房，做门和窗。几十年的老上房由生产队出工，把墙换成新的，老墙和炕都是上好的肥土。盖个房子，大小事情，又烦琐又复杂，都是老头子一个人仔细考虑，细心安排的。1972年的春节之后我家就大兴土木，连拆带盖，人多力量大，不到10天，居然完工了。大房被熏黑的墙都换了新的，还开了两个后玻璃窗，房子显得又亮又大了。偏厦两间，北边一间当厨房，南边一间盘了炕，住人。上房中间是到后院去的通道，东西两边都是卧室，整个房上面都做了苇箔和泥抹成的二层楼，可利用的面积增加了一倍，粮食和不随手用的东西都放到楼上。后院也有了猪圈和一个很大的猪窝。前面临街的那个有大豁口的院墙也拆了，盖成一条柴房子。单扇的大门移到偏厦当了房门，另做了两扇对开的，能走小车的大门，漆得黑亮，穷院子马上就连升了三级。完工之后，老头子一下放松了，躺在炕上休息了三天，这次自吹自擂更有了新资本。其实，他有生以来从未盖过房子，也真亏他费了脑子，安排得不窝工、不乱套，诸事顺利，确是个聪明而有本事的人。

老头子的家具、厨具都破旧，水瓮是铁丝拧着的，和面的盆也是铁丝拧着的，木头锅盖得小心揭起，不然就散成木板了。风匣漏风，得添粘鸡毛，只有大铁锅和大面案是完好的。八仙桌面中央，烧煳了一大块。唯一的高板凳倒是很结实，就是特重，那是自家的老槐树砍伐了，二外甥拉回去还给老头子的。妈妈寄来的钱还剩下一些，老头子到武功大庙会上买了一个有好多抽屉的立柜，花了100元。又在本大队的木匠房定做了一张两屉书桌，两张靠背椅和吃饭用的小桌子、小板凳。妈妈在南京的旧货市场买了一个小碗橱，客运寄来，又买了一台蝴蝶牌的新缝纫机，也客运寄来，特别还寄来了装电灯用的一应物器。新房子，新家具，新装了电灯，大放光明，村人都说兆庆把财神老婆收拾到家里了，就是有本事！

夏天又搞了项基本建设，就是掏蓄水的窖，为的是雨水不会存留在院子里，弄得烂泥粘鞋。前院的窖是请一个小个子年轻人掏的，窖顶还弄上土，看不出来。后院的窖是我和科科两人掏的，严格地说，只能算是个深坑。这回下多大的雨都没关系了。

新厨房没有小烧炕，我睡到偏厦的南间，宽敞多了。偏厦建在院子东边。西墙边是一行树，已长了多年，上面有鸟窝，一种叫“铁连加”的候鸟每年都来下蛋，孵小鸟。它每夜会定时地嘎唧嘎唧大叫三遍，我家的鸡晚上不是卧在鸡窝，而是高高栖在房檐下的架子上，那大公鸡每夜也定时喔喔大叫三遍。我再疲乏也会被这合唱齐鸣吵醒，好在我马上又睡着了。

我初到老头子家时，他家没鸡，鸡都让黄鼠狼咬死了。我去后才有钱买了四只母鸡和一只公鸡，于是能吃上鸡蛋了。有了盛柴草的房子后，又基本建设，买了一只奶山羊养在草房子里，早餐一人能喝上一碗羊奶，下午挤的奶卖给前来收奶的人，还能换点儿零用钱。家务劳动自然就多了，老头子管喂猪、喂羊、挤奶、喂鸡，科科放学后也不能发呆望天了，他得去弄些羊吃的树叶和青草，我则承包了打糠的任务，就是把玉米秆拉到粉碎机房，打成碎末，以便和上玉米粉、麸皮等，作为猪、羊的饲料。三个人营养改善了，身体也壮实了，饭量也很大。我一早上能吃五大碗玉米糊糊粥，中午要擀一大块儿面，邻居来看见，说比他家六七个人吃得还多。马场隔三岔五地给职工们发些面粉，哥哥都给了我，衣食无忧，在村里也够上小康人家了。

5…………孩子和后妈

科科是1961年末生的，我到他家时还不满10岁，上小学二年级。村里的妇女们哄他，说："你妈从甘肃回来了，这胖老婆就是你妈！"他把嘴一撇说："不是的，我妈的个子比她高！"老头子从来不跟儿子提他妈，认为这样才能保护小孩儿的心灵不受伤害。殊不知，孩子早就从伙伴们的口中知道，他妈走了，他妈死了，还知道他妈个子高，力气大，就是不知道他妈长得什么样子，因为大伙伴们形容不了，小伙伴们也不知道。我来后，自睡小烧炕，没有影响他捏着他爸爸奶头睡觉的习惯。这习惯怪可笑，但我没有干涉。他内向，话不多，每天上学，回来做作业，用不着我管他，所以我俩也能和平共处。只是他对我没有任何称呼，有时也学他爸爸，跟我说话前"哇"一声，我若不理他，他就拽拽我的衣服。人多的场合，譬如到我上工的地方找我，他知道"哇"或者拽大人衣服都会被人认为不懂礼貌，便站到面前，等我开口问他有什么事，不称呼。老头子一开始就跟我打过招呼了，我并不介意。

基本建设搞完后的1973年，妈妈计划到陕西来看我们，届时若孩子还不称呼我，必定不会喜欢，还得批评我。有一天晚上，我们坐在炕上听老头子又讲他那过五关斩六将，讲渴了，要我给他倒碗水，我给倒来了，科科说他也要。我看是个机会，便说："你得称呼一下，我就给你倒。"科科说："我不知道把你叫啥嘛！"我看看老头子，他竟瞪着两眼向上看天花板。我不由就生气说："我叫许燕吉！"科科"哇"一声就哭了起来，我扭头回我自己炕上去了，这事全在老头子身上。

夏收后，早玉米即将成熟，村子照例要在地头建个瞭望台，上面用席子做成一个小屋，像南方的小船篷，称作庵子，派人在那里昼夜看守，一防人偷，二防鸟啄。老头子领了村北庵子的任务，这工分不费体力，但费时间，还得有人替换吃饭。那是个星期六，老头子要赶集买旱烟，我替他看玉米，科科中午下课来替我，我好回去做饭。科科很乐意到庵子上，那里有鞭炮，看见鸟来，就可以点一响。我走出好远，听见科科在大喊："喂！喂！"我还以为他发现狼了，他见我回了头，就喊道："早点儿来替我，下午我还要上课呢！"我把饭做好，老头子就回来了，我当即冲他发了一通火。老头子说："我跑了10里路，热旺旺地，你就给我当头一盆冷水！"我说："你才跑了10里，我妈跑1000里来，听你娃把我叫'喂'，不更是一大盆冷水吗？"老头子不出声儿了，过了一会儿说："下午我来说娃。"我说："这就对了，叫妈开不了口，叫姨也行，就是不能叫喂。"老头子说："就叫妈，叫别的都不对，别人听了也不好。"晚饭后，科科开了口说："妈，我去黎张（村）看电影。"我问过和谁一块儿去，嘱咐还一块儿回来，他一蹦一跳地走了。我来以前，老头子是不让他到外村看电影的，我说服了老头子才开了禁。第二天早上科科说："我要吃馍！"我问："该怎么说话？"他蔫蔫地说："妈妈，我要吃馍。"就此，他会称呼人了。我问老头子怎么做的思想工作，他说，先问你妈来了好不好，后问对你好不好，都得到肯定答复后，"那你往后再不要张口就说话，得喊声妈，知道吗？""知道了。"就这么简单。这老头子舍不得让宝贝儿子受一点点委屈，哪怕应有的教育都可以放弃。

除了让孩子看电影，我还带他去杨陵镇上。他没看见过梨，以为有个把子的都是冰棍，我就买来给他开开洋荤。还陪他坐在铁路边看火车，他认为客车上的人能来回走动，还能吸烟，是不可思议的事，看过去一列还要等着再看一列。其实村里的孩子并不都像科科一样地孤陋寡闻，只是老头子很少出门，即便出门也不带他，所以我有机会便带他出去。我带他去马场，过渭河，他认得了船和河滩，还有河滩上的小螃蟹。他在我哥哥处第一次吃了土豆、橘子、香蕉，在马场旁边的部队，第一次看歌舞节目。我妈妈来后，我们还带他去了西安，那更是目不暇接、眼花缭乱了。

科科上学后，一改幼时的顽劣，守规矩，也听话，做作业也认真。没有电灯前，他将家里唯一的那盏墨水瓶做的煤油灯放在炕上，自己跪着，撅着屁股趴着写，我看着都费劲儿，劝他明天再写，他都不答应。他学习好，又不打架，老师派他当班长。

1971年秋，哥嫂、我和科科在杨陵镇

有一天中午，他拉长了脸回来，坐下就哭。老头子赶紧问："咋啦？""同学骂我了。""谁咧？"科科说是谁谁的儿子。老头子生气地说："你就打他呀！我不信你打不过，打不过还有我呢。"科科哭得更伤心了。这时正好来了一个他们班的孩子，一问，原来是老师上半堂课有事走了，吩咐自习，给科科一张纸，叫把捣乱的同学记名字，回来交给他。科科得令，把差不多的男生名字都记下了。那挑头玩闹的同学抢过了科科的告状纸，给大家一念，于是群起而骂之。原来这么回事儿，我说："毛主席说要团结95%，你倒打击了95%，怪不得都反对你了，以后得讲究点儿策略。"科科听了，擦擦泪水和同学玩儿去了。

春天，家里买了十几只毛茸茸的小鸡，我和老头子上工去，科科那天下午没课在家，我嘱咐他看着小鸡，别让跑出大门。等下工回来，小鸡一只也没有了。科科说他一直在门口做作业，小鸡没有出去，没准儿是野猫跳进院子给吃了。我勘查一番，没有血迹，正疑惑间，东院的弟媳送来了几只，西院的弟媳也送来了几只，都说是在门外捉到的。再问来玩儿的同学，说他们在村外玩儿了半下午。失鸡事小，说谎事大，宣布要罚打三板手心。只打了两板，因为科科大声号哭，保证不再说谎，就饶了一板。老头子可心痛了，大喊："我不得活了！"我没理他。科科也没因老头子的袒护而食言，后来就没再说过谎。

科科还犯过一次错误。夏天有个晚上，老头子叫科科拿上我俩的记工本去记工，人多一时记不上，他就在记工房的院子里躺下睡着了，忽然一阵大雨把他淋醒，昏头昏脑地跑了回来，把记工的事忘了个干净，记工本也不知所踪了。雨停后，我们提着马灯去找也没找到。清早又去找，还是不见。这下可麻烦了，因为我俩半年的工都记在上面，队里没有存底，丢了本子就说不清了。老头子赶快向队长报告，队长说研究研究再说。老头子窝了一肚子火，中午破天荒地说要把科科打一顿。我不赞成，首先，记工分原本是我们的事，不是科科的任务；其次，还没睡醒就慌着躲雨，丢了本子，情有可原，批评即可，用不着动武。没想到记工本被大雨冲到大壕坑里去了，别人捡到给送了回来。沾了些泥水痕迹，字还能辨认。科科没挨打，但也得了教训。

我到官村前，小孩们都知道科科晚上不许出门，也不来找他。我来后开了禁，他晚饭后出去和同伴们玩儿得满头大汗，困乏极了才回来，睡得太实就尿在炕上，把被子尿得一圈圈，好像画地图。我告诉他说："你总画地图，将来娶媳妇都成问题，晚上少喝点儿稀的，不要玩儿得太累，就不尿炕了。"开始还很灵验，日子长了就又忘了。老头子说是一种病，得吃药。我认为是习惯，得给他建立个条件反射。这天晚上，我拿了他奶奶的大厚木尺，趁他上炕要睡，我让他趴着，在他屁股上使劲儿打了一板子，打痛了，他呜呜地哭了一会儿就睡着了。我还疑惑是否刺激不深，建立不起反射，不想一次就见效。他自己还说："怪了，朝屁股上来一板子，噔地就好了。"

科科上到四年级，写作文就是抄报纸，我担心他像坚固村房东的儿子一样，高中毕业连个信都写不清楚，光会点儿政治语言。我就给他出个题，写写自己身边经历的事。他拿着笔，问我："开头怎么写？"我告诉了他，过一会儿，他又问："中间怎么写？"我又告诉他。最后还是我告诉他怎样结尾。我说："你这不叫作文，成了听写，下不为例。"第二个星期日，我又出了一题，不跟他说，让自己思考。他拿着纸笔，坐在桌前，豆大的泪珠"吧嗒吧嗒"地掉在纸上。老头子回来看见，大声问："怎咧？"我说："这是做作文。"老头子声儿更大了："不做！"流泪归流泪，作文还是憋出来了。过了几天，科科的老师还专为此事找了我，他说："你给娃加点儿作业是有好处，就是出的题目太没有阶级性。"原来我出了个"我的爸爸"的题，他说应该是"我的老贫农爸爸"才合乎形势。强调老贫农，岂不是又要抄报纸讲套话了吗？学生哭鼻子，家长发脾气，老师还找毛病，我这不讨好的家庭教师最后选择了放弃。我妈妈来过以后，我就鼓励科科给婆婆写信，说说家里的事或者去舅舅马场的见闻。我妈来信说科科写的信比我哥哥写得还仔细、还好。科科师范毕业时，他的语文是同年级五个班的第一名，不知道与当初提笔落泪有没有关系。

6…………姓名消失的好处

到了官村，我的姓名基本上就下岗了，由于老头子行二，辈分又高，我不是二嫂、二姨就是二妈、二婆，我很不习惯，往往被叫了好几声儿，也没意识到是叫我，可是叫我名字，我马上就能反应。和妇女们在地里干活儿，她们常以此为实验，开心大笑。

有一次中午，我一个人在家，生产队长在大门外喊科科，喊了好几声儿。老头子回来后，我赶快对他说："科科大概犯了什么错误了，队长方才来喊他，我都没敢出去问，你赶快去看看吧！"老头子"嘿"了一声说："那不是找科科，是在喊你！""啊？"我竟成了科科，真不可思议。后来明白，辈分低而年纪大的，或者辈分高而年纪轻的，往往就以"科科"来喊我们。回想我小时在香港，人们称呼都是"先生""太太"，没有辈分。回到内地，就称"伯父""叔父""娘娘""姨姨"。在河北新乐县，称呼长辈还带上名字，比如喜芝婶子、玉亭叔，有专用性。到了这关中，都成数字化了。我想，这也和封建思想的程度相关。这里人还绝对不称岳父母为爸妈，而只称叔、姨，只有死了哭灵时才用"爸妈"二字。

有几回，五六岁的小孩儿来问："我爷呢？"我不假思索就回答："上工去了嘛！"心里在想，是不是他家大人找老头子有什么事。小孩子说："我不是问那个爷。""那还有什么爷？""我问科科。"令人啼笑皆非。以后来了小孩儿，我还得先断定他的辈分，麻烦极了。又一回，本家的一个大小伙，称老头子为爷的，来我家起粪土，推着个独轮小车，正好邻家两个小侄子在门外光着屁股玩儿泥，那小伙用脚使劲儿把两个小孩儿拨到一边儿，嘴上还说："老人家，别挡路！"更可笑了。老头子说："年龄归年龄，辈分归辈分，一点儿不能马虎。"他还说："官村人都姓魏，是一个家族，所以好领导，要不公家搞什么点都选中官村呢！封建有什么不好？你嫁到我家，凭着我，别人就不敢欺负你，若没有我，狗拉的屎都说是你拉的，你信不信？"这点我还真信，我在官村比在坚固村强多了，有件事可说明。

1972年麦收前，本村的赤脚医生找到我，让我把自己的历史，特别是犯罪的经过，写份材料给队上，被我当即拒绝，告诉他，我的档案在公安局或法院，要了解自可去查。麦收期间，来了两个驻村的公社干部，半夜派人来传我，我正疲乏而睡得深沉，无奈地到了大队办公室。当时，农民给驻村的干部编了一段："早上睡觉哩，上午看报哩，吃了闲转哩，见人寻事儿（找碴儿）哩，晚上害人（开会）哩！"我正没好气，心想你们"寻事儿，害人"冲我来了，我现在姓"二"不姓"犯"了，用不着怕你们。这俩干部，一个唱红脸，一个唱白脸，唱白脸的先说："听说叫你写材料，你不肯写？你不要忘记自己的身份！"我应对："我离开监狱时，公安干部就交代过，到了社会上不能对无关的人说自己的案情，我正是没忘记自己的身份，所以才没答应写。"

"你生活在这村里，党支部怎么是无关的人？"

"叫我写材料的是个医生，他是不是个党员我都不知道，我就能听他的吗？"

"哦，你还不知道他入了党，这么说，你对党员还是信任的啰！"

"那当然！"

这时唱红脸的开口说话："你来官村后表现得还不错，但你不要单只是上工，也可以给村里多做些事嘛！毕竟你受过高等教育，是个大学生嘛！"

"队上派我干什么我就干什么，不知你说的多做些事指的是什么。"

"队上养了这么多牲畜，你也可以去看看，提些有益的建议。"

"饲养室是村里重要的地方，绝对不是我随便就去的，我没忘记身份，有自知之明。"

白脸也没什么可说的，红脸看话不投机，对付了半个来小时，寻事儿、害人就算完毕。我最终也没答应写什么材料，算是恃"二"无恐。

7…………走亲戚

陕西关中的风俗，除了春节要走亲戚，麦收前后还有一次。麦收之前，女儿回娘家叫"看忙口"，麦收之后，娘家人去看女儿，叫"看忙毕"。我认为是互通一下收成情况，也就是经济情况。老头子穷，又带着孩子，行动不便，和亲戚们走动得少。我到官村不久，就想走动一下，也有亮相的意思。走亲戚一般都要带上礼馍，就是最白的麦子面，三两做一个的大白馍头。我不会做，就买上点儿饼干、点心之类的也行。

头一回去的是老头子的姨妈家，跟着他表妹去的，我来官村相亲时就住她家，早已熟悉。姨妈八十多岁了，和大儿子一起生活，重孙子一大伙，小孩们是来要饼干、点心吃，媳妇、孙子媳妇们则是为满足自己的好奇心，把老姨妈的房间站得满满的。姨妈家在杨陵火车站南面，从官村走来有近20里路，到了中午已是饥肠辘辘，端来的面条真是稀汤挂水，比河北省的面汤还稀，一筷子就能夹干净，还没馒头，心中叫苦，只好喝汤吧！不料汤还没喝到嘴，碗就被夺下来，说这汤是不能喝的。大概表妹、表嫂们看出了我的失望，笑着告诉我，这叫“汤汤面”，味道在汤里，面条只几根，捞过之后，汤还倒回锅里继续煮，所以又叫“哈水面”，就是口水面的意思。讲究的人嫌不卫生，是不吃的，一般人得吃上二十多碗。我大概吃了三十多碗，味道还真不错。她们看我吃了这么多，特别高兴，无意间我得到了认同。

1971年夏，嫁给了兆庆，在官村家院内

第二家，去的是老头子的姐姐家，就是乖乖家，属扶风县，但不远，只五里路，科科带我去的。老姐姐也七十来岁了，有五个儿子三个女儿，她和四儿一起生活，四媳妇也是甘肃人。她没做汤汤面，就是一般的面条，多放点儿油和佐料，也是待客的饭食。科科吃了一大碗又添了一大碗，吃了几口就用筷子在碗里翻，发现我在看他，他就说：“我吃不完了！”我想，这么白的面条还漂着油花，总不能倒掉吧。而且，孩子浪费粮食，也不是家长的什么光荣；便把他剩下的都给吃了。没想到又得了好评，倒不是为不浪费粮食，而是说我不嫌孩子脏，是爱孩子的表现。我这后妈被认可了。

只有到他表弟家是老头子和我去的。他表弟只比他小一岁，有四个儿子两个女儿，都不大，生活很不好。老头子的外公、舅舅、舅母都是闹旱灾那几年去世的（外婆早就死了），剩下他表弟孤苦伶仃一个小孩儿，被一个地主收到家里当个小长工，解决了吃住。他家的地由那个地主经手给租了出去，土改时，他的成分就让人伤脑筋了。划为雇农？他还有出租的土地。划为地主？

他本是个长工。于是二一添作五，划为中农。这中农现在比贫农还贫，孩子们都得自力更生，给自己挣念书的钱。比科科还小两岁的大女儿都得割草晒干，卖给马场换铅笔、橡皮。我很喜欢这些能吃苦的孩子。

有一天，院子进来一个老太婆打扮的妇女，手上还提了个篮子。我正要开口问，就听见老头子喊我："快把娃接住！"我看她没抱孩子，环顾四下也没见小孩儿。我眼睛再不好，也不至于连个活人也看不见吧，便问："哪里有娃？"老头子急得跑到跟前说："这不是娃吗？还不赶快把篮子接过来！"这妇女定睛打量了我一下，便开口叫声"妗子"，原来是老姐姐的大女儿，比我还大五岁，我怎么好叫她为"娃"？给她当长辈都挺不自在。她丈夫比老头子小两岁，老头子葬了他妈，经济上最困难时，那外甥女婿给过老头子10块钱。外甥女和她女儿们还经常给老头子和科科做鞋做衣，老头子常常念他们的好。我们盖了新房子，那女婿来给抹墙和干些收尾的工作。他有三儿三女，那小儿子比科科小两岁，和科科玩儿得好，放了假往往就背上书包来住几天。后来这孩子考上西安交通大学了。

每年春节后，或是这几家亲戚有娶媳妇、嫁女儿的事，都由我作为代表前去。我找出老头子妈妈的大黑毛巾顶在头上，再穿一件中式黑罩褂，尽量打扮得老一点儿，好当长辈。提上一篮子白馒头，走在乡间的小路上，和一般的农家老婆没有区别，感觉挺奇妙。

我家经济情况好转后，我还和老头子坐长途汽车到干县农村去看过他二姐乖祥。她在旱灾时被人贩子骗到乾县去了，家里也是很穷，我们住了一夜就回来了。

第四章　还是社员，但收入高些了

1…………升堂入室了

1973年秋，我妈妈从南京来住了一个月。她没有在农村生活过，对一切都很好奇，我就陪她四处观看，没有去上工。她回南京后，大队就叫我去本村的兽医站上工，不用去地里劳动了，又把本村医疗站的药房搬到了兽医站，叫我兼管给人发药。

向大队推荐我的人，是我北农大的同届女同学容珊，她父亲是中山大学有名的教授容庚先生，早年和我父亲都在燕京大学任教，是很好的朋友。由于这重关系，我和容珊在学校时就很熟悉，毕业后，她留校读农学副博士研究生，没想到18年后，在这大西北的小农村我们又相逢了。她副博士毕业后本应留校任教，却因为她丈夫（也是同届同学）被划为右派，把她夫妇放到青海省，在中科院的植物研究所工作。植物所由青海迁到了杨陵，她们也来到了这里，由植物所派她担任杨陵公社的农业指导员。植物所在官村租了30亩地作为试验田，所以对官村格外照顾，容珊也以官村为她的常驻点。她平易近人，又能吃苦耐劳，特别是她对农业技术的指导很有成效，群众威信极高，大队的领导们都尊重她。正巧那年，村里医务室的司药和兽医站的司药二人都犯了假公济私的错误，需要撤换，容珊适时说了句：“你们现成有人，为什么不用？”于是我就高升了。其实，干什么都是挣工分，但这种专业性质的工分称作“等工”，就是以全大队的平均工分为基准，不用再干一天记一回，而是天天有工，劳动强度也轻了。

官村的医生和兽医是经公社正规培训过的，虽不是科班出身，但也工作多年，积累了不少专业知识和经验。我按照处方取药，给牲畜灌药、打针，可谓游刃有余。每天上班，把瓮里的水担满，器具洗净清毒，房里、院里打扫干净，自己看着舒服，别人看着也像个单位的样子。干了一个月，我发现我挣的还只是七分工，便去问管工的副大队长，他倒很坦然地回答：“对你就不能同工同酬。村里人多嘴杂，人家若问：为什么不用贫下中农子弟？我马上可以回答：哪个贫下中农子弟肯记七分工干两个十分工的事？你少挣点儿工分，全村都不会有意见。”我想，既然吃亏沾光都在明处，七分就七分吧，怎么也比在地里干活儿强。

干了一年多，到了1975年，县里搞合作医疗，牲畜也合作医疗，附近十几个村，只有我们村有个兽医站，业务就多起来了。满院子的骡马猪羊，人们还得在牲畜间走过来拿药，显得对人不尊重了。于是村上改变了布局，把兽医站搬到油坊的大土壕里，人医的药房还搬回医疗站，另用一个司药，我就只管兽医站这边的事，直到1978年底，足有五年之久。

官村兽医站的兽医师叫魏六劳，比我小四岁，按辈分，他称我为二嫂。他学的是中兽医，老师是公社兽医站的一位民间老兽医，治牛病很有名，我学的是畜牧，更不懂中兽医，好在以前在牛场、猪场干过，有点儿经验，常见的毛病也能应付。六劳家里事多，又爱赶集，所以兽医站常是我一人当家。合作医疗后，附近生产队的牲畜并不是真有病，而是来灌些四季补药。兽药厂生产的各种中成药，诸如伤力散、健胃散等，拿开水一冲，晾凉一灌就行了。若是加点儿蜂蜜，牛就大口地自己喝，更省事儿了。但有时也会来个急诊。那一天，本村的饲养员急急地拉来一头大骡子，我听见他喊，赶快出去看，那骡子全身在出汗，滴在地上吧嗒地响，和下雨天房檐滴水一样。我从来没见过这种阵势，赶快先给它吊上几瓶盐水，再给打了一针阿托品，半小时后，它一切正常了。饲养员说这叫黑汗病，猝然就能死掉，饲养员对我挺满意，我也增强了自信。骟小猪最简单，骟老母猪，我在南兵营时也干过，猪发高烧，给它在耳朵上挂瓶盐水，里面加点儿抗生素，效果不错。牛羊的鼓胀、马骡的结症，都没什么难治的。不过我也出过医疗事故，把一只小羔羊灌药灌死了，我很抱歉，但农民很宽容，没有索赔。

有一天，南壕饲养室的一头大公驴突然死了，大队管这事的很生气，叫六劳和我去调查。我俩费劲儿剖析，发现肋骨断了几根，腹腔内全是血水，明白它是被打死的，饲养员却说它是自己摔死的。六劳对我说："咱们和饲养员们是'水码不离桥'，得互相帮助。"我自然听六劳的，汇报就是"外伤致死"，大队也没深追究，正好那时我村有一个劳动队在公社的水利工地上，把死驴拉到工地伙房，改善了一顿，皆大欢喜。

❷…………兽医站的生活

兽医站搬到油坊土壕里，那大土坑除了一个油坊，还有几间木工房。离村子虽不远，但附近没有人家。兽医站生着个煤火炉，晚上得有人住。六劳胆小，一个人害怕，就由我每晚值班。炉子上常有热水，木工房有木屑和刨花，炕总是温热，我睡在兽医站，可谓得其所哉。后来，科科也来睡，早上还能做点儿早餐，吃过再上学去。老头子从此就不"早朝"了，每天睡够了觉，吸足了烟，喝好了茶才起来。兽医站早上不会来牲畜，我做好准备工作就可以回家做饭，让老头子上午不要上工，从容地做午饭，科科和我能及时吃过就走。老头子就是不肯改上早工，我只好遵守和平共处的条约，听之任之了。

一上午，拉牲畜来的外村人，队上反正都给记一晌工，所以他们完事了也不走，就在我炕上一躺，或者盘着腿，几个人聊天。他们的脚后跟跟锉子一样，把我的被子踹得稀烂，干脆我也不铺被子，就睡在光篾席上。

村里有个孤老头儿，七十多岁了，可能是辈分低，都称他的小名，不过前面加个老字：老拙娃。他还上工，做点儿轻活儿，诸如看庄稼之类的。有时他也来兽医站坐坐，我看他那双黑脚，连个袜子也没有，就主动倒了盆热水让他洗脚，第一盆是黑水，倒掉，再给他端一盆，这一盆成了白粥，我拿板刷给他把脚上的死皮都刷下来，第三盆才像是洗脚水。他说他从来没洗过脚，不知道脚洗了这么舒服，还为我替他洗脚过意不去。我说，你和我妈妈同年，用的是公家的热水，都是应该的。我看他实在是可怜，而他还可怜那些青年小伙，说队上的活儿太苦了，工地上小伙们拉着满车的土还得飞跑，竟掉下泪来。

每天下午放学后，小孩子们络绎不绝地来兽医站，向我要装过针剂的小纸盒。农村孩子没有玩具，小纸盒就是唯一可得的东西，小纸盒没有了，就给他们用完的小药瓶，他们都很高兴。高辈分的小孩儿，怯生生地叫我“许燕吉”，低辈分的更理直气壮地叫我的数码代号，二姨、二婆之类。有的答应等她出嫁时给我吃大白馍，有的表示要捉个“花姐姐”（一种颜色好看的飞虫）给我，有的孩子还告诉我他父母为什么吵架，有的还拿我当个听告状的法官，指着同来的说：“他上半截儿课要回家拿馍，老师歪（训）他了。”老师叫他写字，他说：“行！爷来给你写。”气得老师要打他。“被告”说：“老师他大（父亲）管我大（父亲）叫爷，我就是老师他爷嘛！”十分可乐。

医疗站的药房还归我管时，妇女们来取药，遇上没什么人，往往就和我说说话，说说她们的病，宣泄一下她们的痛苦，甚至哭上一鼻子。我也就试着做一下心理疏导，充当个心理医生。妇女们还挺想念我，有一次医生和助产士都不在家，她们就来拉我去接生。我可真不敢越这个位，产科的凶险在瞬息之间，万一出什么问题，百口莫辩，我不会忘记自己的身份。搬到土壕以后，妇女们不大到兽医站来了，可是男人们不断，这里有火，可以煮茶，似乎成了小茶馆。他们说社会上的事，更多的是说村里的问题。旧时，各种各的地，户与户会有矛盾，现在叫“一个锅里搅马勺”，户与户间的矛盾少了，社员与生产队的矛盾多了，干群之间甚至闹得不可开交，说是都够写一大部小说的了。我只是听听，不敢插言。还有几个慢性病人天天来熬中药，我总保持着炉火兴旺，场地整洁，让来人满意就行了。

到兽医站后，第一年年底分得五十多元，第二年得了一百多元，第三年就得了二百多元。老头子特别声明，猪的工分都是他的，以表示没沾老婆的光。其实，猪吃的糠都是我到粉碎机上打的，到杨陵站食品公司收猪点去交猪，也是我用架子车拉着去的，我不戳穿他那大男子主义，就算是他的好了。工分增加还有个来源，就是科科长大些了，放假的时间，他也和小伙伴们一起参加农业社的劳动。

❸…………庸人自扰

收入增加也算小康后，妇女们就常劝我抱养个女孩儿，说将来老得不能动，有个女儿给洗洗涮涮，比儿媳妇好使唤。我明白这个道理，在陕西，或为养老，或为换儿媳妇，抱女孩儿是很普遍的事。老头子也早有这个想法，他说要个大点儿的，五六岁就不太费事了。我认为什么都不知道的好，容易建立亲情，只是议论过，没正式讨论。有一天下午，在官村烧砖的河南师傅的老婆，抱着个白胖的小女孩儿来兽医站，我还以为她要什么药，她却先问我这小女孩儿怎样，我说挺可爱的。她就直截了当地说：“我四十多岁了，孩子又多，没精力管这个小的。听人说你人好，我就想把这个给了你，她一定不会受罪，我也放心。她都六个月了，没生过病，你能管好，我们什么东西都不要。”说得我瞠目结舌，答应回去和老头子商量。当晚吃饭时，我把经过讲了一遍，老头子嫌孩子太碎，要就要大的，我还是说碎的好。平时我们说什么，科科都不发言，这回一改常态，主动表态，大声说：“大碎都不要！”一锤定音，老头子和我都哑了，自此结案，再没议论过这事。

本村魏堂堂的老婆，我得称她为大姨，是赵昂昂的小同乡，她回娘家去了一趟，回来后特地来兽医站，劝我把赵昂昂抱回去的那女儿领回来。她说看见那女孩儿了，12岁也没上过学，整天在山上放羊，袜子也没得穿，手上冻出许多裂口，没人疼爱，很可怜。她说咱们这里比甘谷富，接回来，将来在这里找个婆家，一辈子都会感谢我们。她的话让我觉得心酸难过。晚饭时，我把堂堂大姨的话传达给老头子，老头子说：“她都快卖得了（指可以订婚了），人家养了十几年，还肯给咱们吗？”我说：“将来她得多少彩礼，我们全给汪跃金就是了。她的嫁妆咱们另给置。”老头子半天没答话，我就追问：“是不是这女孩儿不是你的，你不愿意要？”老头子说：“她是我的也罢，不是我的也罢，我不和汪跃金打交道。”我又转向科科：“科科，你就一个，我们老死了，你就一个亲人也没了。这女孩儿总是你妈生的亲妹妹，将来你有个什么事，还有个妹夫能给你帮帮忙。”科科噘着嘴也不出声儿，我再催问，他挺不高兴地说：“我不管！”看来我谁也没说服。两个姓魏的都反对，我这局外人才叫瞎掺和，这事也就被枪毙了。

科科不接受妹妹，可不反对媳妇，他班上的男同学，除了家境困难的，都已订了媳妇。一天，他放学回来就对我说：“我们班的德厚，还是要来的，今天都订媳妇了。”我笑着问：“这么说，你不是要来的，更应该有媳妇啰！”他高兴地笑了。又一天，三生媳妇来串门儿，和科科半开玩笑说：“科科兄弟，你长得曼（就是好看），书也念得好，我明儿回四川给你找个曼曼的女娃。”她走，我问科科：“怎样？”他说：“我不要四川媳妇！”我问：“四川媳妇咋咧！”他说：“四川媳妇好吃！”我逗他：“你不是也好吃吗？那才配得上呢！”他大喊：“我就是不要！我要本地媳妇！”

我到兽医站后，真有说媒提亲的了。我特地把科科问了一遍，他低着头，小声地说：“要呢！”既有这表态，我就让老头子进行去了。那小孩儿的爷爷和妈妈愿意，她爸爸是个铁路工人，懂得点儿政治，给否决了。过了不久，我去赶集的路上遇见同路的一个妇女，边走边聊，几里地下来，互相的概况就都知道了。那妇女说：“我把二女儿给你当媳妇吧！我就喜欢一个娃的人家，以后没有分家的麻烦事。”她看我没回应，就又补充说：“我女儿绝不辱没，长得曼，学习也好。”我觉得这样就能定亲，似乎太荒唐，只好支支吾吾。回家后说及此事，老头子的侄子正好在场，他马上说：“二娘，你就错了。哪里能碰上这么好的机会，人家自愿你还不敢接！连人家是哪个村的都没问！唉！唉！”我笑过之后还真觉得遗憾起来。

到了1975年，媳妇终于订上了，也没用媒人，是老头子的表弟自己来说，把大女儿芳芳给科科。老头子没意见，我却有顾虑，一是血缘太近，二是亲上加亲，万一不成，关系很难处。可他表弟坚决要给，说新改的《婚姻法》允许第四代人通婚，又说将来科科把书念出去了，他拿我多少就退我多少。当地乡俗，男方若要退婚，不但彩礼不退，还要再赔偿一笔钱，表弟的这种表态就让人很难拒绝了。给了550元订金，表弟马上用这笔钱给他二儿订了媳妇。1976年暑假，我带科科回南京，也带上了芳芳，那年她12岁，我妈妈看芳芳勤劳，又能独立生活，也很喜欢，就是嫌她太矮。我便带她去了儿童医院，医生给她仔细检查一番，说以后会长高的。到了1978年，科科考进了武功县中学，有一次回来说在杨陵街上碰见了芳芳。芳芳问："咱爸好吗？"科科说："那是我爸，不是你爸！我和你是近亲，不能结婚，否则生的孩子都傻。"自此我知道科科不想要这门亲事了。正式退婚是在科科上师范学校之后，也没用第三人，老表兄弟俩在村外河渠上谈的。老头子说："儿大不由父，我儿要退婚，是我对不住你家，以后没脸上你家门了。"表弟说："当初我说过拿你多少退你多少，现在退不出来，也没脸登你的门了。"二人扯开嗓门儿大哭一场。老头子回来还意犹未尽。我劝他说："他家这么穷，咱们比他好过多了，他是你亲表弟，就算我们帮顾他了，不必难过。"老头子说："不是为钱！钱都是你妈给的，我往后就没舅家了！"又号啕了一番。我哥哥知道后说："早就不该给孩子订什么媳妇！"总结得不错，庸人自扰也。

4…………听来的消息

在农村看不到报纸，又经常停电，也听不到广播，外面的事都是听来兽医站闲聊的人说的。杨陵公社的西北片儿，只有官村有兽医站，而且还有个和中药铺一样的药柜子，也常有人来配点儿中药。西北农学院的工农兵大学生也定期来实习，带实习的老师们也会坐下来聊聊。"四人帮"倒台的事，我就是事后听大学生们说的。恢复高考后，常有小青年来问我数学题，还有好学的孩子来要我教他们英语，时代有了变化，兽医站的座上客也有了点儿变化。

一天，本村在扶风县民政局工作的一位干部休息日回来，在兽医站聊起他这一向给右派分子落实政策跑许多路，费不少劲儿，有的右派还不愿意复职，要求顶职退休等等的事。听到"四人帮”倒台，我以为与我不相干，一听而过，而听到给右派落实政策，我被触动了，便插话问他。知道政策的内容后，就问他为什么没有人来给我落实。他一下警觉起来，马上起身走了。我自己想，没人来找我，大概是我不算右派，而是被“反革命”取代了，但心里总记挂这事。有一回碰见容珊，旁边没人，我就问她，她说政策一会儿一变，怎么执行，咱们就怎样接受算了。我觉得她言之有理，不给我落实，就是这政策与我无关，千万不敢去问，否则可能还认为我不老实，想翻案，那罪过可就大了。现在日子也算不错，每天还听来的人们讲些新鲜事，也挺高兴的。那位干部也再没来过，我也再没听到有关政策的新闻。

第五章　麻花又拧了一转

❶............同病相怜

科科小学念完，老师没有推荐他上中学，也没有发一个搪瓷缸子让他回乡劳动，而是派他重读一年。他沮丧地回来，还为没受推荐而愤愤不平。我说大权在学校，不平也没办法，这几年你们净劳动了，也没学到什么，重读就重读吧！这时“四人帮”已倒台，学校的风气也改变了，重读还真学到了知识。初中三年毕业推荐早已废除，高中全凭全县统考。科科的数学考了100分，全杨陵只有两个，另一个是西农老师的孩子。可是科科靠背书的政治只得了51分，差一分多没被中专录取，而进了县中，当时是全县唯一的重点中学。

县中的物理老师是西北大学毕业的，打成右派，没分配工作，英语老师则是大二的学生右派，二人都被放到杨陵砖厂干最重的体力劳动，一干20年，落实政策都到了县中教书，二人住一间宿舍。有一天科科到英语老师宿舍去交作业本，英语老师问科科：“你英语是不是学过一点儿？”科科说是。又问谁教的，科科说：“是我妈！”这引起了物理老师的注意，一个农村娃的母亲怎么会英语？原来也是个右派！物理老师叫科科告诉我，元旦那天他会在杨陵砖厂等着，让我务必去见面。那是1979年1月1日，初次相识并没有陌生感，他把中央给右派安置工作的政策详细地告诉了我，说："你变成了农妇，在村子里什么都不知道，这落实政策的工作已到了扫尾阶段，等这办公室撤销后，你再找，他们就会不认账。落实政策是他们的任务，你不用怕他们。他们明知道有你这么个右派而不来找，是他们不负责任，缺德！"嘱咐我尽快去办。我由衷地感激这位素昧平生的仗义者，他说："只有咱们右派才会同情右派，你用不着感谢我，是我应该的，否则良心不安。"

1月3日，上班的第二天，我一早骑上自行车，跑了40里，到了县城普集镇，落实办里只坐着一个人，看样子真要收摊儿了。我把来意说明，他只顾自己慢慢品茶，眼睛从上到下地把我看了几遍，也不让我坐下说，更不要说给我喝点儿水了。听完，他问我判刑是否因为刑事问题，若是刑事案件，就不符合对右派的政策。我告诉他，我到武功县来是通过公检法的，公安局有我的档案。他答应去查看，叫我过两天再来，还埋怨我来得太迟，临结束了又给添了一桩事。过了两天，我准时去了。那人态度如前，但说话直截了当："公安局只查到你是由河北省新乐县迁来的，别的什么也没有。你的右派不是武功县划的，不归我们管，还得由你原单位给你落实。"等我表示听懂后，他又问："你长款（农业社的节余户）还是短款（农业社的欠款户）？"我回答："长款。有什么关系吗？"他说："长款有钱，最好自己回去一趟，可以快些，这工作马上要结束了。写信太慢，没钱最好也借点儿路费去。"

回家我和老头子合计了一下，跟六劳告了假，就上路了。

2…………故地冷暖

下了火车，石家庄还是二十多年我初来时的样子。顾不上怀旧，直奔市中级人民法院。档案室的人说，凡是这个法院判决的，档案永远在这里，就是要查看也只能在此查看，不允许带出去。我心里有了底，便朝农科所走去。这条我走过千百次的小路，腿在迈，脑在翻，心在苦。到了办公楼下，传达室叫我原地立等。不一会儿，楼上下来一个干部，很高兴地连声说："哎呀，你来了就好得很，别人都已经落实妥当，就差你一个了。"他带我上到政工科，坐下慢慢说，先自我介绍，反右时他从农校分来不久，在基层蹲点，我一定不记得他。我明白，他这么说表明他与反右无关，其实我还真不认得他。他说"文化大革命"时，这农科所解散了，人各东西，恢复后，档案都不见了，只有一张纸上记着被处理的人名、年龄、籍贯。他们往福建漳州去过信，查无此人，所以他们就没办法了。我心想，当初把我送入监狱，顺藤摸瓜，还能找不到？搞一个人的外调，天涯海角都疏而不漏，落实政策就找不到了？但嘴上不能说，只告诉他我的档案在中级人民法院，可以去查阅。他安排我住进他们招待所，让我写一份申诉书。这我有思想准备，第二天就交卷了。

招待所的管理员是李瑞端，她1938年就入了党，但文化程度低，在畜牧场"以干代工"干过几天，后来当了收发员，我们比较熟悉。她丈夫周德耀是保卫科长，对我们这些"敌人"很严厉的。她见到我好像逢到老友一般，没事就来和我说话，才知道周德耀"文化大革命"时被斗争，患了精神病，死了。她和孩子们被下放回农村老家，受了不少罪，落实政策回来不久。原来挺"左"的人也受了"左"的害。

我去交申诉书，走在楼下，眼前飘下来一条床单，正落在我脚下，我抬头一看，三楼的窗户有个人在探身朝下望，还喊着："我的床单怎么没了？"我认出是牛世裕，当年的顶头上司，便回答一声："你的床单在这里。"他迅速地缩了进去。我以为他会马上下楼来，就等一会儿好打个招呼，不料等了好几分钟他也没来，大概是认出了我，又不愿相见，连床单都不捡了，真啼笑皆非。还有几个老工人认出了我，我坦然和他们打招呼，可他们都比较拘谨。畜牧场的老工人史仓，这时在伙房，他坐在伙房外面的灶坑里烧火，我看见，就蹲在坑边儿和他说话，说了好一会儿，他叹口气说：“这么些年了，你的脾气还是没改。”也不知道是褒还是贬。只有王玉河夫妇还和20年前一样，热情关怀。玉河老婆桂芝翻看我身上的棉袄，知道是我自己缝的，感慨地说：“什么都锻炼出来了。”还告诉我玉河提了干部，还有了职称，得过科技奖，和邱瑞华、吴富融有时一起开会，邱瑞华在宁晋县的大曹庄农场当场长，吴富融在河北农大，已有三个儿子。当年一起在畜牧场的，有两个年轻时就患癌症去世了，还有退休的，有退职回了家的，境遇各异，毕竟20年过去了。他们的孩子也都长大成人，那大儿子竟然一眼认出，喊了声许姨，让我挺感动的。

这农科所里北农大的同学不少，一个也没遇到，除了牛世裕，当年一组开会学习的人，也一个没见着。听王玉河说，周场长在反右运动完毕就调到农校去当书记了，反正我也没想要见这些人，就没往心里去。

政工科的效率还真高，第四天就找我谈了话，说他们去中级人民法院看过了档案，马上就给我落实政策，希望还回来工作。现在的名称是河北省农科院，下分许多研究所，也有了畜牧兽医所，在保定，落实到保定也可以，落实到这里，还回牛场也行。故地的几日停留和感受，我宁可去武功小县的基层单位，便称我已在陕西安家，还是落实到那边的好。他们也答应了，当即写好了文书，寄往武功县落实政策办公室。

总算顺利，我踏上了归途。不是回官村，而是回南京。在美国做修女的七姨，30年来首次获得签证，准许她回来探亲了，她将在春节后到南京看我妈妈。哥哥一家也将带上科科齐聚南京，妈妈还得靠我来承担烦琐的接待任务。

武功县把我落实到了县农业局属下的畜牧兽医站，恢复我技术12级的工资待遇，工龄仍从1954年算起。文件寄到官村，老头子又给寄到了南京。我又写了个请假信，寄到武功县落实政策办，说接待完七娘，就回武功县报到。人生的麻花又拧了一转。

3…………复职，改正，平反

回了趟旧地，更能理解为什么不少人不愿复职而宁可退休了。其实我对回“知识分子成堆”的地方也心有余悸，除了复职后工资定比工分多这个实际问题外，我还有些负债感，我是人民培养而受了高等教育，没能回报社会，难免心怀愧疚，既然决定复职，只有勇敢面对了。从南京回来已经是3月份，再到落实办，前次那位用冷眼打量我的干部，又是让座又是倒茶，判若两人了。在落实办报过到，再去报户口，转粮食关系，这是另一个部门，管事的干部面容冷峻，交代政策说若是生活困难，可以申请300元的补助。我回答说：“我不申请补助，但希望把儿子的户口随我转出来。”他说：“那是个本地的娃，又不是你从河北省带来的，转什么户口！”看他那斩钉截铁的样子，我想，科科能上重点高中，就能自己考出去，犯不上再跟你说好话，什么也不提了。

到武功县畜牧兽医站上班后不久，河北省农科院就给我寄来了改正右派的文书，其中说到南京市公安局没有将我参加的追求真理青年会定为反革命组织，石家庄人民法院定为反革命组织是没有根据的。我就像莫泊桑小说《项链》的女主角，劳碌半生，原来只是件假货。说不清是怨还是恨，总之没有半点儿喜悦或感激之情，倒是真想去问一问周场长了。半年后，石家庄人民法院给武功县人民法院寄来了对我撤销原判的判决书，武功县法院煞有介事地通知我，要正式开庭宣判一番，被我谢绝了。

两个文件全文抄录如下：

关于改正错划右派许燕吉的意见

许燕吉：女，现年四十六岁，家庭出身职员，本人成分学生，福建省龙溪县人。一九五四年北京农大毕业后，分配到河北省农业科学研究所工作，为十二级畜牧技术员。一九五七年反右斗争中定为右派分子（同时戴反革命帽子）开除工职。经石市公安局逮捕法办，判刑六年，剥夺政治权力（应为权利——编者注）五年。刑满后在省二监狱就业。一九七〇年与陕西省武功县杨凌（陵）官村大队贫农社员魏振国结婚，迁其夫之处，至今。

许一九四一年参加过天主教。一九五〇年三月在南京上中学时，曾任“追求青年真理会”（应为追求真理青年会，文件有误——编者注）主席，同年六月参加圣母军为补助会员。这些历史上的问题，本人向组织交待过。在肃反时经组织审查，于五六年四月三日结论为一般政治历史问题（曾和本人见面）。后复查为政治历史问题。

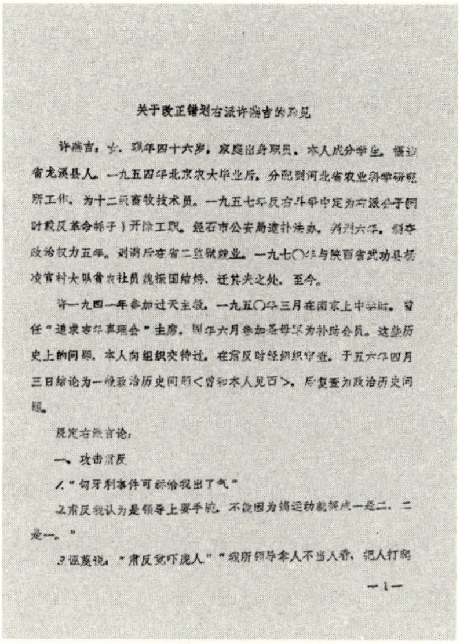
关于改正错划右派许燕吉的意见

许燕吉，女，现年四十六岁，家庭出身职员，本人成分学生，福建省龙溪县人。一九五四年北京农大毕业后，分配到河北省农业科学研究所工作，为十二级畜牧技术员。一九五七年反右斗争中定为右派分子(同时戴反革命帽子)开除工职。经石市公安局逮捕法办，判刑六年，剥夺政治权力五年。刑满后在省二监狱就业。一九七〇年与陕西省武功县杨凌官村大队贫农社员魏振国结婚，迁其夫之处，至今。

许一九四一年参加过天主教，一九五〇年三月在南京上中学时，曾任“追求青年真理会”主席，同年六月参加圣母军为补助会员。这些历史上的问题，本人向组织交待过，在肃反时经组织审查，于五六年四月三日结论为一般政治历史问题<曾和本人见面>。后复查为政治历史问题。

原定右派言论：

一、攻击肃反

1.“匈牙利事件可算给我出了气”

2.肃反我认为是领导上耍手腕，不能因为搞运动就搞成一是二，二是一。”

3.诬蔑说，“肃反就吓唬人”“我所领导拿人不当人看，把人打狠

—1—

《关于改正错划右派许燕吉的意见》

原定右派言论：

一、攻击肃反

1.“匈牙利事件可算给我出了气。”

2.肃反我认为是领导上耍手腕，不能因为搞运动就搞成一是二，二是一。

3. 诬蔑说："肃反竟吓虎（应为唬——编者注）人。""我所领导拿人不当人看，把人打（应为趴——编者注）下了，就不拉起来。"

4."肃反不是为了解决问题。""肃反后我一点儿不感激党。"

5."三反时叫打老虎。结果不是老虎。""肃反时又叫反革命，结果又不是。"

6."肃反时对我来第一炮，不是批评而是诬蔑。"

7. 说："监督人更是无恶不作，积极分子由于肃反对象没有死，记了一大功，入了党。"

8. 翻肃反案说："哪点对，哪点不对，我就放心了。不然以后不定哪个时候又翻出老账来，要了我的老命了，我受不了。"

二、攻击党

1. 共产党就讲吃穿住而已，干什么革命工作呀，就那么回事。

2."现在说话很危险，谁敢相信谁。一有事就往你头上拉屎。""肃反就是墙倒众人推。"

3. 凡是党员就能提级，有的党员就是吃党饭的。

4."人民代表大会是国家权力最高机关""可是受党的领导啊！""党可以干预。"

三、煽动群众闹事

"粮食危机又来了，今后干部参加劳动，粮食就更不够吃了。""不够吃就来个反饥饿大游行。"

经复查有些主要言论，有的证据不足，有的与事实有出入，不能定为右派言论。

1. 关于匈牙利事件问题，原综合材料中和定案报表中，两处提到匈牙利事件问题。一是许燕吉在劳管科整风小组会上发言摘要，原情节是："今年我提出了，要求把我写的那两大本（指肃反时的交代材料）指出哪点对与不对，我就放心了。不然不定哪时又翻出老账来，要了我的老命了，我受不了。匈牙利事件有的领导被错判刑，人家对革命有这么大贡献，结果是没死了，如果枪决了，你说他冤不冤？我们对革命没贡献好得多呢！与我个人对比，我的气也就消了。”（见附件二）二是与许在一块儿工作的黄尔汉揭发的。情节是：“匈牙利事件后，她说哪个地方也没有我所厉害，没有问题竟瞎诈唬人，或者设下圈套，引诱你向这上面说。看护的人更是无恶不作。她说陈祖汉是坏透的人。由于肃反对象没有死，记了一大功，因此入了党。又说我所领导拿人不当人看，打趴了就不拉起来，群众对我们当然认为还是有问题的。这回匈牙利事件可算给我出了气。我说所长已把我们的问题向群众讲了，我们是属于好人。她说根本没这回事。”（见附件三）关于前一句话中提到匈牙利事件是没什么错误的，后一句话“匈牙利事件给我出气”，是和许燕吉一块儿工作的黄尔汉揭发的，除此，并无他人证实。许、黄之间原矛盾较深，黄揭发此话时，已定为右派进行了批斗。黄的揭发很可能是断章取义，只能做参考。而凭黄这样人的一份揭发，就认为是事实，证据是不充足的，定性是轻率的，结论是不妥当的（详情见本人申诉抄件）。同时本人申诉中也不承认说这个话（原来之所以招认是逼供所致）。当然对本人的申诉，不能作为辨别是非的唯一依据。但要取慎重态度，要具体分析，实事求是地做出结论。总之，我们认为，仅凭黄一人揭发此话，不能作为定案依据，应该否掉（见附件六）。

2.“肃反就是墙倒众人推”这句话的主证是赵新合。一次许和赵在一块儿看大字报（反右斗争大字报），赵新合说：“最近赵礼合的大字报不少。”许接着说：“那还不是墙倒众人推。”（当时赵礼合就不够定右派）赵新合的证明中，并没有“肃反”二字（另外当时反右斗争、肃反早已结束），因此，不能定为攻击肃反运动，不是右派言论（详情见赵新合揭发，即附件七）。

3.“粮食危机又要来了，今后干部参加劳动粮食就更不够吃了。”“不够吃就来个反饥饿大游行。”此话由牛世裕同志揭发。其情节是：五七年十二月二十日在畜牧场办公室，赵礼合对节约粮食散布不满言论时，许说："不够吃，就来个反饥饿大游行。"（当时办公室只有许赵二人）此时牛世裕推门听到了，就批评许煽动群众闹事，许说我们前面讲的话你没听见，就这样说是不对的。以后牛世裕和宫本一揭发了这个问题（查许整个卷宗无主证赵礼合的证实）。在牛的揭发中，没有"粮食危机又来了，今后干部参加劳动就更不够吃了"的话（此话是五七年十二月四日在整风鸣放会说的，情况也有出入。）我们认为原定右派言论中的前后两句话，是在不同场合讲的，不能拼凑在一起。后句话主要意思也仅是对赵礼合的讽刺语言而已。话是非常错误的，但必须把由于思想落后，或对一人一事不满，说了一些对党、对社会主义制度、对党的方针政策不满的言辞，同以反革命为目的的宣传、煽惑破坏严格区别开来。因此定性为对粮食政策不满，煽动群众闹事，是同实际情况有出入的，不能视为右派言论。【详情见牛世裕的揭发（见附件七）及本人申诉（附件四）】。

经过复查认为，许的主要言论，有的不实，有的情节不符，有的证据不足。其言论大部分在鸣放会上讲的，经核实与原记录有许多地方不符，存在断章取义的现象。不少言论也仅仅是一人次的揭发就定的。综合分析她的整个言论，大部分是对本单位肃反中有的领导和党员不按政策办事的行为有看法，对本单位反复审查自己的历史问题有意见，对党员提级快有想法，为此讲了些错话，有些言论错误是比较严重，但仍属于思想认识上的错误。联系过去的工作态度一直表现很好，所以不是从根本上反党反社会主义。根据［78］55号文件精神和五七年定右派标准（三）"有下列情形之一者，其错误应予批评纠正，但不应划为右派分子的第一条规定：'……同样在根本立场上，并不反对社会主义和党的领导，而只是在思想意识上有某些错误的人，也不应划为右派分子。'"来衡量，许属于错划，应予改正，恢复政治名誉，恢复技术12级待遇，工资从七八年十月份发起。过去的工资不补发。应在改正右派问题的同时，摘掉反革命帽子。许燕吉的历史问题在肃反时已结论为政治历史问题，其参加“追求真理青年会”的问题，南京市公安局证明，没有定为反革命组织，石市人民法院刑事判决书（58年法刑字第1181号）定为反革命组织是没根据的。我们认为许不够判刑条件。建议撤销原判，恢复政治名誉。

当否，请指示。

河北省经济作物研究所党总支

一九七九年三月三十日

中共河北省农林科学院党组《关于改正错划右派许燕吉同志的意见》的批复

中共河北省经济作物研究所总支委员会：

经研究，同意你们《关于改正错划右派许燕吉同志的意见》，许燕吉同志在一九五七年反右斗争中被划为右派分子，同时因右派和历史问题，戴反革命帽子，开除公职，并判刑六年，剥夺政治权利五年。根据中发［1978］55号文件精神和五七年划分右派分子的标准来衡量，许的右派属于错划，予以改正。历史问题，已有结论。同时摘掉反革命帽子。恢复公职，恢复技术员职称，恢复农技12级工资待遇，工资从一九七八年十月发起，过去工资不补。为照顾其家庭关系，与当地联系安排适当工作。

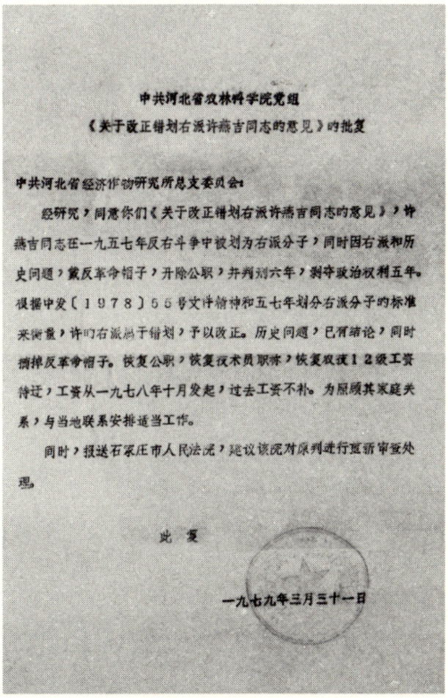

中共河北省农林科学院党组

《关于改正错划右派许燕吉同志的意见》的批复

中共河北省经济作物研究所总支委员会：

经研究，同意你们《关于改正错划右派许燕吉同志的意见》，许燕吉同志在一九五七年反右斗争中被划为右派分子，同时因右派和历史问题，戴反革命帽子，开除公职，并判刑六年，剥夺政治权利五年。根据中发〔1978〕55号文件精神和五七年划分右派分子的标准来衡量，许的右派属于错划，予以改正。历史问题，已有结论，同时摘掉反革命帽子。恢复公职，恢复技术员职称，恢复农技12级工资待遇，工资从一九七八年十月发起，过去工资不补。为照顾其家庭关系，与当地联系安排适当工作。

同时，报送石家庄市人民法院，建议该院对原判进行重新审查处理。

此复

一九七九年三月三十一日

《关于改正错划右派许燕吉同志的意见》的批复

同时，报送石家庄市人

民法院，建议该院对原判进行重新审查处理。

此复

中国共产党河北省农林科学院党组（盖章）

一九七九年三月三十一日

河北省石家庄市中级人民法院刑事判决书

（79）法刑申字第884号

许燕吉，女，四十六岁，福建省龙溪县人，原系河北省农业科学研究所技术员，现在陕西省武功县杨凌（陵）官村大队务农。

许燕吉按反革命罪，于一九五八年九月二十八日，经石家庄市人民法院判处有期徒刑六年，剥夺政治权利五年。

许燕吉于一九七九年一月十五日提出申诉。

经复查，许的历史问题已有结论。一九五七年在整风运动中说过一些错话，构不成犯罪。故撤销一九五八年按反革命判刑六年、剥夺政治权利五年的判决，宣告无罪。

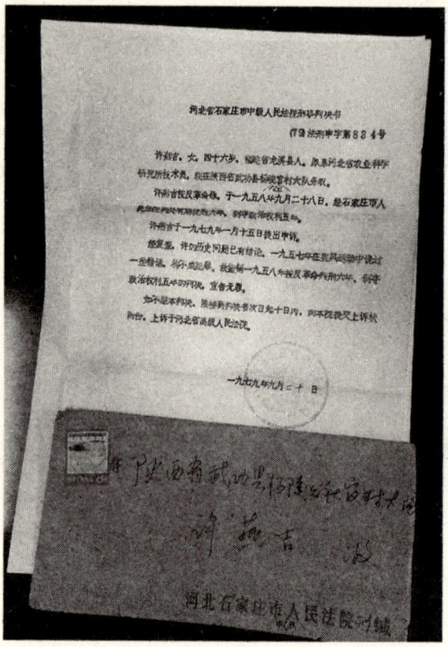

河北省石家庄市中级人民法院刑事判决书

如不服本判决，限接到判决书次日起十日内，向本院提交上诉状两份，上诉于河北省高级人民法院。

河北省石家庄市中级人民法院（盖章）

一九七九年九月二十日

4…………管羊的老婆儿

县畜牧兽医站不在武功县政府所在的普集镇上，离县城有八里之遥，在通往陕北的公路边，长途客车经过，但还是骑自行车方便。这是个行政部门，大家的工作就是到基层的公社畜牧兽医站去，贯彻相关的政策及任务和帮助解决些业务问题，检查工作，了解情况。站长认为我已近50的年纪，是个妇女，就没给我什么任务，也确有位年龄较大的同事常在自己家里。可我还是50年代的思想，不能白领国家的工资，没派给我任务不等于没有任务。我自定每日跑一至两个基层站，行程五里以上，逐渐熟悉了情况和同行的人。不久，农业部在西北农学院办了个全国奶山羊基地县的科技培训班，站长派我去参加，学习了近三个月，温故而知新，得其所哉。当时全国奶业才刚起步，急需发展，而我们站长认为武功县并不适宜多养奶羊，对这工作不予重视。我便去到县乳品厂，奶源是他们企业的根本，在他们大力支持下，有了人，有了经费，我们办赛羊会，宣传、普及养奶羊的技术，还跑遍了全县，给一千多只奶羊做了鉴定分等，摸清了自己的家底，同时也推动了羊的市场。农民养羊卖奶又卖羊，增加了收入，养羊的积极性很高，乳品厂的原料增加，收奶员扩增上百人，奶粉供不应求，真是皆大欢喜。我把集市作为我的工作场所，往集上一站，就会围过来许多养羊的农民，问养羊技术的，问羊病治疗的，问羊价行情的，总是热闹，他们称我为“管羊的老婆儿”。每每我骑车在路上，也有农民和我打招呼，或停车下来谈几句。我觉得我的工作被农民认可，心情很好。第二年，在全省奶山羊基地县会议上，我的调查报告受到省畜牧兽医站领导的表扬，说我是50年代大学生的精神不变。我感觉这才是实实在在地给我平了反。

转眼到了1981年，我母亲81岁，需要我回南京工作以便照顾她。由统战部帮助，我到了江苏省农业科学院牧医所，干了七年退休。这期间搞过长毛兔子、奶山羊、鸭子，总之都在生产第一线，在全省跑，也在点上蹲，忙忙碌碌，也得过几次部颁的、省颁的奖，不算什么有贡献，只是尽心尽力而已。

第六章　归结

❶…………前夫还是老同学

我复职后不久，邱瑞华就从石家庄来到杨陵官村看我。他平反比我早，见面后才知道他被打成右派，离开了石家庄畜牧兽医站，几经周折到了宁晋县的大曹庄农场劳动，他妻子带了孩子们回到老家，几乎饿死。平反后，他到了省农垦局工作，一家也团圆了，听说我的下落就不辞辛苦地来了，特够朋友。他告诉我吴富融的现状，本想安排我们见一次面，却被吴富融拒绝了，理由是“没脸见人”。我一笑了之。1981年春节后，全国的繁殖学会要在杨陵办进修班，西北农大的老师告诉我说吴富融会来，我想既然他不愿见我，我也不想让他尴尬，便避而回了南京，直拖到3月份才回杨陵，回来后知道来参加进修班的还有好几个同学，对他很有指责，以致他哭了一场。我又有点儿于心不忍，便写了一封信去，一表我不记恨他，二为在看守所离婚时伤害了他的自尊表示歉意。信的称呼颇费了些斟酌，最后称他“尊敬的原告”，落款是“你诚实的被告”。还加注：我善戏谑，请勿见怪。后来又把原是他的一条毛毯寄还给他，附上一个纸条：“此物曾给我些许温暖，但又令我想起那风雪的严寒，所以还是物归原主好，不要收条。”1990年，全班同学聚会，远在内蒙古和广州的同学们都回北京母校了，而近在咫尺的保定的他却没有来，自然就引起一些看法。我是为了怕他不自在而没有去，早知如此，我倒是挺愿意和老同学们久别重逢的。

1992年冬，我去北京参加台盟的换届大会回程，绕道石家庄看看邱瑞华和几个朋友，很偶然的一个差错我得在保定倒车，本想顺便去看看也是右派复职的另一位同学，却又阴差阳错地把电话打给了吴富融，将错就错便把他叫来火车站，这是1959年我们离婚后第一次见面。33年了，离挺远我就招呼他：“还认得我吗？”他表情沉重，说声：“怎么不认得？”站定后，低了头说句：“反正我是做了不道德的事了。”我赶快说：“现在离婚的多着呢，谁都不道德了？夫妻嘛，能在一起就在一起，不能在一起就分开，很自然的，不存在道德不道德的事。”他似乎放松了一些。我接着说：“找你来，想问你三个问题，你可以不回答，但不要说谎。”他点头承诺。我说：“当初究竟怎么回事？”他说：“我去长沙，见到三哥，三哥说咱们家成分本来就不好，你再守着个反革命犯人的妻子，弟弟、妹妹的前程就都完了，你务必得听你领导的话，回去坚决离掉。我听我三哥的话，不能为我一人影响十几个弟妹，所以再次提出离婚了。”这回答我能接受，为了弟妹也不算自私。通过！第二个问题：“看守所程所长说，你第一次来探视就说要离婚，是他把你挡了，怕影响我的改造而让你过些日子再提，所以你到12月才起诉的，是不是这样？若不是，那就是程所长向我卖好。”他沉默了好一会儿说：“想不起来了。”这话我不信，不诚实，再问也没意义了。我原来的第三问是离婚起诉照实写就能达到目的，为什么要加那么多的反党、反社会主义、反人民，倒把事情弄得麻烦不顺了。现在改问：“我箱子里原有些同学的照片都不见了，是你收着还是看守所给收走了？”他没正面回答，只说“文化大革命”时他把照片都付之一炬了。这本是个没多大关系的事，便改口谈谈在北京见到的诸同学情况，气氛也缓和了。最后我嘱咐他，以后同学们聚会，不论你是真有事还是假有事，一两天参加不了，最少也得去半天，否则同学们还以为你对大家避讳了，还以为我对你有多大压力，几十年半辈子都过去了，往事都揭过去，今后咱们还是老同学，关系正常化。他点头同意。就这样两人站在寒冷的火车站台阶上谈了一个多小时，握手而别。我解开了心结，轻松了许多。

又过了十几年，媒体对我和魏老头儿的婚姻感兴趣，又是报载又是上电视，往往对吴富融有贬词，我特地找机会去了趟他家，说明我做节目的无奈和对记者们的报道无能为力，希望他大量大度。还好，他说什么文章和电视都没看到过。我就算给他打了个预防针，心安一些。

2004年和2005年，我们都回母校参加毕业50年和母校100年校庆，吴富融都去了，还给同学们都送一本他写的诗集，也给我了一本，上书“许燕吉老同学指正”。我认为一切正常了，但是同学们还是感到他有些别扭，于是，我当着同学们的面也回赠了他一首我临时诌的一首旧体诗：

五十流年似水，万千恩怨已灰，
萍聚何需多讳，鸟散音影无回。

2…………有情人还是朋友

1983年春，我出差到石家庄，住在邱瑞华家，和他妻子我们三人比较详细地谈了这二十多年的遭遇，邱瑞华认为曾经管我的男马队长是位讲人道的干部，应该去看望一下，既是汇报也是感谢，于是我就去了趟第二监狱。马队长问过我的婚姻情况后，顺便告诉我吴一江刑满就留二监狱就业了，已和一个女就业人员结婚。这都在我意料之中，也没多问。回到南京，闲时想想还是应该给吴一江写一封信，免得他以为我舍他而去攀高枝了。趁午休时间写了三张纸寄到二监狱就业科，不久收到回信，原来他早已调到少年犯管教所去办缝纫厂，妻子也一同调去，现有一个3岁的女儿，特别是他不但平反了，还承认他是起义人员，享受离休干部待遇。一切都如意，我也为他庆幸。

他妻子是为信大佛教被捕的，和吴一江结婚前就知道吴和我的一段关系，她认为因信仰被捕的人是讲道德的，希望有机会见见面，丝毫不介意。我挺感谢她的信任。正好当年冬天我去北京接运西德来的种兔，完成任务后，我绕道石家庄去看了他们，停留时间不长，却是我和吴一江首次的私事交谈。

10年后，吴一江随他们单位的旅游团到上海、苏州等地，游过后他就脱团到南京来看我。那时我母亲还在，等她睡下，我和吴一江坐在客厅里，喝了两暖壶开水，谈到黎明3点半，我才知道他是1930年出生，只比我大三岁。他父亲是现属内蒙古的宝昌县的乡绅，只有他一个独子，他12岁娶妻，14岁就有了儿子。他在张家口读师范学校时，张家口就已经解放，赶上国民党进攻，他已决定随共产党撤退，忽一转念又回了还是白区的宝昌老家。因为屡遭土匪绑架，逼得投入傅作义的军队，起义后编入解放军。1950年，他以莫须有的罪名被判死刑。上过法场，差一点儿被勒死，后来判成死缓，戴着脚镣劳动，1954年改判17年徒刑，从20岁入狱到41岁释放。这期间，他妻离婚带走了女儿，母亲领着六岁的儿子靠施舍度日。几年后，母亲亡故，儿子靠领养他的姑妈抚育，其中的艰难苦恨，他说是能写一本厚厚的书。

我们自然也谈到当年分别后的痛苦与遗憾，不过我们已步入老年的岁数，激情退去，爱已升华，只剩下友情了。

③…………丈夫由房东变成了房客

我复职之初，就有人怀疑我和老头子的婚姻能否继续，还有同情我的好心人劝我给老头子些钱，让他另娶个老婆离婚算了。待到我申请调回南京，村里的人们纷纷向老头子进言，叫他防备我远走高飞不管他了，连我畜牧兽医站的领导也说，魏老汉不同意，他们是不能替我呈报调动申请的。老头子知道后，特地来到站上表态，将他能说会道的本事又展示一番。他说："给老母养老送终是儿女的义务，我不能阻拦。至于她以后管不管我，是我自己的事，与你们公家不相干，即使不管我了，我也不会来给你们找麻烦，你们不用顾虑。"说得站领导对他大加赞赏。回来后他又对我吹嘘一番："为这事，给我出谋划策的人多了，我一向遇事都是自己考虑，用不着请教别人。我又不是那种糨子脑袋，我还不会分析问题了？"我看他自以为是的样子，便问他怎么分析的。他说："第一，你没有娃，将来就得指靠我娃给你养老。"看我没表态，接着说："第二，你年纪也不小了，不会想去另找老汉了！"看我还没反驳，他更自信了："第三，你已经过了时了，兴不动人了。你想另找个人，人家还看不上你了。"陕西人所谓的"兴"，就是迷惑人的意思，"兴不动"是说我没有魅力了。我不由得又好气又好笑，回敬他说："你分析的这三条都是屁话，我指靠你娃养老？你能不能指靠得上还都不一定。还说我兴不动人，我马上去兴一个，管保要比你强。主要的你都没分析出来，我就不是那种不讲信用、不讲道德的人！"

我对于婚姻还是严肃的，即使没有爱情，也是一个契约。这老头子没做什么伤害我的事，十来年都和平共处，不能因为我现在社会地位和经济收入提高了，就和平共处不了，就得断绝"外交"关系。社会地位的高下是当政者予以的，自己还是那个自己，并没有什么可自诩的。再者，这老头子已老，没有劳动力了，我有义务养活他。人受教育的程度和出身环境、经济条件及社会进步程度有直接关系，文化程度有高低，但人格是平等的。老头子的天赋不低，社会经验比我丰富，我们道德观念基本一致，在一起生活，互相都没有压力。但许多人都不能理解，好几个朋友都问："你怎能和这么个老头子一起生活的？"觉得不可思议。我实在地告诉他们，我们并不像一般夫妇那样，而是各按各的生活方式活着，打个比方，就像房东与房客般的。媒体还以《房东与房客》为名做了一档节目，在中央台的《家庭》栏目播出过。在陕西，他是房东，我是房客；在南京，我成了房东，他是房客。

老头子是1982年落实知识分子政策时，户口农转非迁到南京的，只因已过60岁，不能安排工作，便在我们农科院干临时工。好在是农业单位，他在这里养过羊，养过猪，还在园林队种过树栽过花，作为农民他都得心应手。有人问他："你老婆每月给你多少钱？"他答："我自己挣，不用她给。"人再问："你回老家呢？"他就说："儿子给。"维持他那大男子主义的精神。

科科高中毕业后考上了师范学校，分配到临潼教了三年书，老头子希望他留在陕西，可是年轻人向往大城市，1986年因独生子女政策调来了南京，1988年在南京结了婚。老头子70岁那年，小孙女需要人管，便不再干临时工，在家带孩子了。儿媳宣布她的发现："爸爸比妈妈会管孩子。"孙女上学后，老头子也帮助我照管我老母亲。老母亲95岁去世后，我就回农科院和老头子和平共处。科科一家为了上班上学方便，住到了城里我母亲的房里。

1996年，和魏老头儿游句容茅山

随着国家经济发展，我们生活也不再拮据。我陪老头子来年回官村老家一趟，可惜他的亲友们寿各长短，愈来愈少了。小孙女陪他坐过一次飞机，由南京到西安，他从未享受过这么周到的服务，对空姐大加赞赏。我还带他去过一回北京，他除了认为天安门还“收拾得不错”，别的都不以为然。在他脑中，陕西的关中才是最好的地方。2004年，我还特地带他从周至县翻越秦岭到洋县住了几天，打听到他小时候当小长工的高家庄，去了一趟，可惜村里上80岁的人已稀少，没人知道有三个女儿的“蛮娃”一家的情况。毕竟七十多年过去了。但村子的地形、村东的小河还和从前一样，高家庄就在龙亭镇北二里，距县城30里，与老头子的记忆相符。

老头子2006年死于脑梗，享年85岁。我也75岁了。

后语

Postscript

我相信快乐得自己给自己找的道理。虽然老了，幸无大病，遗体捐献手续已办过，做一个高级阿Q，等待自然规律的胜利吧！

附录

appendix

怀念地山

周俟松

地山你离开我已经一个月了，上月今天（4号）的早晨，你还是活泼泼的谈笑着。家人告诉我，我出去了的时候，你望着窗口，说过几次"她怎么还不回来？她怎么还不回来？"地山！好像我太忍心了吧，在你病中我还要离开你。其实我何尝愿意离开你一步呢？我挂念着你，现在更时刻的想念着你！我到坟墓去看了你了，可是叫你不应，摩你不着，地山！你到哪里去了？你真的这样忍心离开了我，教我迷茫的活着吗？

秋风秋雨，更加是黄昏时节。离人永不回归，怎得不叫人肠断！六点，七点，正是你回家的时候，我每每站在窗口远望。在那大学路上，一手拿着布伞，一手提着皮包，满面笑容，缓缓走来的不是你吗？大家开心了，孩子们赶快开门迎上去，爸爸必定躲起来让他们寻找。几时迟回来，必定通知我，因为你知道我在盼你回来，朋友们常常笑你恋家。尤其是在黄昏的时候，你知道我独自会感觉凄清的，于今我是由凄清而转到悲伤了。可是，地山！你几时回来呢？

地山！我们没有你太寂寞了，吃饭的时候，没有人谈笑。纳凉的时候没有人讲故事。夜晚谁带孩子们在床上做被窝戏？地山！你记得当我不高兴的时候，你仿效着戏台上丑角的动态，你说："妻子！我总要使你愉快。"这样一来，就是有天大的不高兴也都消散了。在北平时，朋友们常叫你仿效小脚老太打高尔夫球，满座没有不捧腹的。地山！你生的兴趣这样浓厚，我怎么都想不到你会这样的早死。撇下你孤零的妻儿，你有什么方法来安慰他们呢？

地山，我们没有你，一切的事都没有人帮助了。文字上的疑难，有谁能随时指示，礼俗上，宗教上的一故一典，有谁能释得像你说的那么有趣？当你枕在我膝上讲故事的时候，你说过，"芝，你这么爱听我说故事，爱看我写的小说，我要为你努力写译。"时常清早四点钟你就起来写，我总是最先得读。最后要译的印度小说二十部，却是只译得两部。一部我还在抄写中呵。记得你说过，欧洲有个作家，他的太太大他十几岁，可是极能了解他的文章，自从他太太死后，他就不再写文章了。地山，你时常怕我死在你的前头，现在你却先去了。你不是太残酷了吗？

地山，我没有你，行止上的疏忽，谁来指正？自从同你在一起生活以后，无形中受了许多教训。人来看你，或是用电话来找你，只要你在家，无论你怎样忙，无论是什么时候，你总是自己接电话，永没有说过"不在家"。些微琐事，也从没有说过一句假话。我永远记得你说的"为什么要说谎"。你待人接物的真诚，怎不叫我感动。对于大事小事，你几时都是心平气静的应付，在义务方面竭尽你的所能，在权利方面总是尽先让人，用科学方法虚心的研讨学问，百忙中还要读日文，法文，德文。地山，我时常感觉着我应当学习你那种有恒的和进取的心情，你对于教学生，时时都是认真预备。虽然每年是同样的课程，可是你每年要预备新颖的教材。所以你的支出大部分是用在买书上。我了解你，我愿意帮助你，本来你任何嗜好都没有，吃、着又都俭朴，所爱的就是书，你说过，“没有新教材是对学生不住的。”除掉文学书以外，有时看科学书，朋友们有的问：“地山，你要改行吗？”其实在你看来，你不过是在充实常识而已。为了常识，你任何种书都要读。在假期中还有学生来同你上课，你毫不推辞。你说的“他们肯学，我就肯教。”你的责任心和教学不倦的精神，我们学师范的尤其应当模仿。你平时常常劝我不要将全副精神单用在教自己的孩子，应当到社会上去教大家的孩子。地山，我现在遵从你的意见了，你应当含笑了吧。

地山，没有了你，甚至连一点小小陈设都失当了。有你的时候，屋子里的陈设，经过你布置，甚至于几朵野花经过你插瓶，都会有特殊的趣味，自然我知道世间没有一事不是有学问在里面。我们所有窗帘、地毯、围屏以至于磁器上的花纹都是你的手迹。地山，没有一样东西教我看着不感怀的。你从山头水边拾来的那些奇花异卉，从旧货摊收集的那些与学术，风俗，宗教有关的珍物。你都遗弃了，谁来帮我保护它们哩？家里的工人们感觉着电灯水喉坏了，再没先生来修理了，孩子们玩具坏了，没有爸爸来修补了，还有小狗，小猫，以至于小鸡都得不着你的顾爱。小狗多利自从你不见了，时常怅惘的走来走去，好像失掉了什么似的，消瘦了许多，牲畜还是这样呢，地山呵！

以往的事，一幕一幕的从我脑里重复的温过，自从民国十六年认得你起，一直到现在，你的一言一动，点点滴滴都记得清清楚楚。容我来数一数给你听吧。

那年暑天你从英国回来，冬初在慈佛西家里遇见你，那时你已经有了第一次的两撇胡须。眉发浓厚，两眼有神，态度优游，谈吐诙谐。在我脑里有很深的印象。

可是我心想，“这个人棉袍子上套夹袍子穿，必是不讲求服装的。”到我们结婚以后，许多朋友告诉我说，地山从前在燕京大学的时候，穿一件黄色到膝盖长的棉袄，一对套裤，头发长到披在肩上，布袜布鞋，样子特殊得可笑，可是你很自如。我们时常追打着玩，支着玩，因为你最怕痒。有时候你喘着气，按着胸口说：“不玩啦，不玩啦。”现在回想起来，是不是你心脏有些毛病。地山，我在中学毕业后，本想入燕京大学学护士的，那知道大病一场，身体虚弱得没法子学医，只好改入师范大学，不然，我知道了医理，你也许不会这样早死吧；可是你说过，“如果你是我的学生，我们是不会结合的。”这其间的得失，天知道罢了！

你写给我的那许多信，从前把它重读起来，觉得更加增进我们的情感，现在却只有悲伤了，悲伤使得我不能往下卒读。

地山呵，生命是怎样的无常，我今天才知道了。但是，我也知道，你是不应该这么早就死去的。

以后的年月，当是我替你活下去的年月。你的精神就是我的精神。地山，你知道吗？你还是要帮助我呵。

9月4日

（原载香港《大公报》1941年9月）

我记忆中的父亲

许燕吉

父亲只活了49岁，我至今已空过57年了。50年前，父亲和我们在一起的一些情景，我仍感到清晰如昨。

父亲非常爱孩子，还爱和孩子们玩，那时他已四十开外，混在孩子群中，谁都并不觉得拘束。家里来往的客人较多，有时小客人也跟着来几个，我们便成了伙，玩藏猫，玩捉贼，父亲总是自告奋勇当捉人的，我们藏得严严实实，大气都不敢出。一会儿，父亲来了，故意转上两圈，然后冷不防地把我们其中一个捉出来，小“俘虏”被举得高高的，其余的孩子也都跑了出来，围着父亲又喊又叫又哈哈大笑。那种又紧张又快乐的情绪，至今还能令我激动。有时到朋友家去，门一开，孩子们就会一涌而出，一面喊着“许伯伯”，一面拽胳膊的，搂脖颈的，顿时就热闹之至。大人们在一起谈什么我们不知道，但知道父亲总会抽出身来跟我们玩上一阵的。

父亲诙谐，也跟孩子们开玩笑。他捉住的“小俘虏”要被他亲吻个够，由于他留胡须，很扎脸，我们都捂着腮帮子“抵御”。

父亲喜爱大自然，假日里常和朋友们去郊游，野餐，有时也带我哥哥和我去。我惯会在半路上就赖在地下说走不动了，知道父亲一定会来驮我，父亲总是把我驮在他的肩上，两手还抓住我的腿怕我掉下来，我又不费力，又看得远，高兴得一路喝呀笑呀的，父亲也不嫌我重，一直驮我到达目的地。我们的郊游往往吸引来好些当地农村的孩子，父亲给他们分送带来的食品，亲热地和他们谈笑，还常和他们一起做游戏。有一次，父亲还带回来一个衣衫褴褛的流浪儿，给他换洗干净后，送他到一个收养学校读书去了。那个学校，父亲带我去过，孩子很多，都穿着一样的蓝色衣裳。他们看见我们来，也是欢呼着一涌而上，围了个水泄不通。看来，父亲是他们的老熟朋友了。暑假时父亲总是住到山林寺院里去写文章，我们有时去看看他，发现他身边又吸引了几个小和尚，小和尚们只有七八岁，他们给父亲送水，扫地，父亲教他们写字，给他们讲故事，讲笑话。小和尚们对我很友善，还带我在院里玩，教我唱阿弥陀佛。

父亲的故事最多。夏天乘凉，他睡在躺椅上，我们坐在小板凳上给他捶腿，一面听故事。他讲的天文地理，神话现实，古今中外……无奇不有，有好些故事可能就是他随口现编的。不过我们总是听得津津有味，听到紧张、恐怖处，就紧紧地抱他的腿，听到开心处，不禁拍手顿足。可惜8点上床睡觉是铁的纪律，不然，必定能够从父亲处得到更多的教诲。50年过去了，这期间战争，动乱，风风雨雨，以致我有机会读父亲的作品时，已是人过中年了。却意外地发现父亲所阐述的人生哲理能让我完全地接受无遗。他笔下的一些主人公的思想感情，对我是那样地融通相契。我想这必是夏夜故事潜移默化的结果吧。

父亲还会"演戏"。冬天晚上，大家在床上盘腿围上一圈。支起照相的三脚架，蒙上床单，就好像在马戏帐蓬里。“演员”就是父亲的两个大拇指，虽然只能“点头”和摇摆“身躯”，但“配音”很出色。记得“拇指戏”的常演剧目有《武松打虎》《岳母刺字》《乌盆记》等等。我第一次看京剧《乌盆记》时，已是在此二十多年以后了，觉得非常熟悉，就像曾经看过，仔细一想，恍然大悟，原来是父亲的大拇指演过。父亲还会表演哑剧小品，记得有一年圣诞节，在“合一堂”开联欢会，父亲表演小脚老太婆打高尔夫球，博得满堂叫好，笑得大家前仰后合。

父亲去世太早，太仓促。他的学术成果，许多都没来得及写出来，只积累了上万张的资料卡片。父亲热心写儿童故事，译孩子们爱读的民间文学，作孩子们唱的歌词，为孩子们占用了许多宝贵的时间。父亲爱孩子们，孩子们心中有“落华生”。而且不因岁月久远而被遗忘。

安葬父亲那天，港大礼堂内四面挂满了长幅的挽联，层层叠叠的，上面的字大大小小的。当时我太小，都不大懂。却有两副触动了我的心灵：一副是“赤子之心”。一副是“若有人喊救救孩子，就请你去问问先生”。这两副大字和我对父亲的记忆一起，深深地印刻在我的心版之上，永远地清新。

1988年春